KB063713

천황제 50문 50답

천황제 50문 50답

일본역사교육자협의회 엮음
김현숙 옮김

혜안

책머리에

1989년 1월 7일 쇼와 천황이 생을 마감했다. 천황이 위독한 상태에 빠지자 신문과 텔레비전, 라디오 등의 방송매체가 보여준 모습은 거의 비정상적인 것이었다. 미리 준비되고 있던 소위 '쇼와사'를 회고하는 여러 기획들이 천황 사망과 함께 줄줄이 등장했고, 장례식이 끝난 뒤까지 계속되었다. 그간 새 천황이 즉위하고 '헤이세이'라는 새 연호가 제정되는 것을 시작으로 하여 새로운 시대로의 이행이 급속히 이루어지고 있다. 이와 함께 1990년으로 예정된 즉위식과 대상제를 위한 여러 준비가 진행되고 있다. 과연 일본국헌법에 규정된 상징천황제는 다른 옷으로 갈아입게 될까, 향후 귀추가 주목된다.

1989년은 '대일본제국헌법'이 발포된 지 꼭 백주년이 되는 해다. 그런데 그 발포일인 2월 11일은 천황 장례 준비 때문에 온통 '자숙' 분위기로 휩싸여 있었다. 사실 지난 1988년 천황의 병이 악화되기 시작한 때는 리쿠르트 의혹이 광범한 부정 양상을 명확히 드러내기 시작한 참이었다. 또 소비세 강행과 함께 국회 내의 정치동향에 대해 일본 국민이 의외로 높은 관심을 보이고 정부와 여당에 대한 지지율이 놀랄 만큼 하락하고 있었다. 내년 1990년은 일본에 국회가 개설된 지 꼭 백주년이 되는 해다. 이 국회를 중심으로 성장해 온 일본의 의회정치와 민주주의 의식・태도・자세를 다시 한 번 짚어보아야 할 시기라고 할 수 있다.

지금 프랑스에서는 파리를 중심으로 프랑스 대혁명 이백주년과 에펠탑 건설 백주년 캠페인이 한창이다. 이에 비해 일본 사정은 어떨까. 여러 모로 반성해 보아야 할 점이 많다. 건국 40주년, 5・4운동 70주년을 맞은 중국에서는 피로 얼룩진 희생이 민주와 평화와 단결을 위한 제단에 뿌려지고 있다. 이러한 상황 속에서 일본은 스스로의 역사와 '천황제'를 다시 한 번 되돌아보고 교육상 제기되는 수많은 요구에 부응해야 할 시점에 와 있다. 서둘러서 이 책의 기획을 추진한 것은 이 때문이다.

쇼와 천황은 우선 대일본제국헌법 아래서 태어나 섭정에 오르고 평생을 천황으로 살았다. 오랜 전쟁이 비참한 종말을 맞은 1945년 후에는 일본국헌법 안에서 살아 왔다. 이 두 개의 헌법을 거쳐 온 그의 삶과, 또 그 사이에 발생한 여러 모순과 문제들을 판단하기 위해서는 지극히 냉철한 사고와 이성적인 판단을 필요로 한다. 그러나 세상에는 이 이면성을 이용하여 상황을 더 어지럽게 만들고자 하는 움직임이 있음도 부정할 수 없다.

새로운 「학습지도요령」도 나온 이 마당에 우선 생각해 보아야 할 것은 천황(제)이 어떤 상황 아래에서 어떤 경과를 거쳐 변해 왔는가 하는 점일 것이다. 그리고 이것을 헌법과 교육기본법, 학교교육법 등의 원칙에 비추어, 또한 백여 년에 걸친 일본 역사교육의 발전에 따라 살펴보고, 비판할 것은 비판해야 할 것이다.

협동연구의 성과를 정리한 이 책이 그 일에 도움이 되었으면 하는 바람이다. 마지막으로 흔쾌히 각 항목의 집필을 맡아 준 회원 여러분과 협력을 아끼지 않은 많은 분의 수고에 한없는 감사를 드리며, 곤란한 출판을 맡아 주신 오쓰키 서점과 인쇄소 여러분에게도 감사드린다.

역사교육자협의회 위원장 마쓰시마 에이이치

1989년 6월 16일

차 례

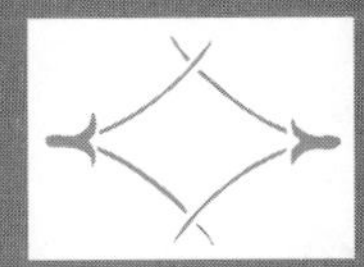

고대의 역사와 천황제

연표 1

주요 사건

BC 1000년경	조몬 문화 시작
BC 300년경	야요이 문화 시작
AD 57	왜의 노국, 후한에 조공
239	히미코, 위(魏)에 조공
391	왜, 조선 출병(광개토대왕비문)
478	왜왕 무(武), 송(宋)에 사신 파견
538	불교 전래
587	소가노 우마코, 모노노베노 모리야 암살
645	다이카 개신
663	백촌강 전투(야마토 군단 괴멸)
701	다이호 율령(大寶律令) 제정
718	요로 율령(養老律令) 제정
740	후지와라노 히로쓰구의 난
743	간전영년사재법(墾田永年私財法)
780	에미시의 대반란 시작
792	건아제(健兒制 : 농민으로부터의 징병 폐지)
805	후지와라노 오쓰구, 헤이안쿄 조영과 에미시 정벌의 중지를 건의
857	후지와라노 요시후사(藤原良房), 섭정에 즉위
884	후지와라노 모토쓰네(藤原基經), 관백에 즉위
894	견당사 폐지
969	안와(安和)의 변(섭관직 상설)
1016	후지와라노 미치나가(藤原道長), 섭정에 즉위

천황(제) 문제

BC 660	진무(神武) 천황 즉위신화
4세기 후반	신라정벌 설화(神功紀)
	이 무렵 가와치 평야에 대형 전방후원분 출현 (고분시대 중기)
AD 471	사이타마(埼玉) 현 이나리야마(稲荷山) 고분에서 출토된 철검에 471년의 해가 명기되어 있음
592	우마코, 스슌 천황 암살. 스이코 천황 즉위, 다음 해에 쇼토쿠(聖德) 태자 섭정에 즉위
672	임신(壬申)의 난, 다음 해 덴무(天武) 천황 즉위
710	헤이조쿄(平城京)로 천도
712	『고사기』
720	『일본서기』
741	고쿠분지(國分寺) 건립의 조서
743	도다이지(東大寺) 대불(大佛) 조영의 조서
794	헤이안쿄로 천도
797	사카노우에노 다무라마로(坂上田村麻呂) 정이대장군에 임명
858	세이와(淸和) 천황 즉위
884	고코(光孝) 천황 즉위
935	다이라노 마사카도(平將門)의 난(939, 新皇을 칭함)
939	후지와라노 스미토모의 난(941년까지) (섭관정치의 전성기)

1
'천손강림' 신화는 무엇을 담고 있을까
신화와 고대왕권

기기신화는 천황제 신화

일본의 신화를 대표하는 것은 기기(記紀 : 고사기와 일본서기) 신화다. 이 기기신화는 민간의 신앙과 풍속에 뿌리를 둔 것이 아니라 본질적으로 고대왕권과 밀착된 '천황제 신화'다. 따라서 기기신화를 분석하는 일은 고대왕권의 성격과 고대 천황제의 실태를 해명할 수 있는 실마리가 된다. 여기에서는 기기신화 가운데 천황가의 시조신화라 할 수 있는 '천손강림'신화를 통해 이 문제에 접근해 보기로 한다.

일반적으로 '기기신화'라고는 하지만 단일한 전승이 존재하는 것은 아니다. 『고사기』나 『일본서기』의 본문에 나오는 전승 외에도 『일본서기』에는 '일서'(一書)라고 해서 많은 전승이 실려 있는데, 이것들을 통틀어 기기신화라고 할 수 있다.

천손강림신화는 『고사기』와 『일본서기』의 본문, 일서 제1・2・4・6까지 해서 총 여섯 가지 전승이 존재한다. 이들 전승은 크게 호노니니기를 지상으로 내려보낸 신을 다카미무스히라고 보는 신화와, 아마테라스라고 보는

가고시마의 다카치호 봉우리. 천손강림의 땅 가운데 하나로 전한다.

신화로 나뉜다. 전자를 다카미무스히 계통, 후자를 아마테라스 계통으로 본다면, 『일본서기』 본문과 일서 제4·6은 다카무스히 계통이고, 『고사기』와 『일본서기』의 본문 및 일서 제1·2는 아마테라스 계통에 속한다고 할 수 있다. 양쪽의 원문을 비교해 보면 다카미무스히 계통의 신화 쪽이 보다 간결하고 내용도 소박하다. 이에 비해 아마테라스 계통은 다양한 요소가 첨가 삽입되어 복잡하며 정치적으로 윤색도 많다. 이는 다카미무스히 계통 신화가 더 오래 된 것이고, 아마테라스 계통 신화가 더 후에 나온 것임을 말해준다.

제의신화로서의 다카미무스히 계통

다카미무스히 계통 신화는 『일본서기』 본문에 나오는 전승이 가장 대표적이다.

> 그때 다카미무스히노 미코토(高皇産靈尊)는 황손 아마쓰히코히코호노니니기노 미코토(天津彦彦火瓊瓊杵尊)를 진상추금(眞床追衾)으로 싸서 땅으로 내려보냈다. 이리하여 황손은 아마노이와쿠라(天磐座)를 떠나 겹겹이 쌓인 하늘 구름을 헤치고 존엄한 위광의 진로를 열고 열어 히무카(日向)의 다카치호(高千穗) 봉우리로 내려왔다.

여기에서 말하는 '진상추금'이란 갓난아이를 싸는 일종의 강보인데, 천상의 다카미무스히가 호노니니기를 강보에다 싸서 지상의 다카치호 봉우리로 내려가게 했다는 내용이다. 이 전승은 무엇을 말하려 한 것일까. 결론부터 말한다면 율령국가가 수립되기 이전에 야마토 왕권이 지낸 신상제(新嘗祭)를 반영한 것이다.

땅으로 내려온 호노니니기는, 국학자 모토오리 노리나가(本居宣長 : 1730~1801)가 주장했듯이 누렇게 익은 벼이삭을 표현한 것으로서 벼의 영혼을 신격화한 것이다. 다카치호 봉우리도 수확 후 논가에 쌓아둔 볏단을 상징한다. 그렇다면 이 신화는 금방 태어난 벼의 영혼이 볏단 위에 출현한 것을 의미한다고 할 수 있다.

신상(新嘗)이란 단순한 추수감사제가 아니다. 일반적으로 농경민들 사이에는 공통적으로 도령신앙(稻靈信仰)이 보이는데, 이 신앙에 바탕하여 벼 영혼의 '죽음과 재생'을 제사하는 의식이 신상이다. 사람들은 이삭을 틔우고 여물게 하는 것은 볍씨가 가지고 있는 벼 영혼의 에너지이며, 힘을 다 써버린 벼의 영혼은 추수 후에 죽음 상태에 빠진다고 믿었다. 그래서 다음 해에 벼를 다시 생산하기 위해서는 이 영력을 부활시킬 필요가 있었다. 수확에 대해 감사를 올리면서 동시에 벼의 영혼을 '재생'시키는 의례를 행한 것은 이 때문이다. 그것이 신상제의 최대 목적이었다. 또 도령신앙은 벼의 영혼과 인간의 영혼(생명)을 같은 것으로 간주하는 경향이 있다. 그래서 벼 영혼의 '재생'을 인간의 '탄생'에 비견하여 제사를 지냈다. 이를테면 동남아시아의 수확제의 경우, 햇곡식 가운데 다음 해에 심을 씨앗을 신성하게 분류하여 신생아와 똑같이 취급하는 예가 있다. 일본에서도 이러한 민속 사례가 많이 보고되고 있다. 민속학자 야나기타 구니오(柳田國男 : 1875~1962)는 수확 후에 쌓아둔 볏단에 대한 호칭이 많은 곳에서 산실의 호칭과 일치한다는 점에 주목했다. 그리고 쌓아올린 볏단에는 벼의 영혼이 다시 살아나는 장소 즉 '벼의 산실'이라는 성격이 있다는 사실을 밝혀 냈다. 호노니니기가 갓난아이의 모습으로 쌓아올린 볏단을 상징하는 다카치호 봉우리에 내려왔다는 신화는 바로 신상제를 통해 다시 살아나는 벼의 영혼을 표현한 것이다.

그러나 이『일본서기』본문의 신화는 결코 민간의 농경의례로서의 신상제를 반영한 것이 아니다. 호노니니기에게 땅으로 내려갈 것을 명한 다카미무스히를 한 번 보자. 이 신은 아마테라스보다 더 오래된 황실의 최고 수호신이다. 율령국가시대에 궁중에서 가장 중요한 신을 제사하는 신기관(神祇官) 서원(西院)의 팔신전(八神殿)에서도 이 신에게 제사를 지냈다. 다카미무스히의 원래 속성은 신상의 신이다. 이름자에 보이는 '다카'와 '미'는 미칭이고, 무스히는 한자로 쓰면 '산령'(産靈)으로서 영위(靈威)와 영력의 생성과 재생을 뜻한다. 따라서 다카미무스히라는 이름을 직역하면, 고귀하고 신비한 위엄을 만들어 내는 신이라는 뜻이 된다. 천황[대왕]의 주재 하에 신성한 벼가 수확되는 논 옆에 제단을 만들고 다카미무스히에게 제사를 지내는 것이 신상제의 원 모습일 것이다. 따라서 다카미무스히는 야마토 왕권의 신상의 신이었다. 이 다카미무스히의 명령을 받고 호노니니기가 지상으로 내려왔다는 것은, 신상의 신인 다카미무스히의 생성력으로 재생하여 새로운 영력으로 가득 찬 벼의 영혼이 지상에 출현하였음을 의미한다. 따라서 여기에 반영된 신상은 민간이 아니라 왕권의 신상이다.

진상추금에도 주목할 필요가 있다. 이 침구 역시 단순한 강보가 아니다.『일본서기』에는 바다의 신이 방문하는 신화가 나오는데, 거기에서 호노니니기의 아들 호오리가 진상추금 위에 앉아 있는 것을 보고는 천신의 자손임을 알았다는 대목이 있다. 예컨대 진상추금은 왕위에 부수되는 상징물이다. 그렇다면 진상추금에 싸여 땅에 내려온 호노니니기도 단순한 벼의 영혼이 아니라 왕위와 관련된 신성한 존재라는 이야기가 된다. 왕권의 신상제에서는 천황[대왕]이 햇곡식을 먹는 의식을 통하여 벼의 영혼과 일체가 된 후 직접 '재생의례'를 지낸다. 그때 천황은 침구 안으로 들어가 '죽음과 재생'을 연출하는 의례를 실제로 행한다. 이 때 사용한 침구는 진상추금을 상징하고, 벼의 영혼을 체현하며 침구 속으로 들어간 천황은 바로 호노니니기를 상징한다. 다카미무스히계의 천손강림신화는 야마토 왕권의 천황이 실제로 거행한 신상제를 반영한 제의신화(祭儀神話)인 것이다.

아마테라스계 신화의 성립

다음으로 아마테라스계 신화를 보자. 대표적인 예로서『일본서기』일서 제1의 대략적인 줄거리는 다음과 같다.

(1) 지상세계의 지배권을 오쿠니누시에게 양도받은 아마테라스는 아들 오시호미미에게 땅으로 내려가 그 곳을 지배하라는 명령을 내렸다. 그런데 땅으로 내려오던 도중에 오시호미미와 다카미무스히의 딸 다쿠하타치지히메 사이에서 호노니니기가 탄생하자, 아마테라스는 호노니니기를 강림시키기로 하였다.

(2) 아마테라스는 호노니니기에게 3종의 신기(황위의 상징인 칼 · 거울 · 곱은옥)를 주며 아메노코야네 · 후토다마 등 5부신(五部神)을 딸려 보내고「천양무궁(天壤無窮)의 신칙」을 선언했다.

(3) 호노니니기가 땅으로 내려가려 할 때, 하늘에 사루타히코라는 신이 있었는데 아메노우즈메가 명령을 받아 이 신을 제사지내자 사루타히코는 이세에 강림했다.

(4) 호노니니기는 하늘의 이와쿠라를 떠나 여덟 겹 구름을 헤치고 히무카의 다카치호 봉우리로 내려왔다.

이 신화는 다카미무스히계보다 훨씬 복잡하며 (4) 호노니니기의 강림 부분에서만 공통점이 발견된다. 다카미무스히계와 다른 점을 열거해 보면 다음과 같다. ① 강림을 명령하는 신이 다카미무스히가 아니라 아마테라스다. ② 처음 강림을 명령받은 것은 아마테라스의 아들 오시호미미였으나 나중

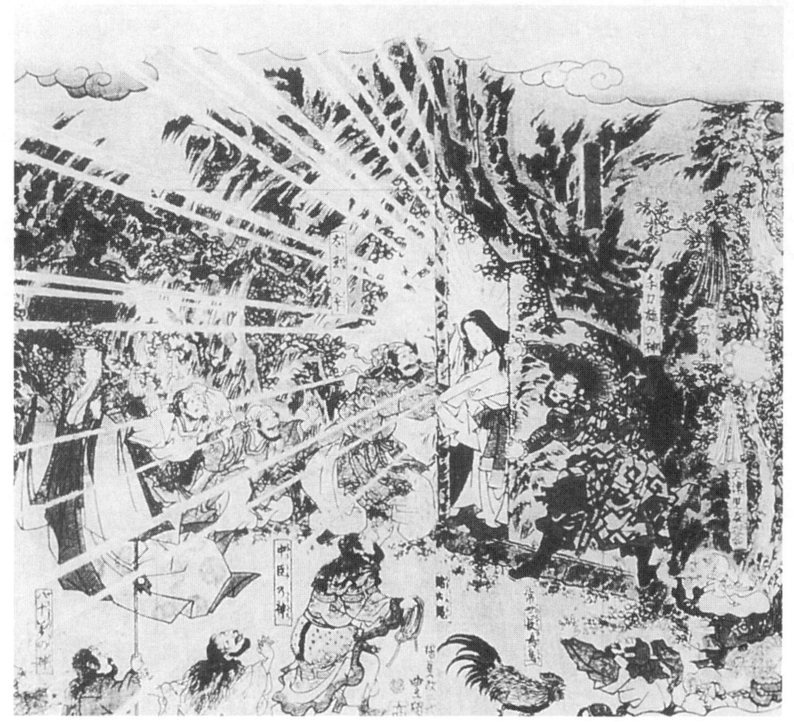

하늘의 바위문에서 나오는 아마테라스 오미카미

에 갑자기 호노니니기로 변경된다. ③ 3종의 신기와 5부신, 신칙 등 다카미무스히계에는 없던 요소들이 보인다. ④ 사루타히코의 신화가 끼여들어가 있다. 이 같은 수정, 부가, 삽입은 어떻게 이루어졌을까.

마쓰마에 기요시(松前健)에 따르면, 아마테라스계에만 보이는 이러한 요소들은 모두 이세 신궁과 관련이 있다. 아마테라스는 이세 신궁의 내궁에서 제사하는 신으로, 그 아들 오시호미미도 외궁과 관계가 깊다. 또 아마테라스와 3종의 신기, 5부신이라는 요소의 조합은 이세 신궁의 신상제 제의신화인 '아마노이와토' 신화에도 똑같이 나온다. 게다가 사루타히코는 예로부터 이세 지방에 전해 내려오는 태양신으로서, 이 신화를 '아마노이와토' 신화의 원형으로 보는 사람도 있다. 이렇게 보면, 아마테라스계의 천손강림신화는 다카미무스히계의 소박한 강림신화에다 아마테라스와 오시호미미를 중심으로 하는 이세 신궁 계통의 신화를 섞어서 만들어 낸 전승이라고 할 수 있다. 이러한 아마테라스계 신화는 신궁제사의 확립과, 아마테라스 오미카미를 천황가의 조상신으로 받드는 역사적 배경 아래 만들어졌다.

이세 신궁은 5세기 말 유랴쿠(雄略) 천황 때 황실의 수호신인 태양신을 제사하기 위해 세워졌다. 7세기 후반경에 주신인 태양신에게 봉사하는 무녀가 신격화되어 오히루메라는 신이 되는데, 이것이 주신이 되고 이윽고 아마테라스로 발전하였다고 한다. 그 후 672년 황위계승을 둘러싸고 황족과 귀족들 사이에 임신의 난이 일어났을 때 이세의 신은 오아마(大海人) 황자 편을 들어 승리를 안겨 주었다. 즉위한 오아마=덴무 천황은 이세 신궁 제사를 중시하고 율령국가의 건설을 급속히 추진했다. 이에 따라 이세 신궁은 국가제사와 천황제사를 담당하는 중추가 되고, 아마테라스는 국가의 최고신으로서의 자리를 확고히 굳히게 된다. 바로 이 시기 즈음하여 이세 신궁 계통의 아마테라스 신화와 다카미무스히계의 천손강림신화가 접합된 것이 아닌가 한다. 아마테라스는 천황가의 시조신화인 천손강림신화에 편입되고 나서야 비로소 황실의 조상신이 될 수 있었다. 그리고 이 아마테라스를 절대화시킴으로써 황손인 천황은 율령국가에서 절대적 지배자로서의 지위를 보장받게 되었다. 호노니니기가 땅에 내려올 때 아마테라스가 발포한 "지상 세계의 무한한 세월을 계속할 미즈호 국(瑞穗國)은 내 자손이 군주가 될 곳이다. 그대 황손이여, 이제부터 내려가 나라를 다스리라. 가라! 보위의 융성이 천지와 더불어 영원무궁하리라"라는 「천양무궁의 신칙」은 호노니니기만이 아니라 아마테라스 자손인 천황의 영속적 지배를 정통화시킨 것이었다.

신화에서 신대사로

단순 소박한 제의신화인 다카미무스히계 신화와 고도의 정치적 색채를 띤 아마테라스계 신화에 등장하는 호노니니기의 성격은 전혀 다르다. 다카미무스히계 신화는 율령국가가 성립되기 이전 야마토 정권의 대왕이 계속 거행해 온 신상제를 신화화시킨 것이다. 대왕의 지위와 신령의 위엄은 신상제의 주재를 통해 보증받고, 대왕은 항상 호노니니기의 체현자로서 신앙의 대상이 되었다. 그러나 아마테라스계의 『일본서기』 일서 제1의 「천양무궁의 신칙」에 따르면, 천황은 아마테라스의 자손이어야 하며 황위는 세습되어 천지와 함께 영원히 계속될 것이었다. 이 논리에 따라 즉위한 천황은 아마테라스의 자손이라는 것을 통해 황위를 보장받았다. 아마테라스와의 '혈연관계'가 천황위의 정통성을 자자손손 뒷받침해 주게 된 것이다. 이러한 의미에서 호노니니기는 최초로 '왕'이 된 아마테라스의 자손에 불과하며, 다른 역대 천황들과 대등한 존재다. 이렇게 되면 호노니니기는 신화적이라기보다는 이미 역사적인 존재다. 그리고 천손강림 역시 신화라기보다는 '신대사'(神代史)가 된다.

천손강림신화인 다카미무스히계와 아마테라스계의 두 전승을 통해 다음과 같은 사실을 확인할 수 있었다. 먼저 율령국가 이전의 야마토 정권의 대왕은 신상제를 통해 벼의 영혼으로 상징화된 왕으로서 신령의 위엄을 갖추었고, 율령국가의 천황은 세습왕권의 확립과 함께 혈통을 토대로 황위를 계승하게 되었다. 이로써 기기신화는 고대왕권의 논리에 따라 서술된 '천황제 신화'라는 사실도 명확해졌다.

참고문헌

三品彰英, 『古代祭政と穀靈信仰』, 平凡社
松前健, 『古代傳承と宮廷祭祀』, 塙書房
岡田精司, 『古代王權の祭祀と神話』, 塙書房
岡田精司, 『記紀神話の成立」, 『岩波講座日本歷史(2)』
上田正昭, 『日本神話』, 岩波新書

기쿠치 데루오 菊地照夫

2
고고학 연구가 밝힌 국가형성의 전사
선토기시대에서 전방후원분시대까지

고고학은 보조학문이 아니다

1945년 이전 일본 역사학계는 황국사관의 근원을 이루는 신대사(神代史)나 고대 천황제에 대한 찬미와는 거리가 먼 고고학을 배척하고 억압했다. 고고학 연구가 자유를 얻은 것은 2차 대전의 패전으로 일본이 소위 '만세일계'의 천황이 통치하는 군주국가에서 국민이 주권을 갖는 민주국가로 바뀐 후다. 그 이후 이루어진 조사와 연구를 통해 기기신화에는 나와 있지 않는 풍부한 역사적 사실들이 발굴되고 그 총체로서 국가형성 이전의 역사가 계속 밝혀지고 있다.

이러한 흐름에 대항하는 일련의 반대 움직임도 진행되었다. 특히 교과서 검정관 F씨는 "고고학은 보조학문이지 역사가 아니다"라는 견해를 내놓았다. 이는 과학적 역사학에 대한 공격이자 사회발전사에 대한 공포감을 드러낸 것이기도 하다.

고고학이란 과거 인류가 남긴 물질적 유물을 자료로 삼아 인류의 과거를 연구하는 학문이다. 그 연구대상은 인류가 생겨난 이래 지금까지 모든 시

요시노가리 유적 복원 조감도

대에 걸쳐 땅 밑에 남아 있는 물건과 유구(遺構)다. 미국에서는 고고학이 인류학 안에 포함되어 있지만 일반적으로는 역사학의 한 부문으로 간주되고 있다. 고고학이 역사학의 다른 부문들과 뚜렷하게 구별되는 점은 물질자료를 다룬다는 것인데, 물질 위에 남겨져 있는 인간활동의 모든 흔적이 고고학의 자료가 된다.

역사학에서 고고학 연구가 필요한 이유로는 세 가지를 들 수 있다. 첫째, 3백만 년에 걸친 인류의 역사에서 문헌시대는 겨우 6천 년도 안 된다. 문자가 없는 그 나머지 역사를 해명할 수 있는 것은 고고학뿐이다. 둘째, 혹 문자와 문헌자료가 남아 있는 시대라 하더라도 그 시대의 모든 것이 문헌에 기록되어 있는 것은 아니며, 특히 민중의 생활 등은 거의 기록이 없다. 고고학이 취급하는 물질자료는 역사적 사실을 직접적으로 보여주는 흔적이며 수정되지 않은 동시대의 자료다. 셋째, 고고학 자료로 개인의 행동 자취까지는 더듬어볼 수 없겠지만, 집단의 역사 정도는 파악할 수 있다. 이러한 이유로 고고학은 국가형성 이전의 역사를 연구하는 데 가장 중요한 역할을 하며, 따라서 고고학은 결코 보조학문이 아니라 역사학의 한 부문인 것이다. 여기에서는 최근의 고고학적 시대구분에 근거하여 일본열도의 인류사 연구성과를 간단하게 정리해 보고자 한다. 이 구분이 인류사 발전단계 가운데 어디에 해당하는지는 아직 숙제로 남아 있다.

선토기시대 : 원시시대 1

행상을 하던 한 청년이 군마 현 이와주쿠라는 곳에서 석기 하나를 발견했다. 이를 계기로 1949년 메이지 대학이 이 곳을 발굴하기 시작했고, 홍적세 간토(關東) 롬층에서 발견된 석기들은 조몬(繩文) 시대보다 앞선 선토기시대 것임이 밝혀졌다. 이 발견으로 일본 석기시대에 대한 연구시야는 동아시아에서 세계로까지 확대되었다. 이것은 유럽의 구석기시대에 해당하는 문화가 일본에도 존재하였다는 사실을 입증해 주었으며, 나아가 일본의 원시고대사를 처음으로 인류사적 발전법칙 안에서 파악할 수 있는 획기적인 계기가 되었다. 건국신화를 대신해서 석기시대로 시작되는 일본역사의 체계적 기틀이 마련된 것이다.

현재 선토기시대의 유적은 홋카이도에서 오키나와까지 4천 군데가 넘으며, 구인류 단계의 화석인골 외에 신인류 단계의 화석인골은 열 종류가 알려져 있다. 이 시대를 연구하는 데 있어서 남 규슈에서 도호쿠 지방에 걸쳐 분포하는 아이라아카자와(始良丹澤) 화산재는 층위에 따른 각지의 동시성을 파악하는 기준층으로서 큰 역할을 하였다. 일본의 선토기문화는 3만 년 전까지는 확실하게 확인되는데, 깬석기 → 나이프형 석기 → 창끝형 찌르개 → 잔석기 순으로 출현하고 있다. 이것들보다 시기가 올라가는 것으로는 미야기 현 자사라기(座散亂木) 유적 등이 주목할 만하지만 평가가 엇갈리고 있다. 먹거리는 수렵과 식물채집을 통해 얻은 것으로 보인다.

이 사회구조를 파악하기 위해 집단의 기본단위와 집단영역, 집단 간의 교류에 대한 연구가 진행되고 있다. 구석기시대는 홍적세에 속하는 석기시대다. 구석기문화에서 신석기문화로 이행하는 모습은 세계 각지에서 매우 다양하게 나타나고 잔석기 단계에 대한 규정 역시 명확하지 않아, 아직 풀어야 할 과제는 많이 남아 있다.

조몬 시대 : 원시시대 2

활・화살・간석기・토기를 가지고 수렵・채집・어로를 통해 삶을 영위

조몬 토기(왼쪽)와 야요이 토기(오른쪽)

한 조몬 시대에 대한 연구는 1955년에 획기적인 계기를 맞이했다.

와지마 세이이치(和島誠一) 등은 원시시대의 취락 구성을 해명하기 위해 미나미보리(南堀) 조개무지를 발굴하였다. 이 발굴로 조몬 전기 중엽과 후반의 원시 취락구조가 밝혀졌다. 평지 주변에 거주지가 위치하고 중앙의 거주지 공간 부분에 커다란 반석과 몇 층씩 되는 취락장을 갖춘, 광장을 중심으로 하는 구조였다. 이러한 구조를 가진 취락은 조몬 시대 각 시기에 전 일본열도에 걸쳐 분포하고 있었다. 오늘날에는 주거지를 연결하는 원호 내부에서 무덤구덩의 성격을 띤 구덩들이 나와 실체가 더욱 구체적으로 증명되었다. 와지마 세이이치는 조몬 전기의 해침(海浸) 현상을 밝히고, 거점취락과 작은 하천지역의 유적군을 조사하고 미나미시나노(南信濃) 등에서 작은 하천지역마다 시기별 유적의 이동 등을 조사하여 조몬인의 생활영역을 구체적으로 검증하였다.

한편 조몬 시대의 시원을 탐구하고 편년을 세분화하는 연구도 진행되었다. 조몬 조기(早期) 전반의 덧띠무늬[撚絲文] 토기에 앞서서 콩알무늬[豆文] 토기와 가는덧무늬[細隆起文] 토기가 있었으며, 초기에는 창끝형 찌르개와 혀모양 찌르개가 함께 쓰였다는 사실도 밝혀졌다.

원시시대인의 실태는 조몬 시대의 자연환경과 영양 수준, 생업권, 노동의 계절성, 조몬인의 수명(평균 31세), 자연분업, 성인의례에 대한 연구 등을 통해 다양하게 해명되고 있다.

한편 조몬 시대 유적지에서는 많은 식물이 검출되었는데, 콩류와 들깨, 호리병박의 재배 여부는 현재 검토중에 있다. 이들 식물은 야요이 시대의 밭농사와 관련되어 있는데, 다른 생업보다 우선된 것으로는 보이지 않는다. 따라서 수렵·식물채집·조개채집·어로라는 자연물 획득경제가 기본적인 생산활동이었다고 보면 될 것이다. 생산용구의 발달에서도 자연에 의존하던 생산방법에 구체적인 한계가 드러났다. 이 시대 말기에 나오는 어린 짐승이나 작은 조개를 잡아먹은 흔적 등이 이 사실을 확인시켜 준다. 조몬 만기의 벼·메밀 재배는 야요이 시대 초기 것이라는 견해가 유력하며, 조몬 농경과는 이질적이다. 생산용구의 면에서 보면 석기시대, 생산방법의 면에서 보면 획득경제인 조몬 시대는 아직 계급의 차이를 보여주는 유물이 없어 무계급시대라고 할 수 있다. 조몬 중기의 대유적과 토기장식 등에서 잉여의 흔적이 보이기는 하지만 이는 항상적인 것이 아니며 다음 시대와 연결되는 것도 아니었다.

야요이 시대 : 원시시대 3(과도기 1)

도로 유적의 발굴

1947년부터 4년간 행해진 시즈오카 현 도로(登呂) 유적 발굴작업에는 다양한 분야의 학문이 공동으로 참가하여 야요이 시대 농경취락의 전모를 밝히고자 하였다. 이 발굴에서 일본 고고학계는 처음으로 수전(水田)과 수로(水路) 터를 발굴했다. 대단히 힘든 작업이었지만 이를 통해 처음으로 기본적인 생산수단의 실태를 밝히는 중대한 성과를 거두었다. 또한 주거지와 창고를 발굴하여 야요이인의 생활터전인 취락의 구조를 알아내고, 이것을 생산의 장인 수전과 일체화시켜 파악하는 성과도 거두었다. 지형학자와 손잡고 행한 지형학적 조사를 통해 주변 지형을 복원시킨 것도 성과였다.

생산의 터전인 수전은 농업생산력 문제를 풀 수 있는 중요한 고리가 된다. 도로 유적의 수전은 후기 초창기의 것으로, 농경 초기단계의 수전 구조와 양식을 밝혀주었다. 후쿠오카 현 이타쓰케(板付) 유적에서는 논두렁과

취·배수구, 수로가 딸린 수전의 유구가 검출되었다. 논두렁과 취수구 양쪽에는 널빤지 등이 박혀 있었다. 나무로 만든 가래와 돌칼이 출토하였고 족적도 남아 있었다. 습윤한 저지를 이용하긴 했지만 초기부터 물과 흙을 적극적으로 관리했다는 사실도 확인되었다.

수도농경의 성립과 성격

야요이 농경은 중국, 직접적으로는 한반도 남부와의 교류를 통해 시작되었고 이 때 조몬인보다 얼굴이 긴 도래인이 이주해 왔다. 그러나 가나제키다케오(金關丈夫)는 발굴된 인골 가운데는 조몬인과 다르지 않은 야요이인도 있으며, 숫적으로 많지 않았던 도래인은 곧 원주민과 동화한 것으로 보았다. 그렇게 본다면 한반도인이 북 규슈에서 조몬 집단과 교류하여 논농사와 철기를 전해주고, 조몬인이 이것을 배워서 탄생한 것이 야요이 문화라고 할 수 있을 것이다. 야요이인은 다양한 기능을 갖춘 여러 종류의 농기구를 사용하였는데, 이 농기구를 만드는 간 돌도끼와 나무를 베거나 깎는 데 쓰는 용구는 대륙에서 정형화된 것들이었다. 적은 양이지만 철제 공구도 전해져 생산용구가 체계적으로 도입되었다.

논농사는 급속히 전파되었다. 그러나 야요이 농경이 행해지는 양상을 보면, 서일본과 동일본, 특히 서일본 내에서도 북 규슈를 중심으로 하는 집단과 다른 집단들 사이에 차별이 나타나며 불균등한 발전을 보이고 있다. 집단 간의 이러한 불균등한 발전과 함께, 물과 물의 관리를 지레로 하는 지연적 결합이 강화되었다. 이에 따라 조몬 시대에는 볼 수 없었던 새로운 관계가 생겨났다.

전쟁과 집단관계

야요이 시대 초기의 마가리타(曲田) 유적에서 특이한 것 하나가 나왔다. 한반도식 간 돌검에 찔린 사람뼈였다. 이 돌검은 조몬 시대에서 보는 동물사냥용의 돌살촉 같은 것이 아니라, 사람을 죽일 목적으로 만든 커다란 돌살촉, 즉 전쟁을 위한 살인전용 무기다. 전쟁이란 집단 간에 벌어지는 무력행사다. 단고(丹後)에서는 야요이 전기의 마지막 시기에 해자로 둘러싸인 언덕 위에 취락이 등장하였다. 다섯 겹씩이나 되는 해자로 에워싸인 취락도 있었다. 농경지와 떨어진 전망 좋은 산언덕에 나무 울타리를 둘러친 고지성 취락도 남 규슈로부터 도호쿠에 걸쳐 나타났다.

이것들은 모두 적의 공격을 막기 위한 방어시설임과 동시에 공격해 들어오는 적을 재빨리 발견하여 자기 편에게 알려주는 역할을 하는 것으로, 전쟁을 미리 상정한 시설이다. 사가 현 요시노가리 유적에서는 해자로 둘러싸인 취락 안에서 망을 보기 위한 망루 유구가 나왔다. 독무덤에 매장된 사람들 안에서는 머리가 잘린 인골도 나왔는데, 당시의 전란이 격렬하였다는 사실을 말해준다.

이처럼 집단 간에 전쟁이 벌어지면서 집단 내에서는 군사지휘자가 나오고 그는 보통 사람보다 훨씬 특출난 지위를 갖게 되었다. 여기에서 농업생산에서의 리더성과 함께 수장적 인격이 생겨났다. 북 규슈의 마쓰로(末盧), 이토(伊都), 나코쿠(奴國) 등의 지역에서는 야요이 중기의 떼무덤 안에서 거울과 수입 동검이 부장된 왕의 무덤이 발견되었다.

야요이 후기의 초창기까지는 후쿠오카 평야와 사가 평야에 사는 집단들이 우위를 차지했다. 대형 독무덤이 있는 중추부에서는 동기를 생산하는 거푸집이 출토하고, 후쿠오카의 다테이와(立岩) 석기가 이들 지역에 공급된 것으로 보아 여러 정치집단의 연합이 존재했던 것으로 추정된다. 그러나 야요이 후기의 초반을 기점으로 해서 북 규슈 세력이 장악하고 있던 우위성은 사라지게 된다.

야요이 무덤의 성립과 해체

야요이 시대 후기에는 철로 만든 생산용구 특히 공구가 사용되고 농경방법이 발달하면서 농업생산력이 크게 높아졌다. 이와 함께 집단 내의 관계와 집단 간의 관계도 변화했다. 이것은 취락구조의 변화와 함께 집단무덤에서 분리된 야요이 무덤의 출현을 통해 확인된다.

야요이 시대 후기가 되면 무덤 조영에서 두 가지 특징이 발견된다. 첫째는 집단 내에서 특정 그룹이 장례식 절차를 거쳐 집단의 대다수와 따로 떨어진 곳에 묻히기 시작하였다. 어떤 인물은 이들 그룹과도 떨어져서 따로 묻히기도 한다. 이는 집단을 대표해서 통솔하는 부족이나 부족연합의 수장이 출현했다는 것을 말해준다. 게다가 이러한 상황은 지역 간의 불균등한 발전과 함께 출현하고 있다.

둘째는 매장에서 지방적 특색이 나타난다는 점이다. 예를 들면 산인(山陰) 지방에서는 네 귀퉁이가 튀어나온 무덤이 만들어지고, 기비(吉備) 지방에서는 무덤에 특수한 기대(器臺)와 단지 세트가 나타난다. 이는 지방별로 공통된 매장과 제사가 출현하고, 수장에 대한 매장과 제사를 공통으로 행하는 지역결합체가 출현했다는 것을 말한다. 집단 내에서 부족의 수장과 부족연합의 수장이 출현하고, 집단들 사이에서는 지방적으로 결합하고 병립하는 상태가 출현한 것이다.

전방후원분 시대(과도기 2)

3세기 말경 일반인들의 무덤과는 완전히 동떨어진 경치 좋은 곳에 앞은 네모나고 뒤는 둥그런 전방후원분이라고 부르는 무덤이 등장한다. 이 무덤은 크게 다섯 가지 특징을 보인다. ① 무덤이 거대하고 전방후원이라는 정형성을 띤다. ② 크고 긴 할죽형 나무널(割竹形木棺 : 나무줄기를 종으로 잘라 안을 파내고 만든 나무널)과 이것으로 덮어씌운 구덩식 돌방을 갖고 있다. ③ 단으로 쌓아올린 무덤에 이음돌과 거대한 공헌토기인 하니와가 열지어 서 있다. ④ 많은 거울이 부장되어 있다. ⑤ 각종 생산용구와 무기가 껴묻거리로 묻혀 있다. 이는 일본열도 전체에 걸쳐 공통적으로 나타나는 특징이다. 초기의 전방후원분 가운데 최대는 야마토 평야 동남부에 자리한 하시나카야마(箸中山) 고분이다.

이러한 전방후원분의 출현은, 전쟁을 거친 각 지방의 연합체가 그 수장을 통해 야마토 연합세력을 중추로 해서 형성된 전 일본열도의 대연합체에 참가한 사실과 관련이 있다. 각지의 수장은 똑같은 무덤방식을 통해 이 연합과 연결되어 있음을 보였다. 이후 전방후원분은 일본열도 각지에서 수장권의 계승의례를 수반하며 300년에 걸쳐 축조되었고, 이는 야요이 시대를 전기와 후기로 나누는 획기가 되었다.

전방후원분시대는 두 가지 측면을 가지고 있다. 하나는 야마토・긴키 지역 세력의 우위를 전제로 한 연합으로서, 무덤 규모와 생산용구의 종류 및

다이센 고분. 전장 486m에 달하는 일본 최대의 전방후원분으로 5세기 것이다.

양에서 보이는 계층적 차이가 수장들 사이에서도 분명하게 나타난다는 점이다. 또 하나는 구조적으로 긴키 지역의 대수장이나 각지의 수장이 똑같은 기반을 갖고 있었다는 점이다. 대왕권과 수장권이 반드시 집단 내의 어떤 특정 집단에 의해 세습되었던 것은 아니다. 이는 4세기 말 대왕의 무덤을 축조한 나라(奈良) 북부의 세력이, 대왕권이 가와치로 넘어간 후에도 여전히 긴키 제2의 세력을 유지하였다는 사실을 통해서도 알 수 있다. 바야흐로 신화로 바뀌게 되는 국가형성의 전사가 정착하고 있었다.

이이 다카시 今井堯

3
천황릉에는 천황이 없다?
고분시대 '천황릉'의 수수께끼

능과 묘

일본인은 무의식적으로 '천황릉'이라는 말을 쓴다. 지금은 주권재민의 세상이다. 그런데도 '능'이라느니 '붕어'(崩御)라느니 하는 말들을 실생활에서 쓰고 있다는 것은 한 번쯤 생각해 볼 필요가 있다. 천황과 황후(황태후 · 태황태후)의 무덤만 따로 구분해서 능이라고 부르는 것은 지금 같은 상징천황제 시대에는 어울리지 않는다. 그런데도 현 「황실전범」에서는 천황과 황후의 무덤을 능이라고 규정하고 있다. 황태자를 비롯한 황족의 무덤은 '묘'라고 부른다. 무덤이 아니라 '묘'다.

중국에서는 한대 이후부터 황제의 묘를 '능'이라고 불렀는데, 고대 일본의 지배자가 이것을 본떠 일본식으로 미사사기(陵)라고 불렀고 이 때부터 '능묘제'라는 것이 시작되었다. 고대의 규정에서는 '능'이라는 말을 천황 무덤에만 쓰고 나머지는 묘라고 되어 있지만, 후에는 황후의 무덤도 능으로 불렀다. 궁내청에 따르면, 전 일본에는 역대 천황릉이 102기, 황후 및 남북조시대나 기타의 이유로 황통계보에서 빠진 역대 천황릉이 75기, 그 밖에

덴무·지토 천황릉의 배소

황족의 묘 등 황실에 귀속된 것으로 간주되는 유적이 660기, 능묘로 추정되는 참고지가 46기 분포되어 있다.

능묘는 궁내청 서릉부(書陵部) 능묘과가 관리하고 있는데, 기나이(교토 주변의 야마시로·야마토·가와치·이즈미·셋쓰의 다섯 지방)에는 교토·우네비·후루이치의 3개 능묘관구가 있고, 능묘 관리자가 계속 능묘를 순찰하고 있다. 근대 이후 능묘의 정면(전방부가 고분 정면에 해당하는지에 대해서는 아직 결론이 나지 않았다)에는 배소(拜所)라고 해서 자갈을 깔아 두었다. 한가운데에 도리이가 서 있고 그 옆으로 동판을 이은 '능 이름판'과 능묘관리소가 있다. 그 안은 울타리로 삼엄하게 둘러쳐 일반인의 출입을 막고 있다.

이상은 1945년 이전부터 만들어져 있었던 것들이다. 요즘에는 배소로 가는 길을 따라 자갈을 깐 주차장을 새로 만들고(칙사용인가?), 능묘 주변은 콘크리트 기둥으로 울타리를 쳤다. 능묘를 1945년 이전보다 더욱 신성불가침 구역으로 만드는 장치가 강화되고 있는 것이다.

전방후원분시대에는 천황이 없었다

능이라고 불리는 것들 가운데에서도 특별히 국민적 관심이 높은 것이 고분시대의 천황릉이다. 고대 천황제 성립기의 수수께끼를 간직하고 있지 않을까 하는 생각에서다.

고분시대는 3세기 후반부터 7세기 말(지역에 따라서는 9세기 초)까지 약 400년 이상 계속되는데, 6세기 중반경까지 다수의 유력 지배층이 전방후원분에 묻혔다(도호쿠 북부와 홋카이도, 오키나와에는 전방후원분이 없다). 그 중에서도 특히 거대한 것은 긴키의 나라 분지와 오사카 평야에 집중되어 있고, 그 대부분은 '천황릉'으로 지정되어 있다. 특히 5세기 중반에 초대형 전방후원분 2기가 오사카에 조영되었다. 그 하나가 사카이 시 모즈에 있는 다이센(大山) 고분으로 흔히 닌토쿠 천황릉이라고 불린다. 또 하나는 하비키노 시 후루이치의 곤다야마(譽田山) 고분으로 오진 천황릉으로 간주되고 있다. 나라 분지에는 야마노베 도(山邊道) 연도에 위치한 야나기모토(柳本) 안도야마(行燈山) 고분과 시부타니무코야마(澁谷向山) 고분이 있는데, 각각 스진(崇神) 천황릉과 게이코(景行) 천황릉으로 지정되어 있다.

고분시대는 그 이름에 걸맞게 대부분의 사회적 잉여가 상류층의 고분을 만드는 데 투입된 시대로서, 고분은 이 시대의 역사를 올바르게 파악하는 데 대단히 중요한 연구자료다. 특히 풍부한 내용을 담고 있는 대형 고분은 연구상의 표식이 되는데, 그 대부분이 능묘로 지정되어 있어 국민의 자유로운 연구를 크게 저해하고 있다.

얼마 전까지 전문학자들조차 고분을 '스진 능'이니 '닌토쿠 능'이니 하는 식으로 불렀다. 특히 궁내청은 1945년 이전의 궁내성 시대 때부터 일관해서 능묘를 황실조상의 무덤이라고 하여 엄격히 관리하고 있다. 그러니 일반인이 그것들을 고대의 천황이나 황후의 무덤이라고 소박하게 믿어버리는 것도 무리가 아니다.

그러나 현대의 고대사 연구를 통해 확실히 밝혀진 바에 따르면, 최고 수장을 천황(스메라미코토)이라고 부르기 시작한 것은 아무리 거슬러 올라간다 해도 6세기 말 이후다. 고대사상 최대의 내란으로 일컬어지는 672년의 임신의 난 이후인 덴무·지토 천황 때다.

그 이전은 대왕제(大王制) 시대였다. 일본어로 오키미(おおきみ)라고 읽는 대왕 칭호도 과연 5세기 중반 이전까지 거슬러 올라갈 수 있을지 미지수다. 예컨대 지바 현 이치하라 시의 이나리타이 1호분에서 출토한 철검의 명문을 보면 단지 '왕이 하사하다'(王賜)라고만 되어 있다. 그렇다면 5세기 이전에는 기나이의 최고 군주도 왕 즉 기미(きみ)라고 불렸을 가능성이 크다. 기미는 군(君)이나 공(公)이라고도 하는데, 이러한 칭호를 가진 자는 '쓰쿠시노 기미'(筑紫君), '가미쓰케누노 기미'(上毛野君)라는 이름으로 알 수 있듯이 규슈나 간토의 모든 지역에 존재하고 있었다. 왕이라는 명칭이 대왕으로 바뀐 것은 아마 5세기 후반, 『송서』 왜국전에 등장하는 왜왕 무(武)에 해당하는 와카타케루 대왕 시대가 아닐까 한다. 대왕이라는 용어는 기나이에 있던 야마토 정권의 왕이 '왕 중 왕'으로서 전국의 다른 왕들보다 한 단계 높은 지위를 굳혔다는 증거가 되는데, 그렇다고 해도 역시 여러 명의 왕들 위에 군림하는 위대한 왕이라는 의미에 지나지 않는다. 반면 천황(스메라미코토)은, 수많은 왕을 비롯하여 전국의 모든 사람들로부터 뚝 떨어진 초월적인 존재로서 반은 신성을 갖춘 절대군주라는 뜻을 갖고 있다. 그런 체제가 만들어진 것은 아무리 올려잡아도 7세기 말 이후다. 그러므로 그 이전 시기의 거대 고분들은 대왕이나 왕의 무덤은 될 수 있을지언정 결코 천황릉이 될 수는 없다.

엉터리로 지정된 '능묘'

계보로 보면 후대 천황의 선조에 해당하는 사람들의 무덤이니 6세기 이전의 대고분을 '능'이라고 부른들 무슨 상관이냐고 할 분도 있을지 모르겠다. 그러나 고대 천황의 선조 혈통을 추적해 볼 수 있는 것은 6세기 전기의 오호토 왕(繼體天皇)까지고, 그 이전은 대부분 오리무중이다. 더욱이 4세기 이전의 역대 천황이란 거의 실재성이 없다. 초대 천황인 진무 천황 이전의 8대는 황통계보를 신비화시키고자 만들어낸 가공의 인물이라는 사실이 모두 증명되었다.

오늘날의 사람들은 곧잘 능묘를 천황계보의 물적 증거라고 본다. 무덤이 저렇게나 크니 스진 천황도 닌토쿠 천황도 실재한 것이 틀림없다고 믿어버리는 것이다. 그런데 기나이의 유력한 고분들을 한 번 검토해 보면, 정말 재미있는 사실이 발견된다. 나라 분지에는 4세기대에 만들어진 거대 고분들이 있다. 이것들은 능이 아님에도 불구하고 천황릉이라고 해도 될 만한 위용을 갖추고 있다. 이는 5세기대에도 역시 마찬가지다. 반면 한제이 능(反正

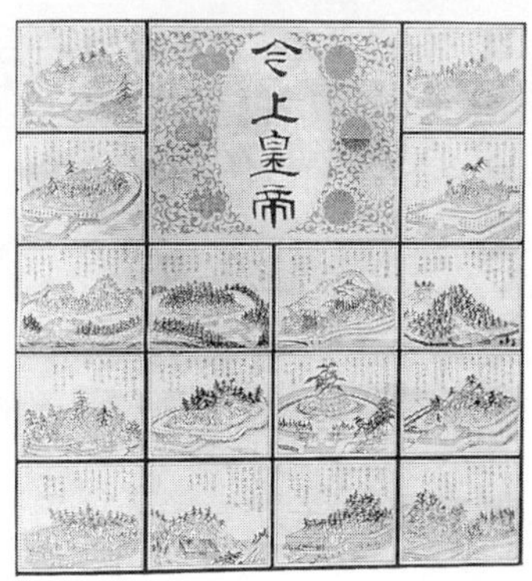

메이지 연간에 출판된 천황릉도

陵)이나 유라쿠 능 같은 것은 도저히 대왕의 무덤이라고 부르기 어려운 규모인데도 능으로 지정되어 있다. 그런가 하면 모즈 니산자이 고분 같은 거대 고분은 정작 능 지정에서 빠져 있다. 지배자의 계보가 분명한 6~7세기대에는 그 어긋남이 더 심하다. 과거 크게 화제가 되었던 후지노키 고분을 비롯하여 덴리 시의 후기 전방후원분들, 나라 현의 바쿠야(牧野) 고분, 야마토 아스카의 미세마루야마(見瀨丸山) 고분(일부분은 참고지), 겐고시즈카(索午子塚) 고분, 쓰카묘진(東明神) 고분, 마루코야마 고분, 기토라 고분, 다카마쓰즈카 고분, 나카오야마(中尾山) 고분 등 대부분의 유력 고분도 궁내청의 '능묘' 지정에서 제외되어 있다.

현재의 능묘는 많은 것이 근세 말부터 메이지기 초기에 지정되었는데, 지정 근거가 된 것은 『고사기』, 『일본서기』, 『연희식』(延喜式)에 실린 능묘의 소재지 이름이다. 그것이 오늘날 학문적으로 고증된 사실과 어긋난다는 것은 고대 사료 그 자체에 문제가 있다는 것을 말한다. 기기에 실린 능묘들

조차 엉터리로 결정되었거나 혹은 어떤 정치적 의도 때문에 실제와는 다른 무덤이 능묘로 지정되었을 가능성도 높다. 시대가 오래된 것일수록 정합성이 높다는 것은 다음과 같은 가정을 가능하게 한다. 즉 유구한 황통계보를 조작하기 위해, 아주 오래 전에 만들어져 누구 무덤인지조차 알 수 없게 된 거대한 전방후원분에다 맞추어 7세기 이후 그에 걸맞는 가공의 천황을 만들어 냈을 것이다. 요컨대 스진 천황이나 닌토쿠 천황의 경우, 고분이 먼저 있었고 후에 이 고분에 어울리게 창작된 인물일 가능성이 큰 것이다.

결국 7세기 말 덴무 천황대를 전후로 하여 적극 추진된 제1차 능묘 지정은 그 자체가 이미 고대 천황제의 도구로서 다분히 정치적 의도를 갖고 조작되었을 가능성이 크다. 고대의 능묘만이 아니다. 고대 말부터 중세를 거치면서 사람들의 뇌리에서 완전히 사라졌다가 막말에서 메이지기에 걸쳐 행해진 제2차 능묘 지정도 완전히 비과학적인 방식으로 이루어졌다. 그래서 고대의 천황릉이라고 부르는 것들은 한결같이 신뢰할 수 없는 것이다.

천황릉은 공개되어야 한다

현대의 고고학은 상세한 상대연대, 역(曆)연대를 분명히 할 수 있을 만큼 높은 정밀도를 자랑하는 연구법을 발전시키고 있다. 연대만이 아니라 고분의 구조와 내용의 비교연구를 통해 고대국가의 성립 과정에 보이는 사회구성이나 정치구조, 그 추이를 구명하는 방법론도 심화시키고 있다. 이러한 연구들을 크게 저해하고 있는 것이 바로 궁내청의 폐쇄적인 능묘 관리다.

3세기부터 7세기까지는 일본사회가 원시 무계급사회에서 계급사회로 탈피한 중대한 시기로서, 국가형성기에 해당한다. 이 시기를 통해 지배계급이 최종적으로 달성한 전제국가체제가 바로 고대 천황제다. 그 고대 천황제는 시대와 함께 변질을 거듭하며 계속 존속해 왔고, 각 시대마다 지배 이데올로기의 역할을 하며 메이지 이후에는 근대 천황제국가를 구축하였다. 오늘날에도 현대 천황제라는 두터운 외피를 쓰고 미·일 제국주의의 중요한 도구가 되고 있다.

이러한 상황을 극복하기 위해서는 천황제의 출발점을 과학적·구체적으로 분명히 해야 한다. 이 때 가장 먼저 해야 할 일이 고분과 고분시대의 여

고분시대의 부활인가? 사진은 쇼와 천황의 무덤

러 유적을 전면적으로 조사·연구하는 것이다. 특히 능묘로 지정된 고분에 대한 학술상의 현장조사가 반드시 필요하다. 그러나 궁내청은 능묘의 학술 공개를 완강히 거부하고 있다. 현재 역사학과 관련된 13개 학회가 공동으로 능묘로 지정된 고분의 철저한 보호와 학술공개를 요구하고 있는데, 이러한 움직임이 더욱 확산·심화되어야 할 것이다.

고분시대의 부활

쇼와 천황의 무덤이 도쿄 도 하치오지 시에 조영되었다. 이 무덤을 만드는 데만 25억 엔이나 든다고 한다. 노동자가 평생 열심히 일해서 벌 수 있는 돈의 여섯 배가 넘는 큰 액수다. 고분시대는 7세기 말경에 막을 내렸다.

그 후에도 때로 히라이즈미(平泉)의 주손지(中尊寺) 곤지키도(金色堂 : 후지와라 집안의 3대를 제사하는 오슈의 사당)나 도쿠가와 이에야스를 제사하는 닛코의 도조구(東照宮) 같은 것이 만들어지기는 했지만, 불교의 영향도 있고 해서 무덤은 대체적으로 간소해졌다. 천황 무덤도 예외는 아니었다.

그런데 다이쇼 시대에 들어와 시대착오적인 능이 부활하였다. '메이지 천황의 후시미모모야마 능'이 그것이다. 앞이 둥글고 뒤가 네모난 이 대형 고분은 덴지 천황과 그 아버지 조메이 천황의 능 형태를 본뜬 것이 분명하다. 1868년의 메이지 유신을 645년의 다이카 개신에 비견하기 위해서였겠지만, 아무리 그렇다고 해도 그 규모가 고분시대 후기의 대형 고분을 능가할 정도로 거대하다. 다이쇼 천황이 묻힌 다마(多摩) 능은 형태는 메이지 능과 같지만 규모가 좀더 작다. 쇼와 천황의 능은 이 다이쇼 능과 거의 같은 규모라고 한다.

메이지에 시작된 근대의 절대주의 천황제 질서가 아무런 반성 없이 답습되고 있다는 사실은 간과할 수 없는 일이다. 그것은 국민의 천황에 대한 존숭(=지배자·위정자에 대한 절대복종) 의식을, 모든 사람이 총체적으로 노예 상태에 놓여 있던 고대로까지 회귀시키려 하는 것이 분명하기 때문이다.

이시베 마사시 石部正志

4
'천황'이란 칭호는 어떻게 만들어졌을까
대왕에서 천황으로

군주의 칭호에 대하여

군주의 칭호는 국내 지배체제와 국제적 지위를 전제로 하고, 군주가 통치의 정통성을 주장하는 이데올로기와 불가분의 관계에 있다. 이러한 관계를 가장 명확히 보여주는 예가 바로 '황제'라는 칭호의 성립 과정이다.

기원전 206년, 전국시대의 대립을 극복하고 전 중국을 통일한 진의 군주는 신하들에게 적절한 군주의 칭호를 제안해 올리라는 명령을 내렸다. 신하들은 당시의 중국사상에 근거해서 종교적으로 높은 신격을 갖는 천황(天皇), 지황(地皇), 태황(泰皇) 가운데 하늘과 땅을 모두 총괄하는 최고신으로서 태황이라는 칭호를 제안했다. 이 제안에 대해 진의 군주는 종교적 신격을 나타내는 '황'(皇)과 예로부터 정치적인 최고 지배자를 가리키는 '제'(帝)라는 단어를 합쳐 '황제'로 부를 것을 스스로 결정했다. 이렇게 해서 탄생한 것이 진의 시황제다. 이 황제라는 칭호는 군주가 종교적 권위와 정치적 권위를 한몸에 갖는 절대자임을 의미한다(西嶋定生, 「皇帝支配の成立」, 『岩波講座世界歷史 古代4』, 1970).

이러한 황제 칭호의 성립 사정을 보면 군주 칭호에는 통치의 정통성을 주장하는 이데올로기가 있다는 사실이 명확해진다. 이것과는 좀 다르지만 역시 내용적으로 공통된 성격을 갖는 것이 '대왕'이라는 칭호다. 중국의 군주 이름 가운데에는 대왕이라는 정식 칭호는 없다. 그러나 한반도 삼국과 일본에는 대왕이라는 칭호가 존재했다. 삼국의 경우, 고구려에서는 4세기 말에 광개토왕, 백제에서는 5세기 후반에 동성왕, 신라에서는 6세기 중기에 법흥왕과 진흥왕이 각각 대왕을 칭하였다. 이들은 하나같이 영토를 확장하고 지배체제를 충실히 다진 지배자들이다. 그 때문에 다른 왕들과 구별해서 대왕이라고 부른 것이다(坂元義種, 『古代東アジアの日本と朝鮮』, 吉川弘文館, 1978).

이러한 동아시아 세계의 군주 칭호를 보면, 일본 고대의 군주 칭호가 왕 → 대왕 → 치천하(治天下)대왕 → 천황으로 변화한 것은 나름대로 군주의 지위와 정통성을 주장하는 이데올로기의 변천 과정을 보이는 것이라고 할 수 있다. 여기에서는 군주 칭호의 변화를 중심으로 고대 천황제의 성립에 대해 살펴보고자 한다.

'치천하대왕' 칭호의 성립

『후한서』, 『위지』, 『송서』 등의 중국 역사서에서는 일본 군주를 '왜국왕'이라고 부르고 있다. 이 칭호는 외교적인 것이지만, 일본 내에서도 '왕'으로 불리고 있었다. 최근 발견된 지바 현의 이나리타이 1호분에서 출토한 철검의 명문은 이 사실을 확인시켜 준다. 이 철검은 야마토 궁정에 봉사하는 무인에게 군주가 하사한 것인데 이 사실을 '왕이 하사하다'(王賜)라는 문구로 기록하고 있다(『王賜銘鐵劍概報』, 吉川弘文館, 1988). 이나리타이 고분은 5세기 중엽에 만들어진 것인데, 당시 야마토 군주는 대외적으로나 대내적으로나 자신을 공공연히 '왕'이라고 부르고 있었다.

하지만 5세기 후반이 되면서 변화가 생겼다. 사이타마 현 이나리야마(稲荷山) 고분에서 출토한 철검(471년)과 구마모토 현 에다후나야마(江田船山) 고분에서 출토한 철검에는 당시의 군주 와카타케루(武王=유랴쿠 천황)가 '대왕'으로 기록되어 있다. 게다가 이 대왕을 '천하를 다스리는'(治天下) 군주라고 쓰고 있다. 야마토 군주는 대외적으로 일본사회를 대표하는 정치적 존재

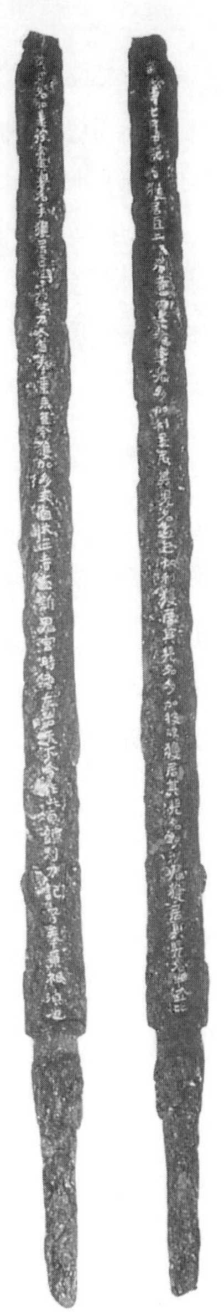

사이타마 현의 이나리야마 고분에서 출토한 철검

지만 원래 각 지역을 지배하는 대수장들의 연합맹주에 불과했다. 그런데 칭호가 이렇게 변화되었다는 것은 5세기에 걸쳐 야마토 군주가 군사·정치적으로 일본사회를 제압하고 전제적 지배권을 확립하기 시작했음을 말한다. 이러한 전제적 지배권의 확립에 커다란 역할을 한 것이 와카타케루였다 (이에 대해서는 佐伯有清 編, 『雄略天皇とその時代』, 吉川弘文館, 1988에 자세하다).

야마토 군주가 대왕이라는 칭호를 쓰게 된 사정은 한반도 삼국과 똑같다. 단 대왕 앞에다 '치천하'라는 단어를 썼다는 것은 분명 한반도에서는 볼 수 없는 특징이다.

천하의 지배자가 군주라는 사상은 중국에서 생겨난 것으로, 중국의 군주만이 천하를 지배할 수 있다는 발상이다. 따라서 중국과 국경을 마주하고 여러 가지 형태로 밀접한 외교관계를 맺고 있던 한반도 삼국의 대왕들은 '치천하'라는 칭호를 사용할 수 없었다. 이에 비해 일본은 중국과의 사이에 바다를 끼고 있어 나름대로 소세계를 형성할 수 있었고, 중국과의 관계도 한반도만큼 밀접하지 않았다. 더욱이 야마토 군주를 중심으로 해서 5세기의 지배층은 끊임없이 한반도 남부를 침략할 생각을 갖고 있었다. 거기에다른 지역에 대한 지배를 정통화하려는 생각이 더해져 대왕에서 한 걸음 더 나아가 치천하라는 칭호를 필요로 하게 된 것이다. 즉 이 칭호는 바로 '동이(東夷) 소제국'의 군주칭호라고 해야 할 것이다.

6세기에서 7세기에 걸친 일본의 외교 양상은 '치천하 대왕'이라는 칭호와 그 이데올로기의 비대화 속에서 이해할 수 있다.

왜 무왕이 중국의 송나라와 통교한 478년을 경계로 하여 일본이 신하의 예로써 중국과 행한 외교는 끊어졌다. 600년 수와 국교를 재개하였을 때 일본의 군주는 자신을 '왜 무왕'이 아니라 '아마타리시히코'(阿每多利思比孤)라고 칭했다. 심지어 607년의 국서에서는 '해 뜨는 곳의 천자'라고까지 칭했다. 이는 6세기에 이룩된 국내 지배체제의 정비를 배경으로 한 것으로, 치천하 대왕의 관념이 비대화된 모습이다(西嶋定生, 『日本歷史の國際環境』, 東京大學出版會, 1985).

천황 칭호의 성립연대

천황이라는 칭호는 이러한 치천하대왕의 이데올로기가 전개되면서 성립된다. 그 성립연대에 대해서는 ① 스이코 천황 내지 그 이전 ② 덴지 천황 ③ 덴무·지토 천황 시대라는 세 가지 설이 있다. 이 설들은 각각 금석문에 기록된 천황의 칭호를 근거로 삼고 있는데, 사료비판에 따라 결론이 나뉜다. 그 밖에 '천왕'(天王)이라는 칭호가 사용되었다는 설도 있지만, 논거가 빈약해서 인정하기 어렵다.

금석문에 기록되어 있는 천황 칭호를 일단 연대순으로 열거해 보면 다음과 같다. 607년 금동약사불 조상기(造像記 : 法隆寺), 623년 금동석가삼존 조상기(法隆寺), 666년 금동미륵보살 조상기(野中寺), 668년 후나노 오고(船王後)의 묘지(墓誌). 지금까지 이루어진 연구로 보건대, 앞의 세 개는 각각 불교신앙과 불상양식, 연대기재법 등에 문제가 있어서 기재된 연대에 실제로 제작되었다고 보기 어렵다. 따라서 668년의 후나노 오고의 묘지가 천황 칭호를 기록한 가장 오래되고 가장 확실한 사료라고 할 수 있다.

후나노 오고는 비타쓰·스이코·조메이 천황대에 걸쳐 궁정에 복무한 관리인데, 비타쓰 천황을 '오사다노미야 치천하천황'(乎娑陀宮治天下天皇)이라고 하여 거처하는 궁 이름 뒤에다 '치천하천황'이라고 기록했다. 후나 씨는 궁정에서 기록하는 일을 맡아보는 도래인 계통의 씨족으로, 당시 지식인 집단의 하나였다. 천황이라는 글자 앞에서 흠자(欠字 : 신분이 높은 사람의 이름을 쓸 때 경의를 표하기 위해 바로 앞에서 한 자 내지 두 자를 띄어쓰는 일)를 행하는 것은 중국에서 온 풍습이다. 그런데 여기에서 주목할 점은 후나 씨가 자신의 선조 이름에도 휘자를 행하고 있다는 사실이다. 이는 후에 공식화된 휘자법과는 다른 것으로서 결코 그냥 보아 넘길 수 없는 것이다. 즉 당시에는 천황이라는 칭호가 공적으로 정해져 천황에게만 휘자를 한다는 것이 확정되어 있지 않았다는 것을 증거해 주기 때문이다.

천황이란 칭호는 덴지 천황 시대에 궁정귀족들 사이에서 쓰이고 있었다. 그러나 이것이 천황이란 용어가 군주에 대한 공적 칭호로 확정되고 공문서 등에도 강제로 쓰도록 규제가 가해졌다는 이야기는 아니다. 이것과 비슷한 문제로 연호 문제가 있다. 『일본서기』에는 645년에 다이카(大化), 650년에 하쿠치(白雉)라는 연호가 정해졌다는 말이 나온다. 그러나 이 연호는 궁정 내부에서만 사용되었을 뿐, 전국적으로 사용되지는 않았다. 『히타치 국 풍토기』(常陸國風土記)나 『황대신궁의식장』(皇大神宮儀式帳) 등은 이 연호가 사용된 시기에 나온 것이지만, 간지만 사용하고 연호는 쓰지 않았다. 연호란 군주가 '시간까지 지배한다'라는 전제군주의 이데올로기에 따른 연대표기법으로서, 군주의 지배영역에 들어와 있는 모든 인민에게 그 사용을 강제하는 데 정치적 의미가 크다. 이러한 강제를 수반하는 연호제는 701년에 제정된 다이호 율령으로부터 시작된다. 따라서 다이카나 하쿠치라는 연호는 단순히 궁정에서만 쓰인 데 불과하다.

천황 칭호가 덴지 시대의 궁정에서 사용된 것은 사실이지만 그것이 공적인 군주의 칭호로 확정되었는지는 의문이다. 이 점에서 천황이란 칭호는 덴지·지토 시대에 제정되어 시행된 기요미하라령 단계에서 비로소 공적으로 성립되었다고 봄이 타당할 것이다.

'천황' 칭호의 의미

앞에서도 보았듯이 중국의 경우 기원전 206년 단계에서 우주의 최고신은 태황이지 천황이 아니었다. 그러나 기원후 2세기경이 되면 '천황대제'(天皇大帝)가 최고신에 오르고 그 후 도교사상의 전개와 함께 6세기 중반경에는 '원시천존'(元始天尊)이 최고신으로 설정되면서 천황대제는 다음 자리로 밀려나게 된다. 어쨌든 '천황'은 중국사상, 특히 도교에서 종교적 신격을 높이 인정받은 존재였다. 이 때문에 도교에 강렬한 관심을 가졌던 당 고종은 674년에 그 때까지 쓰던 황제라는 칭호를 버리고 천황이라는 칭호를 사용하기도 하였다. 그러나 이 사건은 일본이 천황이라는 칭호를 채용한 것과 시간적으로 보더라도 전혀 관계가 없다.

일본에서 천황이라는 칭호가 제정된 것은 도교의 수용과 관계가 깊다. 최근 일본 고대의 적극적인 도교 수용에 대한 연구가 다양하게 이루어지고 있는데(대표적인 연구성과로 福永光司, 『道教と日本文化』, 人文書院, 1982가 있다), 이에 따르면 7세기 이후의 유학생들이 도교를 배워 일본에 전하였고 그 과정에서 '천황'이란 칭호도 알려지게 되었다. 이미 궁정귀족들은 6세기 말에 하늘이 내려주신 존귀한 분이라는 뜻의 '아마타리(라)시히코'라는 군주 칭호를 대외적으로 쓰고 있었다. 이들은 새로 수입된 도교사상 속에서 천황이라는 칭호를 발견하고는 군주의 칭호를 장엄하게 하기 위해 이를 채용하였다. 결국 천황 칭호는 도교사상을 수용한 궁정귀족들이 덴지 천황 무렵부터 사용하기 시작했고, 후나노 오고의 묘지에 기록된 천황이란 칭호도 그 선상에서 나온 것이다.

천황이라는 용어를 군주에 대한 공식 칭호로 확정하고 그 사용을 강제한 것은 덴무 천황이었다. 덴무가 도교에 관심이 컸고 궁정에서도 도교사상을 이용하여 군주의 권위를 강화하려 했다는 것은 여러 가지 사실을 통해 검증되었다(위의 책 참조). 덴무가 죽은 후 붙여진 일본식 시호 '아마노누노나카하라오키노마히토'(天渟中原瀛眞人)는 이를 단적으로 보여준다. 오키(瀛)는 도교에서 선인(仙人)이 산다는 바다속 삼신산(三神山 : 봉래 · 방장 · 영주)의 하나인 영주(瀛州)를 가리키며, 마히토(眞人)는 천황대제의 측근인 선인을 말한다. 따라서 시호 자체는 엄밀한 의미에서 보면 최고신이나 그 권위를 나타내는 것은 아니지만, 그러한 용어를 빌려 덴무가 위대한 군주라고 주장하려 한 것임에는 틀림없다.

천황 칭호는 덴무 시대에 거의 완성을 본 중앙집권체제의 정점에 선 군주를 가리킨다. 즉 군주의 권위를 종교적으로도 장엄화시킬 수 있는 내용성을 갖추고, 통치의 정통성을 주장하는 이데올로기를 갖는 군주의 칭호로서 성립한 것이다.

이 같은 천황을 정점으로 한 율령국가가 아무 권리도 갖지 못한 민중과 그들을 무제한으로 수탈하는 관계를 토대로 하였다는 것은 말할 필요도 없다. 군주를 신이나 혹은 신에 가까운 존재로 보는 이데올로기는 민중의 무권리한 상태를 합리화하려는 이데올로기다. 천황 칭호는 바로 이러한 이데올로기로 성립되어 계속 존재하게 된다. 이 이데올로기적 속박을 어떻게 극복할 것인지가 고대 민중이 객관적으로 짊어진 사상적·정치적·사회적 숙제였다. 그것은 또한 오늘날 일본인이 안고 있는 숙제 중 하나라고도 할 수 있다.

참고문헌
津田左右吉, 「天皇考」, 『日本上代史の研究』, 岩波書店, 1947
福山敏男, 「法隆寺の金石文に關する二・三の問題」, 『夢殿』, 1935
東野治之, 「天皇の成立年代について」, 『正倉院文書と木簡の研究』, 塙書房, 1977
山尾幸久, 「古代天皇制の成立」, 『天皇制と民衆』, 東京大學出版會, 1977
吉田晶, 「古代民衆の天皇觀」, 『天皇制と民衆文化』, 青木書店 1989

요시다 아키라 吉田晶

5
진구 황후의 정벌설화는 무엇을 말하고 있을까
천황가와 고대조선

진구 황후 전승과 '삼한정벌'

진구(神功) 황후의 이른바 신라정벌설화는 이전의 일본사 교과서에 <삼한정벌>이라는 항목으로 설정되어 역사적으로 진짜로 있었던 사실인양 교육·선전되었다. 이것은 일본 지배층의 정한론과 한국에 대한 식민지지배를 합리화하려는 수단이 되기도 했다.

과연 진구 황후의 정벌설화는 역사적 사실일까. 그 허상과 실상을 분명히 하기 위해 '삼한정벌'이라는 용어부터 살펴보자. 우선 이런 용어 자체가 고대 사료에는 보이지 않는다. 이 용어는 후대의 산물로서 17세기 후반부터 차차 사용되었다는 사실을 염두에 둘 필요가 있다. 이를테면 1669년 야마가 소코(山鹿素行)의 『중조사실』(中朝事實)에는 "진구 임금이 직접 삼한을 정벌하다"라고 기술되어 있다. 또 1789년 나카이 세키젠(中井積善)의 『초모위언』(草茅危言)에는 "진구의 원정 이후 한국이 복종하며 조공하다"라고 되어 있다. 요시다 쇼인도 『유수록』(幽囚錄)에서 "진구의 정한 이후……"라는 식으로 기술하여 『일본서기』에 기재된 내용을 긍정하는 태도를 취하고 있다.

진구 황후의 신라정벌설화 그림(위)과 진구 황후의 상(아래)

그러나 진구 황후의 정벌설화를 기술한 고전에도 '삼한정벌'이라는 용어는 전혀 보이지 않는다. 더욱이 『일본서기』의 진구 황후 섭정 전기(前紀) 본문에도 고구려·백제·신라를 가리켜 "이것이 소위 삼한이다"라고 설명하는 내용은 나오지만 '삼한정벌'이라는 말은 없다. 『회풍조』(懷風藻) 서문에도 "진구, 북방을 정벌"이라고는 기술되어 있지만 역시 '삼한정벌'은 아니다.

허구의 진구 황후 전승

이른바 신라정벌설화를 기록하고 있는 일본의 대표적인 고전은 『고사기』와 『일본서기』인데, 두 책의 기술 내용은 세부적으로 상당한 차이를 보인다. 『고사기』는 주아이(仲哀) 천황 항목에 정벌설화를 수록하고 있는 반면, 『일본서기』에서는 진구 황후의 권을 따로 두고(제9권) 훨씬 자세히 기술하고 있다. 『고사기』에는 나오지 않는 백제왕과 고구려왕에 대한 복속도 언급하고 있다. 이 설화에는 아마테라스, 항해의 안전과 항구를 지켜주는 스미요시 삼신(住吉三神), 바다에서 올라온 모자신(母子神)에 대한 신앙전승이 들어 있는데, 두 책의 줄거리는 크게 차이가 난다.

내용도 모순되는 점이 적지 않다. 『일본서기』를 예로 들어보자. (1) 본문에는 "파도가 배를 따라 멀리 (신라의) 나라 안까지 들이쳤고" 그래서 신라왕이 "신라를 세운 이래 아직 바닷물이 나라 안까지 올라왔다는 일은 들어보지 못했다"며 두려워 부들부들 떨었다는 대목이 있다. '파도와 바닷물'이 신라 '나라 안'까지 들이쳤다는 것은 설화 특유의 과장된 표현이다. (2) 당시의 신라왕을 '하사무킨'(波沙寐錦)이라고 했는데, 이런 이름은 한국측 사료에 보이지 않는다. 굳이 비슷한 이름을 댄다면 『삼국사기』에 나오는 제5대 신라왕 파사이사금 정도인데, 이 전설적인 왕은 1세기 후반 인물이니 연대가 맞지 않는다. (3) 진구 황후의 섭정 전기 49년 3월조에는 신라를 격파한 왜군이 "탁순에 모여 신라를 쳐부수다"라고 되어 있다. 탁순은 지금의 경상북도 대구 근처인데, 왜군이 먼저 탁순에 결집했다는 것은 이해할 수 없으며 지리적으로도 무리가 있다. 따라서 스가 마사토모(菅政友)는 『임나고』(任那考)에서 탁순을 '김해부'로 슬쩍 바꿔치기하였다.

다음에는 『고사기』와 『일본서기』의 설화 내용에서 보이는 중요한 차이점을 비교해 보자. (1) 『고사기』는 주아이 천황의 사망과 관이 안치된 궁에 대해 언급하고, 이어서 아마테라스와 스미요시 3신의 영험담을 중심으로 신라정벌을 간략히 전하고 있다. 그리고 신라를 '미마카이'(御馬甘)로 정하고 백제를 '와타리노 미야케'로 정했다고 한다. 또 스미요시 대신(住吉大神)의 신령인 '아라미타마'(荒御魂)를 '나라를 지켜주시는 신'으로 제사지냈다고 한다.

그런데 (2) 『일본서기』에는 보다 구체적으로 정벌에 이르는 전제 설화로서 다음과 같은 내용이 들어 있다. ① 쓰시마에서 배를 타고 출발했다. ② 파도가 배를 따라 신라의 나라 안까지 들이쳤다. ③ 신라왕이 부들부들 떨며 머리를 조아리고 복속했다. 이 때 왕이 한 말 가운데 당시에는 전혀 쓰이지 않던 '신국'이니 '일본'이니 '성왕', '천황', '신병'이라는 용어가 나와 편찬자의 윤색이 두드러진다. 신라의 '아리나레(阿利那禮) 강'이라는 이름도 보이는데, 신라의 조공과 '사마'(飼馬 : 복속을 의미하는 의례행위)의 맹약 등과 관련한 기사도 작위의 흔적이 뚜렷하다. ④ 신라의 '중요한 보배를 간직하는 곳간'을 봉하고, '도적(圖籍) 문서'를 거둬들이고, 황후가 짚고 있던 창을 신라왕의 궁문에 세웠다는 이야기는 여기에서만 나온다. 이처럼 신라의 조공 유래를 강조하는 기술도 『일본서기』의 설화를 특징짓는 요소 중 하나다. 그리고 신라뿐 아니라 고구려・백제까지 포함시킨 '삼한'의 복속과 조공에 대해서도 언급하고 있는데, '고구려와 백제 두 나라 왕'이 영구히 서번(西蕃)이라 칭하며 매년 조공하겠다고 말했다고 한다. ⑤ 진구 황후를 수호하는 신으로는 오미와(大三輪) 신 외에 본문과 일전(一傳)에 보이는 대로 스미요시 3신 등이 등장한다. 그리고 일전은 신라왕과 '우루소호리치카'(宇流助富利智干)의 전승을 기술하고 있다. 이 '우루소호리치카'는 『삼국사기』에 보이는 제10대 나해이사금의 아들 간로(干老)라고 보는 설이 유력하다. 그는 신라의 전설적인 인물 가운데 한 명으로 2세기 말에서 3세기 초에 활약한 왕이다.

이와 같이 기기설화의 내용은 크게 차이가 나며 신빙성에도 문제가 많다. '일본', '천황', '서번' 등의 표기도 7세기 후반 이후의 용법을 근거로 한 것이며(上田正昭, 『大王の世紀』, 『倭國の世界』 등), 삼한 왕의 복속을 실증해 줄 사료도 없다.

그러나 진구 황후 권의 내용이 전부 훗날 궁정의 책상머리에서 상상으로만 만들어졌다는 이야기는 아니다. 진구 섭정 46년 3월 이후의 전승 속에는 『백제기』나 가미쓰케누노(上毛野) 씨의 「고전」(古傳)을 토대로 한 주목할 만한 기술도 포함되어 있다. 물론 그렇다고 진구 황후의 이른바 정벌설화를 사실이라고 인정할 수는 없다. 더더군다나 허구로 가득 찬 정벌설화를 임나일본부의 '실재'를 방증하는 사료라고는 볼 수 없다.

전승의 열쇠 오키나가 여인

그러면 진구 황후 전승은 완전히 '무'에서 만들어진 것일까. 기기전승 전체를 편찬자의 작위와 윤색이 가해진 것이라고만 보는 것은 과학적인 것처럼 보이지만 꼭 그렇지만도 않다. 그러한 시각과 사고방식으로 기기의 내실을 해명할 수 있다고 보는 것은 너무 단순한 결론이다. 이 정벌설화는 분명 작위와 윤색이 심해 사실성을 결여하고 있지만, 완전히 '무'에서 창조된 것

진구 황후와 그 아들 오진 천황을 제사하는 우사(宇佐) 신궁 본전

은 아니다. 거기에는 궁정의 오키나가(息長) 여인에 대한 전승이 설화의 '핵'으로서 존재하고 있다는 점을 놓쳐서는 안 된다.

원래 기기에는 진구 황후라는 칭호는 나오지 않는다. 오키나가타라시히메노 미코토라고 발음하는 이 여인은 『일본서기』에 '息長帶日賣命', 『고사기』에 '氣長足姬尊'으로 기재되어 있다. 진구 황후라는 이름 자체는 중국식 시호다. 단 상당히 일찍이 '신후'(神后)라고 칭한 예를 751년의 『회풍조』 기록에서 엿볼 수 있다.

궁정의 오키나가 여인 전승을 살펴보기 위해 먼저 계보도를 그려보았다. 기기의 계보전승을 정리해 보면 대략 다음과 같은데 이 계보전승에는 주의해야 할 점이 몇 가지 있다. ① 오키나가타라시히메노 미코토(息長帶毘賣命)의 선조계보에는 다니하(丹波) 씨족의 전승이 얽혀 있다. 즉 가이카(開化) 천황은 '다니하 대현주(大縣主)'(다니하는 지금의 교토, 대현주는 지방의 행정통치자)의 딸을 아내로 맞아들였고, 그의 아들 히코이마스(日子坐) 왕은 오미(近江)의 미카미(御上)에 사는 오키나가미즈요리히메(息長水依比賣)와의 사이에 다니하노미치누시(丹波道主) 왕을 낳았다.

다니하 입구의 연희식(延喜式) 내사(內社) 오바타 신사(小幡神社)가 가이카

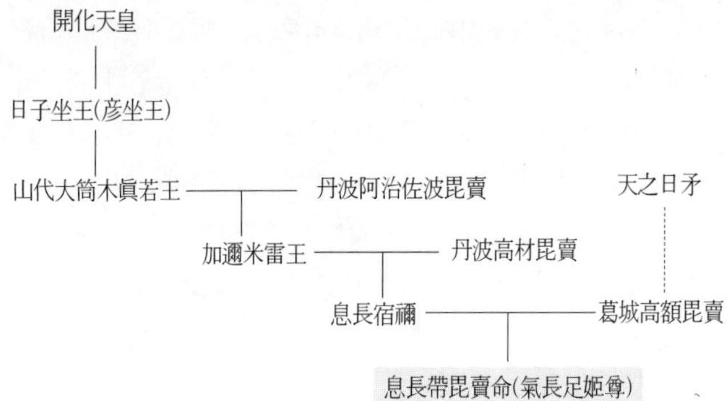

천황과 히코이마스 왕, 오바타(小俣) 왕을 예로부터 신으로 제사하고 있는 것도 참고가 된다(丹波阿治佐波毘賣, 丹波高材毘賣 등도 그 계보에 등장한다).

② 야마시로(山代 혹은 山城) 오쓰쓰키(大筒木)의 마와카(眞若) 왕과 그 아들 가니메이카즈치(加邇米雷) 왕의 존재에 대해서다. 쓰쓰키(筒木)는 교토 부 쓰즈키 군(綴喜郡)의 쓰즈키며, 이 군에 속하는 다나베 정(田邊町)의 천왕(天王)을 모시는 슈치 신사(朱智神社)는 가니메이카즈치 왕(加邇米雷王)을 주제신(主祭神)으로 삼았다. 덴표 시대 후기의 십일면관음입상으로 유명한 다나베 정 후겐지(普賢寺) 촌의 간온시(觀音寺)가 소재해 있는 산의 이름도 오키나가 산이다. 이러한 미나미야마시로(南山城)의 오키나가 씨의 전설도 이 계보와 연결되어 있다.

(3) 아메노히보코(天之日矛, 天日槍)의 후예라고 하는 가쓰라기타카누카히메(葛城高額毘賣)와 오키나가노스쿠네(息長宿禰) 사이에서 태어난 것이 오키나가타라시히메(息長帶毘賣)라는 전설에 대해서다. 신라왕자라고 전하는 아메노히보코와 가쓰라기(葛城) 계통이 이 계보에 투영되어 있다.

(4) 오미의 오키나가 씨가 이 여인 전승의 계보를 뒷받침한다. 오키나가마데 왕(息長眞手王)의 딸인 히로히메(廣姫)는 비타쓰 천황의 황후가 되는여성인데, 그녀의 출신이 오미 국 사카다(坂田)의 오키나가 씨다. 따라서 『연희식』(諸 陵式)에도 히로히메의 무덤은 '오키나가 묘'로서 오미의 사카다 군에 소재한다고 기재되어 있다. 조메이(舒明) 천황이라는 칭호 역시 후대에 붙여진 중국식 시호고, 일본식 시호는 '오키나가타라시히히로누카'(息長足日

廣額)다. 오키나가노 히로히메 → 히코히토노오에(彦人大兄) 황자 → 조메이 천황의 혈통을 따라 시호에 오키나가라는 단어를 삽입한 것이다.

조메이 천황의 황후인 고교쿠(皇極) 천황의 일본식 시호는 아메토요타카라이카시히타라시히메(天豊財重日足姬)인데, 그녀 자신이 오키나가노 히로히메 → 히코히토노오에 황자 → 지누노 왕(茅渟王) → 고교쿠 천황이라는 혈통계보로 연결되어 있었다. 그렇게 보면 오키나가 여인 전승은 조메이 천황과 그 황후인 고교쿠 시대 때 궁정전승으로 정착되어 황통족보에 편입된 것은 아닐까(上田正昭, 『日本の女帝』 참조).

조메이 천황과 고교쿠 천황 사이에서 태어난 인물이 몇 대 후에 덴무 천황이 되는 오아마(大海人) 황자임을 상기하면, 기기 편집의 출발점이 덴무 천황에게 있다는 것도 이해가 간다.

오미 사카다 군에는 아직도 오키나가 씨의 전승이 전해 내려오고 있다. 예를 들면 오미 정의 야마쓰데라(山津照) 신사는 본래 오키나가의 조상신을 제사지냈고, 경내에는 '오키나가노스쿠네의 묘'라고 하는 전방후원형 고분도 있다(단 6세기대 고분). 또 오미 정의 히무(日撫) 신사도 오키나가노 스쿠네를 제사하고 있다. 그리고 오미 정에는 아직도 오키나가 소학교나 오키나가 다리 같은 이름들이 남아 있다.

진구 황후의 소위 정벌설화를 사이메이 천황(齊明女帝)이 백제 구원을 명목으로 내세워 출병한 것과 연결시켜 그 반영이라고 보는 설에는 동조할 수 없지만, 진구 황후 전승이 조메이와 고교쿠 시대로부터 덴무와 지토 천황 시대의 궁정세계에서 점차로 정비되었다는 것은 확실하다.

'정한론'의 원류

진구 황후의 이른바 정벌설화 그 중에서도 『일본서기』 전승의 영향은 생각보다 큰 것이었다. 17세기 후반 이후, 특히 메이지 이후의 정한론 내지 한국침략과 식민지화정책에 이것이 미친 영향은 대단히 크다. 정한론은 근대에 처음 대두한 것이 아니다. 의외라고 여길지 모르겠지만, 8세기의 다이호령이나 요로령과 같은 고대법에 명기된 '인국'(隣國)이란 당(唐)이며 '번국'(蕃國)이란 통일신라였다. 조선=번국이라는 시각은 『일본서기』가 완성

메이지 유신 후에 일어난 정한논쟁도

될 때 이미 확실하게 구체화되어 있었다. 따라서 신라와의 관계가 악화되기만 하면 고대 조정에서는 정한론이 들끓었다. 이 정한론의 근거 중 하나로 고대의 지배자들이 생각해 낸 것이 『일본서기』의 진구 황후 정벌설화였다.

731년 게히노 오미카미(氣比大神)에게 종3위의 신위(神位)를 부여한 이유 중 하나도 이 신이 진구 황후 설화와 관련되어 있었기 때문이다. 737년에는 주아이 천황과 진구 황후를 제사하는 가시이구(香椎宮 : 후쿠오카 시 소재)에 신라의 무례한 행위를 보고하고 있는데, 그 후에도 때때로 신라와의 관계가 긴박해지면 가시이구에 제물을 바쳤다. 이 곳이 진구 황후 정벌설화와 연고가 있기 때문이다. 『회풍조』 서문에 진구 황후를 '신후'로 칭하고 "신후, 북방을 정벌하다"라고 기술한 것도 그러한 상황과 결코 무관하지 않다.

진구 황후의 능에 대해서는 『속일본후기』(續日本後紀)에 다음과 같은 흥미로운 기술이 있다. 839년 4월, 가뭄이 계속되자 이를 진구 황후릉의 저주라고 하여 능묘지기를 처벌하였다. 그래도 재앙이 그치지 않자 841년 5월에는 재앙의 원인을 공헌의 태만으로 바꾸고, 843년 4월에 능묘지기장을 처벌했다.

한편 사키타타나미(狹城盾列) 고분군 속에서 진구 황후릉과 세이무(成務) 천황릉을 착각했다는 점이 판명되었다. 이는 이른바 천황릉 비정이 대단히 모호하게 이루어졌음을 보여주는데, 동시에 그렇게 중시된 진구 황후의 실상이 얼마나 애매하였던가를 시사해 준다. 역사의 허실을 해명하는 역사연구와 교육이 더 한층 중요해지는 대목이다.

참고문헌

津田左右吉,『日本古典の研究』Ⅰ・Ⅱ, 岩波書店
岡本堅次,『神功皇后』, 吉川弘文館
上田正昭,『大王の世紀』, 小學館
上田正昭,『日本の女帝』, 講談社

우에다 마사아키 上田正昭

6
쇼토쿠 태자는 왜 위인이 되어야 했을까
소가노 우마코와 쇼토쿠 태자

스이코 천황의 시대

6세기 말부터 7세기 초에 이르는 스이코 천황의 치세 36년(593~628)은 일본 고대사에서도 특히 빛나는 시기로 평가받고 있다.

이 시기 앞에는 6세기 중기부터 후반까지의 긴메이(欽明) 천황의 치세 32년(540~571)이 있다. 이 시기에 고대국가가 일정하게 형태를 잡고 불교도 전파되었다. 그러나 정치적으로는 소가(蘇我) 씨와 모노노베(物部) 씨가 대립하고 있었고 문화적으로는 한반도의 여러 나라에 뒤떨어져 있었으므로 국제적인 지위도 낮았다.

그러던 것이 스이코 시대에 들면서 사정이 달라졌다. 우선 아스카 시대에 불교의 중심지가 되는 아스카데라(飛鳥寺)가 조영되었다. 스이코가 즉위한 해인 592년에 조영공사를 시작한 아스카데라는 596년 중심 부분(아마도 탑 일곽)이 완성되었다. 조영은 그 뒤에도 계속되었고, 그 영향 아래 각지에 사카타데라(坂田寺), 이카루가데라(斑鳩寺), 시텐노우지(四天王寺) 등이 조영되었다. 이들 사원의 확실한 성립연대는 알 수 없으나 스이코 시대 때 건립된 것으로 보아도 무방할 것이다. 『일본서기』 스이코 32년(624) 9월조에는 이 시기에 절이 46개, 승려 수가 총 1,385명에 달했다고 쓰여 있다. 이 숫자가 얼마나 정확한지는 의문이지만 각지의 절에 남아 있는 불상과 그 밖의 유물·유적을 보건대, 스이코 시대에 불교가 크게 발전을 이룩한 것은 분명하다.

헌법 17조는 그 진위 여부와 성립 주체를 둘러싸고 여전히 설이 분분하다.

외교 방면에서는 5세기 말 이래 백여 년 만에 중국에 사신을 파견하였다. 즉 스이코 8년(600)에 시작하여 22년까지 적어도 4회에 걸쳐 수에 사신을 파견하고 있다. 백제와 고구려로부터는 몇 명의 승려가 일본으로 건너와 불교 이외에 역(曆), 천문 등의 서적과 채색, 지묵 제작법 등 각종 지식을 전해주었다. 내정 방면에서는 관위12계 제도와 헌법 17조가 만들어지고 조례가 정해지는 등 많은 진보가 있었다. 또 『천황기』(天皇記), 『국기』(國記) 등의 사서 편찬도 시작되었다고 한다.

이상은 대부분 『일본서기』의 나오는 내용으로 전부 사실이라고 보기는 어렵다. 그러나 『수서』 왜국전에 왜국과의 사절교환 및 관위12계 등에 대한 기술이 보이고, 또 "120명의 구니(軍尼)가 있는데, 이는 중국의 지방관인 목재(牧宰)와 같은 존재다. 80호마다 1이나기(伊尼翼 : 稻置)를 두었는데 지금의 이장과 같다. 10이나기는 1구니에 속한다"라는 기술도 있는 것으로 보아 이 시기에 일본이 통일국가의 틀을 갖춰 나가고 있었음을 추정할 수 있다.

이와 같은 점에서 스이코 시대는 일본 고대사에서 획기를 이루는 시기라고 할 수 있다. 그렇다면 이 문화・외교・내정의 신정(新政)을 지도한 사람은 누구일까. 여기서 주목되는 이가 스이코 천황의 아들로 전해지는 쇼토쿠(聖德) 태자다.

쇼토쿠 태자의 이미지 조작

1960년도판 고등학교 교과서 『신수 일본사』(山川出版)의 <쇼토쿠 태자와 아스카 문화>라는 항목에는 다음과 같은 기술이 나온다.

> 쇼토쿠 태자는 6세기 말에 스이코 천황의 황태자가 되어 섭정으로서 30년 동안 정치를 했다. 태자는 먼저 12계의 관위를 정하고 문벌타파와 인재등용을 도모하고, 17조의 헌법을 만들어 호족들에게 이를 관인으로서의 훈계로 삼도록 했다. …… 태자는 처음에는 …… 신라정벌군을 일으켰으나 마침내 오직 수나라와 교통하게 되어 오노노 이모코 등을 수나라에 사신으로 파견했다.

이 교과서에서는 불교에 대한 기술이 간략하지만, 1971년도판 『고등학교 일본사』(好學社)는 <쇼토쿠 태자의 신정>이라는 항목에서 "태자가 불교의 융성에 힘을 쏟은 업적 또한 위대하다"라고 하며 헌법 17조 중 불교를 돈독하게 믿으라는 조항을 들고 태자가 불교경전의 주석서인 『삼경의소』(三經義疏)까지 지었다고 기록하고 있다.

현행 고등학교 교과서에서는 쇼토쿠 태자에 관한 비중이 점차 줄어들고 있다. 절이나 항목의 제목으로서 쇼토쿠 태자라는 이름을 내세우지 않고, 정치개혁에서도 소가노 우마코의 존재를 중시하는 견해가 늘고 있다. 이것은 일본 고대사의 연구성과를 받아들인 결과겠지만, 일반적으로는 여전히 '스이코 시대의 발전은 쇼토쿠 태자의 공적'이라는 견해에서 크게 벗어나고 있지 못하다.

이러한 종전의 통설적 이해에 따르면, 쇼토쿠 태자는 앞장서서 불교를 장려하고 난해한 불전의 주석서를 썼으며 멀리 수나라까지 사절을 파견하였다. 게다가 대등한 교류를 요구하는 적극적인 외교를 폈다. 내정에서는

고대 통일국가의 주역으로 숭앙받아온 쇼토쿠 태자 상

오랜 전통을 가진 씨성제(氏姓制)와 그 원리를 달리하는 관위제도를 만들고, 유력 호족의 특권을 부정하고 천자의 절대성을 강조하는 헌법을 제정하였다. 이 모든 것이 정말 사실이라면 그는 참으로 시대를 앞서 간 천재이자 위인이다. 얼마 후 일어난 다이카 개신도 그의 머리 속에 들어 있었으며, 그 기초는 이미 그에 의해 구축되었다고 할 수 있을 것이다. 이런 의미에서 태자는 고대국가를 완성으로 이끈 최대의 공로자라고 해야 한다.

그러나 정말 그가 그 정도로 초인이었을까. 이것은 사료를 토대로 하여 검토해 볼 일이다. 한정된 지면이라 자세히 논할 여지는 없지만, 여태까지 예로 든 불교장려와 외교, 내정의 각 사항이 틀림없는 태자의 공적이라고 논증할 만한 사료는 많지 않다. 이하에서는 그 각 항에 대해 살펴보기로 한다.

진짜 주인공은 소가노 우마코

편의상 외교 문제부터 보자. 스이코 8년에 처음으로 수나라에 사절을 파견한 사람이 누구였는지는 확실하지 않다. 이 사절에 대해 『수서』 서기(書紀)에는 어떤 언급도 나와 있지 않지만, 이 해에 일본이 신라에 대규모 출병을 하였다는 것이 기록되어 있다. 그런데 이 출병에서 대장군으로 임명된 인물이 소가 씨 일족이어서 출병은 소가노오미노 우마코가 입안했을 가능성이 높다. 그렇다면 같은 해의 사절 파견도 우마코가 주도하였다고 보는 것이 타당할 것이다.

두 번째와 세 번째 사절 파견의 주도자 역시 불명확하지만, 사신으로 파견된 오노노 이모코를 배출한 오노 씨가 소가 씨와는 관계가 적다는 사실을 염두에 두면, 쇼토쿠 태자가 관여했을 가능성이 높다. 이 무렵 태자는 나니와(難波 : 오사카의 옛 이름)로 나가는 데 아스카보다 편리한 이카루가(斑鳩)로 거처를 옮긴 것으로 여겨지는데, 이 추측과도 맞아떨어진다. 또한 스이코 11년과 12년에 계획된 신라정벌군의 장군으로 태자의 형제인 구메(來目) 황자와 다이마(當麻) 황자가 임명되었다. 이는 태자가 대외문제에 적극 참여했다는 것을 의미한다. 그러나 이 정벌계획은 모두 중도에서 포기되었다. 스이코 8년의 정벌이 일정하게 성과를 올린 것과 비교해 보면, 우마코의 실력이 태자를 능가하였음을 알 수 있다. 수에 파견된 두 번째 세 번째 사절도 우마코의 조언과 협력으로 성공했을 것이다. 두 차례 모두 사절 대표로 임명된 인물은 구라쓰쿠리노 후쿠리(鞍作福利)인데, 구라쓰쿠리 씨는 비타쓰 천황 14년(585) 이후 불교신앙과 불상조각을 통해 소가 씨와 깊은 관계를 맺고 있었다.

내정문제로는 관위와 헌법을 보자. 앞에서 말한 것처럼 관위12계는 태자가 제정했다는 의견이 강하지만, 『일본서기』에는 스이코 12년 12월조에 "비로소 관위를 행하다"라고만 되어 있을 뿐 제정자에 대한 언급은 전혀 없다. 태자의 전기로서 가장 오래된 『상궁성덕법왕제설』(上宮聖德法王帝說)에는 다음과 같이 기록되어 있다.

> 스이코 13년 5월 쇼토쿠 왕과 시마노 오오미(嶋大臣 : 우마코)가 함께 도모하여 불법(佛法)을 건립하고 다시 삼보(三寶)를 일으켰다. 그리고 5행에 준하여 작위(관위 12계)를 정하였다.

이것에 따른다면 제정자는 태자와 우마코 두 사람이고, 어느 쪽이 주가

소가노 우마코가 묻혔다는 이시부타이 고분. 한 변이 약 50m 정도 된다.

되었는지는 결정하기 어렵다. 그러나 여러 학자의 연구를 통해 이 제도가 한반도 삼국의 관위제도로부터 영향을 받아 성립하였다는 사실이 밝혀졌다. 소가씨가 일찍부터 한반도 문화에 익숙해 있었음을 염두에 두면, 이 역시 우마코가 주도했을 가능성이 높다.

이번에는 헌법 17조를 보자. 『일본서기』 스이코 12년조에는 "황태자가 직접 처음으로 헌법 17조를 만들다"라고 기록되어 있다. 또 『상궁성덕법왕제설』에도 태자가 만들었다고 되어 있다. 그러나 에도 시대 이후 이 헌법이 태자를 빙자한 위작이라는 설이 있으며, 최근에는 헌법에서 쓰인 용어로 보건대 덴무나 지토 천황 때 만들어졌다는 주장도 나왔다. 현재로는 여전히 태자가 만든 것이라는 설이 유력하지만, 적어도 제12조에 등장하는 '국사'(國司)라는 말은 스이코 시대에는 쓰이지 않은 말이다. 이에 대해 국사의 전신이라 할 미코토모치를 '국사'로 표기했다는 변호론도 있지만, 지토 천황과 몬무(文武) 천황 때 시행된 '기요미하라 영제'(淨御原令制)에서도 미코토모치는 '국재'(國宰)로 표기되어 있다. 기록상 '국사'라는 칭호가 처음 나타난 것은 701년의 다이호령에서다. 따라서 혹 태자가 관인이 갖추어야 할 자세를 문장으로 남겼을 수는 있겠지만, 『일본서기』에 나오는 대로 천황중심사상을 핵으로 하는 헌법 17조가 통째로 태자의 작품이라고는 생각할 수 없다.

외교와 내정 면에서 분명 태자의 공적이 없다고야 할 수 없겠지만, 태자 이상으로 소가노 우마코의 힘이 강대했다고 보는 것이 타당하다. 불교의 융성에 대해서도 마찬가지다. 태자에게 후한 점수를 준 『일본서기』조차 스이코 2년 2월조를 보면 "황태자 및 오오미에게 조칙을 내려 불교를 흥륭시키다"라고 되어 있다. 또 『상궁성덕법왕제설』에서도 앞서 지적한 것처럼 두 사람이 함께 도모하여 "불법을 세우고 불교를 일으키다"라고 되어 있다. 긴메이 시대에 불교가 전래된 이래 모노노베 씨 등의 불교배척파와 경쟁하며 불교를 받아들이고 흥륭시킨 소가 씨의 공적은 대단히 크다. 일본 최초의 본격적인 사원인 아스카데라의 건립 역시 소가노 우마코에게 힘입은 바 크다. 태자는 이 우마코의 지도 아래서 불교 진흥에 힘썼을 것이다. 유명한 『삼경의소』도 현존하는 것이 태자의 작품인지에 대해 찬반양론이 엇갈리고 있어 판단하기 어렵다. 불교문화 섭취의 대세로 미루어, 헌법 17조와 마찬가지로 7세기 후반 이후에 태자를 빙자해서 만들어진 작품이라고 보는 것이 무리 없을 것이다.

스이코 시대의 빛나는 발전은 물론 한두 명의 정치가나 종교가에 의해 이룩된 것이 아니다. 사회를 뒷받침한 대중과, 새로운 문화와 제도에 관련된 지식을 갖고 들어온 도래인의 힘이 크다. 바로 이들의 힘을 총합하여 지도한 인물로는 역시 태자보다 우마코를 먼저 꼽아야 하지 않을까. 사실 우마코야말로 스이코 신정의 공로자라고 할 수 있다. 당시 그가 가장 유력한 호족인 소가 씨 가문의 우두머리로서 오오미라는 지위에 있었다는 사실을 염두에 둔다면 그것은 당연한 일이다. 요메이·스슌·스이코의 세 천황을 낳은 기타시히메와 오아네기미 자매는 모두 우마코와 남매 사이다. 쇼토쿠 태자는 요메이 천황과, 오아네기미가 낳은 아나호베노하시히토 황녀 사이에서 태어났으며, 우마코의 딸 도지코노이라쓰메를 아내로 맞았다. 쇼토쿠는 우마코의 치밀한 정략결혼정책의 그물 속에 걸려 있었던 것이다.

쇼토쿠 태자는 왜 '위인'이 되었을까

그러나 『일본서기』의 편자를 대표로 하는 다이카 개신 이후의 조정은 이 사실을 인정할 수 없었다. 7세기 중엽 이후에 창출된 중앙집권적 율령제 국가의 형성은 천황가(정확하게는 大王家) 사람들을 중심으로 추진되었다. 그 획기가 다이카 개신이었다. 다이카 개신은 나카노오에(中大兄) 황자가 소가 씨 종가를 없애면서 시작되었다. 나카노오에는 뒤에 덴지 천황이 되어 율령 국가의 기초를 굳힌 인물이고, 따라서 그가 없앤 소가 씨 종가는 필히 천황의 개혁을 훼방놓는 악당이 되어야 했다. 그런데 다이카 개신의 전제가 된 스이코 신정을 소가 우마코가 추진하였다고 밝힐 경우 오히려 나카노오에가 악당이 될 위험이 있었다. 따라서 천황가 중심의 정치개혁이라는 대의명분을 관철시키기 위해서는 어떻게든 소가 씨를 악당으로 몰고 우마코의 공적을 평가절하시킬 필요가 있었다.

이러한 목적에서 『일본서기』의 편자가 높은 비중을 둔 사람이 쇼토쿠 태자였을 것이다. 그는 우마코의 사위이기는 했지만, 동시에 요메이 천황의 장자로서 천황가의 요지부동한 직계였다. 스이코 천황이 사망한 후 쇼토쿠 태자의 장남이 조메이 천황과 천황위를 놓고 다툰 것만 보더라도 그가 천황가에서 유력자였음은 분명하다. 그리고 스이코 시대에는 우마코 다음 가는 인물로서 정치와 불교흥륭에 관여한 것도 사실이다. 그야말로 우마코를 대신해서 스이코 신정의 공로자로 내세우기에 안성맞춤인 인물이었다.

이리하여 『일본서기』의 편자는 우마코가 세운 공적의 대부분을 쇼토쿠 태자의 공으로 슬쩍 바꿔치기하고 대신 태자의 공적을 부풀렸다. 쇼토쿠라는 명칭도 이 과정에서 만들어졌을 것이다(이 명칭이 확실하게 처음 보이는 것은 707년 금석문에서다). 사실 그가 스이코 천황의 즉위와 함께 태자로 봉해졌다는 『일본서기』의 기사에는 의문이 있다. 당시에 쇼토쿠가 태자가 될 수 있을 정도였다면, 굳이 여성인 스이코를 천황으로 삼을 것 없이 아예 그를 천황으로 내세울 수 있었을 것이다. "섭정하게 하다"라든가 "천황의 일을 행하다"라는 식으로 쇼토쿠가 섭정 자리에 있었던 것처럼 쓴 기록도 또한 의심이 간다.

스이코 시대 이후 정치개혁의 중심에는 항상 천황 일족이 서 있어야 한다는 고대 천황제국가의 지상명령이, 쇼토쿠 즉 우마야도(廐戶) 황자를 태자로 분장시키고 스이코 시대의 중심인물이었던 것처럼 내세워 내치·외교·문화의 대개혁을 추진한 '위인'으로 바꾸어 놓은 것이다.

참고문헌
津田左右吉,『日本古典の研究II』, 岩波書店
直木孝次郞,「聖德太子傳」,『歷史と人物』1979. 11
直木孝次郞,「聖德太子像の問題點」,『歷史地理教育』306/『日本古代の成立』, 社會思想社
小倉豊文,『聖德太子と聖德太子信仰』, 綜藝社

가오키 고지로 直木孝次郞

7
고사기와 일본서기는 어떻게 성립되었을까
천황가에 의한 지배의 합리화

머리말

『고사기』는 712년에 오노 야스마로(太安万侶)가 편찬했고 『일본서기』는 720년에 도네리 친왕(舍人親王) 등에 의해서 완성되었다. 『고사기』는 신화와 전승・설화・가요로 가득 차 있으며, 주로 '신대'(神代)에 초점을 둔 사서다. 이에 비해 『일본서기』는 닌토쿠 천황 이후의 기술이 전체의 3분의 2 이상을 차지하는, '인간시대'의 역사를 중심으로 기록한 사서다.

그러나 『고사기』와 『일본서기』는 다음과 같은 공통점을 갖고 있다.

① 편찬시기가 모두 겐메이(元明)~겐쇼(元正) 시대 즉, 율령제도가 확립된 8세기 초두이고, 이 시기에 천황중심의 통치기구가 완성되었다(표 1).

② 천황연대기를 보면 『고사기』는 진무~스이코 천황까지고, 『일본서기』는 진무~지토 천황까지다. 천황연대기(즉위순, 혈연, 혈통, 황비, 황자 황녀 등의 기록)는 두 책 모두 공통 연대기를 사용했으며 겐메이~겐쇼 천황에 이르는 황통성을 주장하고 있다. 일본식 시호가 쓰였다는 이유 등으로 실재성을 부정되고 있는 진무 천황으로부터 가이카(開化) 천황까지 9대의 천황에 대해

서도 공통된 천황연대기를 사용했다.

표 1. 8세기 초두의 역사서 편찬 연표

연도	연호	천황	내 용
711	和銅 4	元明	9월 18일 太安万侶에게 『고사기』 편찬 명함
712	5	〃	1월 28일 太安万侶, 『고사기』 撰上
713	6	〃	『風土記』 편찬을 諸國에 명함
714	7	〃	紀清人・三宅藤麻呂 등에 『국사』 편찬 명함
715	靈龜 1	元正	이 즈음까지 『播磨國風土記』 완성
720	養老 4	〃	舍人親王 등, 『일본서기』 撰上
723	7	〃	이 즈음까지 『常陸國風土記』 완성

③ 『고사기』와 『일본서기』에 수록되어 있는 씨족전승은 두 사서가 편찬된 시기에 유력했던 씨족의 선조를 역대 천황과 혈연관계로 연결시켜 기술한 경우가 많다. 기기는 천황가와 유력 씨족에 의한 지배자집단의 신분질서를 반영한 것이기도 하다.

④ 기기에 기록된 천황연대기와 씨족의 선조전승은 관찬사서라는 권위를 통해 정통성을 부여받고, 역으로 이는 다시 민중 안으로 파고 들어가는 형식을 취했다. 기기보다 조금 늦게 편찬된 『풍토기』는 각 지역 신들의 전승을 천황의 지방순행 같은 전승들과 결부시켰다. 이렇게 해서 천황가의 지방지배가 실제보다 시기적으로도 더 오래되고 더 강력했던 것처럼 보이게 되었다.

이하에서는 『고사기』와 『일본서기』 편찬의 기본사료가 된 천황연대기와 씨족전승의 성립에 대해서 살펴보기로 한다.

대왕의 계보와 씨족전승

중국 남조 송의 정사인 『송서』 왜국전에는, 왜의 5왕이 즉위할 때마다 송의 황제에게 조공을 바치고 '안동(대)장군 왜국왕'이라는 칭호와 한반도 여러 지역의 군사장군 칭호를 요구하여 이를 부여받았다는 기록이 나온다. 여기에서의 왜의 5왕은 찬(讚)・진(珍)・제(濟)・흥(興)・무(武)를 말하며 사신

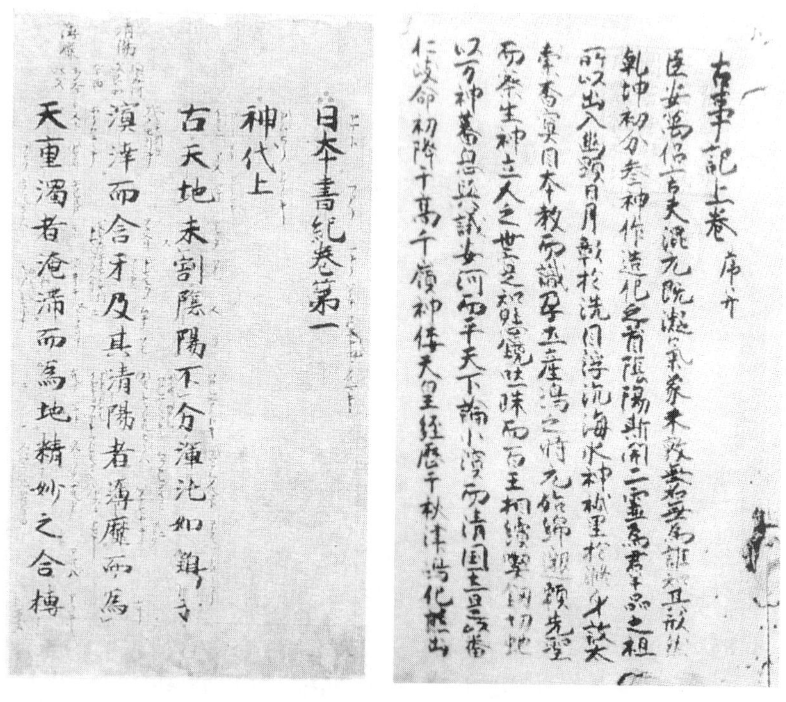

日本書紀巻第一
神代上
古天地未剖陰陽不分渾沌如鷄子
溟涬而含牙及其清陽者薄靡而爲
天重濁者淹滯而爲地精妙之合摶

古事記上巻 序并
臣安萬侶言夫混元既凝氣象未效無名無爲誰知其形然
乾坤初分參神作造化之首陰陽斯開二靈爲群品之祖
所以出入幽顯日月彰於洗目浮沈海水神祇呈於滌身故太
素杳冥因本教而識孕土產嶋之時元始綿邈頼先聖
而察生神立人之世寔知懸鏡吐珠而百王相續喫劒切蛇
以萬神蕃息與議安河而平天下論小濱而清國土是以番
仁岐命初降于高千嶺神倭天皇經歷于秋津嶋化熊出

소위 '기기'로 통칭되는 일본서기(왼쪽)와 고사기(오른쪽)

파견은 413년에서 478년까지 7회에 걸쳐 행해졌다.

5세기에 7회에 걸쳐 정기적으로 행해진 왜왕의 조공은 그들이 일본 내에서 가진 지위가 안정되어 있었고, 정권차원에서 대외정책의 계속성을 유지할 수 있었던 데서 가능하였을 것이다. 478년 왜왕 무의 상표문에는 다음과 같은 기록이 나온다.

> 봉국(封國 : 왜국)은 멀리까지 나아가 밖으로 번(藩 : 國)을 삼았다. 옛날 우리 선조는 스스로 갑주를 몸에 두르고 산천을 헤치고 다니며 평안한 곳에 쉴 틈이 없었다. 동쪽으로 모인(毛人)을 정복한 것이 55개 국, 서쪽으로 중이(衆夷)를 정복한 것이 65개 국, 바다의 북쪽으로 건너가 평정한 것이 95개 국…… (『송서』 왜국전)

왜왕 무는 유랴쿠 천황으로 비정되는 인물인데, 위의 478년 시점에서 이미 대왕(오키미) 계보와 그 대왕들의 국내정복에 얽힌 전승이 성립되어 있음을 볼 수 있다.

사이타마 현에 소재하는 이나리야마 고분에서 출토한 철검의 명문(銘文)에 나오는 신해년은 471년이고, 와카타케루 대왕은 위의 유랴쿠 천황일 것이다. 철검의 명문에는 오와케노오미(乎獲居臣)라는 인물의 선조계보가 다음과 같이 8대에 걸쳐 기록되어 있다.

> ① 오호히코 → ② 다카리노 스쿠네 → ③ 데요카리와케 → ④ 다카히시와케 → ⑤ 다사키와케 → ⑥ 하테히 → ⑦ 가사히요 → ⑧ 오와케노오미

이 명문을 작성한 목적은, 오와케노오미가 자기 씨족이 대대로 측근에서 대왕을 호위한 장도인수(杖刀人首)로서 봉사(奉仕 : 사료에는 奉事)하였고 나아가 천하정치를 도왔다는 대왕가에 대한 봉사 유래를 기록하기 위해서였다 [기시 도시오(岸俊男)의 해독에 따른다].

이 명문을 통해 5세기 후반에 씨족전승이 성립되어 있었음을 알 수 있다. 대왕에 대한 씨족봉사의 유래를 기록하는 일은 왕권 내부에서 씨족의 존재가치를 나타내는 일이며, 동시에 피지배자인 민중에 대해서는 자신의 권위를 부여하는 역할도 한다.

오와케노오미의 씨명은 확실하지 않지만 8대에 걸친 선조전승이 있고 "대대로 장도인의 수장으로서 오늘날까지 봉사해 왔다"라는 표현을 통해 보건대, 동족집단으로서 우지(氏)가 존재했으며 대왕으로부터 오미(臣)라는 가바네(姓)를 수여받은 것으로 추정된다.

맹신탐탕

『수서』 왜국전은 6세기 말에서 7세기 초두의 일본 상황을 기록한 믿을 만한 중국의 정사다. 거기에는 소송과 재판에 대한 기술이 보이는데 그 가운데 맹신탐탕(盟神探湯)에 대한 이야기가 나온다.

> 작은 돌을 뜨거운 열탕에 넣고, 서로 다투는 자들에게 이것을 집게 한다. 거짓말을 하는 자는 즉시 손을 데어 짓무르게 된다. 또는 뱀을 독 안에 넣고 그것을 집게 한다. 거짓말을 하는 자는 즉시 손을 물리게 된다.

맹신탐탕은 신판(神判)의 일종으로서 『일본서기』에도 우지와 가바네를 판정하거나 분쟁을 해결할 때 사용하였다는 기록이 있다. 즉 인교(允恭) 천황 시대에 잘못해서 가바네를 잃어버렸거나 일부러 지위가 높은 우지를 사칭하는 경향이 있었다는 이야기가 나온다. 또 씨족들이 자신들의 유래를 '제황(帝皇)의 자손이나 하늘의 자손'이라고 주장할 경우 그 사실 여부를 판정하기 위해 천황의 명령으로 맹신탐탕을 행하였고 이로써 씨성이 저절로 정해졌다는 내용도 나온다. 인교 시대의 전승은 아마 6세기의 상황을 반영하였을 것이다. 여기에서는 다음과 같은 사실을 알 수 있다.

① 우지와 가바네는 지배집단으로서의 씨족의 정치적 신분을 나타내는 중요한 표식이었다.

② 높은 신분의 우지・가바네를 추구하는 분쟁이 있었다.

③ 씨족의 선조전승이 성립하여 선조를 제황의 자손이나 천신의 자손으로 삼는 일이 행해지고 있었다.

천황기・국기・본기

대왕가의 계보와 사적을 기록한 연대기와 신들의 이야기, 씨족들의 선조전승을 기록한 씨족의 기록은 이미 살펴본 것처럼 5세기 말경에 성립해 있었고 6세기에는 문장화되었을 가능성이 높다. 이러한 추측을 토대로 해서 대왕가에 의한 제기(帝紀) 편찬 시기를 6세기 전반에서 찾는 설도 있다(前之園亮, 「ウジとカバネ」, 『日本の古代11 ウジとイエ』, 中央公論社).

역사상 확실한 국가에 의한 사서 편찬은, 620년 쇼토쿠 태자와 소가노 우마코가 주도한 천황기(天皇記)와 국기(國記) 등의 편찬이다.

> 쇼토쿠 태자와 소가노 우마코가 함께 도모하여 천황기 및 국기, 오미(臣)・무라지(連)・도모노미야쓰코(伴造)・구니노미야쓰코(國造) 180부 및 공민 등의 본기(本紀)를 기록하다. (『일본서기』 스이코 28년조)

천황기는 문자사용법을 보건대 후세의 수식이 들어가 있기는 하지만 대왕가의 계보와 사적을 내용으로 한 것이다. 국기는 국(國)의 탄생신화나 신들의 전설, 지방의 정복전승 등을, 본기는 씨족의 선조전승과 부(部 : 인민을 거주지나 직업에 따라 집단으로 편성하여 지배하는 방식)의 전승, 일반 민중의 전승 등을 담은 것으로 추정된다.

이것들이 편찬된 스이코 시대는 대외적으로는 수나라에 사절을 파견하고 국내적으로는 관위12계를 제정하는 등, 국가성립기에서 중요한 단계였다. 이러한 시대를 배경으로 대왕의 계보와 지방의 정복전승, 국의 탄생신화, 씨족들의 전승 등을 대왕가를 중심으로 하는 사관 아래 통합시킬 필요가 생겨났다. 이 시기가 바로 국가에 의한 사서편찬의 제1기라고 할 수 있다.

제기 · 구사

덴무 천황 시대는 국가에 의한 사서편찬의 제2기에 해당한다. 이 시대는 임신의 난으로 덴지 천황의 아들(오토모 황자) 편을 든 기나이의 많은 대호족들이 힘을 잃고, 대신 덴지 천황의 동생으로 후에 덴무 천황이 되는 오아마 황자를 지지한 중소 호족과 지방호족들이 세력을 얻고 천황권력도 한층 강화된 시대다. 또 씨족의 신분질서가 크게 변동되어 684년에는 씨족의 신분질서를 새로 제정하고(天武八姓) 씨족 내부 구성원의 대표자인 우지노카미(氏上)를 선정하도록 했다(681~683). 이처럼 지배계급 내부의 신분질서가 변동되는 시기에 국가에 의한 사서편찬이 이루어졌다.

『고사기』 서문에 의하면 덴무 천황은 "씨족들이 소유하고 있는 제기(帝紀)나 본사(本辭)는 사실과 다르며 거짓이 많이 포함하고 있다. 지금 이를 고치지 않으면 오래지 않아 곧 진실을 놓치게 될 것이다. 거짓을 삭제하고 사실을 정하여 올바른 제기와 구사(舊辭)를 편찬하라"고 명령을 내렸다. 제황일계(帝皇日繼)라고도 지칭되는 제기는 대왕(천황)의 연대기와 사적을, 본사나 선대구사(先代舊辭)로도 지칭되는 구사는 국의 탄생신화와 설화, 씨족전승 등을 기재한 것이라고 추정된다.

681년 덴무 시대에 또 하나의 사서편찬 움직임이 있었는데, 가와시마(川島) 황자와 오사카베(忍壁) 황자에게 명하여 제기와 상고제사(上古諸事)를 기록하게 한 것이다. 이 계통의 사서편찬이 후에 『일본서기』 편찬의 시초가 된 것으로 추측된다.

고사기와 일본서기

8세기 초두 겐메이~겐쇼 천황 시대에 『고사기』와 『일본서기』, 『풍토기』의 편찬이 거의 완성되었다(표 1). 이 시기가 국가에 의한 사서편찬의 제3기에 해당된다. 특히 『고사기』와 『일본서기』는 그 이전에 편찬된 제기와 구사 등을 원자료로 삼아 국가에 의해 집대성되었다는 의미를 갖는다.

『고사기』의 특색을 보면, 문체는 한문체에 선명서(宣命書)나 한자음을 빌어 일본어를 표현한 가자서(假字書)를 포함하는 등 다양하며, 기전체 형식을 취하고 있다. 구성은 상・중・하 3권으로 되어 있으며 역사 이전의 신화와 전설, 설화에 비중을 두고 있다. 다루는 시대는 스이코 시대에서 끝나는데, 『고사기』 서문에서 알 수 있듯이 편찬 소재가 덴무 시대 이전에 이루어진 제기와 구사를 중심으로 했기 때문일 것이다.

『일본서기』는 처음부터 『고사기』와는 종류를 달리하는 사서를 만들기 위해 편찬된 것이다. 714년 기노키요히토(紀淸人)와 미야케 후지마로(三宅藤麻呂) 등에게 조칙을 내려 국사를 편찬하기 시작했다는 기록이 보이는데, 이 기사가 『일본서기』의 편찬과 관련이 깊을 것이다. 여기에는 확실히 국사 편찬의식이 드러나 있다. 책의 구성도 신대가 12%이고 신대~오진 시대가 전체의 3분의 1을 차지하는 데 비해, 닌토쿠~지토 시대가 3분의 2를 차지하는 등 명백히 '인간시대'의 역사=국가형성기로부터 그 확립기까지를 대상으로 하고 있다(표 2). 책 이름을 『일본기』(日本紀 : 기 30권, 족보 1권. 족보 1권은 현존하지 않는다)로 한 것은 일본을 중국 및 한반도와 구별하는 국가의식을 반영한 것으로 보인다. 『일본서기』의 문체는 순수한 한문체로서 편년체 형식을 취하고 있으며, 중국의 당과 한반도의 신라에 대해서 천황가에 의한 국가지배의 정당성을 주장하고 과시하려는 의도도 갖고 있었다.

표 2. 『고사기』와 『일본서기』의 구성 비교

	고사기 (%)			일본서기 (%)		
신의 시대	상권	伊奘諾尊~ 鸕鶿草葺不合尊	33.8	권1 권2	신대(상) 신대(하)	12.4
신과 인간의 시대	중권	神武~應神	40.1	권 3~10	神武~應神	19.8
인간의 시대	하권	仁德~推古	26.1	권11~22	仁德~推古	35.8
				권23~30	舒明~持統	32.3

* 기기의 내용 분량(%)은 본문 항수와 행수에 의한다(『國史大系本』).

참고문헌

石原道博 編譯, 『中國正史日本傳 I』, 岩波文庫

日本古典文學大系 『古事記・祝詞』, 『日本書紀』 上・下, 岩波書店

倉野憲司, 『古事記』, 岩波文庫

坂本太郎, 『日本古代史の基礎的研究(上)』, 東京大學出版會

埼玉縣教育委員會, 『稻荷山古墳出土金象嵌銘概報』

水野祐, 『增訂日本古代王朝史論序說』, 小宮山書店

사사키 겐이치 佐佐木虔一

8
나라의 번영은 어떻게 이룩되었을까
율령제 하의 천황과 귀족, 민중

머리말

1988년 '나가야 왕(長屋王) 저택' 터가 발견되고 거기에서 다량의 목간이 출토하였다. 이 고고학적 발견은 일반인들게까지도 크게 관심을 모았다. 특히 약 6만 평방미터가 넘는 광대한 규모의 택지가 관심거리였다. 풍부한 내용을 담고 있는 목간은 나가야 왕과 그 부인인 기비 내친왕(吉備內親王)의 상상을 초월하는 정비된 가정(家政) 기관의 모습을 보여주는 최상급 자료모음이라고 할 수 있다. 우유를 마시고 저택 안에서 닭과 개를 쳤다는 사실에도 흥미를 느낀 사람이 많았던 듯하다.

나가야 왕은 나라 시대(710~784) 전반부의 한때를 '나가야 왕 시대'라고 부를 만큼 중요한 인물인데, 그 동안 모호했던 나가야 왕의 여러 측면이 목간 출토를 통해 명확해졌다. 특히 앞으로 가정기관의 인물과 여러 움직임들이 목간을 통해 구명되면, 당시 유력 왕족이 어떻게 생활하였는지 훨씬 명확하게 밝혀지게 될 것이다.

나가야 왕 저택 유적 복원도

왕족과 귀족이 누리는 영화의 기초

왕족과 귀족이 누리던 영화는 그들이 갖고 있던 '지위'를 기초로 한다. 이 지위에 따른 특권에 대해서는 1945년 이후 일찍이 (1) 정치적 특권 (2) 경제적 특권 (3) 신분적 특권의 세 측면에서 명확히 구명되었다(竹內理三, 「律令官位制における階級性」, 『律令制と貴族正權』 第1部). 근래 이르러서는 아오키 가즈오(靑木和夫, 「律令國家の勸力構造」, 『岩波講座日本歷史 古代3』), 세키 아키라(關晃, 「律令貴族論」, 같은 책)에 의해 보다 자세한 검토가 이루어졌다. 이것을 '급여'의 측면으로 한정해서 정리해 보면 <표 1>과 같다.

이런 특권을 누릴 수 있는 사람들은 대부분 헤이조쿄(平城京 : 나라노미야코라고도 하며 현재 나라 시 서쪽 외곽지역)에 살고 있었다. 헤이조쿄는 동서 약 5.8, 남북 4.8킬로미터 넓이에 약 10만 명(일설에는 20만 명) 정도 거주하였던 것으로 추정된다. 이 가운데 가장 많은 특권을 누릴 수 있는 관직 종5위 이상은 극소수에 지나지 않았고, 이 집단의 정점에 서 있는 존재가 바로 천황이었다. 그는 모든 특권을 수여하는 주체였다. "짐은 천하의 부를 소유한다"라고 한 쇼무(聖武) 천황의 말은 이를 극명하게 드러낸 것이다.

따라서 '나라(奈良)의 번영'은 헤이조쿄와, 이 헤이조쿄에 사는 천황을 정점으로 한 왕족·귀족의 주거와 소비생활을 가리키는 것이고, 따라서 당시 민중과는 전혀 상관이 없었다.

표 1.

	職封/戶	職田/町	位田/町	位封/戶	位祿				季祿								位分資人/人	職分資人/人
									2월				8월					
					絁/疋	綿/屯	布/端	庸布/常	絁/疋	絲/絇	布/端	鍬/口	絁/疋	絲/絇	布/端	鐵/廷		
정 1	3000	40	80	300					30	30	100	140	30	30	100	56	100	300
종 1	3000	40	74	260					30	30	100	140	30	30	100	56	100	300
정 2	2000	30	60	200					20	20	60	100	20	20	60	40	80	200
종 2	2000	39	54	170					20	20	60	100	20	20	60	40	80	200
정 3	800	20	40	130					14	14	42	80	14	14	42	32	60	100
종 3			34	100					12	12	36	60	12	12	36	24	60	
정 4			24		10	10	50	360	8	8	22	40	8	8	22	16	40	
종 4			20		8	8	43	300	7	7	18	30	7	7	18	12	35	
정 5			12		6	6	36	240	5	5	12	20	5	5	12	8	25	
종 5			8		4	4	29	180	4	4	10	20	4	4	10	8	20	
정 6									3	3	5	15	3	3	5	6		
종 6									3	3	4	15	3	3	4	6		
정 7									2	2	4	15	2	2	4	6		
종 7									2	2	3	15	2	2	3	6		
정 8									1	1	3	15	1	1	3	6		
종 8									1	1	3	10	1	1	3	4		
大初									1	1	2	10	1	1	2	4		
少初									1	1	2	5	1	1	2	2		

조·용의 운반과 나라·기나이의 인민

이러한 왕족과 귀족의 생활을 뒷받침해 준 것이 전국 각지에서 거두어들인 조(調)·용(庸) 등의 과세였다. 요로령(養老令) 부역령 제3조에 보면 세의 납입기한이 나온다. 여기에 따르면 나라에서 가까운 지방은 10월 30일 이전, 조금 먼 지방은 11월 30일 이전, 아주 먼 지방은 12월 30일 이전까지 납입하도록 되어 있다. 927년에 완성된 격식에 관한 『연희식』에는 각 지방에서 상경·귀향에 걸리는 표준일수를 기록하고 있는데, 다음 <표 2>와 같다.

농민들이 이 과세 기한에 맞추기 위해서는 적어도 상경에 걸리는 일수를 빼고 준비를 해야 했다. 또 조나 용의 섬유제품에는 일정 단위로 '국/군/리/

호주성명/연월일'을 기재하고 '국인'(國印)을 날인해야 했다. 조에 해당하는 여러 가지 물건에도 목간을 붙이는 경우가 있어서 상경준비는 상당히 힘들었을 것이다.

표 2.

近國	伊賀(2/1), 伊勢(4/2), 志摩(6/3), 尾張(7/4), 三河(11/6), 近江(1/0.5), 美濃(4/2), 若狹(3/2), 丹波(1/0.5), 丹後(7/4), 但馬(7/4), 因幡(12/6), 播磨(5/3), 美作(7/4), 備前(8/4), 紀伊(4/2), 淡路(4/2)
中國	遠江(15/8), 駿河(18/9), 伊豆(22/11), 甲斐(25/13), 飛騨(14/7), 信濃(21/10), 越前(7/4), 加賀(12/6), 能登(18/9), 越中(17/9), 伯耆(13/7), 出雲(15/8), 備中(9/5), 備後(11/6), 阿波(9/5), 讃岐(12/6)
遠國	相模(25/13), 武藏(29/15), 安房(34/17), 上總(30/15), 下總(30/15), 常陸(30/15), 上野(29/14), 下野(34/17), 陸奥(50/25), 出羽(47/24), 越後(34/17), 佐渡(34/17), 石見(29/15), 隱岐(35/18), 安藝(14/7), 周防(19/10), 長門(21/11), 伊予(16/8), 土佐(35/18), 筑前(28/15), 筑後(28/15), 豊前(29/15), 豊後(31/19), 肥前(28.5/15), 肥後(30/15.5), 大隅(39/20), 薩摩(39/20), 壹岐(30/17), 對馬(31/18)

전자의 실례로는 정창원의 보물 가운데 하나인 황색 깁[黃絁] 양 끝에 적힌 "遠江國敷智郡竹田鄕戶主刑部眞須彌調黃絁六丈 天平十五年十月"이라는 기록을 들 수 있고, 여기에는 국인이 날인되어 있다. 후자의 목간 실례는 많다.

이러한 징세업무는 지방관아인 국부(國府)나 군가(郡家=郡衙)가 없으면 거의 불가능하다. 국부나 군가가 율령제 아래서 인민을 지배하기 위해 행한 역할은 이 같은 면에서도 파악할 수 있다. 유의해야 할 점은 그것을 가능케 한 것이 야마노우에노 오쿠라(山上憶良 : 万葉歌人)의 노래에서 연상되는 채찍을 쥐고 세금을 거두러 나선 이장의 공공연한 위압만은 아니었다는 것이다. 사실 이 점을 지나치게 강조할 경우, 이시모다 쇼가 지적하는 재지에서의 인격적인 지배와 예속을 특징으로 하는 향촌의 생산관계(石母田正, 「第2次的生産關係」, 『日本の古代國家』, 岩波書店)를 간과할 위험이 있다.

조·용의 납입준비가 끝나면 농민들은 그것들을 나라까지 운반해야 했다. 이것을 운각(運脚)이라고 한다. 운각은 원칙적으로 농민 스스로 해결해야 하는 것으로, 무겁고도 괴로운 부담이었다. 부담은 특히 나라에서 멀리 떨어진 지역에 사는 사람일수록 심했으며, 귀향하는 중에 먹을 것이 바닥나 길가에서 굶어죽는 사람까지 나왔다. 율령국가는 조와 용을 원활하게 징수하기 위해서 각 지방에 이러한 사태가 일어나지 않도록 방책을 강구하라고 명령했다. 그러나 『속일본기』에 이 같은 사태를 타개할 방책이 거듭 나오고 있는 것으로 미루어, 결국 나라 시대를 통해 근본적인 해결이 이루어지지 못했음을 알 수 있다.

그런데 나라 및 기나이에 사는 인민이 납입할 조는 포(布)로 한정되어 있었고, 수량도 다른 지역의 반 정도에 불과했다. 게다가 용 등의 여러 과세를 면제받고 있다.

특례라고도 해야 할 이러한 규정은 역역(力役)의 징수와 밀접하게 관계되어 있다. 유상이라고는 하지만 노동력을 제공하는 고역제(雇役制)의 부담을 져야 하는 것이 나라와 기나이 인민이었고, 따라서 '나라의 번영'은 직접적으로는 그들의 노동 덕분이었다.

왕도의 본질

헤이조쿄의 '번영'을 이야기할 때 자주 인용하는 노래가 하나 있다. "검푸른 흙의 왕도, 나라는 피어나는 꽃향기 같이 지금 한창이네"(『萬葉集』)라는 오노노 오유(小野老)의 노래다. 그러나 이 노래에서 그려진 왕도를 그려볼 때는 "황야의 시골마을도 대군(大君)이 자리하면 도읍으로 되어 버리네"라는 노래를 함께 생각해 볼 필요가 있다.

당시 왕도의 본질은 '왕후의 숙영지'라는 성격에서 벗어나지 못했다. 이러한 성격은 쇼무 천황이 구니구(恭仁宮)를 왕도로 새로 정했을 때 직접적으로 드러나고 있다(이 천도는 잠시 동안이었고 745년에 다시 헤이조쿄로 돌아왔다). 여기서는 왕도를 옮긴 상세한 이유를 다루지 않겠지만 굳이 단순화시켜 말하자면, 막대한 지출을 수반하는 왕도 이전이 궁극적으로는 천황 개인의 의지 하나로 결정되고 있다. 관료와 백성에게 돌연 새로운 왕도로 이동할 것을 명령하는 쇼무 천황에게서 고대 천황의 '자의성'을 쉽게 엿볼 수 있다.

그러나 이 '자의성'이란 왕도의 본질을 완전하게 단절시킬 수 없는 사회구조에 의해 규정되고 있었다는 점을 잊어서는 안 된다. 왕도의 '번영'은 고

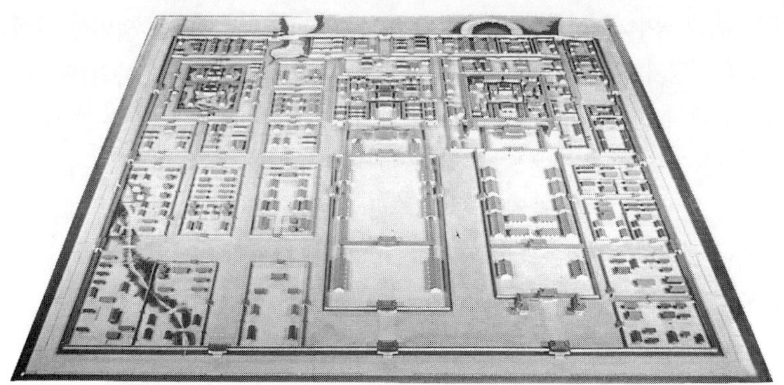

헤이조쿄 복원 모형

대 인민의 생산노동의 성과를 탕진함으로써 성립된 것이다. 지금의 교토인 헤이안으로 천도를 한 이후 100년도 못 되어 "도성의 도로가 논밭으로 변한" 상황은 '나라 번영'의 뿌리가 대단히 얕았다는 것을 말해준다.

천황과 귀족

이러한 점을 생각하면 고대 천황의 '전제적'인 일면을 떠올리게 된다. 그러나 최근의 고대 국가와 왕권에 관한 연구는 고대 천황의 전제적인 면을 지적하는 데 그치지 않는다.

새로운 차원의 이론적인 틀을 제기한 것은 이시모다 쇼로서(『日本の古代國家』) 그에 대한 비판과 계승을 둘러싸고 활발한 연구가 진행되고 있다. 그중에서 특히 주목해야 할 것은 천황대권에 대항하는 고대 귀족의 힘에 대한 재평가다. 이를 기초로 율령국가의 지배자집단 내부에 '귀족제적 요소'가 강고하게 존재하였음을 주장하는 연구가 진전되고 있다(대표적인 연구는 早川庄八, 『日本古代官僚制の研究』, 岩波書店). 이러한 연구가 일면 고대 천황제의 위약성을 드러내 주고 왕권과 귀족의 대립관계라는 문제를 새로운 차원으로 끌어올린 점은 높이 살 만하다.

그러나 '귀족제적 요소'의 존재를 인정할 수 있다고는 해도, 그것이 천황대권과 진정 대항할 수 있는 귀족권력으로 확립해 있었는지는 여전히 문제다. 이 점과 관련해서 "고대 천황제의 허약성이 어느 정도 밝혀졌다고는 해도, 고대 귀족이 그 허약한 천황제를 결국 지양하지 못했다는 엄연한 사실도 정당히 평가해야만 한다. 왕정에서 공화제로 이행한 고대로마의 역사는 비교대상에서 제외한다고 하더라도 일본의 고대 귀족은 중국의 수 문제 양견이나 당 고조 이연 같은 인물을 단 한 명도 배출해 내지 못했다. 일본의 고대 귀족은 허약한 왕권에 기생할 수밖에 없는 허약한 존재였다는 점에 유의해야 할 것이다"라는 견해가 나와 있다(荒木敏夫, 『日本古代の皇太子』, 吉川弘文館).

이 점을 강조하는 것은 왕권과 귀족 사이에 대립되는 측면이 포함되어 있었다고 해도 역시 이는 부차적이고, 귀족이 천황제를 지양하는 주체는 될 수 없었다고 보기 때문이다. 도쿄(道鏡 : 정치를 장악하고 왕위찬탈까지 노린 인물로 다른 귀족들에게 제거당했다) 사건에서 단적으로 볼 수 있듯이, 율령귀족은 천황제를 지양할 수 있는 계기를 방기해 버렸다. 이러한 사태는 궁극적으로는 율령귀족이 안고 있는 기생성에 기인하며, 그 계급적인 성격을 단적으로 보여준 것이라 할 수 있다.

지면관계상 생략한 부분이 많아 이해하기 어려운 점도 있을 것이다. 여기에서는 향촌의 수장층과 인민의 지배・예속 관계를 기초로 한 수취의 실현과 이를 통해 비로소 이룩한 왕도의 '번영', 또 그 '번영'의 정점에 서 있던 천황의 대략적인 성격을 약술하였다.

참고문헌

收野久, 「律令國家と都市」, 『大系日本國家史 I 古代』, 東京大學出版會

收野久 編, 『日本古代の都城と國家』, 塙書房

鬼頭清明, 『日本古代都市論序說』, 法政大學出版局

田中琢, 『古代日本を發掘する(3) 平城京』, 岩波書店

長山泰孝, 「古代貴族の終焉」, 『續日本紀研究』 214

「律令國家と王權」, 『續日本紀研究』 237

아라키 도시오 荒木敏夫

9
율령정부는 왜 그들을 이민족으로 취급했을까
하야토와 에미시

고대국가의 성립과 화이사상

야마토 대왕가는 645년 다이카 개신이라는 쿠데타를 통해 최대의 경쟁자인 소가 씨를 제거하는 데 성공하였다. 이어 왕위계승을 둘러싸고 피로 얼룩진 집안싸움을 되풀이하며 인민지배를 위한 개혁을 거듭한 끝에 율령제에 기초한 지배기구로서 고대국가를 확립시켰다. 7세기 말에서 8세기 초에 걸친 일이다.

이 율령제 고대국가의 지배의 정점에 선 인물이 천황이라는 칭호를 갖고 살아있는 신인 '현어신'(現御神)으로 설정되었다. 그리고 중국식 관념을 모방한 원호제도를 강제하여 지배영역만이 아니라 치세기간의 시간까지 지배하게 되었다. 그 위에서 세계사적인 국가의 특징인 '국민을 지역에 따라 구분'하는 방법도 명확하게 구체화되었다.

이러한 국민의 바깥에다 역시 중국에서 빌려온 화이사상(華夷思想) 아래 지배관료와 천황의 대극에 선 존재를 배치하였다. 이민족으로 취급당한 이들은 노비와도 다른 차별을 받으며 멸시당했고, 잔학한 토벌을 수반하는 수

탈의 대상이 되었다. 그 대표적인 존재가 일본 세이난 지방(西南地方 : 오스미와 사쓰마 2국을 포함한 지역)의 하야토(隼人)와 현재의 아이누족인 도호쿠 지방의 에미시(蝦夷)들이다.

하야토의 저항

하야토란 규슈 남부의 주민을 일컫는 말로, 행동이 대단히 민첩하여 맹금류의 일종인 하야부사라는 이름을 따서 붙여진 것이라고 한다. 그러나 과연 그럴까.

하야토가 일본 율령제국가에 조공을 하게 된 것은 아무리 거슬러 올라간다 해도 덴무 천황 무렵(7세기 말)인데, 927년에 완성된 『연희식』에 따르면 그 무렵까지도 조정에 대한 봉사를 강요받았다고 한다. 그들은 인간으로서가 아니라 오랑캐로서 오랜 기간 예속을 당해 온 것이다.

인간이 동물적인 존재로서 멸시를 당할 경우 그 근원에는 반드시 그에 부합하는 잔학한 제압이 존재한다는 사실을 보지 않으면 안 된다. 『속일본기』에 나오는 720년의 사건을 그 예로서 살펴보자. 2월에 하야토가 반란을 일으키자 토벌대가 구성되었다. 그러나 토벌대는 반년이 넘도록 하야토의 반란을 진압하지 못했다. 그 반년 동안 토벌대는 하야토에게 어떤 짓을 저질렀을까. 이 정벌의 결말을 『속일본기』는 "참수하고 포로로 잡은 자가 합쳐 1,400여 명"(721년 7월조)이라고만 기록하고 실제 내용에 대해서는 함구하고 있다. 그러나 1002년 고레무네노 마사타다(惟宗允亮)가 완성한 법제서인 『정사요략』(政事要略)을 보면 정부에서 편찬한 정사에서는 숨기고 있는 사실이 기록되어 있다. 우사 하치만구(八幡宮)에서 일본 최초로 열린 방생회 기록인데, 이 방생회가 720~721년에 있었던 하야토 탄압으로 학살된 수많은 영혼을 위로할 목적에서 행해졌다는 것이다.

방생회란 사로잡은 동물을 산과 들, 강으로 풀어주고 공덕을 쌓는 불교의 중요한 의식이다. 굳이 이러한 의식을 베풀어야 했던 것은 저주로 인한 재앙을 걱정할 만큼 잔학한 진압이 행해졌다는 증거다. 이 지경에 이르기까지 하야토에 대한 탄압이 얼마나 처참했을지는 미루어 알 만하다.

율령정부는 이 탄압을 정당화시키기 위해 하야토 복속의 연원을 신화세계에다 끼워넣었다. 익히 알려져 있는 우미사치히코(海幸彦)와 야마사치히코(山幸彦)의 이야기가 그것이다. 『일본서기』(720)의 편찬자는 하야토의 조상을 소위 초대 천황으로 전하는 진무 천황의 할아버지의 형으로 설정하여 굴욕적인 영광을 부여하면서 하야토를 오랑캐 예속민으로서 멸시했다.

이것만 갖고도 신화가 고대인의 '정신생활을 이야기하는'(『신편일본사』) 것이 아님을 확실히 알 수 있다. 신화란 율령정부 지배의 정당성을 합리화하기 위해 만들어지고 사용된 것이다. 한 걸음 양보해서 우미사치와 야마사치 이야기가 인도네시아 계통의 민화라 하더라도, 그 이야기에는 하야토라고 불린 사람들과 관계되는 부분은 없었을 것이다.

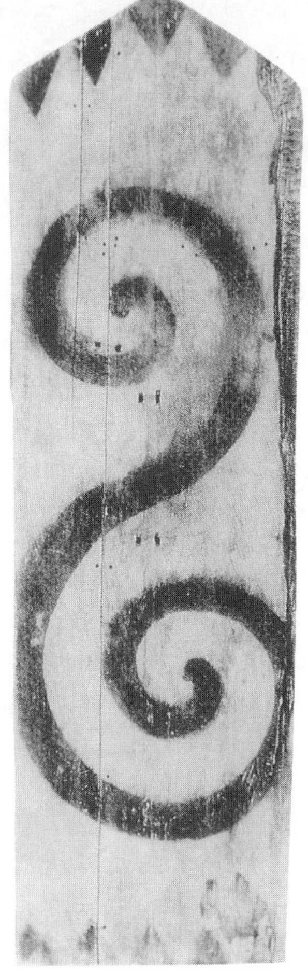

하야토인의 방패

자신들이 살고 있는 땅의 평화와 생활을 지키고 율령정부에 대항하기 위해 그들은 민첩해야 했다. 그런 그들에게 하야토라는 이름을 붙인 것은 어디까지나 정부관료의 멸시에서 나온 것이다.

오스미 국(大隅國)은 713년 율령정부의 지배 아래 들어가 중앙에서 지방관인 국사가 파견되면서 출현했다. 720년의 하야토 봉기는 그 지배의 혹정에 견디다 못해 일어났을 것이다.

진압은 되었지만 하야토의 저항은 그것으로 끝나지 않았다. 율령정부는 그 후 10년이 지난 730년까지도 이 지역에서 정부의 토지제도를 실시할 수 없었다. 원인은 오스미와 사쓰마 2국이 하야토가 거주하는 '변경의 주요국'이었다는 데서도 찾을 수 있다. 다시 10년 후(740) 태재소이(太宰少貳)로 있던 후지와라노 히로쓰구(藤原廣嗣)가 규슈에서 반란을 일으켰을 때 하야토의 저항은 일시에 불을 뿜게 된다.

반란이 발발하자 곧 율령정부는 정벌군을 편성하였다. 이 정벌군에는 당시 조정에 복속하여 봉사하고 있던 하야토인 24명이 포함되었다. 정부는 처음부터 규슈 남부의 주민이 히로쓰구의 군사와 연대하리라는 예상을 하고 있었던 것이다. 사태는 예상대로였다. 정부는 틈만 있으면 하야토가 압정에 대항하여 반란을 일으키리라는 것을 잘 알고 있었고, 때문에 즉시 자신들과 내응할 무리를 항상적으로 길러 두었던 것이다.

히로쓰구의 난은 같은 해 2월 히로쓰구가 참수되면서 막을 내렸지만, 규슈 주민의 연대 규모가 어찌나 컸던지 이에 놀란 쇼무 천황이 한때 헤이조쿄를 버리고 이세 국으로 도망쳐야 할 정도였다.

이후에도 규슈 남부 주민의 저항은 그치지 않고 계속되었다.

에미시의 항쟁

규슈 남부에서 하야토가 반란을 일으킨 720년 9월, 에미시가 반란을 일으켰다. 율령정부는 즉시 토벌대를 편성하여 진압에 나섰다. 이 토벌대에는 다지히노 아가타모리(多治比縣守)와 아베노 스루가(阿倍駿河)라는 두 정이장군이 동시에 파견되었는데, 무쓰와 데와의 2국 주민이 연합하는 것을 막기 위해서였다.

에미시 역시 고대 율령국가의 정부관료가 도호쿠 지방 주민들에게 붙인 이름이다. 에미시는 한자로 하이(蝦夷) 혹은 하적(蝦狄)이라고 쓰는데, 이것은 화이사상에 근거하여 동이(東夷)의 '이'나 북적(北狄)의 '적' 앞에다 하(蝦)자를 붙여서 동물로 취급한 멸칭이다. 그 무렵 무쓰(지금의 아오모리와 이와테 현 북부)는 동쪽, 에치고(지금의 니가타 현)는 북쪽에 위치한다는 방향개념을 적용하여 무쓰의 에미시를 '하이', 에치고의 에미시를 '하적'이라고 칭한 것

'이'(夷) 문자가 새겨진 토기.
홋카이도 요이치 정(余市町) 출토

으로 보인다(伊藤循, 「律令制と蝦夷支配」, 『古代國家の支配と構造』, 東京堂出版). 율령제 이전에는 반도(坂東 : 지금의 간토 지방)와 호쿠리쿠(北陸) 주민도 에미시로 불리고 있었다. 율령제도가 완성된 후에도 도호쿠 지방의 주민들이 중앙에 완전히 복속하지 않았기 때문에 정부는 이런 용어를 써서 그들에 대한 주변 주민의 증오감과 차별감을 부추긴 것이다.

한편 율령제도는 완성 직후부터 723년 삼세일신법(三世一身法), 743년 간전영년사재법(墾田永年私財法) 등을 통해 사유지를 인정하여 파국을 보이기 시작한다. 구체적으로는 토지부족 때문이었다고 보아도 될 것이다. 정부는 이 토지부족을 해소하기 위해 "기름진 토지에서 풍요로운 결실"을 내는 도호쿠 지방의 광활한 개척지에 눈독을 들였다.

도호쿠 지방의 주민에게는 하야토처럼 차별의 근원이 신화세계에 편입되는 굴욕적인 영광은 주어지지 않았다. 그들은 가공의 인물인 야마토타케루노 미코토(日本武尊 : 에미시를 정벌했다는 일본고대의 전설상의 영웅)의 사적을 배경으로 처음부터 동물과 같은 존재로 치부되었다. 율령정부는 이것을 이유로 들어 그들의 땅을 빼앗는 것이 정당하다고 억지를 썼다.

율령정부가 도호쿠 주민들에게 저지른 침략 행태를 살펴보자.

먼저 정부는 714년과 715, 716, 717, 719년 연년으로 반도와 호쿠리쿠 주민을 대량으로 강제이주시켜 도호쿠 주민의 토지를 침탈하도록 했다. 고대판 만몽 개척의용군의 토지침략인 셈이다. 720년의 반란은 이에 대하여 도호쿠 주민이 일으킨 저항이다.

이들이 저항투쟁에 돌입하자 율령정부는 '복종하지 않고' '왕의 덕에 따르지' 않는 '방자한 신', '간악한 귀신'이 '소동을 일으킨' 까닭에 '즉시 군사를 일으켜 이를 토벌한다'고 침략을 정당화시켰다. 이것이 정이(征夷)의 실태였다.

둘째, 정부는 도호쿠 주민의 저항을 진압하면서 동시에 노예도 잡아들였다. 725년에 722명, 776년에 395명을 각각 여러 국으로 납치한 것을 시작으로 도호쿠 지방 주민들은 거의 전국으로 뿔뿔이 흩어지게 되었다.

셋째, 침략과 노예사냥을 목적으로 한 이 정벌사업에 반도와 호쿠리쿠의 주민도 막대한 희생을 강요당했다. 식량징발과 군사징발, 군수물자의 제조와 운반 등 요구사항은 끝이 없었다. 그들로서는 아마 죽이는 것보다 더 가혹한 처사였을 것이다. 이러한 방법으로 한 시대 전까지만 해도 똑같은 에미시로서 차별당하던 사람들이 서로간에 증오심을 품고 이를 증폭시켜 나갔다. 율령정부는 이것을 '오랑캐를 오랑캐로써 제압하는 중국적 방법'이라고 표현했다.

그러나 노도와 같은 인적·물적 공세에도 불구하고 도호쿠 주민들은 굴하지 않았다. 724년과 770년의 잇단 반란 후 이지노 아자마로(伊治呰麻呂)는 중앙정부의 안찰사를 죽이고 도호쿠 경영의 거점인 다가 성(多賀城)을 불태웠다. 이를 계기로 도호쿠는 율령정부와 30년전쟁에 돌입했다.

그 사이에 이사세코(伊左西古), 모로코(諸絞), 야소시마(八十嶋), 오토시로(乙代), 아테루이(阿弖流爲) 등의 지도자가 배출되어 완강한 항전을 계속하였다. 특히 789년에 아테루이가 이끄는 군사는 5만 2천이나 되는 정부군을 참패시켰는데, 정부가 편찬한 정사에서도 큰 사건으로 다루지 않으면 안 될 정도였다.

30년전쟁은 도래인의 피가 흐르는 사카노우에노 다무라마로(坂上田村麻呂) 등이 이끄는 정부군의 무참하기 이를 데 없는 대탄압으로 811년에 막을 내렸다. 그러나 그 실상을 보면, 과도한 정벌비용으로 율령체제는 위기로 내몰리고 있었고 이를 감지한 정부는 그렇지 않아도 스스로 전쟁을 중지해야 할 판이었다. 게다가 도호쿠 주민들의 저항은 이것으로도 끝나지 않았다.

878년에는 데와 주민이 총궐기하여 율령정부에 대해 대대적인 투쟁을 벌였다. 간교(元慶)의 난이다. 주민을 억압하는 본거지였던 아키타 성을 필두로 하여 지방관아와 그 밖의 모든 것이 주민들의 습격을 받아 불탔다. 난을 보고받은 정부는 황급히 후지와라노 야스노리(藤原保則)를 총지휘관으로 삼아 현지로 파견했다. 그가 도착할 때까지 아키타의 정부군은 거듭 연패를 당하고 있었고, 군정을 편 아키타 성은 기능이 올스톱되어 있었다.

그러한 와중에 주민군은 "아키타 강 이북을 우리 땅으로 삼는다"(『三代實錄』 元慶 2년 6월)라는 독립요구를 지방장관인 국수(國守)에게 들이밀었다.

특징적인 것은 반란 참가자가 데와 주민만이 아니었다는 점이다. 도호쿠 지방에서도 가장 오지에 위치한 쓰가루(津輕) 주민의 뒷받침이 있었고 무쓰와 반도 주민의 후원이 있었다. 이러한 광범위한 연대 양상을 보고 율령정부는 결국 유야무야 난을 종결시켜야 했다.

율령정부는 당시 가능한 힘을 다 동원하였지만 결국 도호쿠 전역을 손에 넣는 데는 실패했다. 게다가 '정이'라는 침략사업에 매달리면 매달릴수록 율령체제의 쇠퇴는 더욱 뚜렷해져 그 몰락이 가속화되었다.

참고문헌

歴教協東北ブロック 編, 『東北民衆の歴史』, 民衆社
『民衆史として東北』, NHKブックス
『北東風土』 6~11, 秋田文化出版・イズミヤ印刷出版

다마키 히사호 田牧久穗

10
고대의 천황에게 불교는 무엇이었을까

천황과 국가불교

불교의 변용

백제의 성명왕이 일본 긴메이 천황에게 불상과 경전 등을 보낸 것은 『겐코지 연기』(元興寺緣起)에 따르면 538년, 『일본서기』에 따르면 552년이다. 『부상약기』(扶桑略記)에는 이미 522년에 도래인 시바노 다치토(司馬達等)가 초당을 짓고 거기에다 불상을 안치했다는 기사가 보이는데, 전래 후에도 불교가 금방 널리 수용되지 못했음을 알 수 있다. 모노노베(物部) 씨나 나카토미(中臣) 씨는 "이제 다시 다른 나라의 신을 숭배하면 필경 우리나라 신들에게 노여움을 살 것"이라면서 불교를 이웃나라의 신으로 간주하고, 외래 신과 재래 일본의 토착신들 사이의 알력을 꺼리며 불교배척을 주장했다.

이에 천황은 불상 등을 소가노 이나메(蘇我稻目)에게 하사하여 시험적으로 믿어 보게도 했지만, 『겐코지엔기』에 따르면 이나메가 죽은 후 570년과 585년에 불교탄압이 있었다. 일반적으로 숭불논쟁으로 지칭되는 불교 수용을 둘러싼 이 논쟁은 불교 자체의 교리 등을 토대로 한 숭불·배불 문제가 아니었다. 재래종교와의 알력과 조정 내부 호족들 간의 세력다툼이 투영된

오늘날의 아스카데라

것이었다.

587년 배불파인 모노노베노 모리야(物部守屋)가 세력을 상실하자 소가노 우마코를 중심으로 해서 아스카데라(飛鳥寺)의 조영이 시작되었다. 594년에는 「삼보(三寶) 흥륭의 조칙」이 나와 불교를 주체적으로 수용하기 시작하였다. 그러나 이는 치병이나 조상신앙과 결부된 이른바 불교의 민족종교적 수용이었으며, 중국대륙에 수립된 수와 신라에 대항하기 위한 수용이었던 것으로 보인다.

한반도 삼국의 경우 불교는 전래 당초에는 왕권에 의해 탄압을 받았지만, 왕권의 중앙집권적 지향이 명확해짐에 따라 재래종교에는 없는 보편성을 지닌 불교가 적극 수용되었다. 일본의 경우도 중앙집권에의 지향이 강해지는 스이코 천황 때 불교 융성에 적극 힘쓰기 시작했다.

『일본서기』에 보면 7세기 초두 일본의 종교 상황을 보여주는 흥미진진한 기사가 나온다. 642년 여름에 비가 내리지 않아서 기우제를 지내기로 했다. 우선 각 마을에서 재래종교(도교의 영향을 받았다고도 한다) 의식으로 기우제를 지냈지만 비는 내리지 않았다. 다음에 소가노 에미시가 승려와 함께 불교의식으로 비를 기원하자 조금 비가 내렸다. 마지막으로 고교쿠(皇極) 천황이 미나부치 강으로 행차하여 비를 기원했더니 번개가 치고 5일 동안 큰비가 계속 내렸다고 한다. 작위성이 강한 이 이야기는 당시 위정자의 종교관을 잘 보여준다. 즉 천황 제사가 절대적인 종교적 권위를 가졌던 데 비해, 불교에 대한 기대는 대단히 희박했던 것이다.

율령적 국가불교의 형성

율령적 국가불교의 특징으로는 다음 세 가지를 들 수 있다. ① 국가가 사원과 승려를 통제한다. ② 그 통제의 범위 내에서 국가가 불교를 보호하고 육성한다. ③ 불교의 힘을 빌어 국가의 번영을 기한다(井上光貞, 『日本古代の國家と佛教』).

사원의 관사화(官寺化) 정책이 발표된 것은 645년이지만, 그것이 본격화된 것은 덴무 천황대인 670년대 이후다. 승려를 통제하기 위한 기관과 법령은 최종적으로 다이호 율령에서 승니령(僧尼令)으로 종합되었다. 이로써 승려가 되려 하는 사람은 반드시 국가의 허가를 받아야 했고, 따라서 마음대로 승려가 되는 것은 엄금되었다. 일단 승려가 되면 서민의 호적에서 말소되고 별도로 기재되며 면세 등의 특권을 부여받았다. 대신 승려는 특별한 경우를 제외하면 사원에서 살면서 교리 연구와 국가수호의 법을 닦는 데 힘써야 했다. 일반 서민에 대한 포교는 엄히 금지되었다.

한편 덴무 시대 무렵부터 『금광명경』, 『인왕경』 등의 호국경전이 중요한 위치를 차지하게 되었다. 676년에는 사신을 여러 지방으로 파견하여 이 두 경전을 가르쳤고, 694년에는 『금광명경』 1백 부를 각 지방으로 내려보내 정월에 반드시 독경하게 하였다. 이러한 각 국의 불사 집행이 덴표 시대(天平時代 : 당문화의 영향을 받은 나라 문화의 전성기)에 이룩된 고쿠분지(國分寺) 제도의 기원이 되었다고도 한다.

7세기 후반 불교는 임신의 난(672) 이후 초월적·절대적 권위를 가진 천황 아래서 호국을 위해 이용되었다. 그러나 다른 한편 덴무 천황의 장례식에 승려가 모습을 나타내기도 하고 지토 천황이 화장되는 등 상장(喪葬)을 중심으로 하여 불교가 점차 천황 주변으로 파고 들어가는 모습이 보인다.

불교교단 측도 자신의 기반을 확고히 다지기 위해 국가의 비호를 필요로 하였으므로 권력에 대해 접근을 시도한 것이다.

나라 시대의 불교

710년 왕도가 후지와라쿄(藤原京)에서 헤이조쿄로 옮겨지면서 수많은 사원도 함께 이전 건축되었다. 호화롭고 장대한 건물이 즐비한 헤이조쿄의 건설에는 각 국의 인민이 징발 투입되었다. 이들 징발된 사람들과 농민들 속으로 들어가 승니령을 위반하면서 포교를 감행한 것이 민간 포교승 교키(行基)다. 정부는 이 포교 때문에 서민들이 생업을 버리고 교키를 따른다면서 717년 교키를 비판하고, 722년에는 그를 헤이조쿄에서 추방하였다. 고향 이즈미(和泉) 국으로 송환된 교키는 이 곳에서 활동을 계속하였는데, 거기에서 하나의 변화가 나타났다. 종교시설인 사원을 설치하고 연못과 도랑을 축조하는 등 토목공사를 적극적으로 전개한 것이다. 경지 부족으로 삼세일신법까지 만들어 농지 확대를 꾀하고 있던 정부는 이러한 움직임을 인정하였다. 즉 731년에 교키를 따르는 제자들 가운데 세금 부담이 적은 자들이 승려가 되는 것을 허가하고 교키의 활동을 공인한 것이다. 그 후 743년 쇼무 천황의 발원으로 대불 조영이 시작되자 교키는 제자들을 이끌고 이 사업에 참가하였다. 2년 후에는 불교계의 최고지위인 대승정에 올랐다.

쇼무 천황이 즉위한 것은 724년이다. 당시 정권의 중심에 있었던 것이 친족세력의 대표격이라 할 나가야 왕이었는데 그는 후지와라노 후히토(藤原不比等)의 네 아들이 쳐둔 계략에 빠져 자살하였고, 이윽고 그 네 아들도 737년에 크게 유행한 천연두로 연달아 죽음을 맞이했다. 이후 다치바나노 모로에(橘諸兄)가 정권을 장악하였는데, 740년 그가 대재부(규슈 지역을 관할하는 관청으로 외적방어와 외교업무 담당)로 좌천시킨 후지와라노 히로쓰구가 규슈 지방의 군단과 하야토를 동원하여 정부에 반기를 들었다. 국제성 농후한 문화를 꽃피운 덴표 시대의 정치와 사회는 커다란 혼란에 직면했다.

이러한 상황 속에서 쇼무 천황은 신불(神佛)에 기원해도 하나도 효과가 없다면서 그 스스로 '삼보의 노예'가 되어 국내의 혼란을 수습하고자 했다.

쇼무 천황은 741년 각 국마다 고쿠분지와 고쿠분니지(國分尼寺)를 조영하

야쿠시지 동탑

라는 명령을 내리고 2년 후인 743년에는 여사나대불의 조영사업에 착수하였다. 중국에서는 북위 때 각 주에 사찰을 건립하고, 당에 들어와서도 대운사(大雲寺), 중흥사(中興寺), 개원사(開元寺) 등을 건립한 예가 있다.

쇼무 천황은 두 사업을 명하는 조칙에서 "짐의 덕이 부족한데 대임(천황의 지위)을 승계받았다"고 언명하고 있다. 뒤집어 보면 임금이 덕을 갖추면 세상을 다스릴 수 있다는 사고방식이다. 예컨대 국내의 혼란은 천황의 덕이 모자라서 발생한 것이니 천황 스스로 '삼보의 노예'가 되어 국력을 기울여 두 사업을 완수해야 혼란을 해결할 수 있다는 말이다. 이를 보건대, 7세기 후기에 보이는 천황과 불교의 관계는 거의 역전되었다. 또 대불 조영에는 우사의 하치만 신을 수도로 불러들여 외호하게 했는데, 이는 부처가 주가 되고 신이 종이 되는 사태를 보여준다.

쇼무 천황이 딸 고켄(孝謙)에게 천황위를 양위하고 막 완성된 여사나대불 앞에서 계율을 받고 출가하는 시점이 되면 천황과 불교 간의 관계는 극에 달한 느낌이 든다. 당시 쇼무에게 계율을 하사한 인물은 몇 차례의 실패 끝에 결국 일본에 건너온 당나라 승려 감진(鑑眞)이었다.

감진은 수계(授戒)제도를 정비하고자 한 일본정부와 불교계의 요청을 받고 일본으로 건너왔다. 정부가 수계제도의 정비를 강력히 요망한 것은 불교계의 통제를 명실공히 완성시키고, 마음대로 승려가 되는 것을 더욱 엄격하게 금하기 위해서였다. 이후 승려가 되려는 자는 감진이 전래한 수계제도에 따라서 도다이지(東大寺)와 야쿠시지(藥師寺), 간제온지(觀世音寺)의 교단 중 한 곳에서 계율을 받아야 하게 되었다.

쇼무 이후에도 불교와 관계된 대규모 사업이 계속되는데, 고켄 천황이 자신을 간병해준 승려 도쿄(道鏡)를 중용한 것이 원인이 되어 764년 후지와라노 나카마로(藤原仲麻呂)의 반란이 일어났다. 이를 진압한 뒤 쇼토쿠(稱德) 천황(고켄 천황이 재등극)은 도쿄를 태정대신으로 등용하고 766년에는 도쿄에게 황족에 준하는 법왕의 지위를 내렸다. 쇼토쿠와 도쿄의 정권 아래서 사이다이지(西大寺)를 비롯한 조영사업이 계속되고, 도쿄의 뒤를 이은 승려들은 정계에서 발언력을 갖게 되었다. 이 시기가 되면 승려도 마음대로 될 수 있었고 사찰은 대토지소유를 꾀하였다. 그리고 사찰 조영사업은 국가재정을 압박해 나가기 시작했다.

헤이안 불교

770년 쇼토쿠 천황이 사망하자 도쿄는 시모쓰케(下野) 국으로 좌천당하고 고닌(光仁) 천황 아래서 불교계에 대한 통제가 강화되었다. 고닌의 뒤를 이은 간무(桓武) 천황은 794년 헤이안으로 천도하면서 사원을 옮겨 건립하는 일을 금했다. 이처럼 고닌·간무 시대에는 정부가 남도(南都 : 헤이안 이전의 수도인 헤이조쿄)의 불교세력과 일정하게 거리를 두고자 했으나 불교에 대한 호국의 기대까지 버리지는 않았다. 남도불교에 대신하여 호국의 기대를 떠맡은 것은 사이초(最澄)와 구카이(空海) 등에 의해 시작된 헤이안 불교였다. 교리연구는 고도로 발달했지만 극히 사변적인 성격이 강했던 나라 시대 말기의 남도 6종(六宗)에 대한 반성이 불교계에서도 나타나고 있었다. 이에 사이초와 구카이는 함께 당나라로 건너가 각각 천태종과 진언종을 일본으로 갖고 들어왔다. 특히 구카이는 사가(嵯峨) 천황으로부터 헤이안쿄 내의 도지(東寺)를 부여받아 도다이지와 도지 등에 진언밀교의 기도와 영적인 힘을 발휘하는 승려들을 대거 배치하였다. 그리고 장엄한 의식을 통해 강우와 오곡의 풍요, 병의 치유를 기도하고 국가의 번영을 기원했다. 천황도 구카이를 중용하고 자주 궁중에 불러들여 갖가지 비법을 행하게 했다.

9세기 무렵부터 차차 정비된 연중행사에도 불교행사가 많이 편입되었다. 그 중 일부를 들어보면, 정월의 어재회(御齋會)와 2월의 수이회(修二會), 계절별 독경, 임시 인왕회, 12월의 불명회(佛名會), 천황 즉위 때 행하는 일대일강인왕회(一代一講仁王會) 등이 있다. 이들 불교행사 가운데 어재회는 연걸(年乞=祈年), 불명회(佛名會)는 대불(大祓), 일대일강인왕회는 대상제(大嘗祭)라는 식으로 토착종교와 천황제사에 대응하는 것도 있었다.

한편 다이라노 마사카도의 난을 당하여 939년 스자쿠 천황은 구카이가 조각한 불상을 시모우사 국(下總國 : 지금의 지바 현)으로 운반하여 적을 항복시키기 위한 밀교비법을 거행하게 했다고 한다. 이것은 나리타 산(成田山) 신쇼지(新勝寺)의 창건전설인데, 이러한 호국적인 밀교의식이 행해지는 한편 현세의 이익을 희구하는 밀교주술이 귀족들의 생활 속으로 파고들고 있었다.

귀족의 지지를 받으며 광대한 장원을 손에 넣은 사원들은 또한 많은 승병을 거느리며 하나의 거대한 세속권력으로 떠올랐다. 그 중에서도 큰 세력을 가진 나라 지역 사찰들(특히 興福寺와 延曆寺)은 호국의 담당자였지만, 동시에 정부의 결정에 대해 종종 불만을 표시하고 강력하게 제동도 거는 위협세력이기도 했다. 시라카와 상황은 천황권 강화를 꾀하며 원정(院政 : 천황위에서 물러난 상황이나 법황이 그가 거처하는 원에서 직접 정무를 보는 정치형태. 특히 1086~1185년까지를 원정시대라고도 부른다)을 개시하였으며, 자신이 직접 발원하여 호쇼지(法勝寺)를 건립하기도 했다. 그러한 그도 세상에서 마음대로 할 수 없는 것으로서 가모가와(鴨川 : 지바 현 남부)의 물과 주사위의 패와 함께 산법사(山法師 : 엔랴쿠지의 승병)를 꼽고 있다.

참고문헌

井上光貞, 『日本古代の國家と佛教』, 岩波書店
中井眞孝, 『日本古代の佛教と民衆』, 評論社
速水侑 編, 『論集日本佛教史2 奈良時代』, 雄山閣
和田萃, 「大佛建立と神佛習合」, 『日本の古代15 古代國家と日本』, 中央公論社

나가야마 주이치 永山修一

11
섭관정치 아래서 천황은 무엇을 하였을까
헤이안 시대의 천황

이치조 천황과 후지와라 씨

978년 후지와라노 가네이에(藤原兼家)는 그의 딸 아키코(詮子)를 엔유(圓融) 천황에게 시집보냈다. 다음 해 그 딸이 임신을 해서 980년 가네이에의 저택에서 아들을 낳았다. 황자는 가네히토(懷仁)라고 이름 지어졌고 그대로 외가에 머물며 자랐다. 984년 엔유 천황은 황위를 황태자 모로사다(師貞)에게 물려주고 가네히토를 황태자에 봉했다. 이에 따라 당시 네 살바기에 불과하던 가네히토는 생모와 함께 대궐 생활을 시작하게 되었다. 새로 가잔(花山) 천황으로 즉위한 모로사다는 당시 나이 불과 15세였지만 공경 이하 5위 이상의 관인들에게 정치에 대한 의견을 내게 하는 등 정무에 의욕을 나타냈다. 그러나 황태자를 손자로 두고 있던 후지와라의 입장에서 보면 그는 귀찮은 존재였을 뿐이다. 그 때 마침 가잔은 즉위 2년 후 가장 사랑하던 비를 잃고 비탄에 잠기게 된다. 이에 가네이에의 아들 미치카네(道兼)가 함께 출가하자며 가잔을 꾀어냈다. 미치카네는 한밤중에 궁궐을 빠져나와 머뭇거리는 천황을 교토 히가시야마(東山)의 가잔지(花山寺)로 데리고 들어가 천

황궁과 원정(院政

황의 삭발을 지켜보고는 자신은 도망쳐 돌아와 버렸다. 계략에 빠진 것을 알아차린 천황은 눈물을 흘리며 분해했지만 때는 이미 늦었다. 궁중에서는 예정대로 황태자가 3종의 신기 중 검과 곱은옥을 넘겨받고 다음 날로 천황에 즉위했다. 이치조(一條) 천황이다.

대망의 천황 외할아버지가 된 가네이에는 아직 여섯 살밖에 안 된 나이 어린 천황의 섭정[미성년인 군주를 대신하여 정무를 집행하는 관직으로 천황이 성인이 되면 관백이 되어 천황을 보좌한다. 섭정과 관백을 합쳐 섭관이라고 한다]이 되어 마침내는 태정대신까지 겸하였다. 그의 자식들도 승진시켜 무한한 영달을 누렸다. 이치조 천황은 아홉 살 나던 해에 세 살 연상의 사다코(定子)를 여어(女御 : 중궁 다음 자리의 여관)로 맞아들였다. 사다코는 가네이에의 장남 미치타카(道隆)의 딸이니 가네이에에게는 친손녀가 된다. 이 해 가네이에가 사망하고 미치타카가 섭정에 올랐다. 사다코는 이윽고 중궁이 되어 청량전(淸凉殿)에서 천황과 함께 기거하게 되었다. 미치타카는 사다코의 의상과 일상 용구들을 온갖 정성을 들여 아름답게 꾸미고 뛰어난 재원들을 궁녀로 들여보내 가정교사 역할도 겸하게 하였다. 이들 재원 가운데에 세이 쇼나곤

(淸少納言)도 포함되어 있다. 그녀는 천황과 중궁의 주변 인물들과 궁정 사정을 『마쿠라노소시』(枕草子)라는 뛰어난 에세이를 통해 그려낸 인물로 유명하다. 천황에게는 학식이 높은 학자들을 딸려서 한학 교육을 담당하게 했다.

미치타카가 죽자 그의 동생 미치카네가 관백이 되었지만 이레 만에 급사하고 만다. 이에 미치나가(道長)가 누이인 황태후 아사코의 후원을 받아 미치타카의 아들 고레치카(伊周)를 물리치고 내람(內覽)의 권한을 부여받았다. 내람이란 태정관에서 천황에게 올리는 문서를 사전에 훑어보고 처리할 수 있는 권한인데, 미치나가는 내람과 수석대신에 해당하는 일상(一上)의 지위를 한손에 장악하고 정치를 좌우하였다.

미치나가는 천황이 열아홉이 되자 열한 살 난 장녀 아키코(彰子)를 천황의 중궁으로 들여보냈다. 중궁 아키코의 밑에는 무라사키 시키부(紫式部)와 아카조메 에몬(赤染衛門), 이즈미 시키부(和泉式部), 이세노 다유(伊勢大輔) 같은 당대의 뛰어난 여류 가인(歌人)들이 모여들어 일종의 살롱을 형성했다. 무라사키 시키부가 쓴 『겐지모노카타리』(源氏物語)는 이치조 천황과 미치나가까지 읽었으며 궁녀들 사이에 돌려 읽히면서 필사되어 오늘날까지 전한다. 아키코는 고이치조(後一條) 천황과 고스자쿠(後朱雀) 천황을 낳아 미치나가와 요리미치(賴通)로 이어지는 섭관 집안의 태평세월을 보장해 주었다.

천황은 31세 되던 해 5월 병으로 쓰러져 다음 달에 황태자에게 천황위를 넘기고 자신은 상황이 되었다. 이어서 승려를 불러 출가한 후 22일, 염불을 외우며 세상을 떠났다. 유체는 25일에 납관되고 7월 8일 교토의 기타야마(北山)로 옮겨져 화장되었다. 천황의 자리에 있은 지 25년, 그 사이에 원호는 무려 일곱 번이나 바뀌었다.

헤이안 시대의 정치와 천황

나라 시대에는 천황이 아침 일찍 대극전(大極殿)에 나와 정무를 보는 조정(朝政)이 행해졌다. 그러나 헤이안 시대에 들면서 이러한 관행이 없어지고, 한 달에 네 차례로 줄어들더니 결국 1년에 두 차례만 여는 연중행사가 되었다. 그 대신 우다(宇多) 천황(887~897) 무렵부터는 천황의 사적 공간인 청량전에 전상(殿上)이라는 것이 설치되었다. 여기에는 관인의 출석부가 놓

관인의 출석부가 놓여 있었던 청량전

여 있었고, 여기에서 대기하는 일이 출근과 같은 것으로 간주되었다. 그렇게 되자 이 전상에 오르는 것을 허락받은 전상인(殿上人)과 의정에 참가할 수 있는 공경(公卿), 그리고 천황의 비서관인 장인(藏人) 등이 천황을 중심으로 일상 정무를 집행하는 체제가 완성되었다. 그리고 전상에는 '연중행사어장자'(年中行事御障子)가 세워져 있었다. 이 시대에는 정무 자체가 의식화되어 연중행사 형식으로 행해졌으므로, 정치와 의례가 밀접히 결부되어 따로 분간하기 어렵게 되어 있었다. 그 가운데 오늘날의 의미에서 정무의 집행으로 볼 수 있는 것이 지금의 각의에 해당하는 진정(陣定)이다.

어전인 자신전(紫宸殿) 동쪽에는 근위병의 대기소로서 진좌(陣座)라는 것이 설치되어 있었는데, 여기에서 행해진 공경회의가 진정이다. 공경은 태정대신, 좌·우 대신, 대납언(大納言), 중납언(中納言), 참의들을 말하며 정원은 16명이었다. 회의는 한 달에 두세 번, 저녁에 소집되어 늦은 밤까지 계속되었기 때문에 궁궐에서 1박하고 아침에 귀가하는 경우도 많았다. 의장은 거의 수석대신이 맡았으며 의제는 각 지방에서 올라온 민정과 외교, 인사, 사법, 경찰, 군사 관계, 입법, 정기·임시 제례의식 등 다방면에 걸쳤다. 발언

진정이 행해진 자신전

은 하위 관인부터 차례대로 하였고, 하급자가 그 경과를 문서로 정리하여 장인(藏人)을 통해 천황에게 결재를 받는 구조로 되어 있었다. 섭정·관백은 회의에 출석하지는 않았으나 나이 어린 천황을 대신하여 섭정으로서 정무를 대행하고, 성인이 된 후에는 관백으로서 천황을 보좌하였다. 미치나가의 경우는 천황에게 올리는 문서를 먼저 훑어볼 수 있는 내람의 권한과 좌대신으로서 공경회의의 의장을 역임하며 실권을 장악했다.

이러한 섭관정치를 메이지기 이래 '정소(政所)정치'로 불렀는데, 이 견해에 따르면 "섭관가가 정치를 한 손에 장악하였기 때문에 조정은 단지 의식을 집행하는 장소에 지나지 않게 되었다. 국정은 오로지 섭관가의 사택에서 행해지고 섭관가의 집안일을 담당하는 정소에서 나오는 명령문과 섭관의 교서에 의해서 움직였다." 그러나 현재는 이 '정소정치론'이 완전히 부정되고 있다. 앞서 본 것처럼 공경회의는 천황이 거처하는 궁궐에서 열렸으며, 중요 사항은 반드시 천황의 결재를 받게 되어 있었다. 따라서 언제든 천황친정이 부활할 가능성을 갖고 있었다. 후지와라 씨가 자신과 혈연관계가 없는 천황을 무리하게 퇴위시키고 어린 손자를 천황에 즉위시킨 후 스스로 섭정이 되어 정무를 대행한 것도 이 때문이다. 섭관의 명령문과 섭관의 교서라는 것도 섭관가가 소유하고 있는 장원에 대해 내리는 지시와 명령 등으로 한정되었고, 국정 차원의 일은 따로 태정관에서 발행하는 공문서를 통해 처리되었다. 따라서 공·사가 구분되지 않았다고 보는 '정소정치론'의 주장은 사실이 아니다.

'정소정치론'자들이 들고 있는 또 하나의 근거로 이런 것도 있다. 어전에 자주 불이 났고, 그 바람에 어전의 친가라고 할 수 있는 섭관 사택에서도 국정이 행해졌다는 것이다. 그러나 진짜 그러했을까. 확실히 어전 화재는 많았다. 예컨대 이치조 천황 때 999년과 1001년, 1005년에 연달아 화재가 나서 어전이 재건되었으나 새 어전의 운이 불길하다면서 천황이 자신의 거처를 공행조신(公行朝臣 : 佐伯)이 바친 일조원(一條院)으로 옮긴 적이 있다. 무라사키 시키부의 『겐지모노카타리』가 탄생한 곳도 바로 이 곳이다. 어전은 원래 궁성의 관청가 내에 자리하고 있었는데 화재가 거듭되면서 위의 일조원처럼 시내 일반 서민들의 집과 섞여서 천황의 임시거처가 세워지기도 하였다. 때때로 섭관의 사택도 사용되었는데, 이 때는 사택의 원 주인이 천황을 위해 집을 비워주었으므로 천황과 섭관이 동거한 것은 아니다. 이 점에서도 정소정치론은 성립할 수 없다.

19년의 친정과 원정

미치나가의 아들 요리미치는 자손복이 없었다. 양녀가 고스자쿠(後朱雀) 천황의 중궁이 되고, 친딸이 고레이제이(後冷泉) 천황의 왕후가 되었지만 하나같이 왕자를 낳지 못했다. 결국 1068년 산조(三條) 천황의 황녀가 낳은 고산조(後三條) 천황이 즉위하면서 요리미치는 외척의 지위를 잃게 되었다. 당시 고산조 천황은 이미 33세의 장년으로 친정의 상징인 대극전을 포함한 궁성 부흥에 착수하고, 그 재원과 노동력의 확보를 겸하여 장원정리령을 발포하였다. 그리고 이를 시행하기 위해 기록장원권계소(記錄莊園劵契所)를 설치하여 장원의 영주와 중앙에서 파견한 국사들이 제출한 자료를 엄격하게 검토했다. 이리하여 장원과 공령(公領)을 명확히 구분하고 국별로 토지대장을 작성케 하여 장원과 공령 모두에 일률적으로 새로이 세금을 부과한 것으로 보인다. 곡물 등의 양을 재는 '선지승'(宣旨升)이라는 공식적인 도구를 만든 것도 전국에 일률적으로 과세를 하기 위해서였다. 최근의 보고에서 밝혀진 고산조 천황의 토지대책과 세제개혁은 장원공령제(莊園公領制)라고 불리는 중세 토지제도의 시작으로 평가된다.

고산조 천황은 4년 6개월 후에 퇴위한다. 그의 정책을 이어받은 시라카와(白河) 천황은 14년간 친정을 한 후 황태자를 제쳐두고 겨우 일곱 살 난 자신의 아들을 호리카와(堀河) 천황으로 즉위시켰다. 호리카와가 사망하자 그는 또 네 살 난 손자를 즉위시켰다. 이렇게 해서 어린 천황을 대신해서 퇴위한 상황이 정치를 집행하는 원정(院政)이 시작되었다. 원(院)에서 일하는 유능한 관리들과 경제력을 가진 국사들을 끌어모으고, 소위 북면(北面)의 무사라고 불리는 무력을 소유한 상황은 그 자체가 강대한 권문이 되어 조정의 정치를 좌우했다. 그렇게 되자 국사의 과세로부터 벗어나고자 하는 농민과 재지영주(무사)들이 앞다투어 토지를 원에 기진(寄進)하였다. 이렇게 해서 12세기 도바(鳥羽) 원정기가 되면 천황가는 후지와라 씨를 능가하는 일본 최대의 장원영주가 되었다.

집정한 헤이안 시대의 천황

위에서 보았듯이 헤이안 시대에는 정치가 천황의 거처인 어전에서 집행되었고, 천황은 의례화된 정치의 중심에 위치하고 있었다. 사실 실질적인 심리에서도 재가 권한을 갖고 있었다. 섭관이 후견인으로서 천황을 보좌하기는 했지만 정치 상황은 언제든 친정으로 바뀔 가능성을 갖고 있었다. 후지와라 씨가 외척이라는 끈을 상실하자마자 곧바로 천황친정이 부활한 것이 좋은 예다. 천황친정은 2대 19년에 걸쳐 계속되었다. 이 시기에 천황은 직접 토지대책과 세제개혁과 같은 중요 정책을 집행하였고, 사회는 급격히 중세로 진입해 들어갔다. 후에 가마쿠라 시대에도 때때로 친정이 출현했는데, 그 연장선상에서 나온 것이 고다이고(後醍醐) 천황의 '겐무(建武) 친정'이다.

그런데 최근 상징천황제를 찬양하는 입장에서, 일본의 천황은 역사적으로 정치에 관여하지 않는 '권위'로서 줄곧 국가와 국민통합의 상징이었다는 주장이 나오고 있다. 그 근거 중 하나가 이시이 료스케(石井良助)의 저서

『천황 - 천황통치의 역사적 해명』(1950). 이시이는 패전후 일본국헌법이 제정되었을 때 국체가 변혁되었다고 말하는 사람들에게, 일본국가가 성립한 이래 일정불변의 천황통치(=국체)가 계속 존속하였다고 보는 것은 독단에 지나지 않는다고 주장했다. 즉 사료에 근거하여 일본의 역사를 되돌아보면, 천황이 집정하지 않는 것이 일본의 전통이며 그러한 의미에서 상징천황제는 국체를 변혁한 것이 아니라는 주장이다. 이 책은 전쟁 직후인 1950년에 쓰여진 것으로 그 후 비약적인 발전을 보인 역사학적 성과를 포함하지 않았다. 예를 들면 그의 주장은 헤이안 시대에는 섭관가의 정소가 조정을 대신했다는 '정소정치론'에 의거하는 등 오늘날에는 그대로 통용되기 어렵다. 따라서 지금 이 주장을 그대로 내세우는 것은 대단히 비과학적이라고 하지 않을 수 없다. 이것이 첫 번째 문제점이다.

두 번째 문제점은 이시이의 역사분석법이다. 그는 "천황친정이 표방되고 실제로 친정이 행해진 것은 나라 시대를 중심으로 하는 고대와 근대뿐이다. 그런데 이 두 시대는 모두 외국법을 계승한 시대다", "이 중국적인 천황과 프러시아적인 천황이 천황의 자연스러운 모습이라고 볼 수는 없을 것이다. 그것은 분명 외국의 형태를 일정하게 모방해서 의식적으로 만들어진 천황이다. 그렇다면 외국의 영향을 받지 않은 채 자연스러운 상태에 있는 원래의 천황제란 어떠한 형태일까. 그것은 집정하지 않는 형태였다"라고 말한다. 이러한 발상은 대단히 자의적이다. 왜냐 하면 천황의 권력이 가장 강대했던 고대와 근대의 두 시대는 예외로서 옆으로 제쳐두고, 나머지 시대에서 '천황의 본질까지는 몰라도 적어도 그 본래의 모습'을 발견한다는 것은 역사에 대한 자의적 해석에 불과하기 때문이다. 최근의 연구에 따르면 율령제의 영향은 그것이 문서주의든 국군제(國郡制)든 근세의 서민에게까지 미쳤다. 따라서 '외국법의 계승시대'라는 식으로 제쳐놓아도 될 만큼 가볍게 처리할 문제가 아니다. 근대 천황제의 중요성에 대해서는 더 이상의 말이 필요 없다.

세 번째 문제점은 천황제를 각각의 시대의 사회구성과 떼어내어 단지 친정 여부만을 문제삼는 형태론으로 단순화해서 비교하는 데 있다. 이러한 방법에 따르게 되면, 이시이가 집정하지 않았다고 본 헤이안 시대의 천황제와 일본국헌법 아래서의 상징천황제는 같은 성질을 갖는 천황제가 되어 버린다. 과학적인 역사연구를 위해서는 각 시대의 국가권력 속에서 천황이 수행한 역할을 밝히고 그 변천의 자취를 더듬어 볼 필요가 있다. 일본국헌법 아래서의 상징천황제는 국민주권주의를 기조로 하는 데 특질이 있으며, 이 점에서 지금까지의 어떤 천황제와도 이질적인, 일본 역사상 최종적인 형태의 천황제라고 할 수 있다.

참고문헌

黑田俊雄, 「中世の國家と天皇」, 『岩波講座日本歷史 中世2』, 1963/『日本中世の國家と宗教』, 岩波書店, 1975 수록

土田直鎭, 『日本の歷史(5) 王朝の貴族』, 中央文庫, 1973

村井康彦, 『日本の歷史(8) 王朝貴族』, 小學館, 1974

橋本義彦, 『平安貴族』, 平凡社選書, 1986

古瀨奈津子, 「平安時代の儀式と天皇」, 『歷史學硏究』 601, 1986

棚橋光男, 『大系日本の歷史(4) 王朝の社會』, 小學館, 1988

田中文英, 「中世における天皇制」, 菅孝行 編, 『叢書日本天皇制(Ⅲ)』, 柘植書房, 1988

가와노 미치아키 河野通明

중세~근세의 정권과 천황

연표 2

주요 사건

1167 다이라노 기요모리(平清盛) 태정대신이 됨
1185 수호(守護)와 지두(地頭) 설치
1192 미나모토노 요리토모(源頼朝) 정이대장군이 됨
1225 평정중(評定衆) 설치
1232 정영식목(貞永式目) 제정
1292 에이닌(永仁)의 덕정령(德政令)
1333 가마쿠라(鎌倉) 막부 멸망
1338 아시카가 다카우지(足利尊氏) 정이대장군이 됨
1404 명(明)과 감합(勘合)무역 개시
1467 오닌(應仁)의 난 발발, 이 무렵 각지에서 농민반란 확대
1560 오케하자마(桶狹間)의 전투(信長, 今川 씨에게 승리)
1573 무로마치(室町) 막부 멸망
1582 혼노지(本能寺)의 변. 야마자키(山崎)의 전투. 태합검지(太閤檢地) 시작
1600 세키가하라(關ヶ原) 전투
1603 도쿠카와 이에야스(德川家康) 정이대장군이 됨
1615 오사카 여름싸움. 무가제법도 제정
1758 호레키(寶曆) 사건(竹內式部 등 처벌)
1767 메이와(明和) 사건(山縣大貳 등 처형)
1837 오시오 헤이하치로(大鹽平八郎)의 난

천황(제) 문제

1156 호겐(保元)의 난
1159 헤이지(平治)의 난
1185 다이라(平) 씨 멸망, 안토쿠(安德) 천황 물에 빠져 자살
1221 조큐(承久)의 난(後鳥羽上皇 등 유배)
1274 분에이(文永)의 역(태풍으로 몽골 퇴각)
1281 고안(弘安)의 역
1334 겐무(建武)의 신정
1336 남북조내란
1392 남북조 통일, 이 무렵 교토 황폐화
1568 오다 노부나가(織田信長), 아시카가 요시아키(足利義昭)와 입경(入京)
1588 도요토미 히데요시(豊臣秀吉), 취락제(聚樂第)에
고요제이(後陽成) 천황 초청
1615 금중병공가제법도(禁中竝公家諸法度) 제정
1629 자의사건(紫衣事件 : 大德寺 승려 澤庵을 처벌),
이 무렵 국학과 존왕론 발달
1830 이세(伊勢) 오카게마쓰리 대유행

12
천황은 가마쿠라 막부의 성립과 어떤 관련이 있을까

천황 · 공가정권과 무가정권

중세 전기의 천황과 천황제를 어떻게 이해할 것인가

현재 학교교육을 받고 있는 학생들에게 중세 전기의 천황 하면 어떤 이미지가 떠오르는지를 물어보면 어떤 답이 나올까? 아마도 '로보트 같다'든가 '정치에 직접 관여하지 않았다', '(천황이) 존재하는지도 몰랐다' 같은 대답이 주류를 이룰 것이다. 실제로 1069년의 장원정리령으로 유명한 고산조 천황으로부터 조큐(承久)의 난 후에 즉위한 고호리카와(後堀河) 천황까지 16명의 천황을 보면, 평균 10.5세에 즉위하여 20.8세에 퇴위하고 있다. 확실히 통치능력을 결여한 어린 왕이 많았다. 고등학교 일본사 교과서에도 등장하는 천황은 고산조 천황(그의 재임시절의 중요 사항으로 장원정리령과 기록소 설치가 있다)과 고시라카와 천황(後白河天皇 : 그의 재임시절에 호겐 · 헤이지의 난이 일어났다. 전자는 1156년에 일어난 내란으로 무사가 정계에 진출하는 큰 계기가 되었고, 세력을 잡은 무사세력들 사이에 일어난 권력다툼이 후자다), 다카쿠라 천황(高倉天皇 : 다이라노 기요모리의 사위이자 안토쿠 천황의 아버지), 다이라 씨와 운명을 함께한 안토쿠(安德) 천황 정도고, 대개 정권담당자로서의 천황 모습은 나오지

일본 최초로 무가정권이 들어선 가마쿠라의 전경

않는다.

그렇다면 중세 전기의 천황은 정말 '비정치적 존재'였는가 하면, 그렇지 않다. 원래 천황=국왕이라는 지위는 ① 관위의 원천이다. 장군이든 태정대신이든 모두 천황이 임명한다. ② 형식적으로나마 법을 실현하여 군사와 경찰, 재판권을 최종적으로 쥐고 있다. 추토군(追討軍)을 동원하고 영지의 경계를 둘러싸고 재판이 벌어지면 태정관을 통해 천황의 이름으로 공문서를 발부한다. ③ 국가의 이름으로 징세권을 소유한다. 일국평균역(一國平均役) 등이 그것이다. ④ 종교계와 세속계의 맨 꼭대기에 서 있다. 천황은 국가를 체현하는 '신성한 존재'로서 더러움을 제거하는 종교행사는 국가적 행사로서 천황이 주재한다. ⑤ 신분제의 정점에 서 있다. 천황은 단 한 번도 피지배자로 전락한 적이 없으며, 중세의 신분구조에서 비인(非人)=천민과 대극에 서 있다. 이것만 보더라도 천황이 정치적 존재였다는 점은 명확하다. 물론 중세 전기에는 원정이 행해졌고 원(院)은 '천하를 다스리는 군주'로서 실제로 정치를 움직이고 있었다. 그러나 천황이 고유의 정치적 기능을 수행하고 자신의 의지를 정치에 반영시킨 예가 여러 연구자를 통해 밝혀지고 있어, 천황이 직접 정치에 관여했다는 것은 움직일 수 없는 사실이다.

한편 원(院)과의 관계까지 포함하여 천황의 정치적 위치는 어떻게 이해해야 할까. 우선 원은 전 천황 혹은 천황의 아버지라는 입장을 근거로 천황을 대신해서 정치를 좌우하였다. 그렇다면 역시 이는 천황의 또 다른 모습이라고 보아도 되지 않을까. 즉 공가정권의 중심 기둥으로서 천황가가 존재하고, 그 천황가의 가장이 어떤 때는 천황 자신이 되고 또 어떤 때는 양위한 상황이나 법황(法皇 : 천황이 퇴위하고 불가에 귀의했을 때의 호칭)이 되어 정치를 움직였다고 할 수 있다. 물론 세세하게 따져 보지 않더라도 천황친정과 원정에는 명확한 차이가 있다. 그러나 무가세력 혹은 사사(寺社 : 절과 신사)세력과의 관계에서 보면, 즉 중세국가의 지배계급이라는 넓은 시야에서 보면 공가정권의 중심인 천황가의 가장이 중세국가의 국왕으로서 군림했다고 이해할 수도 있지 않을까. 또 원이 정치의 전면에 나섰기 때문에 마치 천황은 정치에 관여하지 않은 것처럼 보일 수 있으나, 실은 종교적 권위와 강대한 국가권력을 모두 소유한 천황의 지위=왕권을 다른 여러 세력의 비판으로부터 지키고 타도대상이 되지 않도록 하는 책략과 표리관계에 있었다고 할 수 있다. 어쨌든 중세 전기의 국가에서 사실상 천황가는 다른 세력과의 균형을 유지하면서 일본의 통치권자로 군림하고 있었다.

다이라 씨의 실패

다이라(平) 씨가 무가임에도 불구하고 정권 담당자가 될 수 있었던 객관적인 조건으로서 ① 호겐・헤이지의 난으로 무사의 지위가 향상되었고 ② 특히 고시라카와 상황이 니조(二條) 천황파를 견제하기 위해 다이라노 기요모리(平淸盛)를 승진시킨 점 등을 들 수 있다. 다이라 씨 측의 주체적인 조건으로는 ① 기나이 근처의 국들로부터 서국(西國)에 걸쳐 기반을 갖고 있어 이들 영지에서 무력을 동원하기가 쉬웠다. ② "일을 적절히 잘 처리하고 사람들을 잘 다루었다"(『愚管抄』)라는 기요모리에 대한 평가로 알 수 있듯이 그는 '정치가'로서 대단히 탁월한 인물이었다는 점 등을 들 수 있다.

다이라 씨 정권이 정확히 언제 성립되었는지에 대해서는 설이 분분하다. 그러나 기요모리가 승진하고 그 일문이 크게 출세하여 "주요 관직을 차지하고 헤아릴 수 없을 만큼 많은 영지를 소유"(『平家物語』 卷1)한 전성기를 정점으로 보면, 1167년 기요모리가 태정대신에 취임한 이후 1179년 원정을 정지시키고 관백 이하 법황의 측근 신하 39인을 해임한 이른바 '지쇼(治承) 3년의 쿠데타'가 일어난 시기의 일로 봄이 타당할 것이다. 그 사이는 잇달아 사사세력이 정치에 대해 불만을 강력히 제기하는 등 정치가 불안한 상태였고, 따라서 다이라 씨는 정권 담당자라기보다 '공가정권의 용병대장'으로서 활약했다고 볼 수 있다.

그러면 왜 다이라 씨는, 독자적인 지위를 확립하고 왕조국가로부터 국가권력의 주요 부분을 탈취한 가마쿠라 막부처럼 되지 못했을까. 이미 발표된 학설을 정리해 보면 다음과 같다. 첫째, 다이라 씨는 장원의 직책, 특히 장원의 실질적인 영유자인 영가(領家)와 영주의 대리자인 예소(預所)라는 직책을 장악하여 장원영주화를 지향하였다. 이는 결국 "국에서는 목대(目代)의 명령을 이행하느라, 장원에서는 예소를 섬기느라 공무잡사에 쫓겨 밤낮으로 쉴 틈이 없었던"(『源平盛衰記』) 재지영주계급의 실정과 마음에서 유리되어 대립을 초래하였다. 둘째, 지행국주(知行國主 : 특정 황족이나 귀족, 사사 등에게 국의 국무집행권을 부여하여 거기에 나는 수익을 갖게 하는 제도. 원정시대에 발달)가 됨으로써 국사의 근무처인 국아(國衙)를 통해 가인(家人) 이외의 무사를 동원하려고 했다. 이 점에서 이미 다이라 씨는 재지영주계급과 이해가 대립되어 있었다. 셋째, 미나모토노 요리토모의 경우 공가정권으로부터 칙허를 얻어 각 국에 '수호지두'(守護地頭)를 설치하였지만 다이라 씨는 소위 "조정의 은혜"(『吾妻鏡』)라는 공권을 근거로 하여 직책을 인정해 줄 수 없었다. 따라서 같은 영지의 관리자인 지두(地頭)직을 주더라도 "나의 따뜻한 마음으로써"(『吾妻鏡』) 급부하는 데 그쳐, 재지영주계급을 자기 쪽으로 묶어둘 수 없었다.

다이라 씨는 원과 사원 세력의 대립에서 중립을 유지하는 등 주체적인 판단과 행동을 보여주기도 하였다. 하지만 미나모토 씨와 다이라 씨, 다이라 씨와 사사세력을 조종하는 고시라카와 법황의 정치적 수완에 농락당하면서 재지영주계급의 지지도 얻지 못하고 다른 권문으로부터도 고립되어 결국 멸망을 맞는다.

'수호지두'는 어떻게 설치되었는가

가마쿠라 막부는 지쇼(治承)·주에이(壽永)의 내란 속에서 미나모토노 요리토모가 재지영주계급과 '직'을 매개로(본래 영지의 영유권을 인정한 것이고, 전공에 따라서는 새로운 영지도 급여하였다) 하여 맺은 '어은(御恩)과 봉공'의 관계를 기초로 해서 성립했다. '수호지두'의 설치와 막부의 성립을 3단계로 나누어 그 과정을 살펴보자.

제1단계는 1180년 미나모토노 요리토모가 다이라 씨 토벌을 명한 모치히토 왕(以仁王)의 명령서를 근거로 군사를 일으킨 시점으로부터, 공가정권으로부터 '동국(東國)의 정권'으로서 그 실력과 지위를 인정받은 시기까지다. 연이은 미나모토 씨의 봉기에 밀리던 다이라 씨는 결국 1183년 미나모토노 요시나카(源義仲)에게 쫓겨나 왕도를 떠났고 군사적으로도 후퇴하고 있었다. 요리토모는 거병할 때부터 은밀하게 고시라카와 법황에게 공가정권을 적으로 삼지 않겠다는 뜻을 전했지만, 각 국의 미나모토 씨를 자신의 휘하로까지 모으지는 못했다. 오히려 먼저 입경한 요시나카와의 충돌을 피하기 위해 군사를 움직이지 않고 있었다. 이 같은 시기에 요리토모의 실력을 인정한 '주에이 2년(1183) 10월의 선지(宣旨)'는 그의 입장을 반란군에서 관군으로 바꾸어 주었다. 법황은 다이라 씨를 버리고 요리토모와 요시나카를 경쟁시키는 책략을 썼는데, 이 선지는 그 일환이기도 했다.

제2단계는 앞의 선지가 발포된 때로부터 1185년 2월 이른바 '수호지두'의 설치까지다. 요리토모는 요시나카를 친 후 기근으로 인한 군량미의 부족과 서국(西國) 무사들의 강력한 저항을 만나 다이라 씨를 쉽게 멸할 수 없었기 때문에 전선은 유착 상태에 빠졌다. 그 사이 요리토모는 장원에 대관(代官)을 파견하여 무사들의 난폭한 행동을 막고 권농권(勸農權)을 행사하는 등, 정권의 기반을 안정시키고자 하였다. 요리토모는 요시쓰네(義經)를 투입하여 1185년 3월에 간신히 다이라 씨를 멸할 수 있었다. 고시라카와 법황은 공가정권의 중심이자 또한 국왕으로서 정치적 영향력을 유지하기 위해 고토바(後鳥羽) 천황을 3종의 신기 없이 즉위시키고, 동시에 미나모토 씨의 분열을 획책했다. 즉 요시쓰네와 유키이에(行家)의 요청에 응하는 형태로 요리토모를 토벌하라는 '선지'를 낸 것이다. 그러나 요시쓰네와 유키이에 쪽에

가마쿠라 막부를 세운 미나모토노 요리토모

가담하는 자가 없었기 때문에 법황은 오히려 자신이 내린 요리토모 토벌의 선지를 '마귀의 짓'(『吾妻鏡』)이라고 변명하지 않을 수 없었다. 지체없이 요리토모는 11월에 '수호지두'의 설치, 12월에는 의주공경(議奏公卿 : 요리토모의 천거로 뽑힌 10인의 공경이 중요 국무를 합의하는 기구)의 창설과 원의 측근 신하의 경질을 요구했다. 법황은 이를 인정하였고, 요리토모는 '수호지두'를 설치하고 구조 가네자네(九條兼實)를 등용하여 공가정권 내에서 기반을 획득하는 데 성공했다. 당시 수호지두는 국마다 설치되었는데, 이는 뒤에 등장하는 수호와 연결되는 '국지두'(國地頭)이자 현재 교과서에 등장하는 '장향지두'(莊鄕地頭)로서 다이라 씨 집안에서 몰수한 영지에 설치했다는 것이 지금까지의 연구결과다.

제3단계는 수호지두가 설치된 때로부터 1192년 요리토모가 정이대장군으로 취임할 때까지다. 요리토모는 법황의 정치적 실책을 빌미 삼아 국사와 수호지두를 함께 설치하는 획기적 성과를 거뒀지만, 계속되는 무사들의 약탈과 장원영주의 격렬한 항의로 일단 한 걸음 뒤로 물러난다. 1186년 3월 호조 도키마사(北條時政)가 7개 국의 지두직을 반환한 것을 시작으로 같은 해 7월에는 여러 국의 지두직을 요리토모 스스로 정지시키는 상황으로까지 내몰렸다. 그러나 동시에 요리토모는 같은 해 10월 공가정권 내에 기록소를 설치할 것을 주청하여 이를 실현시킨다. 공가정권과 기능을 분담하겠다는 태도였다. 곧 지두를 각 국에 배치하되 흉도를 체포하는 추포사(追捕使)의 권한만 부여하고, 어가인(御家人 : 고케닌)과 관계된 소송을 빼고는 모든 것을 공가정권(실제로는 문치기록소)에 위임했다. 문치기록소가 구조 가네자네의 영향 아래 놓여 있었고 원정에 대항하여 설치된 기구라는 점을 염두에 두면, 이는 원격조종 방식을 통해 막부정책을 관철하려 한 것이다. 1189년 9월 도호쿠 지방 오슈(奧州)의 후지와라 씨를 멸망시킨 요리토모는 상경하여 법황 등과 회견했다. 그리고 1192년 7월 고시라카와 법황의 사후 정이대장군에 임명된다. 여기에서 공가정권으로부터 상대적으로 독립하여 한켠에서 중세국가를 담당하는 권문=무가정권이 명실공히 탄생했다.

요리토모는 왜 공가정권을 없애지 못했을까

처음부터 요리토모는 왕조국가와 적이 되는 일은 극력 피했다. 이것은 그의 전술이었으며 반란군이라는 당초의 입장을 생각하면 어쩔 수 없는 일이었다. 그러나 그 스스로도 정이대장군직을 요구하고 딸 오히메를 고토바 천황의 아내로 밀어넣는 공작을 하는 등 어디까지나 귀족적인 지향성을 갖고 있었다. 뿐만 아니라 일관해서 공가정권을 대신하여 무사들의 약탈을 금

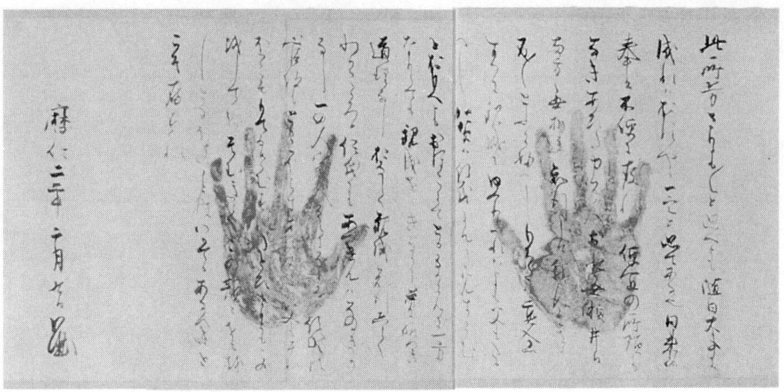

조큐의 난을 일으킨 고토바 상황의 손도장이 찍힌 문서

지시키고 연공의 확보를 장원영주들에게 약속했다. 이러한 요리토모의 정치자세와 귀족지향성은 장원질서를 철저히 붕괴시킬 수 없었던 그의 한계를 보여준다.

즉 요리토모는 '장원제 질서=직의 체계'를 붕괴시키는 방향이 아니라, 기존의 장원제 질서 안에다 재지영주계급의 요구의 정당성을 짜넣는(=공권으로서 지두 설치) 방향을 선택했다고 할 수 있다. 이 단계에서 장원영주계급과 재지영주계급의 대립은 막을 내리고, 조큐의 난이 기다리고 있었다.

조큐의 난이 막부에게 준 교훈

1221년 5월 고토바 상황은 호조 요시토키(北條義時 : 요리토모 사후에 미나모토 씨 대신 호조 씨가 가마쿠라 막부의 권력을 장악했다) 토벌 명령을 내리고 재경(在京) 오가인을 중심으로 기나이 각 국의 무사들을 동원해서 '조큐(承久)의 난'을 일으켰다. 승리는 수적으로나 조직적으로나 월등한 힘을 가진 막부군에게 돌아갔다. 고토바·준토쿠(順德)·쓰치미카도(土御門)의 세 천황이 유배되었고 공가정권에 대해서는 엄한 처벌이 떨어졌다. 이 난에서 거둔 승리로 막부는 교토의 천황정부를 감시할 육파라탐제(六波羅探制)를 설치하고, 서국으로 지두를 확대하였으며(新補地頭), 고다카쿠라 원(後高倉院)의 원정을 설립하는 등 천황가에 대한 간섭을 강화했다. 지두직을 공권으로 얻을 수 있게 된 재지영주계급은 더 이상의 변혁을 요구하지 않았으므로, 이 난에서도 공가정권은 살아남을 수 있었고 뿐만 아니라 오히려 무가정권 스스로 공가정권을 재건하는 길을 선택했던 것이다.

"장원영주계급으로서 왕조국가를 떠받쳐 오던 공가정권은 호겐・헤이지의 난과 지쇼・주에이의 내란을 계기로, 군사력을 배경으로 하여 정치적 역량을 길러온 재지영주계급=무사를 조정하면서 정치생명을 연장하고자 했다. 그러나 결국에는 국가권력의 주요 부분을 구성하는 군사・경찰권을 새로 설치된 '수호지두'에게 빼앗기고 조큐의 난에서는 정치적으로 상당한 타격을 입는" 일련의 과정 속에서 가마쿠라 막부가 성립했다고 할 수 있다. 당연히 공가정권이 정치적으로 패배한 원인의 바탕에는 중세국가의 왕가로서 정권 신장을 기도한 천황가의 바램과 책략이 있었을 것이다.

참고문헌
棚橋光男, 『大系日本歷史(4) 王朝と社會』, 小學館
五味文彦, 『大系日本歷史(5) 鎌倉と京』, 小學館
飯田悠紀子, 『保元・平治の亂』, 教育社歷史新書
安田元久, 『鎌倉開府と源頼朝』, 教育社歷史新書
大山喬平, 『日本の歷史(9) 鎌倉幕府』, 小學館
佐藤進一, 『日本の中世國家』, 岩波書店
黑田俊雄, 『現實のなかの歷史學』, 東大UP選書
黑田俊雄, 『歷史學の再生』, 校倉書房

아다치 쇼지 足立昌治

13
몽골의 침략은 정말 가미카제 때문에 실패했을까
몽골침략과 천황조정과 막부

머리말

몽골의 일본침략은 1268년 원나라 황제 쿠빌라이의 국서가 일본에 도착하면서 포문을 열었다. 국서에는 "상천(上天)의 특별한 명령을 받은 대몽골제국이 일본국왕에게 글을 보내다"라고 씌여 있다. 여기에서 '일본국왕'은 천황을 가리키는데, 당시 조정은 고사가 상황(後嵯峨上皇)의 원정기로서 가메야마(龜山) 천황에게는 실권이 없었다. 물론 이 상황도 막부의 의향을 거스를 수는 없었다. 그렇다고 해서 막부 측에 대외적으로 일본을 대표한다는 자각이 있었는가 하면 그것도 아니다. 이러한 일종의 무책임체제가 가마쿠라 시대의 특징이었다. 이 특징은 중세와 근세는 물론 메이지 이후 현재까지도 꼬리를 길게 늘이고 있다. 그 중핵에는 "천황은 실권은 없되 국가의 대표자라는 권위를 지니며, 실권을 장악한 자는 천황을 방패막이로 삼아 행동의 자유를 확보한다"라는 지배층에게 극히 편리한 천황제 기능이 내포되어 있다.

몽골의 일본침략

몽골 국서를 무시하다

1268년에 도착한 국서는 대재부를 장악하고 있던 쇼니(少貳) 씨를 통해 가마쿠라에 전달되었다. 막부는 이 국서에 회답을 하지 않기로 결정하고 이세 신궁 이하 여러 신사에 국가의 안전을 비는 기원을 올리라는 명령을 내렸다. 다음 해 다시 국서가 도착하였다. 조정은 이번에는 회답을 보내기로 하고 초안을 작성해서 막부로 보냈지만 막부는 묵살해 버렸다.

답서 초안은 일본국 태정관이 몽골 중서성으로 보내는 형식을 취했는데, "아마테라스 오미카미가 천통(天統)을 빛나게 한 이후 일본의 현 황제가 황통을 이어받기까지……", "황토로서 영구히 신의 나라라고 칭하다"라는 식으로 일관했다. 이는 일본국왕에게 조공을 요구한 쿠빌라이의 의도에서 완전히 벗어난 것이었다. 외교문서에서 제아무리 '신의 나라'를 강조해도 국제정치의 현실에서는 통용될 리가 없다. 이러한 어리숙함은 최종적인 국가기구의 책임자가 모호했던 당시 상황에 의해 뒷받침되고 있었다.

'회답 여부'를 둘러싸고 고사가 원(後嵯峨院) 회의에서 논의가 벌어졌는데 그 결론을 담은 답서 초안을 보건대, 이는 결코 현실적인 정세분석을 토대로 하여 상대방의 대응을 예상한 것이 아니었다. 조정의 주된 관심은 기원을 중심으로 하는 종교적·주술적인 대응에 있었으며, '이민족의 내습'이라는 위기에 대한 군사적 대응은 국가수호의 임무를 지고 있던 막부에 위임되었다. 그리고 답서의 중지에 이르는 경과로 알 수 있듯이, 실질적인 국가의사의 결정은 군사는 물론이고 그 이외의 사항에 대해서도 오직 막부가 좌우하고 있었다.

그런데 막부는 애당초 군사·경찰적 차원에서 국가 중추를 장악하며 성립했다는 사정도 있고 해서 그런지, 대응방식이 몽골 사신을 참수하는 등 쓸데없이 무단적이라는 점이 눈에 띈다. 회답 중지도 독자적인 논리에 따른 것이 아니었다. 예컨대 상대방의 문서가 무례하다는 논리였는데, 이는 고대 이래의 전통적이고 형식적인 외교자세를 이어받은 것에 불과했다. 1274년 제1차 일본정벌인 분에이의 역(文永役)과 1281년의 제2차 일본정벌인 고안의 역(弘安役) 직후 전쟁부담으로 피폐해진 고려의 약화를 틈탄 '외국정벌'이 기획되는데, 여기서는 노골적인 모험적 침략주의마저 느껴진다. 이처럼 막부는 외교적 기량도 미숙했을 뿐만 아니라 조정을 뛰어넘을 만한 외교적 감각도 갖추고 있지 못했다.

만일 '가미카제'(神風)라는 행운이 없었다면 이러한 무책임체제는 몽골의 압도적인 군사력 앞에 모습을 훤히 드러냈을 것이고 일본은 국가적 지도력을 잃은 채 비참한 상태에 처하게 되었을 것이다. 그러나 만약 그렇게 되었다면 자신의 약점을 반성할 수 있는 절호의 기회를 갖게 되어, 일본인은 '신의 나라'라는 관념 따위에 매달려 '신의 위세'를 맹신하는 독선적인 정신구조로부터 해방될 수 있었을지도 모른다.

인간들의 전쟁, 신들의 전쟁

당시의 감각에서 보건대, 적국의 항복을 기원하는 것은 신들을 앞세워 적과 싸우게 하는 일종의 전투행위였다. 1314년 지쿠젠(筑前) 기타노 사(北野社)의 무녀에게 "거듭 기도를 올려 적국을 정벌해야 한다"는 신탁이 내렸다고 한다. '가미카제'의 도움으로 얻어낸 승리는 이 같은 확신을 더욱 강화시켰다. 따라서 전국의 사사(寺社)에 대해 적국의 항복을 기원하라는 명령을 내린 것은 적국과의 전투나 경비에 무사를 동원하는 것과 의미가 똑같았다. 여기에서 주목할 것은 분에이의 역이라는 전투와 기원이라는 양 측면에서 막부가 종래의 틀을 크게 벗어났다는 사실이다.

먼저 '인간들의 전투'라는 면에서 보자. 몽골군이 쓰시마와 이키(壹岐)를 습격했다는 보고가 전해지자 막부는 어가인과 비어가인을 가리지 않고 모든 무사를 전투에 동원할 것을 명령했다. 이후 외국과 관계된 군역에는 비어가인도 동원되었고 이를 거부한 비어가인의 영지에는 새로이 지두(地頭 : 막부가 각지 장원과 공령에 어가인을 보임하여 둔 직으로, 토지를 관리하면서 일정한 토지수익권을 소유)를 설치하였다. 이로써 종래 손이 닿지 못했던 자들까지 자신의 휘하에 편입시키게 된 막부는 그 권한을 대폭 확장하였다. 문제는 그들의 처우였다. 당시 막부는 "외국과의 전투에서 충성을 다하면 어가인이든 비어가인이든 상관 없이 모든 무사에 대해 포상을 내릴 것이다"라는 법령을 발포했다.

'신들의 전쟁'이라는 면에서도 분에이의 역을 경계로 하여 막부는 전국의 주요 사사에 공식적으로 기원을 올리라는 명령을 각국 수호(守護 : 1185년 칙허를 얻어 막부가 각 국에 설치한 것으로, 지방경비와 치안유지 담당)를 통해 하달했다. 이는 종래 막부 관할이 아니었던 사사에 대한 명령권을 획득한 것으로 막부 권한의 대폭적인 확장을 의미하였다. 당연히 기원이라는 전투행위에 대한 포상도 이제 막부의 책임이 되었다.

이렇게 하여 몽골 침략을 계기로 하여 국가의 여러 기능에서 막부가 차지하는 역할은 급격히 확대되었다. 동시에 막부는 본래 자신의 관할 밖에 놓여 있던 비어가인과 사사에 대한 포상수여라는 과대한 의무까지 떠맡게 되었다. 그 와중에 전제권력을 휘두르는 호조(北條) 씨의 허수아비로 전락한 장군을 주종관계의 실제적인 중심에 놓고, 이 주종관계를 어가인의 범위를 넘어 전국의 무사계급으로까지 확장시켜 본소일원지(本所一圓地 : 여러 권리가 직의 형태로 얽힌 일반 장원과는 달리 한 영주가 단독으로 지배하는 토지)와 사사령을 포함한 전 영역을 막부의 통제 아래 두려는 움직임이 나타났다. 바로 유력 어가인인 아다치 야스모리(安達泰盛)가 이끄는 이른바 '고안의 덕정'(1284~1285)이 그것이다.

그러나 이 정치적 실험도 막부권력의 장악을 둘러싸고 일어난 내분에서 호조 씨 세력이 야스모리 파를 멸함으로써(11월 소동, 1285) 덧없이 좌절되고 만다. 막부의 조직원리인 어가인제도의 고정성과 폐쇄성에 근본적인 수정을 가하려 한 것이 좌절의 주된 원인이었다. 그러나 신분적 고정성이라는 제약을 돌파하지 못했다는 점에서는 11월 소동에서 승리한 호조 씨도 마찬가지였다. 유례없는 전제권력을 휘두르면서도 호조 씨는 결국 장군이 될 수 없었고 또 되려고 노력한 흔적도 없다. 비천한 혈통이야말로 호조 씨를 저지한 견고한 벽이었다. 호조 권력이 멸망한 뒤 일시적으로 천황친정이 부활했지만, 결국에는 '고귀한 혈통'을 가진 아시카가 다카우지(足利尊氏)가 막부를 재건하였다(무로마치 막부). 이는 혈통의 귀천이 사회적 지위와 직능을 기본적으로 결정하는 '혈통관념'이 여전히 사회에 강고하게 뿌리박혀 있었던 데서 기인한다. 그리고 그 핵심에 유구한 '혈통의 계승자'임을 자랑하는 천황이 위치하고 있다는 것은 말할 것도 없다.

'민족적 체험'의 일본적 특질

분에이 역이 일어나기 직전인 1270년, 몽골 침략에 저항하는 군사반란이 고려에서 일어났다. 삼별초의 난이다. 저항은 1273년까지 계속되었고, 이로 인해 일본을 노리고 있던 몽골은 전략적으로 큰 차질을 빚게 되었다. 1271년 삼별초는 원군과 군량미를 청탁하는 서신을 일본에 보내면서 일본에게 고려와 대등하고 평등한 국교를 맺자는 제안을 해 왔다. 그들이 이처럼 넓은 시야를 가질 수 있게 된 것은 40년에 걸친 대몽골 저항을 통해 민족적 통합이 추진되고 민족의식이 앙양되었기 때문이다. 여기에서 일본과 고려의 두 민족이 반몽골이라는 공통의 과제 아래 뭉칠 수 있는 가능성을 찾아

볼 수 있다. 그런데 서신을 받아본 고사가 원 조정에는 이 문장을 완전히 해독하여 상대방의 입장과 의도를 이해할 수 있을 만한 인물이 없었다. 논의는 말초적인 자구 해석에만 치우쳤고, 결국 사태의 역사적인 의미를 발견하지 못한 채 끝나 버렸다.

고안의 역에서 몽골군의 주력은 1279년에 멸망한 남송의 항복병이었다. 벼락치기로 만든 병선에다 전의라고는 찾아볼 수 없는 남송 병사를 태운 군단은 전투에 임하여 의사통일조차 이루지 못했고 역경을 헤쳐 나갈 단결력도 없었다. 1281년 윤7월 1일 몽골군의 비극적인 괴멸은 결코 '가미카제' 때문만은 아니었다. 게다가 남송의 옛 땅 강남에서는 몽골에 정복된 후에도 반란과 농민봉기가 끊이지 않아 일본을 노리는 몽골의 의도를 계속 좌절시켰다. 1286년 제3차 일본정벌의 중지 소식을 듣고 강남 군민이 벼락같은 환호성을 올렸다는 기록은 극히 시사적이다.

더욱이 동남아시아 여러 나라가 경험한 '몽골 침략'도 일본의 경험을 훨씬 초월한 규모였다. 베트남은 국가의 존립을 위해 몽골에 머리를 숙이지 않을 수 없었고 베트남과 참파(베트남 남부에 있던 참족의 나라로 2~17세기까지 존속)의 수도가 함락을 당하기도 했다. 미엔(미얀마의 파간 조)에서는 1287년에 나라의 멸망까지 맛보았다. 그러나 이들 지역에서 일어난 민족적 저항은 격렬하였고 어디서나 결국 몽골군을 몰아내는 데 성공하였다. 가마쿠라 무사만 용감했던 것이 아닌 것이다. 또한 몽골군은 1284년에는 참파에서, 1292년에는 자바에서 폭풍 때문에 괴멸적인 타격을 입었다. '가미카제'도 일본에만 불었던 것은 아니다.

일본을 향한 몽골의 칼날을 무디게 만들어 세 번에 걸친 정벌을 저지시킨 것은 삼별초의 난과 강남의 농민반란이었으며, 수렁에 빠진 동남아시아 전황 덕이었다. '가미카제'만이 일본의 승리를 도와준 힘은 아니었다. 그러나 그러한 사실을 당시 일본정부와 대다수의 일본인은 전혀 인식할 수 없었다. 그 결과 일본인에게는 '가미카제'로 나타난 '신불(神佛)의 도움'만이 강렬히 아로새겨졌고, 이후 일본인은 '신국(神國) 불가침'이라는 공허한 관념에 매이게 되었다. 이 관념 때문에 일본인은 정확하게 해외정세를 인식할 능력을 기를 수 없었다. 이는 아시아 변경에 위치한 일본의 지리적 요소가 가져온 민족적 통합의 미숙함을 드러낸 것이며, 천황을 정점으로 하는 '혈통관념'이 계속 온존된 일본사회의 특질도 일부는 여기에서 나온 것이라고 볼 수 있다.

참고문헌

旗田巍,『元寇 - 蒙古帝國の内部事情』, 中公新書, 1965
網野善彦,『日本の歷史(10) 蒙古襲來』, 小學館, 1974
相田二郎,『蒙古襲來の研究・增補版』, 吉川弘文館, 1982
永原慶二 編,『日本歷史大系(2) 中世』, 山川出版社, 1985
村井章介 編,『週刊朝日百科 日本の歷史中世 I -⑨ 蒙古襲來』, 朝日新聞社, 1986
村井章介,『アジアのなかの中世日本』, 校倉書房, 1988

무라이 조스케 村井章介

14
남북조내란은 왕권의 역사에 어떤 전환을 가져왔을까
고다이고 정권과 남북조내란

고다이고 천황의 겐무 정치

일본 국가사에서 고다이고 천황과 그의 정치는 에도 시대 후기 존왕론자들에 의해 높은 평가를 받고 근대 천황제 아래서 특히 황국사관에 의거한 역사교육의 장에서 절대적인 위치를 부여받았다. 그러나 1945년 패전 후에는 평가가 역전되어 그 반동성, 곧 봉건사회로의 발전이라는 역사 흐름을 거스르고 고대적 천황정치의 부활을 지향했다는 견해가 유력해졌다. 그런데 최근 다시 이 견해를 부정하고 봉건왕권을 지향한 것으로서 적극 평가하려는 견해가 제기되고 있다. 현재로서는 황국사관적 평가는 부정되고 있지만, 어쨌든 겐무(建武) 정권에 대한 역사적 평가는 아직 통일되어 있지 않다. 그런 의미에서 먼저 사실을 분명히 바라볼 필요가 있다.

『겐무 연간기』(建武年間期)와 현존하는 많은 관련 고문서 또는 『태평기』(太平記) 등을 통해서 고다이고의 겐무 정권에서는 다음과 같은 구상과 정책이 추진되었음을 분명히 알 수 있다.

첫째, 중앙에 섭관과 장군을 두지 않고 공가와 무가를 고다이고 자신이

고대적 천황친정의 부활을 꿈꾼 고다이고 천황

직접 통괄하는 일종의 독재체제를 만들고자 했다. 그는 처음에는 고다이고 천황의 아들 모리나가(護良)의 요구를 받아들여 그를 정이대장군에 임명했지만 얼마 가지 않아 물러나게 하고 계속 장군을 두지 않는 방침을 고수했다. 그래서 아시카가 다카우지의 장군 보임 요구도 인정하지 않았다. 이는 어가인제도를 토대로 여러 지방의 무사를 통합하려 한 막부의 방식을 용인하지 않는 것이므로, 그 점에서 결정적으로 곤란하였다. 그러나 고다이고는 어디까지나 무사란 공가중심의 정권에 직접 봉사해야 한다는 원칙을 고집하며 무사에게 지배영지를 인정하고 할당하는 일을 모두 직접 행하고자 했다. 정무의 권한과 함께 군사권과 논공행상권 등을 모두 직접 관할하려 한 것이다.

둘째, 국가기구의 면에서 태정관제를 형식상 부정하지는 않았지만 실질적으로는 기록소(記錄所 : 천황 친재 아래서 국정을 심의의결하는 기관)와 잡소결단소(雜訴決斷所), 무자소(武者所 : 교토의 군사경비 담당) 등의 신설 기관에 실권을 집중해서 천황독재에 편리한 체제를 정비하고자 했다. 태정관 조직이 고대 이후 권문귀족이 결집하여 천황독재에 제도적으로 제동을 거는 역할을 수행해 온 점을 생각하면, 고다이고의 의도는 명확하다. 잡소결단소는 무사 상호간의 문제를 포함해서 모든 영지분쟁에 대한 재판권을 갖고 있었다.

지방의 지배기구는 국사와 수호를 함께 두었다는 점에서 가마쿠라 시대 이후의 현실을 전면적으로 부정하지는 않았다. 그러나 무가의 관직인 수호의 보임권까지 천황이 장악하고 또 가문에 의해 관직이 세습되는 전통적인 가직질서에 구애받음이 없이 천황이 신뢰하는 자를 국사에 임명한 데서도 알 수 있듯이, 천황독재에 적합한 조치가 취해졌다.

셋째, 국가 및 중앙지배층의 재정적 기반에 대해서 지행국제(知行國制 : 특정 황족이나 귀족, 사사 등에게 특정 국의 국무집행권을 주고 수익을 얻게 하는 제도)와 장원제를 부정하지는 않았지만, 황실영지를 집중적으로 장악하고자 하였다. 특히 주목되는 점은 장원과 공령 모두에 전답의 면적과 경작 상황을 조사하는 검주(檢注)를 실시하려 한 사실이다. 이는 공가와 무가가 소유하고 있는 영지를 인정하고 할당권을 장악하는 일과 표리관계를 이루는 것으로서, 천황이 황실령만이 아니라 전 영지에 대해서까지 지배권을 강화하고 장악하려 한 전례 없는 계획이었다.

전국을 대상으로 한 이 검주는 예상대로 저항이 심해 실시를 연기하였지만, 궁전 조영을 위해 '제국제장원향보지두직(諸國諸莊園鄕保地頭職) 이하'의 영지와 연공 등을 '있는 그대로 빠른 시일 내에 신속히 보고'케 하고 '정세(正稅) 이하 갖가지 잡물 등 소출의 20분의 1'을 중앙정부에 납입하게 했다. 이는 전 영지를 지배하고 전국에 검주를 실시하려 한 계획과 일맥상통한다.

조정의례의 정비와 강화의 일환으로 펴낸 연중행사 에마키

넷째, 천황의 권위를 강화시키기 위해 여러 가지 시책을 시행했다. 구체적인 예로서 각 국의 으뜸 가는 신사들이 권문귀족을 본가로 받드는 일을 부정했다. 신사의 제사와 영지를 국사에게 관할케 하고 이를 통해 신사들을 천황에 직결시키는 체제로 재편하기 위해서였다. 이 밖에 왕권을 강화하기 위해 어전 조영은 물론이고 동전과 지폐의 발행도 계획하였다. 이는 당시 발전하고 있던 화폐경제에 대한 현실적인 대응이었으며, 또한 중국을 본떠 화폐 주조를 통해 왕권을 장식하려 한 데서 나온 것이라고 추측된다.

조정의례의 정비와 강화도 중요한 의미를 갖는다. 고다이고 자신이 『겐무 연중행사』(建武年中行事), 『겐무 일중행사』(建武日中行事)를 펴낸 것은 그 일환이었다. 고다이고가 "짐이 새로 정한 의식은 미래의 선례"라고 하며 자주 선례를 무시했다고 하지만, 이것은 오히려 천황권력의 회복·강화와 관련되는 경우로만 한정된다. 그는 조정의례를 정비함으로써 권위의 회복과 강화를 꾀한 것이 분명하다.

이상의 네 가지 특징으로 집약되는 고다이고의 겐무 정치는 이미 1세기 반에 걸쳐 전개되어 온 무가정권을 해체하고 천황이 직접 여러 국의 무사를 일원적으로 통괄하고자 한 것이었다. 고다이고는 이러한 목적을 달성하기 위해 필요한 관직임명권, 영지할당권, 재판권, 국가적 검주, 부과권(賦課權) 등을 장악하고자 했다. 이러한 기도에 대해서는 일찍이 1945년 이후 '고대'로의 복귀를 지향한 역사적 '반동'이라고 파악하였는데, 이런 파악방식은 역사인식으로서는 단순하고 관념적이어서 적절하지 않다. 그러나 발전하고 있던 재지영주층을 국가체제에 어떻게 위치지울지에 대해서는 어떤 적극적인 구상과 조직원리도 갖추지 못한 채 성급하게 천황독재만을 추구하여 지지를 상실하고 패퇴하였다는 점에서, 이 정권을 '봉권왕권'이라고 규정하는 견해도 타당하지 않다.

남북조내란과 휘청거리는 천황(제)

겐무 정권은 발족한 지 불과 2년반 만에 아시카가 다카우지의 반란을 불러왔고, 다카우지는 다음 해 고묘(光明) 천황을 옹립하였다. 이로써 겐무 식목(建武式目)의 제정=무로마치 막부 발족, 고다이고의 요시노(吉野 : 지금의 나라 현) 탈출=남북조 분립이라는 일련의 움직임이 급박하게 전개되었다.

재지영주계급으로부터 버림받은 고다이고는 요시노 산 속에 틀어박혀 요시노와 구마노(熊野 : 지금의 와카야마 · 미에 현)의 수행자와 고야 산(高野山 : 와카야마 현 북동부)의 간신지(觀心寺)를 필두로 하는 진언밀교사원, 기나이 여러 지역의 악당(몽골침략을 전후한 사회변동을 틈타 막부와 장원체제를 위협한 세력. 주로 교통의 요지에서 활동), 일부 공어인(供御人 : 조정이나 신사에 음식물을 바치는 의무와 특권을 지닌 사람들) 등에게 지지를 요구하고, 다른 한편으로는 자기의 아들들을 여러 지역으로 파견하여 무사들을 결집하고자 하였다. 그러나 이것은 어가인제도처럼 명확한 주종제에 근거한 조직방침을 가진 것이 아니었기 때문에 힘도 써보지 못한 채 패퇴하였다. 고다이고 자신도 요시노로 탈출한 지 3년이 안 되어 병사했다.

황위계승을 둘러싼 천황가 내부의 투쟁은 고대 이래 누차 되풀이되어 온 것이다. 그러나 두 명의 천황이 한치의 양보도 없이 서로 정통임을 주장하며 두 개의 조정이 장소를 달리하여 병존한 것은 공전의 사태였다. 남조측은 앞서 북조의 고묘 천황에게 넘겨진 신기(神器)가 가짜라고 주장하며 자신의 무력함을 어물어물 넘기는 것이 고작이었다. 다른 한편 북조의 고묘 천황 역시 황위를 장군에게 하사받았다(『太平記』)는 세상 사람들의 비웃음을 부정할 도리가 없었다. 확실히 '장군에게 왕위를 받았다'는 표현이 북조 천황의 과장 없는 모습일 것이다. 이처럼 두 천황이 처한 공전의 비참한 상황 속에서, 남조는 이른바 세상의 불만분자와 소외된 사람들의 긴급 피난처로서 일정한 의미를 갖고, 권력을 두고 다투는 공가와 무사의 명분 획득수단으로 이용되었다. 간노(觀應)의 소란(1350~1352) 때 다카우지와 싸우다 남조로 들어온 다다요시(直義)의 예가 가장 대표적이다. 정쟁과 상속다툼에서 패하거나 불만을 품은 일부 공가가 종종 남조인 요시노로 달려갔다가 기회를 노려 다시 교토로 돌아오는 경우도 드물지 않았다. 집안 내부의 상속다툼이나 한 지역의 재지영주 사이에 일어난 대립으로 남조 측에 가담하는 지방 무사도 생겨났다. 당시는 동족집단적인 가족제도와 장원제적 질서가 해체되고 있었고 재지영주층의 자립화 움직임이 강화되고 있었던 만큼, 이런 종류의 대립은 전국 각지에서 널리 발생하고 있었다.

천황은 신기(神器)의 진위 여부를 놓고 말이 많았고, 장군은 또 다른 천황을 옹립하고, 공가와 무사는 남북조의 두 조정을 정쟁 도구로 삼는 이러한 상황은 무사와 민중들에게 천황의 권위를 불신하고 부정하는 분위기를 확산시켰다. 막부와 수호는 그러한 분위기 속에서 중앙과 지방에서 천황=공가정권이 수행하고 있던 기능들을 흡수하면서 장원공령제를 잠식해 들어가고 있었다.

약 반세기에 걸친 내란을 거치며 막부는 양위와 즉위를 위시한 국가의 임시의례와 행사에 쓸 비용인 단전(段錢)과 이세 신궁 제사에 쓸 쌀(役夫工米)을 전국적으로 거둬들이는 것도 천황=공가정권을 대신해서 행하게 되었다. 또 공가와 사사 등의 영지분쟁과 관련한 재판도 막부 몫이었다. 교토의 시정과 시의 경찰권, 재판권 역시 검비위사청(檢非違使廳)에서 시소(侍所)로 옮겨졌다. 지방에서는 수호가 국아의 기능과 기구를 완전히 흡수하고 있었다.

뿐만 아니라 천황 = 공가정권의 물질적인 기반인 장원공령도 수호와 국인(國人 = 재지영주층)에게 잠식당하면서 해체의 길을 걷고 있었다. 특히 황실과 섭관가 등이 주로 보유하고 있던 '본가직'(本家職)은 장무권(莊務權)을 수반하지 않는 상위의 '직'권으로서 산재성이 강했으므로, 장원공령제의 질서를 유지하는 국가체제가 후퇴할 경우 가장 먼저 유명무실해질 것이었다. 게다가 장무권을 가진 본소(本所)도 재지세력들이 연공을 억류하고 토지지배를 강화하면서 점차 혼자 힘으로는 지배하기 어렵게 되었다. 이에 수호계의 재지세력과, 막부와 밀접하게 결부된 토창(土倉 : 지금의 전당포와 같은 일종의 금융기관) 혹은 히에이의 승려[山僧]나 선종승려 등을 청부대관으로 삼아 사실상의 지배권을 위임하고 제한된 연공만 수취하는 방향을 택하게 되었다. 이러한 현성들은 모두 천황과 중앙지배층이 가진 권위의 직접적인 기반을 뿌리째 뒤흔들어 놓았다.

이처럼 남북조내란이 천황과 천황제에 준 타격은 결정적이었다. 고대 이래 이런저런 변화 속에서도 어찌 되었건 현실의 왕권으로서 기능해 왔던 천황의 통치권능은 이제 사실상 막부에게 넘어갔다. 가마쿠라 시대에도 공·무 양 권력은 지역과 신분 등을 기준으로 삼아 국가권력을 나누어 가졌고, 1221년 공가와 막부 간의 권력다툼으로 일어난 조큐의 난에서 공가가 패배한 후에도 천황은 중앙왕권으로서의 실질을 완전히 잃지는 않았다. 그러던 것이 남북조내란으로 이 관계가 결정적으로 바뀌어 버렸다. 바야흐로 막부는 사사가 가진 영지를 보장해주고 분쟁을 해결하는 재판과 관련한 모든 권능을 장악하였다. 이제 사사는 막부를 지지해야 영지를 소유할 수 있게 되었다. 물론 이러한 견해에 대해, 내란기중에도 장원공령제가 존속하였을 뿐 아니라 사사본소의 장원공령 지배체제가 오히려 재편되었다는 설이 있기는 하다. 그러나 그러한 견해는 장원공령제의 기본이 되는 '직' 질서체계의 총체적 변화와 권력의 전환에 대한 인식을 결여한 것이다.

장군과 천황의 결합

아시카가 요시미쓰(足利義滿)가 떠안은 역사적 과제는 이러한 상황을 발판으로 삼아 막부를 군사권력에서 국가권력 그 자체로 전환시키는 일이었다. 이를 위해서는 전국의 무가세력을 각 국의 수호를 통해 통합하고, 동시에 반(反)막부적 태도를 취하는 남조를 해소시키고 북조의 천황을 유일한 천황으로 세워 막부권력의 일환으로 편입시킬 필요가 있었다.

요시미쓰는 이 역사적 과제를 거의 실현시켰다. 그는 장군직을 내놓은 뒤 태정대신이 되어 무가와 공가의 두 정점에 동시에 섰다. 이어 그는 출가하여 스스로를 법황에 비견하며 태상천황(太上天皇)이라는 존호까지 쓰려 했다. 무한히 천황에게 접근함으로써 그 스스로 천황과 일체화하고자 한 것이다. 요시미쓰는 내정의 여러 분야가 가진 기능을 독점적으로 장악함과 동시에 '칙허'라는 절차도 밟지 않고 명과의 외교를 추진했다. 외교권까지 장악하여 실질적인 일본국왕으로서의 지위를 완전히 굳히려 한 것이다. 당시 요시미쓰가 갖춘 실력을 고려하면, 이 단계에서 그는 천황이 될 수도 있었다. 그러나 헤이안 시대 이래 형성·전개되어 온 지배층의 '가직'(家職)이라는 세습적인 질서관념에서 보면 역시 천황은 천황가의 피를 이은 자가 올라야 할 자리였다. 따라서 요시미쓰는 천황위를 빼앗는 위험을 감수하기보다 천황을 자기 권위의 일부분으로 편입시키는 쪽이 훨씬 안전하고 효과적이라고 생각했을 것이다. 아시카가는 미나모토 씨의 혈통이므로 가직관념에서 보더라도 기본적으로 장군을 본래의 임무로 한다. 이런 까닭에 그 지위는 재빨리 아들 요시모치(義持)에게 양도되었다. 가직제적 질서를 무시하고 독재를 시도한 고다이고의 정치가 실패로 끝난 것은 아직 기억에도 생생한 역사였던 것이다.

이리하여 요시미쓰는 말하자면 장군과 천황의 결합왕권이라고도 할 수 있는 국가권력을 창출하고자 하였다. 이것은 후에 도요토미 히데요시와 도쿠가와 이에야스에게 계승된다. 이상으로 봉건적인 주종제를 기반으로 군사적 실력을 갖추고 국가적 실질을 장악한 자가 어떻게 그 권력을 공적인 것으로 전환시켰으며, 또 어떤 형태로 정통성을 확보했는지에 대해 살펴보았다. 사적·인적 결합으로 형성된 주종제적 권력이 국가='공의'(公儀) 권력으로 탈바꿈하기 위한 가장 쉬운 방법은 기존의 왕권인 천황을 자신에게 편입시켜 일체화하는 것이다. 이런 의미에서 요시미쓰 이후의 천황의 존속은 무가권력의 정치적 요구를 염두에 두지 않고는 생각할 수 없다. 일본의 국가와 왕권의 역사에서 남북조내란기는 그와 같은 결정적인 전환을 가져온 시대였다.

나가하라 게이지 永原慶二

15
전국대명들은 왜 교토로 상경하려 했을까
전국대명과 천황

교토로 가자!

전국시대(戰國時代)는 고대 이래의 권위가 몰락하여 여태까지와 같이 출신을 배경으로 세력을 넓히는 일이 불가능해진 실력주의 시대였다.

전국 난세의 하극상은, 이를테면 일개 기름장사에 불과했던 사이토 도산(齊藤道三)을 미노 국(美濃國)의 주인이 될 수 있는 길을 터주었다. 마찬가지로 태어난 곳도 분명하지 않은 몰락무사 신분의 호조 소운(北條早雲)에게는 이즈(伊豆)와 사가미(相模) 2국을 영유하는 전형적인 전국대명(戰國大名)으로 뛰어오를 기회를 제공했다. 뒤에 전국의 난세를 끝장내며 천하의 정권을 장악한 도요토미 히데요시 역시 오와리의 한 농촌에서 태어난 하급무사였다.

이러한 세상이 등장한 배경에는 고후쿠지(興福寺)의 한 승려가 '망국의 근본'이라든가 '하극상'이라고 한탄한 움직임이 있었다. 계속되는 농민봉기, 야마시로에서 일어난 국들의 봉기, '백성 세상'을 한 세기나 유지한 가가(加賀)의 잇코 종파(一向宗派)의 봉기 등이 그것이다. 다시 말해 전국시대에는 여러 국에 군웅이 할거하고, 특히 기나이에서는 소토호(小土豪)와 백성들의

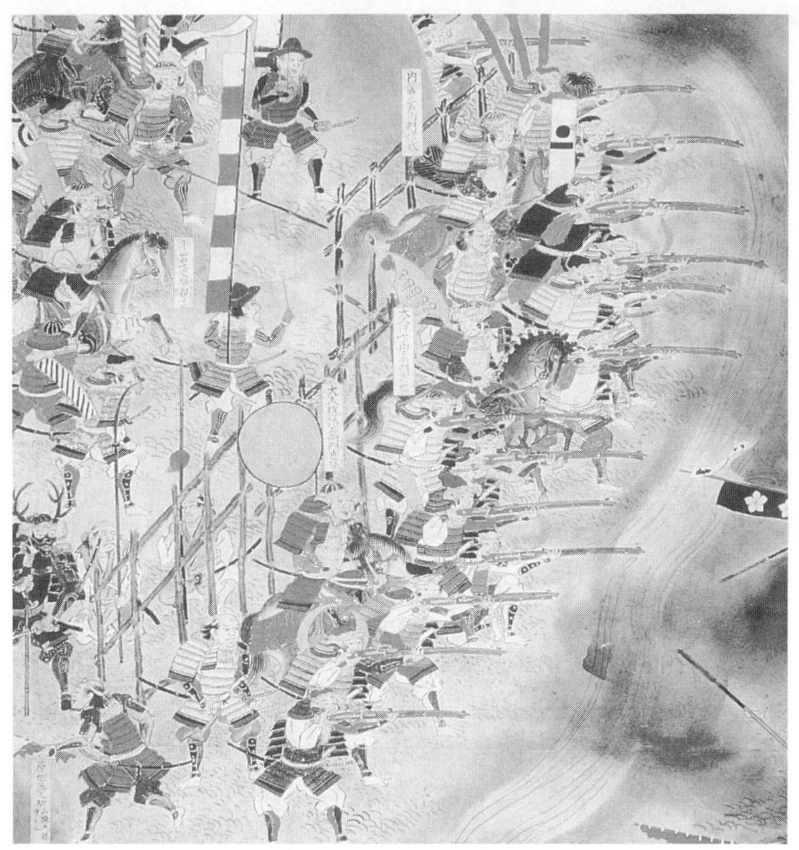

오다 노부나가와 도쿠가와 이에야스 연합군의 철포대 위력이
유감없이 발휘된 나가시노 전투 장면(『長篠合戰圖屛風』)

자치촌락이 존재하며 때로 이들과 재지영주층=국인이 한데 결합하여 국 단위의 봉기와 잇코 종파의 봉기 등이 빈발했다. 이와 함께 사카이(堺)로 대표되는 크고작은 자치도시 등이 할거하면서 거의 무정부 상태에 가까운 상황을 연출하였다.

이러한 시대에 출신 성분에서 보면 최고이자 각별한 존재로서 고대권력의 정점에 섰던 천황의 권위와 지위는 어떻게 되었을까. 당연히 전국시대의 최전성기에 천황의 권위는 쇠퇴하고 천황가는 극도로 쇠약해져 있었다. 즉위식은 물론이고 다른 모든 예식도 거행하기 어려운 상태가 계속되었다. 그런데도 어떻게 천황가는 없어지지 않고 살아남을 수 있었을까. 전국대명 중에서도 패자로 군림한 오다 노부나가와 도요토미 히데요시, 특히 히에이 산의 엔랴쿠지(延暦寺 : 일본 천태종의 총본산)를 초토화시킨 오다 노부나가는 고대=중세권력에 대해 과감한 태도를 취하면서도 왜 굳이 천황만은 그대로 두었을까. 이들은 '사실상의 국왕'으로서 무가뿐 아니라 공가와 사사(寺社)까지 지배하면서도 조정에 대해서는 오히려 빈번하게 은혜를 베풀었다. 그리고 노부나가는 얼마 안 가 사퇴하기는 했지만 한때 정2위 우대신 겸 좌근위대장에 취임했고, 히데요시 역시 천황으로부터 관백과 태정대신이라는 지위를 받았다. 전국대명들 가운데는 맹렬한 항쟁을 벌이며 우에스기 겐신(上杉謙信)이나 이마가와 요시모토(今川義元), 다케다 신겐(武田信玄)처럼 대군을 이끌고 교토로 들어오려다 중도에 좌절한 자들도 적지 않다. 실력위주의 사회에서 태어나 자신의 힘만을 믿던 이들이 왜 실질적으로 아무 힘도 없었던 조정과, 아시카가 요시아키(足利義昭)가 노부나가에게 추방당할 때까지 간신히 이름만 부지하고 있던 막부에 접근하고자 했을까. 전국의 패권에 뜻을 두었던 그들이 교토에 들어가 기나이를 확보하고자 한 것은, 조정이나 막부와의 관계를 강화시킨다는 목표 그것 하나뿐이었을까.

전국대명들은 왜 교토로 가고자 했을까. 1945년 이전은 물론이고 지금까지도 항간에서는 종종 노부나가와 히데요시를 위시하여 교토로 들어가고 싶어했던 전국대명들의 행동은 오직 '왕에 대한 충성심'에서 온 것이라고 해석해 왔다. 그러나 그들이 보여준 여러 가지 행동으로 미루어 그런 단순한 동기만으로는 설명하기 어렵다. 그렇다면 어떻게 볼 것인가.

'봉기의 세상'과 하극상

극심한 하극상 그 자체가 전국대명들에게 실질적으로 아무 힘도 없는 조정이나 막부의 권위를 필요로 하게 만들었다는 것이 첫째 이유다.

우선 가마쿠라 말기부터 남북조내란을 거쳐 무로마치와 전국시대에 이르러 만연한 소위 하극상은 어떻게 시작되었을까. 그 원동력은 어디에 있었으며, 어떠한 움직임이 전개되었는지 간단하게 살펴보자. 가마쿠라 말기 이래 기나이와 그 주변에서는 소농민의 단결과 자립이 급속하게 진전되었다.

그 결과 계속된 전란 속에서도 농업생산력은 현저한 향상을 이룩하였다. 이를테면 15세기 전반에 일본을 방문한 조선사절 송희경(宋希璟)은 기나이와 세토나이(瀨戶內)에서 이미 벼·보리·메밀의 3모작이 행해지고 있다는 기록을 남기고 있다. 또 수공업과 상품유통의 진전이 이루어지면서 각지에 도시가 성립하였다. 이러한 상황 속에서 농민들은 더욱 더 결속을 강화하고 재지영주의 지배를 배제해 나가면서 소위 자치촌락인 '총'(惣)을 형성하기 시작했다.

한편 재지영주=국인들은 이러한 흐름에 대항하고 나아가 장원영주의 지배를 배제하기 위해 지연적으로 '당'(黨)이나 '국인 잇키'(國人一揆)로 결합하였다. 국인들은 가마쿠라 막부를 대신하여 들어선 무로마치 막부와 그 막부로부터 임명을 받은 수호에 대해서도 상대적으로 독립해 있었고, 때로 저항을 되풀이하면서 지역사회의 주인공으로서 자신들의 입지를 다져 갔다. 특히 그들은 남북조내란을 발판으로 해서 크게 성장하여 위로부터의 외래적 지배자에 대해 '토지의 주인', '국의 주인'=국인으로서의 자각을 높여 갔다.

따라서 외래자인 수호가 해결해야 할 최대의 정치적 과제는 국인들을 자신의 가신단에 편입시켜 직속 무사로 만들고, 그들을 통해 영지를 지배하는 것이었다. 반세기 이상 계속된 내란이 끝자락을 내보일 무렵 수호는 반제(半濟 : 연공의 절반을 수호에게 인도하게 하는 일)와 수호청(守護請 : 수호가 장원의 지배를 일임하고 그 대신 매년 연공 중 일정액을 받는 일) 등을 행사하며 장원영주를 배제하라는 국인들의 요구를 들어주고, 국인들을 자신의 가신단으로 편입시켜 영지 지배를 그럭저럭 성공시킬 수 있었다. 이렇게 해서 수호영국제(守護領國制)가 성립되었다.

무로마치 막부도 3대 장군 요시미쓰 시대에 막부가 보임권을 갖는 수호들의 영국제를 바탕으로 해서 전성기를 맞이한다. 그러나 이것도 그렇게 오래 지속되지는 못했다. 하극상이 더욱 극성을 부렸기 때문이다.

천황을 정점으로 하는 공가와 사사 세력은 이미 정치적 권력은 군사정권인 막부에게 빼앗기고, 경제적 기반인 장원의 영주권은 국인과 수호대명에게 위협받고 있었다.

한편 막부는 권력의 핵심인 군사력의 대부분을 유력 수호대명에게 의존하고 있었기 때문에 유사시에는 이들의 힘을 빌어야 했다. 그런데 이 수호대명의 군사력을 구성하고 있는 것이 영지 내의 국인들이었다. 이들 국인들은 재지영주들이었는데 총(惣)의 '자검단'(自檢斷 : 자치적인 경찰권과 재판권)에 의해 촌에 대한 개입을 저지당하고 있었다. 더구나 촌민들은 '일미신수'(一味神水 : 농민들이 봉기를 맹약하는 의식)라는 의식을 통해 단결을 꾀하고 때로 농민봉기까지 일으켰기 때문에 항상 긴장을 늦출 수 없었다. 아래에서 위를 치고 올라오는 흐름이 점차 강해지고 있었던 것이다.

15세기 후반이 되면서 교토를 중심으로 11년간이나 계속된 오닌의 난(1467~77년 사이에 아시카가 장군가의 상속문제를 둘러싸고 일어난 분란. 이 때문에 막부의 권위가 땅에 떨어졌다)을 계기로 하여 이러한 풍조는 더욱 두드러졌다. 1국의 국인과 농민이 결집하여 수호의 군대를 내쫓고 8년씩이나 국인위원회를 통해 자치를 행한 야마시로 국들의 봉기, 게다가 수호를 멸하고 국인과 승려의 지도 아래 근 100년 동안 '백성들의 세상'을 만든 잇코 종파의 반란까지 여러 소요가 일어났다. 이러한 상황은 전국의 패권다툼이 극에 달한 16세기 후반이 되어도 수그러들 기미가 보이지 않았다. 가가 지역에서는 가가 총국(惣國)이 결성되었고, 다른 지역에서도 잇코 종파의 반란이 전국대명의 앞을 가로막고 그 기반을 뒤흔들고 있었다.

이러한 여러 봉기의 원동력이 된 것은 물론 농민의 성장과 그 단결이었다. 그리고 이 농민들과 결합하여 사실상 이들을 이끈 것이 그 지역의 영주층 즉 국인들이었다. 국인들은 때로 수호에 직속되어 편입되기도 하고, 때로는 농민과 손잡고 봉기와 총국의 지도자가 되기도 하였던 것이다. 그리고 틈만 있으면 다른 국인들을 자기 편으로 끌어들이거나 수호대명을 쓰러뜨리고 일국의 지배자로 부상하기도 했다. 그들이 바로 전국대명이다. 모리(毛利), 우에스기(上杉), 오다(織田), 아사쿠라(朝倉) 등은 그 전형적인 인물이라고 할 수 있다.

국인영주들 사이에 연합이 이루어지고 그 중 일인자가 지배자로 등장하여 각 영지를 지배하는 전국시대에는 전국대명의 권력이 각지에 존재하고 있었다. 이와 동시병행적으로 다른 한편에서는 '총' 형태의 농민결합과 연결된 국인들이 지도하는 권력도 각 지역에 존재하고 있었다. 이 양자의 역관계는 지역에 따라 달랐지만 기나이와 그 주변 지역에서는 끊임없이 후자가 전자에 대해 저항을 시도하였다. 나아가 후자는 자신들이 직접 공권력을 장악하고자 상부 또는 외부의 전면적인 지배를 배제하는 활발한 움직임을 보였다. 그 결과 대명들 간의 대립이 격심해졌다. 따라서 전국대명의 최대 과제는, 원래부터 독립성이 강하고 때로는 농민과 결합하여 대명의 권력을 위협하는 국인들을 어떻게든 농민과 분리시켜 주종제의 원리 아래 가신단으로 편입시키는 일이었다. 또 안정적으로 연공을 수취하기 위해 농민지배를 어떻게 행할 것인가도 우선해야 할 과제였다.

이를 위해 전국대명들은 자신들의 권력 행사와 입장을 어떤 이유를 끌어대서라도 정당화시켜야 했다. 실력사회인 이 시대에 자신의 군사력을 기본으로 지배를 확립하려 한 전국대명들이 실질적으로는 아무 힘도 없던 장군과 천황이라는 전통적인 권위에 접근하려 한 것은, 이상과 같은 배경에서 자기 권력을 정당화시킬 필요가 있었기 때문이다.

그 무렵 우에스기 등이 간토 관령(關東管領)이라는 지위에 올라 간토로 진출하고자 한 것이나 노부나가의 예에서 전형적으로 볼 수 있듯이, 그들이 처음에 접근을 시도한 상대는 천황도 천황이지만 막부였다. 당시는 총국 반란과 잇코 종파의 반란을 억누르고 자치도시 등을 무너뜨려 이를 자신들의 지배 하에 두기 위해서라도 대명들의 분립 상태를 극복하고 '천하통일'을 이루어야 했다. 그런데 이 일을 해주어야 할 막부의 권력과 권위는 이미 붕괴된 상태였다. 이 때문에 그들은 자신들이 이 과제를 대신 떠맡아야 한다는 명분을 내세웠다.

그러나 그들의 힘이 커지면서 막부 자체가 필요 없어지게 되었다. 그리고 장군보다는 전통적인 권위라는 면에서 상위에 있지만 실질적으로는 전혀 힘이 없던 천황을 이용하는 편이 더 이득이라고 생각하게 되었다. 바로 그때 아시카가 장군이 노부나가에게 추방을 당하면서 천황의 권위는 더욱 높아지게 되었다. 천하의 권력을 장악한 히데요시가 여러 대명과 전국의 인민들에게 자신의 지배와 통치의 정당성을 보증할 수 있는 권위를 필요로 하게 되면서, 천황의 이름으로 관백과 태정대신에 취임한 것도 이 때문이다.

기나이를 장악한다는 것

전국대명이 교토로 들어가고자 한 두 번째 이유는 이미 영국(領國) 경제의 테두리를 벗어나 국제무역과도 연결되는 전국적 유통권이 성립되어 있던 중심지 기나이를 장악할 필요 때문이었다.

이 시대에 특히 기나이를 중심으로 농업생산력이 두드러지게 향상되고 수공업 발달과 상품유통이 진전되고 있었다는 것은 이미 앞서 지적한 바 있다. 이러한 발전은 특히 전국시대의 마지막 30~40년 동안에 이루어졌는데, 외국에서 도입된 기술이 큰 역할을 하였다. 그 중에서도 하카다(博多) 상인이 조선으로부터 들여온 새로운 야금법을 이용한 정련기술의 혁신과 갱도 굴착기술의 발달에 힘입은 은광산의 비약적인 발전, 더욱이 철포 전래에 의한 전술의 변화는 눈부실 정도였다. 또한 광산의 굴착기술과 밀접히 관련된 제방기술을 써서 다케다 신겐이 축조한 '신겐 제방'(信玄堤) 등은 농지를 비약적으로 확대시키고 안정시켰다. 철포는 새로운 야금법이 들어온 지 약 10년 후에 전래되었는데, 국산화가 활발히 이루어져 일본의 전술과 성 축조술을 완전히 바꾸어 놓았다. 이 즈음 해서 기이(紀伊)의 사이가(雜賀)와 네고로(根來), 이즈미(和泉)의 사카이, 오미(近江)의 구니토모(國友) 같은 저명한 철포산지가 등장하였다.

오다와 도쿠가와 연합군이 철포부대의 위력을 유감없이 발휘하여 다케다 군을 쳐부순 유명한 나가시노(長篠) 전투가 벌어진 것은 철포가 다네가시마(種子島)에 전래된 지 불과 32년 후의 일이다. 그 때 오다 쪽에서는 3천 정의 철포를 준비하고 군대를 셋으로 나누어 쉬지 않고 사격을 해댔다고 한다. 천하무적이라는 다케다의 무적 기마대도 보병으로 조직된 이 신기술 앞에서는 무릎을 꿇지 않을 수 없었다. 그 배경에는 물론 노부나가와 다케다 사이의 기술적·경제적 격차가 있었다. 노부나가는 이미 영국경제를 넘어 국제무역과도 연결된 교토와 사카이를 비롯한 전국적 유통권의 중심지인 기나이를 장악하고 있었던 반면, 다케다는 그렇지 못했던 것이다. 전국대명들이 교토로 들어가고자 했던 또 하나의 이유가 국제무역과도 연결된 기술적·경제적 선진지역=기나이를 장악하기 위해서였던 것이다. 그리고 이것을 최초로 성취한 사람이 노부나가였고, 히데요시였다.

참고문헌

永原慶二,「前近代における公儀と天皇」,『天皇と天皇制を考える』, 青木書店
永原慶二,『日本の歴史(13) 戰國の動亂』, 小學館
脇田晴子,『大系日本歷史(7) 戰國大名』, 小學館
脇田晴子,『室町時代』, 中公新書
脇田修,『織田信長』中公新書
『週刊朝日百科 日本の歷史(23)』, 朝日新聞社

이와타 다케시 岩田建

16
에도 시대의 천황은 어떤 존재였을까

에도 막부와 천황 · 공가

에도 시대의 천황과 현대의 천황

쇼와 천황에 이어 새로 천황으로 즉위한 아키히토는 황태자 시절에 그의 아들 나루히토(德仁)와 함께 역사학자로부터 강의를 들으며 역대 천황의 사적을 배웠다고 한다. 그 때 아키히토는 특히 에도 시대의 천황에게 깊은 관심을 보였는데, 정치와 거리를 두고 전통문화를 지킨 에도 시대의 천황이 전후의 상징천황과 비슷하다는 감상을 말했다고 한다(『朝日新聞』 夕刊 1989. 1. 17). 또 황태자 시절에 행한 기자회견에서는 "진작부터 천황폐하(쇼와 천황)는 정부가 어떤 모습으로 변하든 지금까지 천황은 변함없이 존속해 왔다는 데 의미가 있다는 말씀을 하셨다"(1972. 12. 23)라든가 "상징으로서의 천황은 결코 전후에 생긴 것이 아니라 아주 오랜 옛날부터 상징적인 존재였다고 할 것이다"(1978. 8. 10)라는 등의 말을 했다. 이 발언에서 보이는 새 천황의 천황관에는 적어도 두 가지 문제점이 있다. 첫째는 상징천황이야말로 천황의 본래 모습이며 그 점에서 에도 시대의 천황과 1945년 이후의 천황이 비슷하다는 인식이다. 둘째는 천황이 그때 그때의 정권과 독립적으로 떨어

인구 100만의 거대도시로 성장한 근세 에도의 전경

져서 존재하며 정권의 변천과 상관없이 계속 존속해 왔다는 인식이다.

결론부터 말하자면 두 가지 모두 명확히 오류다. 그런데도 그런 잘못된 천황관이 국민들 사이에 상당히 널리 유포되어 있다는 것은 중요한 문제다. 에도 시대의 천황을 볼 때는 우선 이 점에 주의해야 한다.

통일정권이 천황을 구원하다

14세기의 남북조시대는 천황에게 획기적인 시대였다. 왜냐 하면 그 이후 천황은 끝없는 나락의 길을 걸었고 전국시대에는 정치적·경제적 궁핍이 그야말로 극에 달했기 때문이다. 이 시대가 되면 대부분의 권력기관은 무가가 장악하고, 황실영지는 재지영주들에게 빼앗겨 천황은 즉위의례조차 제대로 거행하지 못할 형편이었다. 전국시대의 천황은 말하자면 존망의 위기에 처해 있었다.

이렇게까지 몰락한 천황을 구원해 준 것이 오다 노부나가와 도요토미 히데요시, 도쿠가와 이에야스의 통일권력이었다.

경제 면에서는 노부나가와 히데요시가 황실의 옛 영지를 다시 재건해 주었고 새 영지까지 헌상하였다. 도쿠가와 씨는 1601년 이에야스가, 1623년에는 2대 장군 히데타다(秀忠)가, 1705년에는 5대 장군 쓰나요시(綱吉)가 각각 약 1만 석(1석=약 180리터)씩을 헌상했다. 이상의 것을 합치면 에도 시대의 천황령은 모두 약 3만 석으로서 쌀로 받은 것이 약 8천 석, 은으로 받은 것이 약 3백 관문(貫文)이었다. 이 밖에 상황과 황족, 공가의 몫까지 합하면 12만~13만 석이 된다. 경제력이 살아나자 즉위식을 비롯하여 그 동안 치르지 못했던 몇몇 조정의 제사의례도 되살렸다.

그렇다면 통일정권은 왜 천황을 구원해 준 것일까. 그것은 통일정권이 봉건영주계급으로서 성숙하지 못했기 때문이다. 즉 노부나가와 히데요시, 이에야스는 각각의 시점에서 보면 무사계급 내에서는 탁월한 존재였지만, 계속되는 전쟁으로 전국적이고 완전한 봉건적 주종제를 형성할 만한 상황이 못 되었다. 한편으로는 전란을 종결시켜야 하는 사회적 요청이 있었고, 다른 한편으로는 잇코 종파의 반란과 같은 피지배계급의 저항을 억눌러야 한다는 봉건영주적 계급의식이 존재하고 있었던 것이다. 그래서 그들은 전국적인 주종관계를 미처 확립시키지 못한 상태에서 집권적인 무가정권을 구축해야 했고, 그렇게 해서 만들어진 것이 기존의 관위제도를 이용한 봉건국가였다. 이 제도 안에서 그들은 모두 고위관직을 차지하였다. 노부나가는 1577년 우대신에 오르고 다음 해에는 정2위가 되어 우대신을 사퇴했다. 히데요시는 1585년 종1위와 관백이 되고 다음 해에는 태정대신에 올랐다. 이에야스는 1596년 정2위와 내대신(6년 후 사직), 1602년에 종2위, 그 다음 해에는 우대신(같은 해 사임)과 정이대장군(2년 후 히데타다에게 양도), 또 1616년에는 태정대신에 임명되었다. 이처럼 정도 차이는 있지만 노부나가, 히데요시, 이에야스는 모두 자신을 관위제의 상위에, 다른 무가들은 하위에 위치시키는 방식으로 서열화함으로써, 다시 말해 봉건적 주종제의 허약성을 관위제로 보강함으로써 정권을 확고히 다진 것이다.

그런데 관위제란 그 자체가 고대 율령제에 뿌리를 둔 것으로서 조정이 임명하는 것을 전제로 한다. 따라서 통일권력은 관위제를 이용하면서 천황과 조정의 지위를 끌어올리는 일을 동시에 진행하였다. 그렇게 해서 천황과 조정은 관위제를 통해 무가정권의 지배에 정당성을 부여하는 원천으로서 자리하게 되었다. 전국시대에 목숨이 경각에 달려 있던 천황이 에도 시대에도 살아남을 수 있었던 것은 결국 통일권력이 그 이용가치를 찾아냈기 때문이다. 천황은 결코 정권과 무관하게 존재한 적이 없다. 반대로 정권의 귀추에 크게 좌우되면서 존속해 왔다.

에도 막부의 천황과 공가에 대한 통제

통일권력에 의해 다시 살아난 천황과 조정은 자신들의 힘을 더욱 회복하기 위해 자기 운동을 시작한다. 이를테면 히데요시가 옹립한 고요제이(後陽成) 천황은 글을 쓸 때 맨 끝에다 "진무 천황으로부터 백여 대의 자손 가타히토(周仁)"라고 써넣었다. 이처럼 역대 천황은 일본의 군주로서 황통을 계승했다는 강렬한 자기의식을 갖고 있었다. 이러한 천황과 조정의 정치권력에 대한 지향과, 그에 대한 막부의 규제는 에도 시대 초기에 양자 사이에 불화를 빚는 원인이 되었다. 막부에 의한 규제는 크게 법적 규제와 기구적 규제, 행동규제 등으로 나뉜다.

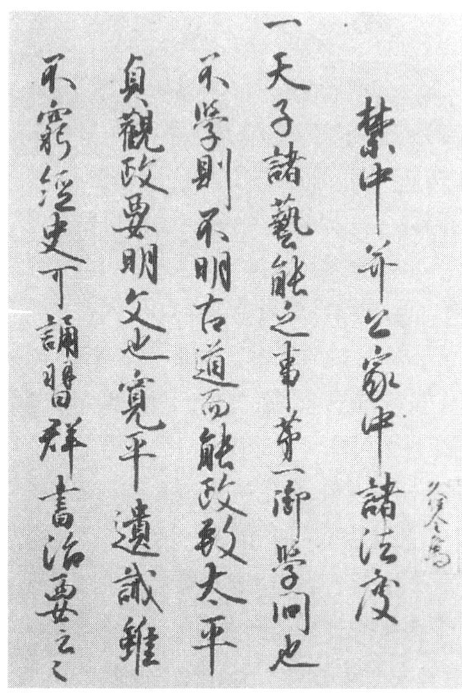
禁中并公家中諸法度
一 天子諸藝能之事第一御學問也
不學則不明古道而能政致太平
貞觀政要明文也寛平遺誡雖
不窮經史可誦習群書治要云々

조정을 규제하기 위해 막부가 마련한 대표적인 법제 금중병공가중제법도

1615년 오사카 여름전투에서 승리한 막부는 곧바로 금중병공가제법도(禁中竝公家諸法度=禁中方御條目)를 제정하였다. 이것이 막부가 조정을 규제하기 위해 마련한 대표적인 법이다. 이 법도는 그보다 2년 전에 제정된 공가중법도(公家衆法度) 등을 강화한 것으로, 긴지인(金地院)의 승려 스덴(崇傳)이 기초하고 관백 니조 데루자네(二條照實)와 히데타다, 이에야스 3인의 연명으로 제정되었다. 형식적으로는 공가와 무가의 합의라는 형태를 취했지만 실제로는 완전히 막부가 주도하여 제정한 것이다.

금중병공가제법도는 "천자의 예능은 첫째가 학문이다"(『德川禁令考』 前集 第1)로 시작하는 총 17개 조로 구성되어 있다. 내용은 공가와 친왕(親王), 문적(門跡 : 황족이나 귀족 자제가 출가하여 그 법통을 전하고 있는 절)의 순위, 삼공(三公 : 태정대신과 좌·우 대신)과 승려의 임명, 승진, 처벌, 무가의 관위, 원호 개정에 관한 규정 등으로 되어 있으며, 천황의 행동을 직접 규제하고 천황과 공가를 현실의 정치에서 분리 고정시켰다.

기구적 규제로는 막부 측이 설치한 교토의 소사대(所司代)를 들 수 있는데, 천황과 공가를 감찰하는 일을 하였다. 1573년 노부나가가 무라이 사다카쓰(村井貞勝)를 소사대로 임명한 것이 최초고, 이에야스는 1600년에 오쿠다이라 노부마사(奧平信昌)를 임명했다고 한다. 이 소사대의 지휘를 받으며 매일 조정에 출근하여 연락역을 맡은 것이 금리부(禁裏付)의 무사다. 1643년의 아마노 나가노부(天野長信), 다카기 모리히사(高木守久)의 2명이 초임이었다. 한편 조정 측에서는 연락을 담당할 관직으로 무가전주(武家傳奏)를 설치했다. 이 관직 이름은 14세기 후반 무렵부터 보이는데, 에도 시대에는 1603년 권대납언(權大納言) 히로하시 가네카쓰(廣橋兼勝), 참의 가주지 미쓰토요(勸修寺光豊) 2명이 초임이었다. 무가전주는 처음에는 막부의 장군가문과 가까운 공가 가운데에서 선발했지만 에도 중기 이후부터는 조정이 인선을 위임받아 막부의 승인을 거쳐 임명되었다. 막말에는 조정에서 먼저 임명하고 그 결과만 막부에 통지했다.

행동 규제로서는 천황 행차에 관한 제한이 있었다. 예를 들면 고코묘(後光明) 천황은 아버지 고미즈노(後水尾) 상황의 병문안을 가려 했지만 막부의 허가를 받지 못했다. 이에 천황은 자기 처소와 상황의 처소 사이에 높은 다리를 놓으면 행차 형식이 아닌 것이 되지 않겠느냐는 말을 했다고 한다. 또 후술할 대상제(大嘗祭)의 부흥 때도 천황이 목욕재계를 위해 가모가와(鴨川) 강가로 행차하는 것을 허락하지 않았다. 막부의 기본정책은 천황을 황궁 밖으로 나가지 못하게 하는 것이었다.

이러한 여러 가지 규제를 통해 1627년의 자의사건(紫衣事件 : 고미즈노 천황이 막부의 허락을 받지 않은 채 다이토쿠지 등의 승려에게 최고 승복인 자의를 칙허로 내렸다가 막부에 의해 무효로 된 사건)을 마지막으로 하여 막부와 조정의 관계는 오랜 안정기로 접어들었다.

에도 시대의 천황

에도 시대의 천황은 구체적으로 어떤 기능을 하였을까. 우선 제도적으로는 관위를 임명하고 역(曆)과 원호를 제정할 권한을 갖고 있었다고 한다(石井良助, 『天皇』). 관위 임명의 정치적 의의에 대해서는 앞서 언급한 바 있으므로 여기서는 관위제의 특질에 대해서만 이야기하기로 하겠다.

이에야스는 1606년 교토 입경에 즈음해서 무가의 관위는 막부의 천거에 근거하여 임명해야 한다고 주청하고, 그 5년 뒤에 무가관위의 무정원제(無定員制)를 정했다. 이 내용은 금중병공가제법도에서 “무가의 관위는 공가의

해당 관위 밖에 둔다"라고 명문화되어, 무가와 공가의 관위는 서로 계통을 달리하게 되었다. 무가에 대한 서임은 처음에는 막부가 조정에 주상을 하고 에도 성에서 서임식을 거행하는 형식을 취했는데, 에도 중기 이후부터는 막부가 먼저 서임을 하고 나중에 조정에 승인을 받는 것으로 바뀐다.

공가와 무가만이 아니라 신직(神職)과 승려 등의 종교가와 학자, 의사, 직인, 예능인에 대해서도 그에 상응하는 관위가 서임되었다. 단 모두 똑같은 제도는 아니었다. 예를 들어 승려 등의 위계에는 법인(法印)·법안(法眼)·법교(法橋)가, 관직에는 승정(僧正)·승도(僧都)·율사(律師)가 있었다. 또 직인의 서임은 칙허 말고도 간주지(勸修寺)·닌나지(仁和寺)·다이카쿠지(大覺寺)의 3문적은 영선지(永宣旨 : 조칙으로 어떤 특권을 영구히 허가받은 명령서)에 의해 임명하는 방법 등이 있었다. 어쨌든 이 관위들은 명예칭호로서 유효하였고, 피지배계급의 신분 편성에도 일정한 역할을 수행했다.

다음으로 역과 연호는 어떻게 제정되었을까. 조정에서는 아베[安倍 : 후에 쓰치미카도(土御門)라 불림] 가문이 음양(陰陽)과 천문도(天文道)를 담당하며 역박사(曆博士)에 종사하고 있었다. 그러나 에도 시대에 이루어진 네 차례의 개력 가운데 아베 집안이 직접 관여한 것은 1754년에 시행된 호레키력(寶曆曆)뿐이고, 다른 것은 모두 막부의 천문방(天文方)이 주도권을 쥐고 있었다. 개원도 사정은 마찬가지였다. 막부가 개원 발의를 내면 조정에서 문장박사(文章博士) 등이 원안을 작성하여 막부에 제시했다. 막부가 이를 비공식적으로 훑어본 뒤 조정에서는 연호에 쓸 문자의 선악과 출전에 대한 문답인 난진(難陳) 등의 형식적인 절차를 거쳐 개력을 결정했다. 역과 원호의 실질적인 결정권을 쥐고 있는 것은 막부였고, 천황은 막부의 결정을 형식적으로 승인한 데 불과했던 것이다.

그런데 천황과 조정에는 소위 교권(教權)이라고 할 수 있는 기능이 있었다. 제사의례의 거행이나 신호(神號)의 칙허, 궁문적(宮門跡)의 계승 등이 그것이다. 앞에서 언급한 바와 같이 그 동안 단절되었던 몇 가지 제사의례는 통일정권의 재정지원을 받아 부흥되어 정례화되었다. 부흥된 제사의례 가운데 특히 중요한 것은 1687년의 대상제와 1740년의 신상제다. 또한 1647년 이세 신궁의 신상제에 올릴 폐백도 다수 재흥되었다. 고미즈노 법황은『당시연중행사』(當時年中行事, 2권)를 직접 편찬하여 제사의례를 진흥시키고자 하였다.

신호의 칙허 중 가장 유명한 것은 이에야스에 대한 사례다. 1616년 이에야스는 사망 후 우선 구노(久能) 산에 매장되었는데, 다음 해 조정으로부터 도조다이곤겐(東照大權現)이라는 신의 칭호를 부여받고 닛코의 도조샤(東照社)로 개장되었다. 이에야스는 측근이었던 덴카이(天海)에 의해 산왕일실신도(山王一實神道 : 천태종 교리에 입각하여 주창된 신도)에 근거하여 신으로 제사되었다. 1645년 도조샤는 조정에서 궁의 칭호를 부여받고 도조구(東照宮)가 되었다. 이러한 이에야스의 신격화도 지배의 정당성을 획득하기 위한 막부의 정책이었다. 그래도 이 경우 조정의 칙허가 없었다면 이에야스를 신으로 제사한다는 것은 전혀 불가능하였다.

마지막으로 궁문적이란 황족이 출가하여 법통을 이은 사원을 말하는데, 본사말사(本寺末寺) 제도의 정점에 서서 각각의 교단을 총괄하고 있었다. 주요한 궁문적으로는 린노지(輪王寺)와 쇼렌인(靑蓮院), 만슈인(曼殊院), 간주지 등이 있고, 주요한 비구니 문적(尼門跡)으로는 다이쇼지(大聖寺)와 엔쇼지(円照寺), 린큐지(林丘寺) 등이 있었다. 1710년에 아라이 하쿠세키(新井白石)의 건의에 따라 막부는 간인노미야케(閑院宮家)를 창설했는데, 천황과 조정의 경제적 궁핍 때문에 친왕이 출가하는 일은 있을 수 없다는 이유에서 만든 것이다. 그런데 다른 한편 천황은 이 문적제도를 통해서 불교교단에 군림하고 있었다고 할 수 있다. 단 문적의 수장격이라 할 닛코 산 린노지는 막부에 기대는 경우도 많아 궁문적이기는 해도 반드시 천황이나 조정 쪽에 서 있었다고 할 수 없다.

천황과 조정은 이상과 같은 여러 기능을 수행하면서 막부와 오랫동안 안정된 관계를 유지했다. 그러나 1758년 주자학적 대의명분론을 바탕으로 존왕론을 주장하면서 막부정치를 비판한 유학자를 막부가 탄압한 1758년의 호레키 사건과, 고카쿠 천황이 아버지 스케히토 친왕에게 태상천황이라는 존호를 내리고자 한 데 대해 마쓰다이라 사다노부 등이 반대한 1789년의 존호 사건을 계기로 하여 중하급 공가의 정치적 발언이 눈에 띄게 신장하였다. 이렇게 되자 막부와 조정 사이에도 미묘한 변화가 일기 시작했다.

참고문헌

朝尾直弘,「幕藩制と天皇」, 佐々木潤之介 他編,『大系日本國家史(3) 近世』, 東京大學出版會, 1975

宮地正人,『天皇制と政治史的研究』, 校倉書房, 1981

深谷克己,「近世の將軍と天皇」, 歷史學研究會・日本史研究會 編,『講座日本歷史(6) 近世(2)』, 東京大學出版會, 1985

水林彪,「幕藩體制における公儀と朝廷」, 朝尾直弘 他編,『日本の社會史(3) 權威と支配』, 岩波書店, 1987

高埜利彦,「江戶幕府の朝廷支配」,『日本史硏究』319, 1989

高埜利彦,『近世日本の國家權力と宗教』, 東京大學出版會, 1989

바바 아키라 馬場章

17
막말에 천황이 부상한 사상적 배경은 무엇일까
존왕양이론의 성격

존왕양이론의 사상적 계보

막말의 정치과정은 각각의 정치적 목적을 갖고 정치무대에 등장한 다양한 정치세력이 대립과 분열, 항쟁을 전개하면서 천황과 조정의 권위가 급속히 부상하고, 이윽고 막부의 권위에 저항하여 결국 막부를 타도하는 과정이다. 이 조정의 권위상승을 촉구하는 여러 정치세력의 운동을 지도한 정치논리가 존왕양이론이다. 막말기에 전개된 존왕양이론은 19세기 전반 미토 번에서 발달한 후기 미토 학(水戶學)에 직접적인 뿌리를 대고 있는데, 이 미토 학에서 사상적 계보를 달리하는 존왕론과 양이론이 결합되어 하나의 정치이론으로 형성되었다. 그러나 존왕론과 양이론을 각각 막번체제(막부와 약 250여 개에 달하는 대명의 영지인 번으로 이루어진 도쿠가와의 정치체제) 아래서 형성된 천황(조정)관과 대외의식으로 파악한다면, 미토 학까지 포함하여 이 모든 것은 근세사회가 독자적으로 만들어 낸 국가의식이라고 할 수 있다. 이 국가의식은 막번체제의 조정 대 막부와의 관계 및 대외의식, 그리고 그 변화와 관련을 가지면서 독자적인 형태를 취한다. 이하에서는 유학과 국학,

미토 학 순으로 그 국가의식(존왕론과 양이론)의 특징과 성격을 살펴보겠다.

중국의 유학에도 '왕실을 존중한다'든가 '이적을 물리친다'라는 존왕론과 양이론이 존재한다. 전자는 왕조교체를 정당화시키는 역성혁명의 논리를 내포하고 있고, 후자는 중국문화의 보편성에 근거한 화이사상을 토대로 삼고 있다. 막번체제 아래서의 유학은 중국의 주자학을 계승한 것인데, 일본의 입장에서 보면 유학은 외래사상이기 때문에 막번제의 사회상황에 따라 일정한 변용이 이루어졌다.

이를테면 주자학자 야마자키 안사이(山崎闇齋)와 아사미 게이사이(淺見絅齋)는, 개인이 소속한 국가는 각각의 문화(풍속과 도덕)를 갖고 있으므로 중국문화만을 절대시하고 자국의 문화를 비하시키는 일은 잘못이라고 지적했다. 즉 그들은 국가의 독립의식과 국제적 평등의식에 입각하여 유학의 화이사상을 상대화시키고, 중국과 일본의 관계를 대등하게 규정하였다. 그리고 각 개인이 소속한 국가 일본을 개인의 운명공동체라고 보는 입장에서 군주에 대한 신하의 충성을 절대적인 충성으로 보고, 역성혁명의 논리를 배제하였다. 이로써 그들은 대외적인 국가의식을 자각하고 군주에 대한 절대충성을 담당하는 도덕적이고 주체적인 개인의 삶의 태도를 주장했다. 또 고학파(古學派)인 야마가 소코(山鹿素行)는 정치체제의 안정성과 황통일계, 군사적 우월성 등을 근거로 들면서 일본이 중국보다 우월하다는 주장을 폈다. 이로써 일본을 중심 즉 중조(中朝), 중국을 바깥 즉 외조(外朝)라고 규정하여 종래의 화이사상을 전환하고자 했다. 다른 한편 일본이 중국보다 우월한 근거의 하나로 꼽은 황통일계, 즉 천황이 제도로서 오랫동안 존속한 이유는 가마쿠라 정권 이래 역대 무가정권이 천황에게 충성을 다하였기[勤王] 때문이라고 했다. 이러한 견해에서 그는 장군이 거행하는 형식적인 의례인 존왕행위가 정치적 질서를 유지하는 데 유효하다고 주장했다.

17세기 후반에 안사이나 소코와 같은 주장이 나오게 된 데는 내외적으로 여러 요인이 있었다. 중국대륙에서는 이민족 왕조인 청이 등장하면서 중국 한민족 문화의 가치가 상대화되었고, 일본에서는 막번제적 사회질서가 확립하여 조정과 막부의 관계가 안정되었다. 그러나 무엇보다 그들에게 존왕론은 중국 청조와의 관계에 직면해서 촉발된 대외적인 국가의식의 자각과

국체론을 중핵으로 삼아 존왕양이론을 주장한 아이자와와 『신론』

표명이었다. 존왕론은 군주나 신하로서의 도덕적인 개인의 삶의 태도라는 유학 고유의 문제와 관련하여 '천황'이라는 존재에 주목하고, 천황을 받드는 데 대해 일정한 의의를 인정한 것이라고 할 수 있다.

18세기 후반 국학자 모토오리 노리나가(本居宣長)는 기기 등의 고전 연구를 통해 고대의 정치사회와 정신을 탐구하고, 이를 토대로 하여 유학적인 사고를 부정했다. 이러한 입장에서 그는 일본이 아마테라스의 나라이며 그 핏줄을 이은 자손인 천황이 아마테라스의 의지를 실현하며 변함없이 통치해 온 나라라는 독자의 신도적 국가의식을 표명했다. 이 국가의식에 명시되어 있는 천황숭배관념은 천황의 지배가 아마테라스의 의지 즉 영원무궁의 신칙을 직접 실현하는 것이라는 정치적 원리를 내포하고 있다. 이것은 한편으로는 천황 및 천황의 위임을 받은 장군과 그 이하 위정자들의 정치지배에 대해 정당성을 부여하고, 다른 한편으로는 피지배자들에게 상하귀천의 신분차별을 토대로 하는 기존의 사회질서에 복종하게 하는 방법이기도 하였다. 동시에 이 국가의식은 대외의식(양이론)이라는 면에서 일본이 가진 국가체제의 독자성과 우월성을 뒷받침해 주는 것이기도 했다. 여기에서 중국과 조선 등을 모두 일본에 대해 '신하로서 복종'해야 할 대상으로 간주하고, 국가 간의 관계를 차별과 지배라는 관점에서 파악하는 자국 지상주의가 나왔다.

이러한 노리나가의 존왕론과 양이론은 18세기 후반 이후 조정과 막부 관계에서 천황=군주라는 관념이 명확해지고 대외관계에서 '쇄국'의 관념이 형성되는 상황과 조응하고 있다. 또 양자의 기축을 이루는 신도적인 국가의식은 이후 미토 학의 사상적 중추가 되는 국체론으로 계승된다.

미토 학의 존왕양이론

미토 학의 존왕양이론은 소위 '내우외환'에 대한 영주적 대응책으로 형성된 것이다. 즉 18세기 말 이후 두드러진 영주재정의 궁핍과 농촌의 황폐, 농민반란의 빈발과 같은 대내적 위기와, 이국선의 일본근해 진출, 페이튼 호 사건(1808년 영국의 페이튼 호가 나가사키에 입항하여 막부의 쇄국정책을 침범한 사건), 에미시(도호쿠) 지역에서 발생한 러시아인 폭행사건(1806~1807) 등으로 상징되는 대외문제의 발생이라는 대외적 위기가 있었다. 이러한 사태에 대한 대응책으로 제시된 것이 바로 미토 번의 학자 아이자와 세이시사이(會澤正志齋)의 『신론』(新論, 1825)이다.

아이자와 이전에도 같은 미토 번의 유학자 후지타 유코쿠(藤田幽谷)는 그의 저서 『정명론』(正名論, 1791)에서 '명분'을 중시하는 입장에서 장군이 형식적인 군주인 천황을 존숭하면 '명분'이 엄정해져 천황 - 장군 - 대명 - 번사(藩士)라는 지배계급 내부의 질서가 유지될 것이라고 주장하였다. 존왕의 정치적 효용성을 주장한 것이다. 이에 대해 아이자와는 '내우외환'의 국가적 위기에 대처하기 위해 천황이 신도 제사를 통해 피지배층의 민심을 통합할 필요가 있다고 주장했다. 그는 농촌의 황폐화와 반란, 때려부수기(우치코와시라고 한다. 농민들이 부당한 세금에 항의하며 에도로 몰려가거나 불황 때 부자들의 집을 습격하는 것)의 급증, 의민신앙(義民信仰)과 세상바로잡기 신(世直し神) 등의 유행으로 나타난 민중투쟁과 종교의식의 활성화를 통해 농민반란과 종교투쟁이 발생할 위험성(내우)을 감지하고, 이것을 '민심에 주인이 없는' 상황으로 파악했다. 다른 한편 서양 제국의 침략은 무역과 기독교를 통해 민심을 선동하고 이반을 꾀하는 외환이라고 보았다. 그는 이 두 가지가 결합할 위험성을 강조하였다. 그런 까닭에 그의 존왕론은 천황을 중심으로 한 제사체계(天皇 - 天社 · 國社 - 촌들의 氏神)를 구축하는 데 특징이 있다. 이 체계를

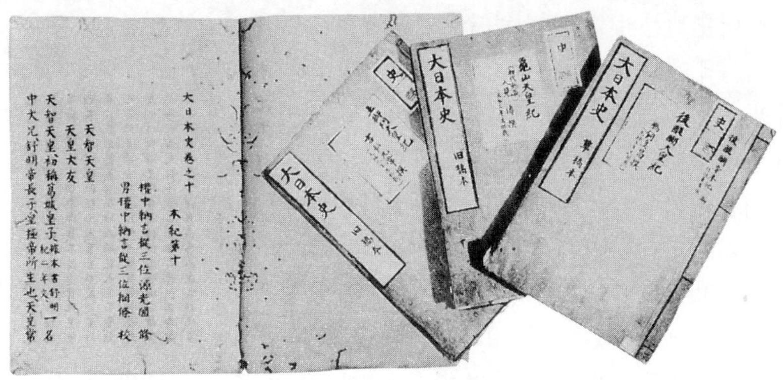

존왕양이론의 뿌리가 된 미토 학을 일으킨 미토 미쓰쿠니와 대의명분론에 입각한 『대일본사』

통한 의식(儀式)과 교화를 통해 민중의 종교의식을 장악하고 그들의 자발적인 복종을 환기시켜 민심을 통합하고자 하였다. 이러한 존왕론의 배경에는 노리나가와 마찬가지로 기기신화를 실체화한 국체론이 존재하였다. 즉 일본은 천조(天祖)에 의해 건국의 기초가 닦이고 그 직계자손인 천황이 천조에 제사를 올림으로써 변함없이 군주로서 일본을 통치해 왔다는 논리다. 이 경우 정치의 중심이 되는 것은 천황이 천조에게 올리는 대상제 등의 제사다(제정일치). 또한 민중에 대한 '의식과 교화'는 통치의 중요한 대목(정교일치)으로서 위치한다. 여기에서 마침내 천황이 지내는 제사는 민심을 통합시키는 역할을 하는, 바꾸어 말해 천황이 민중지배의 기능을 담당하는 존재로 등장하게 된다. 양이론도 국체론에 따라 일본 국가체제의 독자성과 우월성(신의 나라, 황국↔夷狄)을 주장했다. 그래서 같은 해 1825년에 나온 막부의 이국선 퇴치령을 기화로 서양 제국에 대한 일본의 대항의식과 위기감을 부추겨 여러 계층의 인심을 통합하고 국가에 대한 충성심을 환기시켜 부국강병을 이루고자 하였다. 결국 미토학의 존왕론과 양이론은, 단순히 존왕론=천황존숭, 양이론=무력으로 외국선을 퇴치한다는 의미가 아니었다. 모두 국가의 통일성을 유지하고 강화하기 위한 정치적 술책이라는 의미가 있었다. 이를 바탕으로 해서 존왕양이론이 정치논리로서 형성되었다고 할 수 있다.

원래 '명분론'의 입장에서 장군은 천황을 받들 의무가 있다고 설파한 유코쿠나, 국체론을 중핵으로 삼아 존왕양이론을 주장한 아이자와가 노린 것은 어디까지나 막번체제의 보강과 강화였다. 그러나 그 논리 안에는 분명 조정에 대한 막부의 정치책임이 들어 있었고, 천황중심의 국체론을 배경으로 천황을 국가적 통합을 담당하는 제사행위의 주체로 위치시켰다. 그리고 신민(臣民)은 천황에게 충성을 바쳐야 하는 존재라고 보았던 점 등에서 주종제와 신분제를 토대로 한 기존의 막번제 질서를 상대화시켜 막부정치에 대한 비판과 천황(조정)의 권위 부상, 그리고 천황이 정치화할 가능성을 내포하고 있었다. 또한 아이자와의 『신론』은 대외적 위기의식이 심화되는 막말기에 『웅비론』(雄飛論)으로 재간행되어 당시 상황에 적합한 새로운 정치사상으로서 하급무사층과 호농상인층 사이에 널리 수용되었다.

존왕양이론의 사회적 기능

1858년 미일통상조약이 조인되었다. 이 조약은 크게 두 가지 점에서 문제가 되었다. 첫째, 이는 위칙조인이라는 점에서 막부가 존왕의 의무를 위반한 것으로 받아들여졌다. 둘째, 이 조인 자체가 군사적 압력에 굴복한 것으로서 '쇄국'의 원칙을 포기한 것이라고 간주되어 굴욕적인 외교자세가 도마 위에 올랐다. 이에 따라 조약은 막부정치에 대해 광범위한 비판을 불러왔고, 이는 다양한 정치세력을 정치무대에 등장시키고 천황(조정)의 정치화를 촉진하는 계기가 되었다. 이제 존왕양이론은 단순한 정치이론을 넘어서서 현실의 정치운동으로 발전하게 되었다.

이 시기 존왕양이론의 내용은 서구의 외압에 대해 굴욕적인 외교자세를 취함으로써 손상받은 독립국가의 위신을 회복하기 위해 천황을 중심축으로 하여 국가적 통일을 유지·강화한다는 것이었다. 그러나 존왕양이를 실현하기 위해 각각의 정치세력이 내놓은 구체적인 방책은 달랐다. 먼저 존왕경막론(尊王敬幕論)은 조약의 칙허를 주청한 데서 볼 수 있듯이 막부가 천황(조정)의 권위를 독점하고 천황을 예전과 마찬가지로 형식적인 군주에 머물게 함으로써 막부권력을 강화시키고 막부체제를 유지하고자 하였다. 이에 비해 공무합체론(公武合體論)을 주장한 웅번(雄藩)의 대명들은 막번체제의 유지를 전제로 하면서도 존왕론(천황/신민)을 지레로 삼아 장군과 자신들(대명) 간의 주종관계를 상대화시켜 천황 앞에서 장군과 자신들을 같은 반열에 놓는 방식으로 막정에 대한 발언권을 확대하고자 했다. 한편 이미 국가적 위기의식이 깊어져 있던 하급무사와 호농상인층은 천황중심의 국체론을 자신들의 사상과 행동의 내면적 가치(일본을 지키는 일=천황을 지키는 일)로 삼았다. 이로써 구래의 사회질서(주종제와 신분제)를 상대화시키고 자신들을 천황(조정)과 직결시킴으로써 정치적 주장을 국정에 반영시키고자 했다. 이들 가운데 존왕도막론(尊王倒幕派)은 천황을 중핵으로 하는 새로운 국가질서를 구상하여 막부를 타도하고자 했다.

이처럼 존왕론(국가적 통일)은 대조되는 경막론과 토막론(討幕論) 모두에 결부되었고, 양이론(대외적 독립)도 쇄국론·개국론에 모두 결부되어 있었다. 이 두 이론에서 보이는 통일과 독립의 주체인 국가는, 상하의 차별의식을 온존시킨 채 천황중심주의와 외국에 대한 대항의식과 멸시를 포함하는 국체론을 기초로 한 국가였다.

한편 막말기 민중의 세계에서는 심학(心學 : 神·儒·佛 3교를 융합해서 평이한 말과 통속적인 비유로 교지를 설파한 일종의 서민교육)과 후기 국학사상이 보급되어 통속적인 도덕을 중심으로 하는 민중윤리가 형성되고 있었다. 민중의 종교의식도 신흥종교가 성립하고 세상바로잡기의 관념이 확대되는 등 활성화되고 있었다. 특히 후기 국학은 제정일치를 주장하는 정치사상임과 동시에 가직의 '근면과 사치의 경계'라는 일상적인 생활윤리를 신도적인 생활관으로 삼아 민중의 심정에 호소하는 실천적 도덕론이었다. 이 때문에 호농층을 중심으로 하는 사람들이 이 사상을 널리 수용하고 광범하게 존왕양이운동에 참가하였다. 또 민중신앙의 중심을 담당한 강(講 : 종교결사)을 기반으로 하는 수행과 어사(御師 : 하급 신직)의 활동이나 신흥종교도, 예를 들어 흑주교(黑住敎)가 아마테라스를 신으로 섬긴 것에서도 분명하듯이 천황존숭관념과 유착되기 쉬운 면을 갖고 있었다. 그런 까닭에 이러한 민중사상과 종교를 모태로 막말에 고양된 '세상바로잡기'의 관념은 막번체제라는 기존의 질서에 대항하고 부정하는 운동으로 발전하면서도, 새로운 질서에 대해서는 독자적인 전망을 갖고 있지 못했다. 결국에 가서 이들이 유신정권의 국체론적 이데올로기에 압도당한 것도 이 때문이다.

이상과 같이 막말의 존왕양이론은 이미 그 이전에 유학과 국학에 존재하던 근세사회 고유의 국가의식을 기반으로 하고 그 위에서 천황중심의 국체론을 축으로 하는, 내외의 위기를 극복하기 위한 정치논리로서 형성되었다. 이것은 막말의 정치과정 속에서 다양한 사회적 기능을 담당하며 천황을 국가의 정치적 정점으로 밀어올리는 사상적 원동력이 되었다. 그리고 결국에는 근대 천황제 국가 아래서 존왕 → 충군, 양이 → 애국이라는 식으로 대체되어 국민통합을 위한 사상적 중핵으로 바뀌어 갔다.

참고문헌

尾藤正英, 「尊王攘夷思想」, 『岩波講座日本歷史 近世(5)』, 1977
尾藤正英, 「水戶學の特質」, 『日本思想大系(53) 水戶學』, 岩波書店
本郷隆盛, 「幕藩體制の動搖と國體イデオロ ギ-の形成」, 歷史學硏究會 編, 『民族と國家』(歷史學硏究別冊特集) 靑木書店, 1977
本郷隆盛, 「幕末思想論」, 『講座日本近世史(9) 近世思想論』, 有斐閣, 1981
安丸良夫, 『日本ナショナリズムの前夜』(朝日選書) 朝日新聞社, 1977

마쓰모토 료타 松本良太

근대 천황제의 창출

연표 3

주요 사건

1853　페리 내항. 난부산헤이(南部三閉伊) 잇키
1854　미일화친조약 조인
1858　안세이(安政) 5국 조약. 안세이의 대옥(大獄)
1860　사쿠라다몬가이(櫻田門外)의 변
1862　사카시타몬가이(坂下門外)의 변. 분큐(文久)의 개혁
1863　사쓰마・영국 전쟁. 존왕양이운동 격화
1864　4국 함대 시모노세키 포격 사건
1866　삿초(薩長) 연합
1867　대정봉환(大政奉還) 1868~　무진(戊辰)전쟁

....

1871　폐번치현(廢藩置縣). 천칭(賤稱) 폐지령
1873　지조개정조례 발포
1874　민선의원설립건백서 제출
1877　지조경감. 세이난(西南) 전쟁
1880　국회기성동맹 결성. 집회조례 제정
1881　자유당 결성
1882　입헌개진당 결성. 후쿠시마(福島) 사건
1883　다카다(高田) 사건
1884　군마(群馬) - 가바산(加波山) - 지치부(秩父) 사건
1885　오사카 사건
1887　삼대사건건백과 대동단결운동
1888　시제(市制) 정촌제(町村制) 공포
1890　부현제(府縣制) 군제(郡制) 공포

천황(제) 문제

1846 고메이(孝明) 천황 즉위
1858 고메이 천황, 조약칙허 거부
1861 공무합체운동, 가즈노미야(和宮) '강가'(降嫁) 문제
1863 8월 18일의 정변, 산조 사네토미(三條實美) 등 추방
1864 금문(禁門)의 변
1867 고메이 천황 급사, 메이지(明治) 천황 즉위
도막(倒幕)의 밀칙. 왕정복고 대호령

....

1872 징병고유 공포
1873 징병령 발포
1875 점진적 입헌정체 수립의 조서 공포
1878 다케바시(竹橋) 사건. 군인훈계 발포
1879 류큐(琉球) 처분
1881 메이지 14년 정변, 국회개설의 조서
(마쓰가타 군비확장재정 시작)
1882 군인칙유 발포. 임오군란
1884 화족령. 갑신정변
1885 내각제도 - 내대신제
1887 보안조례 제정
1888 추밀원 설치
1889 대일본제국헌법 발포
1890 제국의회 개설. 교육칙어 발포

18
근대 천황제는 어떻게 만들어졌을까
메이지 유신과 천황, 민중

머리말

막부타도와 왕정복고는 근대 천황제의 성립에 중요한 계기가 되었다. 그러나 근대 천황제가 메이지 유신기(1853~1877)에 성립된 것은 아니다. 국가기구 안에서 천황의 지위와 기능이 안정적으로 정비된 것은 대일본제국헌법과 황실전범의 제정, 황실재산의 확충, 국가주의 중심의 의무교육 보급, 청일·러일전쟁에서 거둔 승리로 강화된 군국주의와 일본제국주의의 성립, 기생지주제의 확립과 결부된 산업자본주의의 수립－이러한 제 조건이 맞물려 19세기 말에서 20세기 초에 걸쳐 성립되었다. 이하에서는 근대 천황제 성립 과정의 초기 단계에 대해 기술하고자 한다.

천황의 정치관여 시작

관위 수여나 원호 제정과 같은 형식적인 권한을 제외하면 어떤 정치적 권한도 갖지 못했던 천황이 정치적 발언을 하기 시작하고 또 그 역할을 무사계급이 새로 인식하기 시작한 것은 막말의 대외문제에서부터다. 페리가 내항하기 7년 전인 1846년, 미국사절 비들이 내항하자 조정은 해상의 엄중 방어를 지시하였다. 이에 대해 막부는 담당 관청에 이국선이 일본에 들어오는 정황을 보고하라는 지시를 내렸다. 뒤이어 페리가 내항하자 막부는 즉각 조정에 이 사실을 보고하고 일본어로 번역한 미국국서를 '국가의 일대 중대사'라는 이유를 들어 제출했다. 또 미국 총영사 해리스와 미일통상조약의 체결을 교섭하는 과정에서는 조약에는 천황의 허가가 필요하다며 조인을 연기하였다. 그러나 막부는 결국 칙허를 받지 않은 채 조약에 조인하였고, 이는 존양파로부터 '칙허 위배'라는 규탄을 받으며 막부 타도의 원인이 되었다.

그렇다면 과연 외교적인 면에서 천황이 이러한 권한을 갖고 있었을까. 그 이전에 천황은 대외문제에 대해 어떤 발언도 한 적이 없다. 막부 역시 그러한 권한은 인정하지 않았다. 이처럼 단독으로 일을 처리한다는 원칙을 굳게 고수해 오던 막부가 갑자기 페리 내항 이래 외교문제를 처리하면서 이 원칙을 파기했다. 그리고 여러 대명(1만 석 이상의 영지를 소유한 영주)들에게도 의견을 구하고 조정의 지지를 받아 '인심과 타협'하는, 말하자면 모든 봉건지배층으로부터 합의를 얻어내고자 노력했다. 그 이유는 첫째, 막부가 쇄국의 조법(祖法)을 지키고 싶었지만 그 대책에 전혀 자신을 갖지 못했다. 열국의 요구를 거부하였다가 전쟁이라도 나면 이길 승산이 없었으므로 곤란했던 것이다. 황실과 인연이 깊은 7사(社)·7사(寺)에서 역대 천황이 해오던 대로 외환 제거를 기원하도록 요청한 것도 인심수습에 얼마간 효과가 있을 것이라 기대했기 때문일 것이다. 둘째, 해안방비와 군비충실, 특히 해군 건설은 막부 혼자만의 힘으로는 안 되고 몇몇 번(藩)에 명령을 내려 실현할 수 있는 것도 아니었다. 막부는 이것이 '일본 전국의 힘' '일본 내의 모든 힘'을 동원해서만 실현될 수 있다는 것을 스스로 인정하고 있었다. 게다가 군비명령을 내렸다가 반대로 부담을 경감해 달라는 요구를 받을 수도 있었다. 실제로 통상조약의 가부를 둘러싼 자문에 답하기 위해 유력 대명들이 협의를 하였을 때, 대명들은 대부금 반납을 15년간 면제해 주고 참근교대제(參勤交代制 : 대명에게 막부가 있는 에도와 자신의 영지에 1년씩 번갈아 가며 살도록 한 제도)를 완화해 달라는 등의 의견을 내놓았다. 이것은 막부가 대명들

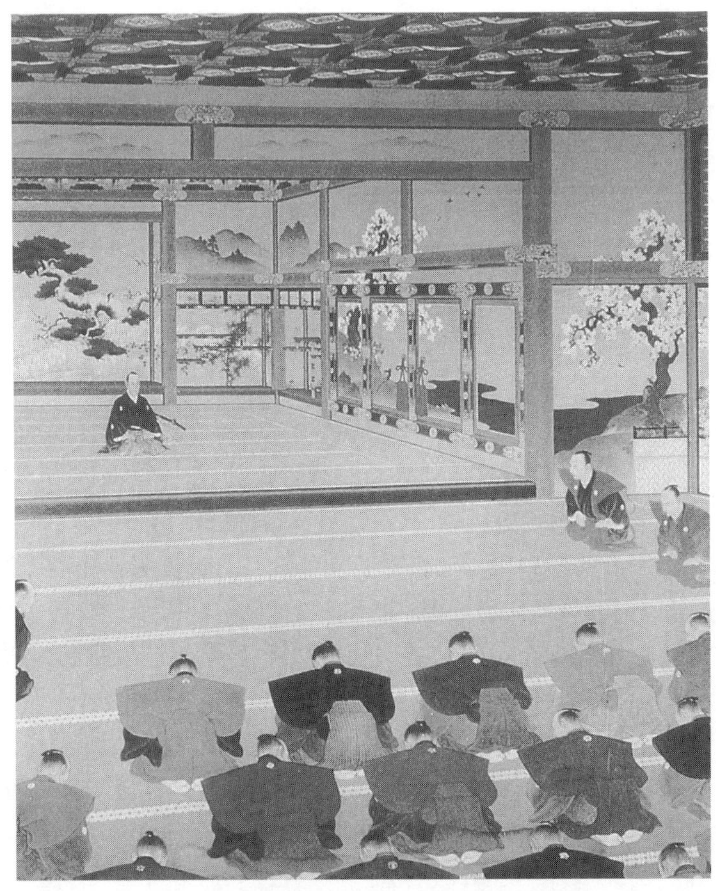

장군은 대정봉환을 통해 정권을 천황에게 반환하였다.

을 지배하는 데 대단히 불리한 개혁안이었다. 그런 까닭에 막부로서는 어떻게든 봉건지배자 내의 '인심 불타협'은 피해야만 했다. 이는 열국에게 늘어놓은 변명만은 아니었다.

후일 1864년 막부는 조정을 중심으로 한 양이(攘夷)세력의 공격을 비켜가기 위해 요코하마 항구의 폐쇄 문제를 프랑스 정부와 교섭한다. 즉 막부 사절은 현재 '인심의 불타협'이 극심하니 '인심 타협'을 위해 요코하마 항을 봉쇄하고 싶다는 뜻을 전한다. 하지만 프랑스 외상은 일단 열국과 조약을 맺은 이상, 정부(막부)는 권위를 갖고 국내의 반대론을 무마시켜야 하지 않느냐고 반론한다. 이에 대해 막부는 일본은 서양과는 사정이 달라 위로는 천자가 있고 아래로는 제후가 존재하는 특수성이 있다면서 인심의 타협을 꾀할 필요성이 있음을 거듭 강조했다. 그러나 결국 프랑스의 주장을 '사리에 맞는 말'이라고 인정하지 않을 수 없었고, 따라서 "국내 인심의 타협은 힘으로 얻는 것 외에 달리 더 나은 방법이 없다"면서 항구폐쇄 제안을 철회했다. 이 교섭의 경과에서 드러나는 막번체제의 특질은 대단히 흥미롭다. 프랑스와 절충을 해나가면서 막부가 얻은 결론은 '인심의 불타협'을 권위로 누를 수 있는 절대주의 권력으로의 변신이 필요하다는 것이었다. 1867년 도쿠가와 요시노부(德川慶喜)는 장군에 취임한 직후 막정개혁을 단행했다(결과는 실패). 이 결단을 내리기 전의 막부는 일단 장군과 대명, 공가(천황과 공경)가 서로 협조하는 체제 속에서 '인심의 타협'을 꾀하며 지배권을 유지하는 방책을 모색하는 수밖에 없었다. 그러므로 막부는 양이를 고집하는 조정의 의향을 무조건 무시하려고는 하지 않았다.

번주와 번사층의 존왕

그러면 천황이라는 존재는 번주층에게 어떤 의미가 있었을까. 바꾸어 말해 천황은 어떤 이용가치가 있었을까. 조슈 번은 1858년 "조정에 충절, 막부에 신의, 조종(祖宗)에 효도"를 번의 지침으로 결정했다. 존왕, 경막(敬幕), 번주의 지위보전이라는 세 가지는 다른 번주들에게서도 거의 공통된 것이었다. 이러한 방침은 구체적으로 어떠한 역할을 하였을까. 이것은 번사(藩士)들이 자신이 속한 번주에게서 벗어나 다른 번의 번사들과 연대·제휴하여 벌이는 개혁운동을 탄압하는 도구가 되었다. 1862년 사쓰마 번주의 아버지 시마즈 히사미쓰(島津久光)가 낸 유고(諭告)에는 번사가 부랑배들과 왕래하는 것을 "사쓰마 번에 화를 가져오는 것은 물론이고 황국일통을 혼란시키는" "불충불효"한 행위라고 단언했다. 장군 - 대명 - 번사 - 인민이라는 신분질서의 동요와 해체를 저지하는 것, 그것이 번주가 '존왕'이라는 간판에 기대한 효과였다.

이에 비해 번주층 존왕파가 적대시한 하급무사와 초망(草莽 : 번을 일탈한 낭인과 향사)들이 내세운 '존왕'의 성격은 그리 단순하지 않다. 우선 그들에게 있어서 존왕은 존왕경막(尊王敬幕)을 내건 번청에 대한 복종을 강요하는 명분으로 작용하였다. 반면 양이사상과 결부되어 내외적 위기의식을 반영하는 사상으로서의 존왕은 장군과 대명, 상급무사의 권위를 상대화시켜 이들에게 저항하는 힘이 되는 경우도 있었다.

1862년 존왕양이운동이 피크에 달한 시기에 조슈 번의 급진존양파 구사카 겐즈이(久坂玄端)는 도사 번 근왕당의 우두머리인 다케치 즈이잔(武市端山)에게, "제후도 믿지 말고 공경도 믿지 말며, …… 오직 대의를 위해서만 행동해야 한다"는 편지를 보냈다. '대의'란 천황의 양이 의지를 받들어 존중하는 것을 말한다. 확실히 그 해로부터 다음 해 전반에 걸쳐 교토에서는 각 번의 이해와 대립을 넘어선 하급무사=초망의 횡적인 반막운동이 성립하는 것처럼 보였다. 그러나 그것은 일시적인 것이었다. 결국은 사쓰마・조슈・도사의 세 번이 각각 자기 번의 이익을 추구하는 존왕운동으로 뭉쳐, 서로 경쟁하고 견제하면서 세력을 깎아내어 8월 18일 보수파의 반격인 정변(사쓰마 번이 중심이 된 공무합체파의 반격. 이후 이들이 주도권을 장악하였다)을 허용하고 말았다. 앞서 인용한 편지를 받아든 향사 출신의 즈이잔은 당시 번의 힘을 배경으로 삼아 조정에 공작을 펴느라 바빴다. 그는 양이 실행을 명하는 칙사를 막부에 파견하는 일을 도사 번의 계획으로서 실현시켰는데, 스스로도 칙사인 공경을 수행하는 가신이 되어 "우리의 조그만 뜻이 하늘에 통하니 눈물이 난다"며 아내에게 그 감격을 전했다. 그러나 굳게 믿었던 전 번주 야마노우치 도요시게(山內豊信)로부터 배반을 당하고 체포된다. 초망의 몸으로 다른 번주와 공경과 관계를 가진 데 대해 "신하로서의 소임을 버리고, 주군의 권위를 경멸하고, 국헌을 문란케 한 언어도단"이라는 죄목이 붙어 할복을 강요당했다. 이것이 하급무사=초망의 존왕운동이었다.

같은 시기 이 운동의 지도자로서 왕정복고정책을 가장 빨리 구체화시킨 구루메(久留米) 번의 신관(神官) 마키 이즈미(眞木和天)는 "대제후에게 권해서 거병하는 일은 상책이고, 오합지졸을 이끌고 의병을 일으키는 일은 하책으로서 '위험하므로 사용해서는 안 된다'"고 건의했다(『義擧三策』). 자신이 초망의 무리를 조직했으면서도 그 조직 내에 들어 있는 농민과 각사(角士), 화소(火消) 등 '무뢰배'에 대해 불신감을 표명한 것이다. 존왕론이란 원래 신분과 격식의 존중을 주장하고 우민관과 연결되어 있었고, 따라서 아래로부터 올라오는 운동을 억누르고 천황과 번주에 의한 위로부터의 운동으로 전환시키는 객관적인 역할을 담당했다.

인민은 존왕과 관계없다

그렇다면 일하는 인민은 존왕과 어떤 관계를 갖고 있을까. 막부 타도가 지배층 내부의 권력투쟁으로 그치지 않고 봉건제의 붕괴로까지 발전하게 된 것은 인민의 반봉건투쟁 덕이었다. 페리 내항 때 각지의 정보를 수집한 쓰치우라(土浦)의 약제상이자 간장양조자였던 국학자 이로카와 미나카(色川三中)는 각지에서 무사의 허술한 무비(武備) 상태가 폭로되고 무비를 구실로 연공과 임시부과금, 부역이 증강되는 정황을 보게 되었다. 그는 이에 분노하며 "난이 가까워졌누나"라며 한탄했는데, 때마침 일어난 난부(南部) 번의 백성봉기를 "전대미문의 영내 대 백성반란"(『片葉雜記』)이라고 주목했다. 막말 농촌에서는 영주에게 부담의 경감을 요구하는 백성반란과 함께 촌 관리의 부정을 추궁하고 교체를 요구하는 소동이 빈발하였다. 더욱이 양자는 서로 관련이 되어 있었고, 이 농민봉기와 도시 하층민의 쌀값 인하를 요구하는 때려부수기가 서로 영향을 미치며 넓은 지역을 소요 상태로 몰아넣었다. 봉기한 민중이 '세상바로잡기', '세상 평등화'를 내세우며 변혁의식이 성장하였다는 점도 특징이었다.

반란과 때려부수기가 최고조에 달한 것은 막부군과 조슈 군이 교전(급진 존왕양이파의 중심이었던 조슈를 대상으로 막부가 일으킨 정벌전쟁으로 1864년 1차 정벌이 있었고, 1866년 2차 때는 실패로 끝났다)을 벌인 1866년이었다. 에도와 오사카의 때려부수기를 핵으로 간토와 긴키 지방에서 '세상바로잡기 정황'이 나타나며 경제투쟁에서 정치투쟁으로 전화되는 맹아가 보였다. 그러나 이것은 말 그대로 맹아로만 그치고, 반봉건적 세계관과 민중의 독자적인 권력 구상을 전개하는 데까지는 이르지 못했다. 만일 이 단계까지 진전되었다면 반란과 때려부수기는 하급무사=초망의 도막운동과 결부되거나 혹은 재야 지식인이 나서서 이를 지도해 나갔을 것이다.

초망의 운동에는 피지배신분인 촌의 관리들과 지주, 상인이 가담하고 있

신정부의 신정책에 반대하여 전국적으로 일어난 민중봉기인 잇키

었다. 그러나 그들은 대부분 천하의 국가를 논하는 지사가 되어 생산과 생활 지역에서 떨어져 나가 무사화했다. 무사시(武藏)라는 한 촌의 관리 집안에서 태어난 시부사와 에이이치(澁澤榮一)가 그 전형적인 예다. 그는 존왕양이운동에 가담한 뒤 히토쓰바시 가문(一橋家 : 도쿠가와 집안의 분가로 막정 개혁파의 중심)을 섬기다 막부의 관료가 되고, 나아가 유신정부의 관료로 변신했으며 사직한 뒤에는 정상(政商)이 되었다. 1863년의 덴추구미(天誅組)의 변과 이쿠노(生野)의 변은 초망의 지사가 향사와 촌 관리층을 믿고 거병한 사건이다. 이들은 연공감면을 미끼로 농민을 자기편으로 끌어들이려 했지만 농민은 결국 그들에게 창끝을 돌렸다. 향사와 촌 관리가 때려부수기의 대상이 되었던 것이다. 이러한 계급투쟁의 진전은 그들이 민중투쟁의 대표자가 될 수 없었다는 것을 말해준다. 또 촌 관리와 지주 출신의 촌 지식인, 벼슬 기회를 기다리는 도시의 유학자와 국학자, 난학자(蘭學者)들은 아직 교육과 저술 활동만으로는 생계를 유지할 만한 조건이 형성되어 있지 않았으므로 권력을 비판하는 자유인이 되지 못했다.

민중의 동향은 존왕과는 무관했다. 물론 드물기는 하지만 예외도 있다. 이를테면 앞에서도 언급한 1853년의 난부 번 농민봉기에서 지도적 위치에 있었던 촌의 관리이자 상인인 미우라 메이스케(三浦命助)는 봉기에서 탈주하여 교토로 도망가 공경의 가신이 된다. 또 1866년의 이와시로 국(岩代國)의 시노부(信父)·다테(伊達) 2군의 봉기 지도자로 지목된 나누시(名主 : 막부 직할 정촌의 장, 신분은 농민)의 아들 간노 하치로(菅野八郎)가 미토 번의 존양운동과 관계하여 막부에게 해방책(海防策)을 상서한다. 그는 이 일로 유배형을 받지만 그 뒤 돌아와서 대관(代官)과 나누시의 악정에 분개하며 농민봉기에 가담한다. 이 두 가지 사건은 주목할 만하다. 그러나 두 사람 모두 존왕에 접근한 경력을 가진 것은 분명하지만 그 사상의 중심에 있었던 것은 존왕이라는 명분론이 아니라 근로에 임하는 소생산자의 실천도덕의 강조였다. 역시 존왕사상과 인민 사이의 질적인 거리는 컸다.

왕정복고 쿠데타

1866년 민중투쟁의 앙양과, 막부와 조슈 번의 교전을 계기로 영국과 프랑스가 내정간섭을 할 위험이 커졌다. 이러한 상황에 직면한 봉건지배자는 한결같이 '민심의 이반'과 그 격앙된 위세에 우려를 금할 수 없었다. 이에 '정체 변혁'을 통해 하층민과 외적을 억누를 수 있는 권력의 통일과 무비의 확충을 조속히 실현해야 한다는 데 의견이 일치했다. 이 실현을 위해서 위로부터의 방책, 곧 대번연합을 통한 무력과 천황의 조칙에 의지하기로 했다.

그런데 이 조칙에 대해 반막파와 친막파 쌍방으로부터 '가짜 조칙'이라는 비난이 일고 1863년 8월 18일 정변을 거친 후 존왕은 새로운 단계에 접어들었다. 오쿠보 도시미치(大久保利通)는 "의롭지 않은 칙명은 칙명이 아니므로 받들어서는 안 된다"고 했다. 이 말의 의미를 깊이 파고 들어가 보면, 칙명의 권위는 천황을 옹호하는 정치세력이 내거는 '의'와 그것을 끝까지 밀고 나갈 힘에 달려 있었음을 알 수 있다. 그런 까닭에 '옥(천황을 지칭하던 은어)을 빼앗다'는다든가 '…… 옥을 우리 품에 받들고' 등 천황을 정치적으로 이용하는 노골적인 표현들이 사용되었다. 모략의 오물로 더럽혀진 천황의 권위가 그래도 유효할 수 있었던 것은 그것이 봉건권력의 통일의 상징이었기 때문이다. 그러나 이 단계에 들면, 기성의 천황권위에 의존하지 않고 새로운 사태에 적응할 수 있도록 그것을 변조하려 한 데에 특색이 있다. 1866년 '독살' 소문이 파다한 가운데 고메이 천황이 사망하고 16세의 '어리고 허약'한 메이지 천황이 즉위했다. 이를 기화로 삿초 도막파(薩長倒幕派)와 소수의 공경은 밀의를 통해 비공식적인 막부 토벌의 '밀칙'을 천황에게 내게 함으로써 궁중쿠데타로 '막부를 폐지하고 왕정을 복고'할 수 있는 편의를 부여받았다. 여기에서도 위로부터 변혁을 단행하는 데 천황을 마음대로 이용한 것을 확인할 수 있다.

이렇게 해서 돈도 무기도 하나 없던 천황이 느닷없이 제 번 연합정권의 우두머리로 떠올랐다. 따라서 천황제는 그 부상 과정에서부터 실력을 갖춘 봉건영주가 통일국가의 수장이 되는 절대군주제와는 다른 특색을 띠게 되었다. 과연 어떠한 성격의 천황이 만들어졌을까. 결론적으로 말한다면, 기존의 성격을 그대로 유지하는 단선적인 발전이 아니라 시행착오를 거치면서 복수의 노선이 전개되었고, 그 결과 천황은 여러 가지 얼굴을 갖게 된다.

사람의 얼굴, 신의 얼굴

첫 번째 얼굴은 '어일신'(御一新)과 '인정'(仁政)으로 대표되는 천황이다. 왕정복고 후 신정부가 즉시 착수한 것은 궁정개혁이었다. 조정공작을 담당한 오쿠보 도시미치는 지금까지의 천황은 너무 궁궐 안에만 틀어박혀 "지나치게 고귀한 존재로 비침으로써 끝내 상하가 완전히 단절되었다"고 보고, 그 '잘못된 관습'을 개혁할 것을 강력히 건의했다. 이에 따라 천황은 여관들에게 둘러싸인 기존의 후궁생활을 청산하고 매일 공석에서 정무를 보는 천황친정을 포고했다.

다른 한편 도막파 지도자들은 '세상바로잡기'와 '때려부수기'의 격랑 속에서 무진전쟁에 군을 동원하는 중대성에 눈을 돌렸다. 왕정복고 대호령에서는 "백성은 왕의 중대한 보물"이라고 선포하고 그 후의 정부포고를 통해 "옛 폐단의 일신", "만민 구휼"을 계속 외쳤다. 1868년부터 해를 넘기며 계속된 민중투쟁은 66년에 비해 더욱 격심해졌는데, 특히 무진전쟁이 벌어진 지역에서 그러나 어차피 '인정'은 민심을 위무하기 위한 일시적 슬로건이었메이지 정부의 '근대 천황제' 만들기는 극히 다양한 얼굴의 천황을 만들어냈다. 메이지 천황의 변모된 모습이 두드러진다.

으므로 곧 철회되었다. 교토 측의 도산 도(東山道) 총독부군이 에도로 진격할 때 그 선봉에 섰던 적보대(赤報隊)는 초망의 지사와 농민들로 구성되어 있었는데, 연공 반감을 주장하여 연도의 농민들을 끌어들였다. 그러나 정부가 재정난을 호소하자 총독부의 태도는 즉시 돌변하였다. 반감령을 취소하기 위해 적보대를 '가짜 관군'으로 몰아붙이고 간부를 체포하여 처형시켰다. 다른 초망대와 농민대도 비슷한 취급을 받아 전쟁의 종식과 함께 해산되었다. 조슈 번 토막파의 무력을 담당하며 공을 쌓은 기병대 등 여러 부대도 정리되었다. 이에 불만을 품은 대원들이 반란을 일으켜 때마침 일어난 농민반란과 합세하여 위세를 떨쳤기도 했지만 기도 다카요시(木戶孝允)가 이끄는 번사 상비군에게 궤멸을 당했다. 농민봉기와 대결하고, 농민에게 접근할 우려가 있는 초망을 내치는 것은 왕정복고를 전후하여 정부가 취한 일관된 방침이었다.

두 번째 얼굴은 신의 권위를 지닌 초월적인 존재로서의 얼굴이다. 1869년 도쿄 부는 「인민고유」(人民告諭)를 발포하고 전국의 부·번·현에 이것을 기본으로 삼도록 지시하였다. 고유의 내용은 한 마디로 말해 "인민은 새로운 군주에게 복종하라"였다. 민중이 희구하는 '인정'의 실현이 불가능한 이상, '신의 나라'와 '만세일계'를 칭송하고 '천자는 신보다 존귀하며 한 평의 땅, 한 명의 백성도 모두 그의 것'이라는 공허한 관념을 늘어놓을 수밖에 없었다. 중앙정부 조직도, 무진전쟁 때 내건 「5개조 서문」의 '공의여론 존중'의 기치를 거두고 다이호 율령 이후의 고대 관직명을 부활시켜 제정일치 체제를 추구하였다. 1870년대에는 대교(大教) 선포의 조서를 내어 신도를 국교로 삼았다. 그러나 기독교 금지조치에 대해 서양 열국이 항의를 하고 승려와 민중들이 사원과 불상 파괴에 반대 움직임을 보이자 이러한 신도정책은 곧 후퇴하고 그 종교적·교화적 기능도 약화되었다. 시독(侍讀)으로서 천황 교육에 관여하고 있던 양학자 가토 히로유키(加藤弘之)와 니시 아마네(西周)는 존왕과 천황신격화만으로는 부국강병을 절대 실현할 수 없다며 그 시대착오성을 비판하며 정부 내의 유력한 의견을 대표했다. 그러나 일단 강조된 천황과 조종에 대한 종교적 권위는 그 후에도 궁중과 신사의 제사를 주축으로 의연히 지속되어 천황의 권력을 보강하는 역할을 담당하였다.

문명개화와 입헌제의 상징

세 번째 얼굴은 문명개화의 상징으로서의 천황으로, 신권정치의 색채가 퇴색하면서 대신 등장하였다. 1871년 양복의 채용을 명하고 솔선해서 양복을 입은 천황이 국민들 앞에 모습을 드러냈다. 그러나 천황이 입은 양복은 군비근대화를 상징하는 군복이었고, 천황제의 문명개화는 대개 군국주의와 결부되어 있었다. 그 다음 해에는 궁중에서 태양력을 채용하는 의식을 행하고 여태까지 써온 태음력을 '근거 없는 엉터리'라고 몰아붙였다. 이와 함께 기원절(紀元節 : 전설상의 일본 최초의 천황인 진무 천황이 즉위했다는 날로 일본의 건국기념일)을 만들고 국가의 축일과 제일을 정해 전 국민에게 여기에 참가할 것을 명했다. 동시에 단오를 비롯한 민간의 전통적인 다섯 명절(五節句)을 폐지하고, 백중맞이 등 민간의 여러 행사를 '미신', '야만', '쓸데없는 재산

낭비'라며 금지했다. 문명개화는 신권적인 전제군주가 민중을 억압하는 새로운 기인이 되면서 천황제의 한 특징을 이루었다. 이는 메이지 유신의 3대 개혁이라 할 학제와 징병령 제정, 지조개정 실시에서도 선명하게 드러난다.

1872년 학제의 취지를 보면, 인민계몽의 자세가 강하게 나타나 있다. 일본어로 토를 단 「학제 분부의 서」에서 볼 수 있듯이 '기존의 지배자를 위한 교육'이라는 관념의 혁신이 강력히 주장되었다. 그러나 소학교를 설립하는 비용과 수업료를 내는 것은 국민들이었고, 취학도 '지방의 관리가 대단히 강압적인 수단을 사용'하였다. 그래서 문부성 고관도 인정한 것처럼 세간에서는 이를 '강박 교육'이라고 불렀다. 이 해에 나온 징병령도 조서로 발포되었는데 '성지'를 받든 「징병고유」는 "상하를 평균하여 인권을 똑같이 하는 길"을 표방했다. 그러나 실제 내용은 이와 정반대였다. 거기에는 광범위한 면제규정이 들어 있었고 민중의 아들들만 3년간의 노역에 종사해야 했다. 더욱이 그 해 "아무쪼록 세금을 내는 데 무겁고 가벼운 폐가 없게 하고, 인민에게 노고와 평안을 함께 누리게 하라"는 취지가 붙은 「지조개정조례」가 공포되었다. 이 경우도 조례에 규정된 조문과는 달리 지조액은 정부가 거의 일방적으로 결정하였고, 이의를 제기하는 자가 있으면 관료는 그를 '조정의 적'으로 몰아 외국으로 추방하겠다고 으름장을 놓았다.

1873년 징병령과 학제에 반대하는 농민반란이 각지에서 일어났다. 정부는 이것이 태정관의 포고 내용을 오해했거나 혹은 교육의 필요성을 이해하지 못한 무지의 소치라고 선전했지만, 봉기의 주된 원인은 더욱 무거워진 부담과 억압에 대한 반감이었다. 또 지조개정사업의 진척과 함께 분쟁과 봉기가 속출했다. 특히 이바라키 현 30여 촌이 일으킨 반란과 미에, 아이치, 기후, 사카이의 여러 현에 걸쳐 일어난 이세 폭동은 정부에 큰 충격을 주었다. 당시 형을 언도받은 자가 5만 7천 명에 달했고 관공서와 학교, 경찰 등 소위 '어일신'과 관련된 모든 곳이 불탔다. 이처럼 반관반권력(反官反勸力) 의식이 한층 명확해진 것이 이 폭동의 특색이었다. 문명개화의 지도자라는 계몽군주의 얼굴만 갖고는 인민의 복종을 이끌어낼 수 없었던 것이다.

네 번째 얼굴은 입헌군주의 모습이다. 1871~72년에 걸쳐 구미를 돌아본 정부 수뇌들은 입헌제를 도입한다는 방침을 세웠다. 구미사절단의 부사 기도 다카요시는 가장 먼저 헌법 제정을 부르짖었지만, 그 의도는 권력 행사의 제한이 아니라 중앙정부의 명령을 전국에 관철시키는 데 필요한 시책의 기준을 만드는 데 있었다. 또 같은 부사였던 오쿠보 도시미치는 군주전제는 현재로서는 적당하지만 계속 고수할 것이 못 된다고 보고, 천황의 지위를 안정시키기 위해서는 "위로 군권을 정하고, 아래로 민권을 제한"하는 입헌제를 제정할 필요가 있다고 역설했다.

당시 천황정부에 대해 '삿초 번벌'이니 '유사전제'(有司專制 : 한정된 고위 관료가 국정을 독점하는 정치)니 하는 비난이 국민 각층에서 쏟아져 나오고 있었다. 이러한 흐름 속에서 1875년 정부는 국가의 부강과 국민의 지지를 끌어낼 정치제도로서 입헌정체를 점진적으로 수립하겠다는 조칙을 냈다. 이 조치는 1874년 이타가키 다이스케(板垣退助) 등이 제출한 「민선의원설립건백서」로 대표되는 재야사족의 반정부적 움직임을 회유하기 위한 것이었다. 동시에 입헌제 제정의 주도권을 천황=관료정부가 장악한다는 의도도 들어 있었다. 1876년 원로원에 입헌 초안의 작성을 명한 칙어를 보면 "일본 건국의 본질을 토대로 널리 해외 각국의 법을 참작하라"고 되어 있다. 이와쿠라 도모미는 이 "건국의 본질을 토대로"라는 말에 특히 강조점을 두어 우선 황실제도를 정비하고 군권을 강화할 필요가 있다고 천황에게 건의했다. 이렇게 해서 입헌제 도입의 방침 아래 새로이 복고적이고 신권적인 전통의 고수가 결정되었다.

이상과 같이 천황이 가지고 있던 네 개의 얼굴은 시간의 흐름에 따라 차례차례 바뀐 것이 아니라, 각각 정점에 달한 시점에 약간씩 차이는 나지만 상호 보충하며 병존한 것이 특색이다. 당시 지배계급은 아시아 여러 나라의 전제군주제가 어떤 폐해를 낳았는지 잘 알고 있었고, 구미 여러 나라에서 이미 군주제 타도를 외치는 시민혁명이 일어나 입헌제가 실시되고 있다는 사실도 알고 있었다. 그렇다면 도대체 어떤 군주정치를 실현시킬 것인가. 이 시기에 단일한 군주의 이미지를 만들어 낼 수 없었던 것은 19세기 중반이 좀 지난 세계사적 단계에서 탄생한 전제군주제가 갖는 모순이자 약점이었다. 반면에 각각의 얼굴을 적절하게 나누어 이용할 수 있다는 이점도 있었다.

천황의 지방순행과 민중

이러한 천황제의 형성 과정에서 민중은 어떤 반응을 보였을까. 1870년대 말부터 80년대 초에 걸쳐 천황은 집중적인 지방순행에 나섰다. 1876년 50일간의 도호쿠·홋카이도 순행, 78년 72일간의 호쿠리쿠 도(北陸道)·도카이도(東海道) 순행, 80년 38일간의 야마나시·나가노·미에·교토 순행, 81년 74일간의 야마가타·아키타·홋카이도 순행. 겉으로 내세운 순행의 목적은 민정을 살피고 인민의 고통을 파악하는 것이었으나, 진짜 목적은 천황의 권력과 권위를 지방 주민들 사이로 침투시키는 것이었다. 천황이 지나는 순행 연도에서는 정부와 현, 군의 지령을 받아 준비된 환영행사가 펼쳐졌다. 길에 죽 나열하여 천황을 환영하는 소학교 학생들은 근사한 옷을 빼입을 수 있는(양복으로 통일한 학교도 있었다) 연도 정촌의 관리들과 부자들 자제였다. 당시 신문이 평한 것처럼 '환영의 허색'이었다.

그러나 일반 민중도 많은 수가 '배알'에 모여들었다. 그들은 행렬이 지나간 뒤 다투어 자갈을 주워다가 집안의 안전과 오곡의 풍성을 지켜주는 신으로 섬기기도 하고, 천황이 묵은 숙소의 기둥장식을 쓰다듬으며 무병과 순산을 기원하기도 하였다. 이러한 행동의 배경에는 전 에도 시대를 통해 광범하게 존재했던 인신(人神)신앙, 살아 있는 신에 대한 신앙이 있었다. 이 경우 신으로서 숭배대상이 된 것은 영주나 대관 또는 봉기의 희생자인 '의민' 등으로 다양했다. 천황만이 대상은 아니었던 것이다. 그래서 정토진종의 본산인 혼간지(本願寺)의 주지가 지방을 여행하거나 정부고관이 여행을 할 때도 똑같은 현상이 벌어졌다. 또 신에게 바칠 술과 떡을 마련하는 곳도 있었는데, 신문보도에 따르면 흡사 마을 신사에서 벌이는 제전과도 같았다. 평상시 좁은 부락 안에만 틀어박혀 살던 농민들이 대대적으로 벌어진 이 떠들썩한 행사를 그들 나름대로 즐긴 것이리라. 그러니 이를 단순히 천황신앙의 표출이라고만 해석할 수 없다. 천황정부라는 상대를 의식하고 봉기한 것은 그들의 또 다른 일면이다. 앞에서 언급하였듯이 천황 숙소의 깔개와 기둥장식을 쓰다듬었다는 일화는 1881년 사카타(酒田)에서 일어난 일이다. 이 지역에서는 1874년 이래 조세 문제를 둘러싸고 현을 고발하는 농민소요 즉 왓파 소동이 계속되었는데, 위의 일은 재판이 일단 농민의 승리로 돌아

메이지 천황의 가고시마 행차도

간 직후의 일이었다.

이세 신앙에서도 비슷한 성격을 찾아볼 수 있다. 일본에는 에도 시대 중기 이후 1년에 수십만 명씩 이세 신궁을 참배하는 습속이 있었다. 이는 본래 농경신을 섬기는 외궁(外宮)신앙인데, 권력의 조작을 통해 내궁 중심의 황조신 숭배로 전환할 가능성을 갖고 있었다. 그러나 다른 한편 크게 유행한 이 이세 참배의 전통을 토대로 1866년 농민봉기와 '때려부수기'는 다음해 이세 신궁과 그 밖의 신불의 부적 뿌리기를 계기로 하여 '에에쟈나이카'(부모나 주인의 허락을 받지 않은 채 이세 신궁에 참배하고 돌아와도 벌을 받지 않는다는 오카게 마쓰리의 전통이 기반이 되었다)라는 난장판을 만들어 냈다. 이 난장판에는 지주와 부자상인의 집으로 쳐들어가는 '세상바로잡기 춤'이 포함되어 있었다. 농경신앙과 황조신 숭배, 농민봉기·때려부수기와 '에에쟈나이카', 이 두 가지는 질을 달리하는 것이었지만 관계가 밀접하여 서로 전화될 가능성이 있었다. 그것은 합리적인 것으로 발전하지 못하고 자연적·충동적인 영역을 벗어나지 못한 당시 민중생활이 갖는 한계였다. 이들은 징병령 등에 대한 '신정(新政) 반대봉기'를 일으키면서도 1871년 에다(穢多)나 비인(非人)과 같은 천민 칭호를 폐지하는 조치에 대해서는 불만을 품고 피차별부락을 습격하였다. 이는 민중이 반봉건계급투쟁 안에 혈통과 가문을 중시하는 천황제사상을 극복할 맹아를 가지고 있으면서도, 이를 의식적으로 자각하는 수준에까지는 이르지 못했다는 사실을 말해준다.

참고문헌

佐々木潤之介, 『世直し』, 岩波新書, 1979
安丸良夫, 『神々の明治維新』, 岩波新書, 1979
高木俊輔, 『幕末の志士』, 中公新書, 1976
田中彰, 『近代天皇制への道程』, 吉川弘文館, 1979
遠山茂樹, 『明治維新と現代』, 岩波新書, 1968

도야마 시게키 遠山茂樹

19
근위병 반란은 어떤 의미를 갖고 있었을까

다케바시 사건과 천황제

다케바시 사건과 그 배경

1878년 8월 23일 한밤중에 도쿄 다케바시(竹橋)의 근위포병대 병사 이백수십 명이 갑자기 봉기했다. 세간에서 말하는 소위 다케바시 사건이다.

봉기군 가운데 한 부대는 인접한 근위보병 연대에게 함께 궐기할 것을 권하러 가던 도중에 뜻밖의 역사격을 받는다. 그들은 포 창고로 향하던 다른 부대와 합류하여 가까스로 대열을 정비한 후 1문의 산포를 앞세우고 백여 명이 임시 천황궁을 향해 달려갔다. 이제 남은 희망은 도쿄 진대(鎭臺) 예비포병 제1대대의 동지들과 합류해서 천황에게 자신들의 주장을 강력히 호소하는 것뿐이었다. 그러나 마지막 희망이었던 제1대대는 이미 밤 9시경 대대장 오카모토 류노스케(岡本柳之助) 대좌의 명령을 받고 다른 방면으로 비상행군을 나가 버린 상태였다. 정부전복 음모혐의로 5년 형을 받은 무쓰 무네미쓰와 연결되어 있던 기슈 파(紀州派)의 군인 오카모토는 병사들의 봉기에 동조하여 이 봉기를 지휘할 것처럼 보였다. 그러나 봉기 며칠 전 근위보병이 움직일 것 같지 않자 막다른 궁지에 몰려 이 같은 행동을 취해 버린

천황과 전제기구의 분리 가능성을 보여준 다케바시 사건 그림

것이다(오카모토는 조선침략의 선봉에 선 인물로, 복권된 무쓰 밑에서 조선의 명성황후 학살사건을 저지른 부대장이다).

임시 천황궁의 정문에 도착한 병사들은 그제서야 자신들이 고립되어 패배하였다는 사실을 깨달았다. 결국 병사 한 명은 자결을 택하고 93명은 항복했다. 봉기를 개시한 지 약 두 시간 후였다.

다케바시 사건의 움직임이 본격화된 것은 7월 초순부터인데, 이미 그 전해인 1877년에 일어난 불평사족의 최대·최후의 반란인 세이난 전쟁에 동원된 징병병사 특히 근위병들 사이에서 정부와 군대 상층부에 대한 불만과 분노가 높아지고 있었다. 사실 부역(진대 3년, 근위 5년)이나 마찬가지인 징병으로 농민들은 중요한 시간을 빼앗겼고, 나아가 진대는 물론 근위병까지 세이난 전쟁의 진압에 동원되었다. 그들은 큰 희생을 치르면서 대포대를 주력으로 하여 용맹한 전투를 벌여 일본 최대의 사족반란으로부터 중앙정부를 지켜냈다. 그러나 승리를 거머쥔 정부는 군 상층부에 대해서는 넘치는 은상을 베풀었으나, 하급 병졸들에게는 재정이 어렵다는 이유로 은상은커녕 급여와 관급품마저 깎아 버렸다. 농민병사를 실컷 이용만 하고 문제가 해결되자 노골적으로 나몰라라 하는 자세를 드러낸 것이다.

다음은 사형당한 요코하마 출신의 한 근위포병이 남긴 「진술서」다.

> 병사로 복무중이었는데 …… 그렇지 않아도 박봉에 시달리고 있던 터에 하루분 급료마저 깎이고 양말 보급까지 줄어들어 훈련을 할 때마다 발이 너무도 아파 더욱 괴로웠다. 게다가 진휼금마저 없어져 겨우 하루분 급료를 모은 것 갖고는 복무가 끝난 뒤 귀향하여 독립해서 생계를 잇는다는 것은 바랄 수 없었고, …… 작년 전쟁에서는 정말 목숨을 걸고 싸웠다. 다행히 목숨은 건져 개선해 돌아왔지만 어떤 칭찬도 보상도 해주지 않았다.……

봉기는 무엇보다도 수년 전에 경험한 '징병령 반대반란' 때 외쳤던 위험이 바로 현실로 나타났다는 사실을 뼈저리게 경험한 농민병사들의 깊은 분노에서 나왔던 것이다.

최근 일반 인민은 혹정에 시달리다

마찬가지로 사형을 당한 지치부 출신의 근위병 다지마 모리스케(田島盛介)는 봉기 직전에 고향에다 이런 편지를 보냈다.

> 최근 일반 인민은 혹정에 시달리고 있으므로 폭신(暴臣)을 죽여 이로써 천황을 수호하고 선정을 부흥해야 한다.

결론부터 말하면 '최근'이란 1871년 폐번치현 이래를 말하며, '혹정'은 징병제만이 아니라 폐번치현 이래 추진되어 온 조세와 학제, 풍속, 신앙 등에 관한 신정책을 모두 가리킨다고 보아야 할 것이다. 그는 스스로를 '징병 반대반란'의 가담자이자 나아가 '신정 반대반란'을 통째로 계승한 존재로 규정하고 있다. 이어지는 "폭신을 죽여 천황을 수호하고 선정을 부흥해야 한다"는 말도 같은 맥락에서 이해할 수 있다.

혁명은 가, 반란은 불가

여기에 다케바시 사건의 또 한 명의 주역이 등장한다. 봉기 직전에 진대예비포병대 제1대대 소위 우치야마 데이고(內山定吾)는 부대 병사들에게 프랑스 혁명의 장군의 업적을 설명한 뒤 "혁명은 가(可)하나 반란은 불가하다"라고 연설하며 그들을 고무했다. 우치야마는 사족(士族) 출신으로 3년 전 「조선의 무례를 책망하는 의론」이라는 격렬한 정한론 건백서를 좌원(左院)에 제출한 인물이다(『明治建白書集成』). 그런 우치야마가 지금 농민병의 분노를 이해하고 봉기에 참가하기 위해 민권파 사관(士官)으로서 병사들 앞에서 있는 것이다. 그의 궤적은 매우 흥미롭다.

폐번치현으로 탄생한 천황제 중앙집권국가의 정책은 이른바 유신변혁의 2대 사회적 지주였던 농민과 하급무사 모두에게 가혹한 것이었다. 농민에게는 1873년의 징병제가, 사족에게는 역시 징병제와 함께 농민의 지조개정 반대반란이 고양된 1876년에 실시된 질록처분(秩祿處分 : 유신정부가 구 대명과 무사에게 지급하기로 한 봉록을 폐지하고 공채증서를 발행하여 연차로 상환하기로 한 정책으로, 특히 하급 무사들의 손해가 컸다)이 특히 결정적인 타격을 주었다. 이들 정책은 역설적이게도 사족의 신망을 한몸에 받고 있던 사이고 다카모리의 '유수(留守)정부'에 의해서 개시되었다. 갈수록 심해지는 농민반란과 사족의 불만이 합쳐질 것을 두려워한 사이고 등은 사족의 불만을 밖으로 돌리고 그 에너지를 중앙집권의 강화와 국가권위의 확립에 이용하기 위해 불평사족이 주장하는 '정한론'을 정책화시키는 작업에 착수하였다. 이에 대해 구미시찰을 통해 냉엄한 국제정치의 현실을 배우고 귀국한 이와쿠라와 오쿠보 등은 도사 번과 히젠 번이 주도권을 장악한 '유수정부'와의 권력투쟁 속에서, 사이고 등을 징병제에 역행한 사족 동원으로 청나라와 전투를 감행하려는 모험주의(그들 역시 권력을 장악한 다음 해에 대만출병을 감행하여 같은 전철을 밟지만)라며 격렬히 반대했다. 양파의 틈바구니에 끼여 옴싹달싹도 못하던 산조 사네토미(三條實美)를 대신해서 이와쿠라는 22세의 메이지 천황에 대한 상주권을 장악하고, 아직 허구의 존재였던 천황의 정치적 권위를 방패 삼아 일거에 상황을 역전시켜 버렸다. 이른바 오쿠보 정권의 수립이다(메이지 6년의 정변).

정부에서 쫓겨난 사이고는 가고시마로 돌아가 세이난 전쟁을 일으킬 때까지 침묵을 지켰다. 이타가키 다이스케와 고토 쇼지로(後藤象二郎) 등은 '유사전제'에 대한 비판의 강도를 높이고, 다음 해 1874년 1월 「민선의원설립건백서」를 제출하여 언론·결사를 통한 자유민권운동을 개시했다. 에토 신페이(江藤新平)는 이 건백서에 서명은 했지만 같은 해 2월 사가(佐賀)의 정한파 사족과 함께 반란을 일으켰다가 사형당했다. 전국 대부분의 사족들은 서로 복잡하게 뒤얽히면서 이러한 흐름 가운데 어느 하나를 선택해 나갔다.

우치야마 데이고는 후에 마에바라 잇세이(前原一誠)의 하기(萩 : 야마구치현 북부)의 난에 호응했다가 실패한 나가오카 히사시게(永岡久茂) 등과 함께 사이고를 따라 사직한 뒤 귀국하는 사쓰마·도사의 사족근위병을 선동하여 반란을 꾀하기도 했다. 우치야마가 건백서를 제출한 것은 그 후의 일이다. 나가오카는 정한론을 주장하는 사족민권 급진파의 기관지 『평론신문』에 관계하고 있었고, "혁명은 가하다"라는 우치야마의 주장은 그러한 사족민권사상의 연장선상에 있었던 것이 틀림없다. 이 말에 이어지는 "반란은 불가"라는 표현은 병사반란의 성공은 장교의 확고한 지휘 없이는 있을 수 없다는 의미였다. 이것은 오카모토 류노스케에 대한 그 자신의 경솔한 믿음을 병사들에게 공유하도록 한 것이기도 하다. 확실히 이는 농민반란을 멸시하는 사족민권파로서 우치야마가 갖는 약점을 드러내는 부분일 것이다. 그러나 우치야마는 최후까지 농민병들과 행동을 같이하고자 한 유일한 사관으로서, 농민을 이용의 대상물로만 보았던 사족민권파의 입장보다 한 걸음 더 나아간 인물이었다. 즉 막말 이래의 '세상바로잡기' 반란과 신정부 반대반란을 계승한 농민병의 반란과 전제 타도를 외치는 자유민권사상의 실천적인 결합을 최초로 제기한 인물이라고 할 것이다.

여기에서 앞서 언급한 "폭신을 죽여 천황을 수호하고 선정을 부흥해야 한다"라는 말의 의미가 명료해진다. 이것은 '모든 국가사는 공론으로' 정하겠다고 약속한 메이지 천황의 의지에 반해서 '유사전제'를 행하는 '폭신'을 제거하고 폐번치현 이전의 '선정'을 '부홍해야 한다'라는 의미다. 이는 분명 「민선의원설립건백서」 이래의 사족민권파운동의 논리다. 막말 이래 농민반란의 전통을 이은 농민병 다지마 모리스케의 분노가 사족민권파 사관 우치야마 게이고 등을 통해 외래의 자유민권사상과 만나 격렬히 불타올랐다고 해도 좋을 것이다(中村政則, 『日本近代と民衆』, 88~89쪽).

다케바시 사건의 역사적 의의는 무엇보다 농민투쟁과 자유민권운동의 결합을 선구적·실천적으로 제기한 점에 있었던 것이다.

천황과 전제기구를 분리할 수도 있었다

그런데 사족민권파로부터 가르침을 받은 다지마 모리스케 등이 품고 있던 생각, 즉 천황과 관료적 전제국가기구를 분리하려 한 것은 단순히 천황에 대한 환상에 불과했던 것일까.

왕정복고 쿠데타 이래 정부는 현실적으로 관료에게 권력을 계속 집중시키면서도 이데올로기와 정치 양면에서 허구에 지나지 않던 천황의 권위를 확립시키고자 노력했다. 메이지 초년의 제정일치 노선에 따라 추진된 극단적인 신도의 국교화정책은, 천황 권위를 이데올로기적으로 민중에게 이식시키는 데 일정하게 성공을 거둔다. 그러나 곧 이 정책은 폐번치현 이래의 자본주의화, 문명개화정책과 모순을 일으키면서 부득이하게 후퇴하여 수정을 가할 수밖에 없었다. 게다가 천황권위를 정치적으로 확립하기 위해서는 그 내실과는 정반대로, 국내 민중을 향해서는 민주성을, 주로 구미제국을 향해서는 개명성을 전면에 내세우지 않을 수 없었다. 아직 확고한 계급기반을 갖지 못한 천황의 이름으로 권력의 집중과 강화를 도모하기 위해서는 그 외에는 달리 방법이 없었을 것이다. 전제적인 국가기구가 최종적으로 확립될 때까지는 천황제국가의 이 같은 모순은 피할 수 없는 것이었다.

한편 천황 자신도 절대군주에 어울리는 나름대로의 능력을 기르지 않으면 안 되었는데, 이는 또 다른 모순을 만들어 냈다.

메이지 10년(1877)을 전후한 시기에는 아직 전제적 군사·관료 기구가 완성되지 못한 상태였고, 나이로 보더라도 천황에게는 그럴 만한 능력이 없었다. 당초 오쿠보 등이 생각한 절대군주로서의 천황은, 어디까지나 그들이 밑그림을 그려 놓은 전제적 국가기구의 틀 안에서 의지를 표현하고 행동하면서 내외적으로는 자립된 계몽적 절대군주로 행동하는 천황에 지나지 않았다. 만약 근대 천황제가 구미시찰을 통해 구미 부르주아국가의 상황을 파악하게 된 오쿠보와 기도 등이 후발국 일본을 부르주아국가로 만들기 위해 어쩔 수 없이 선택한 전제적인 국가형태였다고 한다면(田中彰, 「大久保政權論」, 遠山茂樹 編, 『近代天皇制の成立』) 천황의 모습은 더욱 그랬을 것이다.

그런데 세이난 전쟁이 시작되자 사이고를 따랐던 메이지 천황은 오쿠보 등에게 노골적으로 불만을 드러냈다. 이러한 태도 표명은 처음 있는 일이었다. 이어서 모토다 나가자네(元田永孚) 등이 '천황친정'운동을 벌이자 이 사상에 공감하여 1879년 「교학성지」를 내렸다. 원 설계자들의 의도를 뛰어넘어 절대군주로서 자립적인 행동을 보이기 시작한 이러한 천황의 모습은 오쿠보의 후계자 이토 히로부미 등을 당혹스럽게 만들었다(飛鳥井雅道, 『明治大帝』).

천황제국가 형성기에 나타난 이러한 모순을 보건대, 분명 이 시기에 관료제 국가기구의 힘이 점차 강화되고는 있었지만 계급적 기반은 아직 확립되지 않은 상태였고 따라서 천황과 전제기구가 분리될 가능성이 존재하였다는 지적(遠山茂樹, 「天皇制と天皇」, 同 編, 『近代天皇制の成立』)은 타당한 것 같다. 따라서 다케바시 병사가 품은 생각도 단순히 천황에 대한 환상이었다라고만은 치부해 버릴 수 없다.

권력은 다케바시 사건으로 무엇을 배웠는가

다케바시 사건으로 되돌아가자. 생각지도 않게 허를 찔려 겨우 진압에 성공한 중앙권력은 공공연히 이 사건을 병사의 약탈폭동 정도로 축소시켰다. 그러나 이토 히로부미 등은 사건의 본질이 전제정치에 대한 농민병사의 분노와 자유민권사상의 결부에 있다는 점을 예리하게 파악하고 있었다. 이후 그들은 고양되어 가는 자유민권운동을 탄압하면서, 군대가 이 운동에 영향을 받는 일이 없도록 절대복종을 핵으로 하는 '천황의 군대'를 창출하는데 온갖 노력을 다 쏟아부었다. 우선 사건이 일어난 지 두 달도 안 된 10월

15일, 사형 53명을 포함하여 기타의 형을 언도받은 자까지 총 258명에 대해 전무후무한 가혹한 처분을 내렸다. 또 다음 해 5월 2일까지 2명을 사형에 처한 것을 포함하여 103명에게 처분을 내렸다. 둘째, 야마가타 아리토모를 중심으로 군의 사상과 조직의 반동적 개혁을 본격적으로 진척시켰다. 판결이 내려지기 직전인 10월 12일에는 군인훈계를 공포하여 군률강화, 군인의 정당·정치 참여금지를 명했다. 이어서 12월 5일에 참모본부를 독립시켜 통수권 독립의 길을 열었다. 또한 1882년 군인칙유를 내려 직업군인으로부터 일반 징병군인에 이르기까지 상관의 명령을 모두 천황의 명령으로 새겨듣고 절대 복종할 것을 명했다. 이로부터 일본사회의 모든 민주주의적 요소는 압살되고 해외침략의 길이 열려 가공할 '천황의 군대', '황군' 이데올로기가 확립되었다.

이 이데올로기가 더 한층 현실화되어 내외에서 맹위를 떨치게 될 것인지 어떨지는 오직 다케바시 병사들이 제기한 과제를 메이지 10년대의 일본 민중이 권력 측보다 더 많이 배우고 더 많이 실천할 수 있을지 어떨지의 여부에 달려 있었다.

참고문헌

澤地久枝,『火はわが胸中にあり』, 文春文庫

大江志乃夫,『徵兵制』, 岩波新書

田村貞雄,『殖産興業』, 教育社硏究新書

黑羽淸隆,『軍隊の語る日本の近代(上)』, そしえて

石井寬治,『大系日本の歷史(12) 開國と維新』, 小學館

메라 세이지로 目良誠二郎

20
자유민권운동은 무엇을 목표로 천황제와 어떻게 대결했을까

자유민권운동과 천황

메이지 제2의 개혁을 : 자유민권운동의 고양

1877년 9월 우에키 에모리(植木枝盛)는 「메이지 제2의 개혁을 희망하는 글」을 도사의 민권파가 발행하는 『해남신지』(海南新誌)에 실었다.

> 무릇 도쿠가와 정부를 전복시키고 왕실을 회복하며 그리고 봉건을 폐하여 군현을 설치한 것은 본래 하나의 동일한 변환이었다. …… 그러나 이 변환은 정부와 정부의 변환 즉 통치자만의 관계이니, 우리 인민과는 관계가 없다. 아직은 결코 인민의 행복을 증진시키지 아니하였으며, 이익이 되지 않았다. 권리도 증진시키지 못하고 자유도 증진시키지 못했다. …… 요컨대 오늘 다시 제2의 개혁을 수행하고 그 정체(政體)를 변혁하여 군민공치(君民共治)로 하고, 정부의 독재를 폐하여 인민으로 하여금 정권을 잡게 해야 할 것이다.

이 해에는 이러한 주장이 명백한 형태를 취하며 등장하였기 때문에 자유민권운동의 획기적인 발전기로 평가된다.

자유민권을 외치는 정담연설회와 이를 제지하는 경찰

메이지 유신에 걸었던 민중의 '세상바로잡기'(요나오시)에 대한 기대는 점차 허물어지고 있었고, 바로 전해에는 각지에서 지조개정에 반대하는 대반란이 정부를 뒤흔들었다. 한편으로 이 해 2월에 시작된 사이고 다카모리 등이 이끄는 세이난 전쟁도 이미 패색이 짙었다. 이러한 상황에서 자유민권운동은 사족반란과 통하는 요소를 단절하고, '인민'과의 연대를 통해 '메이지 제2의 개혁'을 이룩한다는 방향성을 확립한 것이다.

사족 출신의 지식인을 통해 운동이념을 부여받은 민중운동은 점점 더 활기를 띠었다. 전국 각지에서 민권결사가 결성되어 왕성한 학습운동이 일어나고, 정치연설회에는 노인과 여성, 아이들까지 참가하여 연사에게 답례로 돈을 던지며 열광했다. 농민반란 지도자를 다룬 의민전이 '자유'라는 옷을 걸치고 공연되었고, '프랑스혁명' 강연이 인기를 끌었다. 항간에서는 '민권 노래'가 유행하고, 연예장과 극장은 연설회와 민권이야기를 다룬 예능에 손님을 빼앗겨 '연예인 실업시대'라는 말까지 낳았다. 게다가 지역의 생산과 생활, 교육, 예능, 오락, 심지어는 당시 맹위를 떨친 콜레라의 방역 문제에 이르기까지 생활의 모든 장에서 '자유'와 '민권'이 주장되었고, 사람들은 정치를 친근하게 느끼며 운동에 참가했다. 정권교체에 성공한 메이지 유신의 체험을 바탕으로 유신을 지지한 민중의 에너지가 미래의 변혁에 대한 희망으로 타올라 한꺼번에 폭발한 것이다.

1981년부터 87년에 걸쳐 '자유민권 백년'을 알리고 연구하는 움직임이 일면서 새로이 여러 가지 사실들이 발굴되었는데, 이 사실들은 자유민권운동이 일본 역사가 일찍이 경험한 바 없는 것이었음을 잘 보여준다.

자유민권운동의 공통된 요구는 헌법제정과 국회개설이었다. 1879년의 국회개설 청원에는 1년에 약 27만 명이 서명하는 위세를 떨쳤다. 서명자가 거의 호주였고, 당시 인구가 현재의 3분의 1밖에 되지 않았던 점, 교통통신수단도 지금과는 전혀 다른 상황이었다는 점을 염두에 두면 이 숫자는 대단한 것이다.

국왕은 죽어도 국민은 죽지 않는다 : 자유민권파의 천황관

그런데 대일본제국헌법과 제국의회 아래서 천황제가 확립된 사실을 고려하면, 자유민권파가 요구한 '헌법'과 '국회'의 내용이 특히 천황제와의 관계에서 문제가 되는 것은 당연하다. 현재까지 알려져 있는 헌법구상안은 70여 가지 정도 되는데, 그 가운데 명확히 천황을 폐지하는 공화제를 내건 것은 하나도 없다. 이 때문에 자유민권운동은 천황제와 대결할 수 없었다고 보는 입장도 있지만, 그러한 주장은 이 운동의 역사적 경위를 무시하는 것일 뿐만 아니라 사료 분석도 불충분한 것이다.

1881년에 지바 다쿠사부로(千葉卓三郎)가 기초한 「일본제국헌법」, 이른바 이쓰카시(五日市) 헌법을 예로 들어보자. 이 헌법 초안의 제1편은 '국제'(國

帝)로 시작되는데, '진무 천황의 정통'을 제위의 근거로 삼고 "국제의 신체는 황위의 상징으로 침범할 수 없다"라고까지 규정하고 있다. 이것만 보면 분명 대일본제국헌법과 큰 차이가 없다. 그러나 전 204개 조에 걸친 전체를 보면 "45조, 일본 국민은 각자의 권리와 자유를 가진다", "48조, 무릇 일본 국민은 일본 전국에서 동일한 법전에 준하여 동일한 보호를 받는다"라는 자유권과 평등권을 규정하고 있다. 또 "86조, 민선의원은 행정관이 발의한 의제를 토론하고 또 국제가 발의한 의제를 개찬하는 권한을 갖는다"라고 하여 정부·천황에 대한 의회의 우월권을 규정하는 등 내용적으로는 확실히 입헌군주제를 의도하고 있다. 또한 "76조, 자녀교육에서 학과 및 교수는 자유로 한다"라고 하여 교육내용을 독립시켰고, "77조 부현의 자치는 각지의 풍속과 습관에 의거하므로 절대 간섭하거나 방해해서는 안 된다" 고 하여 지방자치권의 독립도 규정하고 있다. 이는 현재의 일본국헌법도 미치지 못하는 고도의 민주주의적 내용이다.

그런데 같은 지바가 쓴『탁론 지바 씨 법률격언』이라는 한 권의 노트가 남아 있다. 서두는 "(1) 국왕은 죽어도 국민은 결코 죽지 않는다"로 시작하여, 이하 "(8) 만일 인민의 권리와 군주의 권리가 상충할 때는 인민의 권리를 우선한다", "(13) 국왕에게는 특권을 부여하지 말아야 한다" 등 전 19개 조로 되어 있다. 이처럼 지바 개인이 이상으로 하고 있던 것은 오히려 공화제에 가까운 입헌군주제였다. 이 이상과 앞의 헌법초안에서 보이는 '국제' 규정의 차이는 왜 발생했는지, 이것을 고찰해 볼 필요가 있다.

이 헌법이 '이쓰카시 학술토론회'에서 토론을 거듭한 끝에 작성되었다는 것은 잘 알려진 사실이다. 연구회는 후카자와 나오마루(深澤名生)·곤파치(權八) 부자를 중심으로 한 지역농민과, 지역의 소학교인 권농학교 교사들의 모임인 민권파 청년(지바도 그 중 한 명)들이 참가하여 시장이 서는 5일간을 이용하여 정기적으로 열렸다. 의제는 사전에 통지되었는데 발송된 서신을 보면 그 토론 수준이 매우 높았음을 알 수 있다. 이를테면 일원제(一院制)의 가부, 미곡수출의 득실, 사형폐지의 가부 등이다. 후카자와와 곤파치가 남긴「토론의제집」에는 63개 항목이 열거되어 있는데, 부인참정권과 국사범의 취급, 탄핵재판 등에 이르기까지 극히 중요한 문제가 포함되어 있다. 그런 면

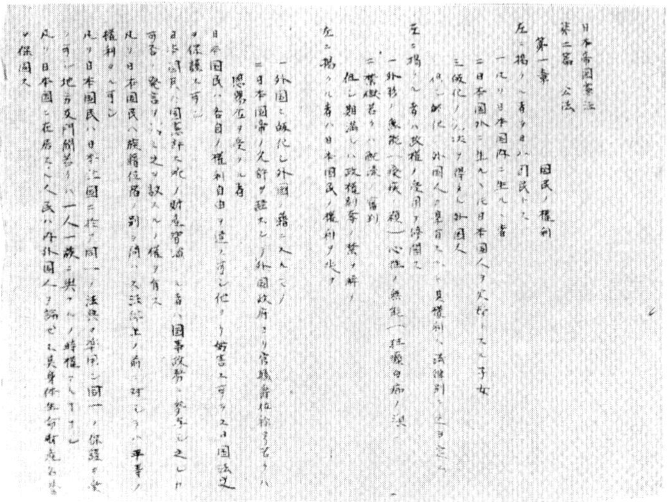

고도의 민주주의 내용을 담고 있었던 이쓰카시 헌법초안

에서 이 토론회가, 천황을 엄격한 입헌군주로 규정하려 한 지바의 시도를 막는 질곡으로 작용했다고는 도저히 생각할 수 없다. 그렇다면 지바의 헌법 초안에 보이는 '국제' 규정은 어디에서 나온 것일까.

앞의 「토론의제집」의 서두는 "자유를 얻는 첩경은 지력에 있는가 혹은 완력에 있는가"로 시작된다. 이 토론회는 추상적인 이상론을 검토한 것이 아니라 실현방법까지 포함한 현실적 정치과제로서 헌법의 기초작업에 관계하였다는 점에 주목하고 싶다. 곧 「이쓰카시 헌법」은 당시의 상황 속에서 빠듯한 실현 가능성을 추구한 고심의 산물이라는 데 그 의의가 있는 것이다.

주지하다시피 우에키 에모리는 인민의 저항권과 혁명권을 명기한 「일본국 국헌안」의 기초자지만 공화제를 취하지는 않았다. 그러나 본고의 서두에서 소개한 '군민공치'를 요구하는 글에는 이런 내용이 명기되어 있다. "정체에는 인습정치(군주독재), 인습과 도리의 혼교(군민공치), (원본 9자 말소) 의 구별이 있는데……"(家永三郎 · 外崎光廣 等, 『海南雜誌 · 土陽雜誌 · 土陽新聞』). 문맥에서 말소된 부분이 공화제와 관련된 내용이고, 우에키가 원래 바랬던 것도 바로 이것임을 쉽게 알 수 있다. 우에키도 지바와 같은 경우다.

사실 역사에 '정론'(正論)을 존재의 증명으로 남기기는 오히려 용이하다.

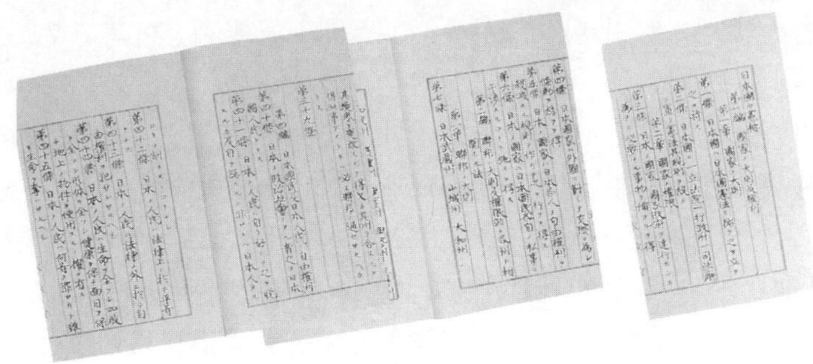

우에키 에모리의 「일본국 국헌안」

그러나 자유민권운동의 진가는 현실 상황과의 갈등 속에서 가장 최선의 길을 모색하려는 데 있었다.

최근 발견된 「헌법초고 평림(評林)」이라는 문서에 "황제가 헌법을 준수하지 않고 폭력·위압을 동원하여 인민의 권리를 탄압할 때는, 인민은 전국 총투표를 실시해서 다수결로 폐위권을 행사할 수 있다"라고 하여 천황 해직청구권을 명확히 기재한 점도 특필할 만하다.

메이지 정부와의 대결전 : 후쿠시마 사건

그런데 1881년에 자유당이 조직되고 이어 다음 해에는 입헌개진당이 등장한다. 이처럼 정당까지 조직되기에 이른 마당에 이제 운동은 천황제 군국주의와 대결하지 않으면 안 되게 되었다.

이미 메이지 정부는 조선을 침략하기 위해 청일·러일 전쟁도 불사하는 군국주의 정책에 몰두하면서 군비확장을 위해 세금을 대폭 올리는 정책을 취하고 있었다. 태환제로의 전환을 구실로 대량의 지폐를 소각함으로써 디플레이션이 일어나고, 지조가 일정액으로 제시된 이상 농민이 실제로 져야 할 부담도 배가되고, 동일한 세입을 얻는 정부의 씀씀이도 늘어났다. 실질적인 조세는 에도 시대를 훨씬 웃돌아 토지를 잃은 농민이 속출했다. 자유민권운동의 고양 속에서 민중의 희생과 거센 반발을 무릅쓰고 이러한 증세정책을 강행한 것은 조선침략을 지상 명령으로 하는 군비확장과 전쟁노선으로 치닫는 군국주의 정책의 결과였다. 당시의 대장경 마쓰카타 마사요시

(松方正義)의 이름을 딴 이 재정정책을 '마쓰카타 군확 재정'이라고 부르는 것은 이 때문이다.

이러한 노선과 정면으로 맞부딪힌 것이 전국에서 가장 뛰어난 세력을 자랑하던 후쿠시마의 자유민권파였다. 청과 러시아와의 대결을 상정하고 있던 정부가 당시 가장 서둘렀던 것은 도쿄에서 동해 쪽으로 군대를 파견하는 데 필요한 군용도로의 개설이었다. 정부는 미시마 미치쓰네(三島通庸)를 후쿠시마 외 3개 현의 현령으로 임명하여 이 임무를 맡겼다. 1882년 2월 정부로부터 '내명'을 받은 미시마는 후쿠시마에 부임하자 비용을 이 곳 주민들에게 떠맡기고 도로 건설에 착수했다. 아이즈와카마쓰(會津若松 : 후쿠시마 현 서부에 있는 시)를 기점으로 1선은 도쿄로, 또 다른 2선은 동해 쪽의 사카타(酒田)와 니가타(新潟)로 통하는 아이즈 3선이었다.

이 새로운 부담에 맞서 후쿠시마 자유민권파는 현회와 법정에서 과감하게 대결하였다. 고노 히로나카(河野廣中)를 의장으로 하는 현회는 미시마가 제출한 의안에 대해 '매호(每号) 부결'로 답했고, 소송에는 8천 호의 농민이 가담했다. 그들이 반대논거로 든 것은 3선의 도로가 '민부'(民富)의 형성과 관련되는 산업도로가 아니라는 점이었다. 그랬기 때문에 이 반대투쟁에는 빈농뿐 아니라 부농이 오히려 앞장을 섰고 전 농민이 굳게 단결하였다. 요컨대 이 대결은 증세=군비확장=침략이라는 민중의 희생을 토대로 한 군국주의의 길과, 민부 형성에 의한 국부의 길이라는 근대일본의 진로를 둘러싼 대결이었다.

그러나 같은 해 7월 조선에서 일어난 임오군란으로 일단 한 걸음 물러날 수밖에 없게 된 일본정부는 청일전쟁을 결심하고 민권운동에 대한 탄압의 강도를 더욱 높였다. 11월 24일 메이지 천황은 지방장관들을 황궁으로 불러들여 군비확장과 조세증징의 칙어를 발했다. 그 4일 후 후쿠시마로 돌아온 미시마 미치쓰네에 의해 촉발된 것이 후쿠시마 사건이다. 도로건설비 불납에 공매처분을 내린 처사에 앞장서서 반대한 민권가를 체포하자 농민들이 이에 항의하여 경찰서로 몰려갔다. 칼을 빼들고 대기하고 있던 경찰대는 농민들이 던진 돌에 유리창이 깨지자 이를 구실 삼아 농민들을 공격했다. 게다가 미시마는 농민들의 행동에 '내란음모죄'를 적용하여 천여 명에 달하는 후쿠시마의 민권운동가를 일제히 체포하고 그 중 55명을 도쿄의 고등법원으로 보냈다. 내란음모의 물적 증거는 돌 2개가 전부인 재판이었다.

당시의 상황 속에서 실현 가능한 길을 모색하고 있던 자유민권운동도 이러한 천황의 직접 지휘권의 발동 아래서 결국 합법적인 활동의 길은 막혀버리게 되었다.

'격화사건'과 그 후

후쿠시마 사건의 탄압으로 여론은 격앙되었다. 고등법원 예심에서도 유죄는 고노 히로나카 등 6인으로만 그쳐야 했고, 이들 6인은 민중의 영웅이 되어 '천복 6가찬'[天福六家撰 : 천복이란 정부 전복을 빗댄 말로서, 일본어로 천복(天福)과 전복(顚覆)은 모두 텐푸쿠(てんぷく)로 발음된다]이라는 그림이 인기를 끌며 팔려나갈 정도였다. 자세히 언급할 수는 없으나 당시 자유당은 직접행동을 통해 정부를 전복하려는 급진파가 주도하여 1884년을 중심으로 군마 사건, 가바산 사건, 지치부 사건 등이 일어났다. 그러나 하나같이 정부의 탄압으로 실패하고 자유당도 탄압을 피하기 위해 당을 해산하지 않을 수 없었다. 일본근대사상 천황제와의 투쟁에서 서전을 장식한 자유민권운동도 이제 후년의 투쟁에 길을 터주고 물러났다.

그러나 이 책 제46장에서 밝혀지게 될 것처럼 자유민권파의 헌법초안은 역사의 우여곡절을 거치며 전후 일본국헌법에서 그 내실이 계승되었다는 점을 언급해 둔다.

참고문헌

『自由民權運動と現代 - 自由民權百年第二會全國集會報告集』, 三省堂
色川大吉, 『自由民權』, 岩波書店
遠山茂樹, 『自由民權と現代』, 筑摩書房
坂野潤治, 『大系日本の歷史(13) 近代日本の出發』, 小學館
『續・憲法を考える・五日市憲法百年と戰後憲法』, 武相民權運動百年記念實行委員會
『慨酒憲法の父 千葉卓三郎』, 志波姬町千葉卓三郞顯彰碑建設委員會
三浦進・塚田正宏, 『加波山事件硏究』, 同時代社

미우라 스스무 三浦進

21
천황제국가는 오키나와를 어떻게 위치지웠을까
류큐 처분으로부터 황민화 교육까지

머리말

14세기 이후 전 일본에서 일본국가에 맞서서 국가를 수립한 곳은 오키나와가 유일하다. 17세기 초 사쓰마의 번주 시마즈 씨(島津氏)의 지배 아래 놓이게 된 후에도 류큐 국(琉球國)이라는 이름은 남아 있었고, 중국의 명·청으로부터 책봉을 받아 왕과 왕부(王府)가 세워져 1872년까지 계속 존속하였다. 이를 이른바 청·일 양속(兩屬)이라고 부른다. 이처럼 고유한 역사를 지닌 류큐는 메이지기의 천황제 국가에게 어떤 의미가 있었을까. 이하에서 그 특징을 살펴보자.

류큐 처분

메이지 초두에 정부가 당면한 과제는 대외적으로는 영토를 명확히 하고, 대내적으로는 중앙집권적 국가체제를 확립하는 것이었다. 이를 오키나와에 적용하면 첫째는 류큐에 대한 일본의 영유권을 국제적으로 인정받고, 둘째는 류큐를 메이지 정부로 편입시키는 것이었다. 셋째는 이 정책들이 효과를

류큐국의 슈리성 정전

거두도록 통치원칙을 만들어 운용하는 일이었다.

류큐 처분이란 앞의 첫째 및 둘째 사항과 관련되어 있다.

우선 청·일 '양속'체제를 유지하고 있던 류큐의 영유권을 확보하기 위해서 청나라와 외교적 타결을 볼 필요가 있었다. 일본정부는 1871년 류큐 도민의 대만 표착과 조난 사건을 계기로 '대만출병'이라는 군사력 행사를 통해 이 문제를 매듭지으려 했다.

조난사건은 표착한 류큐인 69명 중 54명이 대만의 '원주민'에게 살해당함으로써 일어난 사건이다. 이 사건을 보고받은 가고시마 현 참사는 정부에게 '그 죄를 묻는 군사를 일으켜' '위로는 천황의 권위를 해외에 떨치고' '아래로는 도민의 원혼을 위로해 주길 바란다'고 건의했다. 정부는 이 건의에 따라 대만영유라는 영토적 야심을 숨기지 않고 1874년 4월 '대만출병'을 결행했다. 그러나 이 출병에 대해 청나라가 강력히 항의하고 열강이 비판과 비협력의 태도를 보이자 부득이 철병하지 않을 수 없었다. 그러나 출병 문제를 종결시키기 위해 청·일 간에 체결된 조약에서 이 출병은 '일본국 속민'

즉 류큐 도민을 보호하기 위한 '의거'로 바뀌었다.

이보다 먼저 1872년 류큐 도민의 조난 보고가 정부에 도착했을 때 정부는 류큐의 국왕 상태(尙泰)를 "류큐 번왕으로 임명하여 화족으로 삼는다"는 취지의 조서를 낸 바 있다. 이는 '국'과 '왕'이라는 호칭을 폐하고 이를 '번'(藩)과 '번왕'(藩王)으로 격하시킴으로써 류큐의 상태를 일본의 옛 대명과 똑같은 지위 즉 화족으로 고정시킨 것이다. 이 조서는 중국조정의 책봉과 비견될 수 있는 것이기 때문에, 17세기 이래 시마즈 씨가 실질적으로 류큐를 지배해 왔고 류큐는 일본에 복속하였다는 사실을 명실공히 강조한 것이었다.

류큐국 최후의 국왕

또한 외무성은 류큐 번의 외교사무를 접수했는데, 이 또한 "수백 년 전부터 일본에 부속하던 (류큐를) 이번에 다시 내번(內藩)으로 정한 것"이었다. 이처럼 일본정부의 류큐 영유권 주장과 청국(령)에 대한 침략인 대만출병은 표리관계에 있었다.

그런데 일본정부의 청을 배척하는 정책에도 불구하고 류큐 번은 중국에 대한 진공사(進貢使), 즉 새 황제의 즉위에 즈음한 축하사절의 파견 등을 주장하며 친청적 입장을 버리지 않았다. 중국에 5백 년 동안 은혜를 입었기 때문이라는 것이 이유였다. 류큐 번은 일본정부의 '설득'을 받아들이지 않았을 뿐만 아니라 청나라에 밀사를 보내 주청 외국공사에게 도움을 요청하는 등 청나라와의 책봉관계의 계속을 탄원했다.

1879년 3월 정부는 처분관 마쓰다 미치유키(松田道之)와 경관 160명, 군대를 류큐로 파견했다. "사법으로 해당 번왕의 위법을 처단하고 행정으로 해당 번왕에게 명령하여 토지와 인민을 봉환하게 하여 류큐 번을 폐하고 현을 설치"하게 된 것이다. 군대 등의 파견은 '지방의 폭거를 예방'하기 위해서였으며, 류큐 번왕 상태는 도쿄로 이송되었다.

류큐 처분은 이렇게 단행되었다. 청나라는 이 처분에 반대하여 일본정부에 항의하면서 "류큐는 양국 간의 종과 같다. 양쪽이 함께 부려야 한다"고도 했다.

이러한 상황에서 일본정부는 류큐 열도 중 미야코와 야에야마의 두 섬을 청국에 할양하는 대신 청국은 일본에게 내지통상권(뒤의 최혜국대우)을 달라고 제안했다. 이것은 결국 이루어지지는 않았지만, 류큐 처분이 일본의 영토 획정 문제와 깊이 관련되어 있고 동시에 일본정부의 대청 침략정책을 드러낸 사건이었음은 간과할 수 없다.

'옛 관습'을 온존시키라

류큐 처분(폐번치현)으로 정부는 현정을 단숨에 장악했다. 그러나 수개 촌으로 형성된 류큐의 행정구획인 마기리와 촌의 지방제도, 조세제도는 여전히 옛 지방관인이 장악하고 있었다. 따라서 현정은 정치적으로든 실무적으로든 이 지방의 관인층에게 의존해야 했다.

이 때문에 처분관 마쓰다는 "무릇 해당 지역의 사민(士民)이 구래의 관습으로 삼는 것은 애써 깨뜨리지 않는 것을 주로 하고, 특히 가록처분 · 사사처분 · 산림처분 등은 일본 본토에서 옛 번들을 처분할 때 적당함을 잃었던 전철을 밟지 않도록 주의한다. 단 조세 · 영업 · 경찰 · 교육 · 종지(宗旨) 등에 관해서는 옛 정을 개량하여 사민의 편익을 도모하고, 또한 정원(情願)에 적합하다고 확인된 것만 개정하는 데 그쳐야 할 것이다"라는 '현치일대주의'(縣治一大主義)라는 구 관습 온존책을 건의했고 정부도 이를 받아들였다. 결국 정부는 현청에 의한 관료지배를 강화하면서도 다른 한편으로는 예로부터 존재하는 류큐의 유력 특권층의 이익을 보호하고자 했다. 이렇게 해서 자기 편으로 끌어들인 특권층을 지방지배의 말단에 위치시켰다. 관치(官治)와, 유력자 지배체제를 토대로 한 현치(縣治)의 '안정화'가 꾀해진 것이다.

동시에 정부는 현령의 "직권 범위 내라고 하더라도 구 관습을 고치는 행위는 그 때마다 허가를 받아야 한다"라는 내무경 지령을 내어, 정부 직할방식을 채용하여 오키나와 현의 장악력을 보강했다.

이렇게 해서 오키나와 민중은 전근대적인 중세와 봉건적 체제 속에 그대로 방치되게 되었다.

1893~1895년 미야코 섬의 농민운동은 '구 관습' 제도가 가장 혹심한 지역에서 일어난 운동이었다. 이 운동은 도제(島制)개혁과 조세경감을 요구하며 이를 실현하기 위해 자신들의 대표를 국회로 보내 청원을 하였다. '사족 가운데 관인'은 "한가로이 포식하며 가무와 극치의 쾌락을 즐기며 사는 데 반해," 평민은 "이들 관인에게 줄 봉급을 위해 노동에 쫓기고 침식의 안정을 꾀할 여유가 없을 뿐 아니라 얻은 것조차 모두 상납하여 남아 있는 것이 없는"(「沖繩縣宮古島島費輕減及島政改革請願書」) 궁핍한 상황으로 내몰렸다.

이 무렵 마기리와 촌의 범위를 넘어 거의 지속적으로 전개된 운동으로서 위의 운동 외에 쟈하나 노보루(謝花昇)의 민권운동이 있다. 이것은 농민자금을 부정하게 유용한 현에 대해 책임을 추궁하며 지사 파면과 중의원 의원의 선거권을 요구하는 등 '평화적 진보주의'를 내건 운동이었다.

류큐 '처분'이 행해졌을 당시에는 자신의 주장을 펼칠 만큼 역량을 갖추지 못했던 오키나와 민중은 메이지 20년대의 '구 관습' 제도개혁기에는 이처럼 개혁주체로서의 역할을 담당했다.

그러나 현정 개혁의 질을 결정하는 것은 오키나와 민중이 아니라 메이지 정부였다. 게다가 현정 개혁은 청일·러일의 두 전쟁 사이에 끼여 착수된 탓에 밖으로의 침략주의와 안으로의 반민주주의라는 경향을 아로새겼다. 황민화 교육도 그 하나였다.

황민화 교육의 전개

류큐 처분으로부터 태평양전쟁의 패전에 이르기까지 오키나와에서 행해진 교육은 한 마디로 황민화 교육으로 표현할 수 있다.

천황제 교육은 군인칙유, 제국헌법, 교육칙어를 거쳐 메이지 20년대에 체제화되었는데, 오키나와 현에서는 오키나와 고유의 역사와 지리, 문화적 환경을 배경으로 하여 독특한 전개 양상을 보였다.

1887년 전후에는 야마가타 아리토모 육군대신, 모리 아리노리 문부대신, 이토 히로부미 총리 등이 오키나와를 군사상의 요지로 주목하여 연달아 이곳을 방문하였다. 야마가타는 오키나와 현에 징병령을 시행할 것을 제안하고 애국심을 양성하는 교육을 중시했다(「山縣復命書」). 이를 계기로 나미노우에노미야(波上宮)가 관폐사(官幣社 : 신사의 격 가운데 하나로 궁내성 관할 신사. 주로 황실을 존숭하는 신사와 천황·황족·공신을 제사지냄)가 되고, '천황초상'과 교육칙어가 각 학교에 '하사'되었으며, 병식체조, 육군교육단의 입대 등이 권장되었다.

청일전쟁의 승리(1895)와 오키나와에서의 징병령 시행(1898), 러일전쟁 개시(1904) 등의 군사적 계기는 황민화 교육에 한층 박차를 가하게 했다. 장정보충교육과 러일전쟁중의 애국부인회 오키나와 지부의 발족과 활동, 오키나와 의용회 등의 사회교화활동이 그 예다. 군사화와 황민화는 표리일체 관계에 있었던 것이다.

류큐 처분 이래 청일전쟁에 이르기까지 현민의 상층에는 구 지배층의 계보를 잇는 이른바 완고당이라는 친청파가 있었다. 그들은 현정(縣政)과 신교육에 비협조적이었을 뿐만 아니라 청일전쟁중에는 암암리에 청국의 승리를 획책하기도 하였다. 이 때문에 황민화 교육은 가장 노골적이고 강제적 형태를 띠었다. 당시 '식자'층의 눈에 보인 이 곳의 현민은 신민의 관념도 없고 헌신적 관념도 부족하였다. 따라서 황민화 교육을 담당한 현청 관료와 교원은 황민화 교육에 열중했다.

흔히 황민화 교육이 강조되면 될수록 지역의 고유한 문화는 멸시당하고 부정당하는 법이다. 오키나와에서는 이것이 방언 사용의 금지, 표준어 사용의 강제, 풍속 '개량'과 성(姓) 고치기 운동으로 나타났다. 이리하여 황민화 교육은 현민의 일상 생활까지 파괴해 나갔다. 반면 황민화 교육에 도움이 된다고 생각되는 일류동조론(日琉同祖論)과 해외 '웅비'(실은 침략)의 정신을 키우는 전설과 역사, 풍속 등은 향토교육과 군국주의교육의 전개와 함께 적극 이용되었다.

이처럼 황민화 교육이 열렬히 권장된 데 반해, 현민의 권리에 속하는 부분은 그 실현이 지체되었다.

1900년대 초두까지 '구 관습'에 따라 대부분의 현민은 왕래의 자유를 얻지 못한 채 촌락에 갇혀 다른 부현은 물론 현내 민중과의 결합도 제약받고 있었다. 현민 대중은 메이지 초기에는 마기리와 촌락 안에서조차 정치적 참가를 인정받지 못했다.

이와 함께 오키나와 현이 지리적으로 변두리에 위치한다는 점, 역사적으로 특이한 길을 걸어온 사정 등이 겹쳐 다른 부현의 민중들과도 일체감을 이루기 어려웠다. 근대국가 형성의 중요 요소 가운데 하나인 근대적인 국민통합의식의 형성을 저해당하고 있었던 것이다. 그에 따라 오키나와 민중과 다른 부현 민중 간의 '일체감'이란 서로 얼마나 더 황민적인가에 따라 측정되었다. 이처럼 양자는 황민화 교육이 표방한 침략적인 민족주의를 그 결합양식으로 하고 있었다.

메이지 말기부터 다이쇼 초두에 걸쳐 행정력이 사회교육을 장악해 나가면서 황민화 교육의 범위는 청년회 등의 사회교육단체로까지 확대되었다. 촌의 청년회 회원에 대해 연령제한을 가하고, 학교교장과 시정촌의 장 혹은 시정촌회 의원, 재향군인 회원 등을 회장으로 삼아 모임의 성격도 사업단체에서 수양단체로 바꾸어 나갔다. 또 청년회는 다이쇼부터 쇼와 시대에 걸쳐 실업보충학교와 청년훈련소, 양자를 통합한 청년학교 등과 함께 전국적인 동향을 반영한 '사상선도', 황민화 교육과 징병예비교육의 역할을 담당했다.

메이지 말년부터 쇼와 초두에 걸쳐 오키나와에서도 '구 관습'의 폐지, 도시로 돈벌러 나가기, 다이쇼 데모크라시, 사회(주의)운동의 영향과 교류가 보였다. 이러한 움직임들은 천황제 파시즘의 억압 아래 떡잎부터 잘려나갔지만 오키나와의 입장에서 천황제를 생각해 볼 경우, 이들 계보의 위치 부여도 중요할 것이다.

참고문헌

琉球政府,『沖繩縣史(4) 教育』, 1966
琉球政府,『沖繩縣史(2) 政治』, 1970
沖繩縣教育委員會,『沖繩縣史通史』, 1976
田港朝昭,「近代における沖繩」,『岩波講座日本歷史(16)』, 1976
金城正篤,『琉球處分』, 沖繩タイムス社, 1978
安良城盛昭,『天皇・天皇制・百姓・沖繩』, 吉川弘文館, 1989

다미나토 도모아키 田港朝昭

22
국가신도는 어떻게 만들어졌을까
'현인신'으로 가는 길

머리말

> **국가신도** : 국가권력의 보호를 받는 국교적인 성격의 신사신도(神社神道). 메이지기 이후 군국주의·국수주의와 결부되어 추진되었고, 천황을 살아 있는 현인신으로 삼아 천황제 지배의 사상적 지주가 되었다. 패전 후 G.H.Q의 지령으로 국가의 보호를 상실하였다. (『廣辭苑』)

사전에 나와 있는 국가신도에 대한 설명이다. 확실히 그 역사와 본질을 간결하게 설명하면 이렇게 된다.

그러나 이 설명대로라면 국가신도는 이미 없어진 과거의 것이 되어 있어야 한다. 그런데 그 후유증이라고도 해야 할 성가신 문제들이 잇달아 제기되어 많은 논의와 소송이 일어나고 있다. 천황이 새로 즉위할 때마다 행해지는 여러 의식행사, 야스쿠니 신사 공식 참배, 자치단체가 행하는 지진제(地鎭祭) 등이 그것이다. 이것들은 모두 국가신도시대의 유물들이다. 정부와 관청은 어떻게든 이것들을 잔존시키고 싶어하며 필사적으로 헌법의 조문과

국가신도의 본종 이세 신궁

정신에 위배되지 않는다고 주장하고 있다. 현실 생활과 직접 관계가 없기 때문인지 무관심한 사람도 많지만 이 사안은 인간의 양심과 신앙에 관련한 중대한 문제다. 이 문제를 이해하기 위해서는 국가신도의 본질을 명확히 밝히고 성립 이래의 역사를 사실에 입각하여 올바르게 해명하는 작업이 무엇보다도 중요하다. 그러고 나서야 비로소 국가신도의 후유증이 지금도 끊이지 않는 현상에 대처할 수 있다. 여기에서는 국가신도의 성립기를 대상으로 주로 그 경위를 대략적으로 소개하여 그 본질을 해명하는 데 도움을 주고자 한다.

신도와 국가신도

'신도'(神道)는 전통적인 일본 고유의 민족종교로서 예로부터 많은 신사와 제사가 있었다. 우선 이 '신도'와 국가신도의 관계에 대해서부터 살펴보자.

한 마디로 신도는 오랜 역사를 통해 자연적으로 형성된 것이며, 국가신도는 이 신도에서 많은 소재를 받아들이기는 했지만 단기간에 '만들어져' 권력에 의해 사람들에게 강제된 것이다. 따라서 그 후유증을 별도로 치면

법적으로 존속한 기간은 80년도 채 안 된다.

국가신도는 일본 신도의 역사에서 보건대 그 발전의 결과로서 성립한 것이 아니다. 전통적인 신도에서 많은 소재를 받아들인 것은 사실이지만 메이지 신정부가 강력한 정치적 의도 아래 인위적으로 만들어낸 일종의 이데올로기다. 근세 말기의 신도는 천여 년의 역사를 가진 불교와 합쳐져서 따로 떼어내기가 어려울 정도로 밀접히 융합한 상태에 있었다. 거기에다 유교와 음양도 등의 이론까지 끼여 들어가 있었으므로 만일 신도의 자연적인 발전 결과를 중시한다면 신도를 이들 종교로부터 분리시킬 수는 없었을 것이다. 그러나 정부는 이것을 정책적으로 강제로 분리시키고(신불분리), 다양한 유래를 갖는 전국의 신사를 정리·재편하여 계열화시켰다. 이 때 이세 신궁을 그 중심인 본종(本宗)에 위치시켜 천황과 신궁과의 관계를 강조하고, 천황은 유일절대의 '현인신'으로서 신정부의 주권자로 설정하여 '제정일치'의 복고적인 이념을 재구축하고자 했다. 이것이 국가신도의 출발이다.

이처럼 신정부는 역사적 신도의 내용에서 불교 등 외래종교적 요소를 배제하고 이를 천황과 직결시켜 순수한 신도를 만들어 내고자 했다. 이러한 방침의 뿌리는 막말 유신의 정쟁을 주도한 히라타 유파의 '복고신도'에 가 닿는다. 히라타 유파의 시조가 되는 히라타 아쓰타마(平田篤胤)는 막말기의 국학자다. 원래 신도라는 것이 외래종교와 절충하여 이들 요소를 받아들임으로써 발전해 온 것이라고 보면, 그의 배타적인 신도론과 광신적인 존왕주의는 명확하게 이질적인 것이었다. 따라서 오히려 이단이라고 해야 할 이 히라타의 사상이, 천황의 고대적·종교적 권위를 부활시켜 중앙집권적인 재통일을 꾀한다는 정치목적에 가장 적합한 이론으로 받아들여져 토막파의 지도적 이데올로기가 되었다. 신정부 성립 후 추진된 종교정책도 이것을 이어받았다.

신도의 발전사를 무시한 이러한 신정부의 편협한 자세는 한편에서 병적인 배불훼석(排佛毁釋)의 폭풍을 일으켰다. 또 한편으로는 이미 개국을 단행한 일본이 에도 막부의 유제인 기독교 금지책을 계승하여 전국에 이를 게시하는 오류를 저질렀다. 정권교체로 신앙을 공인받으리라는 기대를 배신하고, 나가사키에서 본명을 밝히고 나온 기독교인 3천여 명을 유형에 처하

천황이 현인신으로 거듭나는 절차를 묘사한 대상제 그림

는 등 가혹한 탄압을 가했다. 이전의 막부시대와 똑같이 기독교를 사악한 종교로 취급한 이 금압은 국제적으로 강한 비난을 불러일으켜 결국 1873년 '묵인'이라는 형태로 마지못해 해금되었다.

그 사이 신정부는 신도만의 국체(國體 : 천황은 현인신이며, 만세일계의 천황이 일본을 통치한다고 보는 주장)의 교의로 국민을 교화하기 위해 1870년 대교선포(大教宣布)라는 종교정책을 실행에 옮긴다. 원래 신앙이라는 것은 내면적인 문제로서 위로부터 강제하여 단기간에 정책대로 시행한다는 것 자체가 무리다. 따라서 몇 차례 거듭된 수정에도 불구하고 이 정책은 성공을 거두지 못하고, 국교일체화라는 꿈은 물거품으로 끝나고 만다. 반면 쇠퇴일로를 걷던 불교 등의 다른 종교는 다시 원기를 회복하여 일본종교의 중층신앙(동시에 복수의 신앙을 갖는 일) 전통이 지속된다.

제도로서의 국가신도

국가신도를 제도로 굳히는 정책으로서, 우선 천황의 권위를 종교적으로 뒷받침하는 작업을 추진하였다. 원래부터 천황은 일본 국토에서 생산되는 곡식의 풍요를 주관하는 제사왕이라는 종교적 권위와 정치적 권력을 함께 갖고 있었다. 고대 천황제는 이를 기반으로 하여 번영기를 실현하였고, 그 후 장기간에 걸쳐 천황은 정치적 실권에서 멀어지기는 했지만 고대의 종교적 권위에 의존하여 존속하고 있었다. 그 사이에 많은 천황이 신도식으로 황실제사를 주재하면서도 불교에 귀의하거나 출가하여 법황이 되기도 하고 사원참배나 불교사업 등을 행하였다. 사회 전체가 예외없이 신도와 불교가 절충된 세상이었다. 또한 천황은 그 동안 일반 사회와 거의 접촉을 끊고 있었기 때문에 일반인들에게는 잊혀진 존재였다. 이러한 천황을 갑자기 막부 토벌과 유신정부의 수장으로 떠받들었으므로 국민들은 당혹스러워했다. 그래서 정부는 먼저 천황의 존엄성을 일반인들에게 철저히 주지시키기 위해 이세 신궁과의 관계(황조신과 그 자손)를 강조하고, 그 관계를 주입시키기 위해 1869년 사상 처음으로 천황의 이세 참배를 실현시켰다.

또 신불분리를 통해 전국의 신사로부터 불교적 요소를 제거하고 잡다한 신사와 불당을 정리·통합하여 모든 신사를 '국가의 종사(宗祀)'로 삼고 국가의 종교기관으로서 그 관할 하에 두었다. 1871년에는 모든 신사에 신격을 새로 부여하여 이를 계열화시키고 맨 꼭대기에 이세 신궁을 위치시켰다. 예로부터 신사는 각지의 다양한 유서와 신앙을 토대로 제사를 지내 왔고 각 시대의 지배층으로부터 존중과 신뢰, 보호를 받았다. 그리고 지역민중의 생산활동과 향토의 전통과도 밀착되어 신앙의 대상이 되어 있었다. 이런 다양한 신사들을 정부가 하나로 일괄해서 국가신도의 공적인 기관으로서 조직한 것이다. 이 때 일찍이 여러 신에게 신계(神階 : 이를테면 '正1位○○大明神'이라는 칭호) 등을 부여한 존재가 천황이었다는 점도 강조되었는데, 이는 '천황 지위가 격이 높다'라고 설명할 데에도 쓸모가 있었다.

국가신도에 의한 신사의 재편성

다음에 눈에 띄는 것은 신정부의 권위를 격상시켜 줄 수 있는 신사들을 계속 새로 만들어 내고 이를 높은 자리에 위치시킨 일이었다. 여태까지 신사에서 제사하는 신은 모두 신화나 전설상의 '천지신'이었고 소수를 제외하면 혼령신앙(비운으로 마지막 생을 마친 인간의 영혼이 원한을 품는 것을 두려워하여 이것을 위로하기 위해 신에게 제사하는 습관)이 있었을 뿐이다. 그런데 여기에 전에 없던 다음과 같은 새로운 신사가 다수 창건되고 이 방침은 국가신도 말기까지 이어졌다.

① 천황과 황족을 제사하는 신사 : 가시하라 신궁(橿原神宮 - 神武天皇), 가마쿠라구(鎌倉宮 - 護良親王) 등
② '남북조의 충신' 등 천황가를 섬기고 국가에 공을 세운 '신하'를 제사하는 신사 : 미나토가와 신사(湊川神社 - 楠木正成), 도요쿠니 신사(豊國神社 - 豊臣秀吉) 등
③ 근대 천황제 국가를 위해 목숨을 바친 전사자를 제사하는 신사 : 야스쿠니 신사(靖國神社) 등
④ 개척지와 식민지 등에 세운 신사 : 홋카이도 신궁(北海道神宮), 대만신궁, 조선신궁 등

위의 신사들에서 발견되는 가장 큰 특징은 이전에 명백히 생존했던 '인간'을 제사한다는 점이다. 이는 혼령신앙을 별개로 치더라도 신도의 역사에서도 확실히 이례적이다.

국가신도 아래서 천황은 교주로서 살아있는 신이었고 그 일족 또한 여기에 준하는 자리를 차지했다. 따라서 이들을 위해 생명을 내던진 '충신'을 신으로 올려 국민에게 모범으로서 숭배케 하는 것이 국민교육에 유효하다고 판단하여 굳이 이러한 이례를 만든 것이다. 이 때문에 메이지 천황은 남북조 가운데 북조계통을 이었음에도 불구하고 북조에 대항한 남조의 여러 장군들을 무리하게 신으로 승격시켰다. 이렇게 되자 역사연구의 성과와는 상관 없이 천황가는 남조를 정통으로 삼게 되었고, 이는 역사교육에 혼란을 초래하는 한 요인이 되었다.

야스쿠니 신사의 경우는 혼령신앙의 흐름을 이은 것이라고도 볼 수 있지만, 제사대상이 되는 신의 수가 정해져 있지 않고 전사자 수의 증가에 따라 무한히 제신이 늘어난다는 유례없는 특수한 신사다. "나라를 위해서 목숨을 바치면 신으로 모셔져 천자의 참배를 받을 수 있다"는 신념은 천황 친솔을 외친 1882년의 군인칙유와 함께 '제국군인'의 마음의 기둥이 되어 그들의 사기를 고무시켰다. 이 신사의 관리와 경영은 육·해군성이 담당했으므로

말하자면 군대의 종교시설이나 마찬가지였다.

개척지와 식민지 신사의 기원은, 원래 삿포로 신사였던 홋카이도 신궁이다. 이 신궁은 1869년 홋카이도 개척사가 설치되었을 때 신개척지의 수호신을 제사하는 신사로 창건되었다. 후에는 대만과 조선 등의 식민지에도 신사가 창건되고 나아가 군사점령지에 불과했던 중국과 싱가포르에까지도 건설되었는데, 전후에 일본침략의 상징으로 간주되어 폐지되었다.

이러한 새로운 신사들에게 문제가 된 것은 신사의 사격(社格)이었다. 천황과 황족을 모시는 신사야 살아있는 신과 일족을 제사하는 것이니 최고의 관폐대사와 중사로 간주되었지만, 문제는 '신하'를 제사하는 신사였다.

대·중·소 관폐사와 국폐사는 예로부터의 천지신을 제사하고 있었다. 따라서 인간, 게다가 신하를 제사하는 신사에 대해 천지신에 준하는 위치를 부여한다는 것은 극히 이례적이고 부자연스러웠다. 그래서 새로 만들어 낸 것이 '별격(別格) 관폐사'였다. 정부는 여기에 제사할 인물을 선정하는 데도 고심했는데, 결국 남조의 충신 10인을 포함한 27사가 결정되었다. 이 인선에는 불균형하고 모호한 점이 있었지만, 그 후 국민교육에까지 동원되어 '충군애국' 사상의 보급에 큰 역할을 했다.

국가신도의 허구

신사의 재편성에 호응하여 천황가도 불교신앙을 배척하고 각종 황실제사와 시설(궁중의 三殿으로서의 皇靈殿·神殿·賢所)을 정비하여 천황이 직접 많은 제사를 지내게 되었다. 그러나 천황이 지내는 13개 제사 가운데 신상(新嘗 : 햇곡식을 천지신에게 바치고 풍년을 기원하는 궁중제사인)과 신상(神嘗 : 이세 신궁에 햅쌀을 바치는 제사)의 두 개만이 전통적인 제사였고, 원시제(元始祭 : 천손강림한 천황의 황위 시원을 축하하며 지내는 제사)나 황령제(皇靈祭) 등은 모두 새로 만들어진 것이었다. "고대의 의식에 따라 엄숙하게" 치러진 황실제사도 대부분 메이지기 이후에 나온 것들이다. 이를테면 사람들은 신 앞에서 치르는 신도식 결혼을 오랜 전통을 가진 것으로 생각하고 있으나, 이것도 다이쇼 천황이 황태자일 때 현소(賢所 : 궁중에서 황실의 조상신인 아마테라스를 대신하는 상징물인 거울을 제사하는 곳)에서 결혼식을 거행한 이후 일반에 보급된 것이므로 따지고 보면 전통적인 것이 아니다.

황실제사의 정비와 함께 역대의 천황릉도 옛 기록과 전설을 근거로 해서 (고고학과는 무관하게) 실재성이 의심스러운 천황까지 포함하여 모두 결정되었다. 그 결과 불확실한 능묘가 많이 나오게 되고 조사도 불충분했다(본서 3항 참조).

물론 이후 국가신도는 발전기를 맞이한다. 그러나 그 성립은 대단히 정치적이었으며 학문적인 근거도 빈약했다. 종교로서의 교의 내용도 부실해서 국민들에게 내면적 신앙심을 품게 할 만한 힘이 없었고, 제사를 중심으로 하는 형식적 의례만이 중심을 이루었다. 결국 정치적인 힘과 법적인 보호장치를 통해 힘을 증대시켜 나갔지만 군국주의적 침략과 결부되어 일본의 패전과 함께 붕괴했다. 그 이후 신도는 신도지령(神道指令 : 패전후 연합군 GHQ가 일본정부에게 국가신도의 금지와 철저한 정교분리를 명령한 지령)에 의해 종교법인으로 존속하게 되었다. 이 길이야말로 민중의 생산과 생활과 직결된 신앙에서 지켜온 옛 전통으로 되돌아갈 수 있는 올바른 신사의 모습일 것이다.

참고문헌

村上重良, 『國家神道』, 岩波新書
村上重良, 『天皇の祭祀』, 岩波新書
村上重良, 『日本百年の宗教』, 講談社現代新書
戶村政博, 『靖國鬪爭』, 今日のキリスト教雙書
大江志乃夫, 『靖國神社』, 岩波新書

마스다 이에아쓰 增田家淳

23
제국헌법에서 천황은 어떤 위치를 점했을까
입헌적 색채의 전제군주

신권적 군주와 황위계승

대일본제국헌법은 제1장 천황, 제2장 신민의 권리와 의무, 제3장 제국의회, 제4장 국무대신 및 추밀고문, 제5장 사법, 제6장 회계, 제7장 보칙의 전 76개 조로 구성되어 있다. 전체적으로 이 헌법의 주축을 이루는 것은 천황에 관한 규정이며, 천황의 위치가 헌법의 전체 성격을 규정하고 있다.

제1장 제1조는 "대일본제국은 만세일계의 천황이 통치한다"라고 되어 있다. 이것은 천황주권을 명확히 밝힌 것일 뿐만 아니라 신칙에 의해 황통일계가 천지와 함께 무궁하리라는 신화적 성격을 표시한 것이다. 유신정부의 헌법기초 법률고문관으로 일한 독일인 뢰슬러 같은 보수적인 인물조차 이 조항에는 반대했다. 제3조에는 "천황은 신성불가침이다"라고 규정되어 있다. 이것도 보통의 군주국가에서 볼 수 있는 "군주는 법률상의 책임을 지지 않는다"라는 의미 외에도 천황은 신성하여 모든 공격과 비판과 논의의 대상에서 초월한 존재임을 표명한 것이다. 이 정신은 헌법을 발포한 칙어와 조종 신령에 대한 고문(告文)에 강력히 표현되어 있다. 또 헌법 발포에 즈음

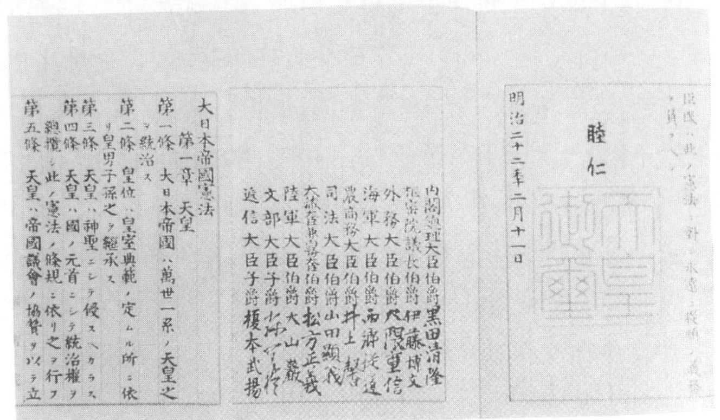

睦仁
明治二十二年二月十一日

内閣總理大臣伯爵 黒田清隆
樞密院議長伯爵 伊藤博文
外務大臣伯爵 大隈重信
海軍大臣伯爵 西郷從道
農商務大臣伯爵 井上馨
司法大臣伯爵 山田顯義
大藏大臣兼内務大臣伯爵 松方正義
陸軍大臣伯爵 大山巖
文部大臣子爵 森有禮
遞信大臣子爵 榎本武揚

大日本帝國憲法
第一章 天皇
第一條 大日本帝國ハ萬世一系ノ天皇之ヲ統治ス
第二條 皇位ハ皇室典範ノ定ムル所ニ依リ皇男子孫之ヲ繼承ス
第三條 天皇ハ神聖ニシテ侵スヘカラス
第四條 天皇ハ國ノ元首ニシテ統治權ヲ總攬シ此ノ憲法ノ條規ニ依リ之ヲ行フ
第五條 天皇ハ帝國議會ノ協贊ヲ以テ立

일본제국헌법 제1장. 천황의 신성성을 명확히 못박고 있다

하여 이토 히로부미의 이름으로 발포된 『제국헌법의해』(帝國憲法義解)에도 자세히 서술되어 있다. 『의해』의 실제 집필자는 대일본제국헌법의 중심적인 기초자이기도 한 이노우에 고와시(井上毅)다.

제1장 제2조는 "황위는 황실전범이 정하는 바에 의거하여 남자 황족이 계승한다"라고 되어 있다. 이 조문은 황위계승법에서 남자상속의 원칙만 제시한 것이고, 그 실제는 황실전범에 맡기고 있다. 황실전범은 황실의 가법(家法)이므로 신민이 간섭할 수 있는 성질이 아니라는 것이다. 헌법과 동시에 발포된 황실전범은 황위계승, 천조(踐祚 : 황태자가 왕위를 계승하는 일) 즉위, 성년 입후(立后) 입태자(立太子), 경칭, 섭정, 태부(太傅 : 미성년인 천황의 보육을 담당하는 직), 황족, 황실의 세습재산, 황실경비, 황족 소송 및 징계, 황족의회 등에 대한 내용과 보칙 12장의 전 62개 조로 구성되어 있다. 개정할 필요가 있으면 황족회의 및 뒤에 언급할 추밀고문에게 자문을 구하여 천황이 직접 결정하게 했다. 의회와 신민의 간섭을 허락하지 않겠다는 것이다. 1945년 후에 황실전범이 의회에서 법률로서 제정되고, 내각 총리대신이 의장을 맡는 황실회의에 큰 권한이 부여된 것과는 대조적이다. 단 1945년 후의 황실전범은 간략화되었기 때문에 최근 들어 황실의례를 상세히 규정한 옛 황실전범에 의거하려는 경향이 강해진 듯하다. 황실전범 제1장 제1조는 "대일본국 황위는 조종의 황통을 이어받은 남계의 남자가 계승한다"라고

되어 있다. 그 다음으로 황장자, 황장손 이하, 적출의 장자남(長子男)이 상속하는 것으로 되어 있다. 여자황족이 국정에 관여하는 것은 천황이 미성년일 때나 중환일 경우, 황손인 남자황족이 전혀 없을 경우에 황후 등이 섭정을 맡는다는 규정만 있다. 이는 실제로는 일어날 수 없는 설정이다. 이러한 적손과 남계, 장자 우위의 원칙은 황실전범 제정기에 확립된 것으로서, 천황가의 오랜 전통과 반드시 일치하는 것은 아니다. 철저한 적출 남계 장자 상속법을 원칙으로 한 황실의 존재가 메이지기 이후의 일본 사회 및 가족제도에 미친 영향은 컸다. 1945년 이후의 황실전범은 이 원칙들을 그대로 답습했다. 그러다 보니 전후 일본에서는 황실과 황족만이 대단히 이색적이고 이질적인 사회집단으로 온존하게 되었다. 이것이 사회에 미치는 영향력도 무시할 수 없다.

통치의 집중과 그 운용

제국헌법 중 권력기관 내에서 천황이 차지하는 위치를 생각해 보자. 제4조는 "천황은 국가의 원수로서 통치권을 망라하며 이 헌법 조항에 의거하여 그것을 행사한다"라고 되어 있다. 이것이 천황권력에 대한 총괄적인 위치 부여다. 천황의 주권은 조종(祖宗)의 신들에게 부여받은 것이므로 오직 천황에게만 귀착되며, 누구에게도 할여하거나 분할할 수 없다. 따라서 삼권분립설 따위는 국체와 양립할 수 없다. 그러나 주권의 행사는 헌법 규정에 따른다. 행사의 일정한 측면에 대해서는 내각과 의회의 원조와 찬동을 구하기도 한다. 그러니까 전제군주와는 다르다고 말한다. 권력이 하나의 물건으로서 천황에 귀속한다는 것은 주권의 본질이고, 헌법의 규정에 따른다는 것은 주권의 운용이다. 대일본제국헌법은 본질론에서는 절대군주주의적인 성격을 강조하고, 운용론에서는 입헌주의적 색채를 포함시키고 있다고 할 수 있다. 그리고 일본제국헌법은 원래 국약헌법도 아니고 민약헌법도 아니다. 천황의 이름으로 제정한 흠정헌법이다. 즉 스스로 주권의 절대성을 선언함과 동시에 그 주권의 행사에 대해서는 입헌적 요소를 배려하고자 한, 권력의 확보와 자제를 선언한 것이라고 볼 수 있다.

그런데 일본제국헌법에서 천황의 권력 행사는 어떻게 규정되어 있을까.

추밀원 제1회 헌법제정회의(가운데가 메이지 천황)

입법권의 행사에는 제국의회의 '협찬'이 필요하며, 사법권의 행사에는 천황의 이름으로 재판소가 그 권리를 행사한다. 매년의 국가예산은 제국의회의 '협찬'을 필요로 한다. 비록 '협찬'이라는 표현이 사용되고는 있지만 어쨌든 이를 통해 제국의회는 입법과 예산에 관여할 수 있다. 이것이 이 헌법이 가진 입헌적 요소다. 바로 이것을 단서로 해서 의회와 그 배후에 있는 정당이 무시할 수 없는 정치세력으로 되었으며, 그 세력을 신장시키고자 했다. 그래서 정부는 의회가 입법권과 예산심의권을 이용하여 정부의 수명을 단축시키는 일이 없도록 몇 가지 예방조치를 해 두었다. 먼저 입법의 경우, 천황에게 법률재가권을 부여해 두었다. 역으로 말하면 천황은 재가하지 않을 권한도 갖고 있었다. 예산이 성립하지 못할 경우에는 전년도 예산을 집행하고, 중의원 외에 귀족원을 설치해서 견제한다. 주도면밀한 방어장치다. 그렇

귀족원에서의 칙어 낭독.
칙어를 낭독하는 의장 뒤로 국화문장이 있는 천황의 자리가 보인다. 메이지 헌법 하에서 의회는 천황의 입법권에 협찬하는 기관이었다.

다고는 해도 어쨌든 중의원의 찬성을 얻어내지 못하면 법률은 성립될 수 없고 새로운 예산도 집행할 수 없다. 이것이 제국헌법이 인정하는 최저한의 입헌성이었다. 이 최저한의 선을 넘어서 비집고 들어가게 되면 헌법은 더 이상 존재할 수 없게 된다. 그것이 헌법기초자의 판단이었다.

천황대권

그 대신 제국헌법은 천황에게 광범위한 권한을 부여하였다. 이를 천황대권이라고 하는데, 넓은 의미로는 천황의 통치권 전체를 가리키나 보통은 천황의 여러 특권, 의회의 간섭을 받지 않고 민권까지 침해할 수 있는 여러 특권을 의미한다. 천황은 다음과 같은 권한을 행사한다. 의회의 소집과 해산, 비상사태 하에서의 긴급칙령 발포, '공공의 안녕과 질서를 유지하고 신민의 행복을 증진하기 위한' 칙령 발포, 관제 제정과 문무관 임명, 육해군 통수, 육해군 편성과 상비병 규모의 결정, 선전과 강화 및 조약체결, 계엄령 선포, 영전 수여, 대사면 등이다. 이것들이 제국헌법 제1장에 열거된 천황대권이다. 또 제2장 신민의 권리와 의무에는 국민의 재산권과 '법률의 범위 내에서' 또는 '안녕과 질서를 해치지 않는 한'에서 다양한 제한이 따라붙는 언론과 집회, 신교의 자유 등이 규정되어 있다. 그런데 이 규정에도 "전시 또는 국가사변이 있을 경우 천황대권의 시행을 방해하지 말아야 한다"라고 명기하여, 전시와 사변 때 신민의 권리와 법률을 희생시킬 수 있는 비상대권을 천황에게 부여하였다. 곧 긴급칙령이나 칙령 발포권, 관료임명권, 육해군 통수권 및 편성권, 외교권, 계엄령 발포권, 영예권, 비상권 등 광범위한 권한이 천황에게 집중되어 있는 것이다. 이처럼 광대한 권한은 헌법에 나와 있는 입헌적인 요소를 날려버릴 위험을 안고 있었다.

물론 천황이 모든 것을 자의적으로 결정할 수 있었던 것은 아니다. 법률과 칙령 및 국무에 관계된 조칙에 부서하는 형식으로 각 국무대신은 국정 시행에서 천황을 '보필'하는 것으로 되어 있다. 그러나 이 '보필'조차 필요 없는 영역이 있었다. 예컨대 교육칙어는 천황의 '서명과 인장'만으로 성립되었다. 헌법 이전에 나온 군인칙유도 그렇다. 이것들은 천황이 신민과 군인에게 '가르쳐 타이르'는 말을 명기한 것으로, 천황 이외의 누구도 책임을 지지 않는다. 실제로 그 기초자가 관료라 해도 형식적으로는 천황 개인의 이름으로 발포된 것이다. 이것들이 국민사상과 국민생활에 미친 영향력은 절대적이었다.

천황은 일반 국정 및 외교에 대해서는 내각관료의 '보필'을, 대원수로서 국군의 통수에 대해서는 군령기관의 '보필'을 받는다. 이 이원성을 후에 통수권 문제로서 군부가 자신의 정치력을 강화시키는 데 이용하였다는 것은 익히 알려진 사실이다. 어쨌든 천황과 군, 천황과 관료는 일체라는 것이 원칙이었고 일체로서의 천황과 군, 관료의 권력은 대단하였다. 군인은 천황의 군인이며, 관료는 천황의 관료였다. 따라서 이들 사이에 불협화음이 생기는 경우란 상정될 수 없었고, 혹 생긴다 하더라도 임명권을 가진 천황의 의지로 조정될 수 있었다.

천황대권을 갖는 천황·군·관료집단에 의해서 입헌적 운용의 부분이 유명무실해질 위험이 있다는 것은 다음과 같은 이유 때문이다. 하나는 의회가 관여하는 '법률'이란 것이 국정의 일부분에 지나지 않는다는 점이다. 관료기구의 구축과 관계되는 '관제'는 칙령으로 정해진다. 교육과 관련한 제도도 칙령으로 발포된다. 군사나 외교에 관한 사항에 의회가 직접 간섭할 수 없는 것은 말할 것도 없다. 의회는 단지 예산안의 심의라는 형태로, 또 질문과 건의라는 형태로 간접적으로만 국정 분야에 영향을 미칠 수 있을 뿐이

헌법 발포를 보여주는 두 가지 그림. 헌법수여자인 천황을
해골로 묘사한 왼쪽 그림의 저자는 불경죄에 걸렸다.

다. 물론 이 제한된 무기만 갖고도 의회와 정당, 국민 다수의 의지가 통일만 되어 있다면 관료정부를 뒤흔들 수도 있고 입헌적 운용의 폭도 확대시킬 수 있다. 실제로 그것이 가능하다는 것을 다이쇼기부터 쇼와기에 걸쳐 한때 보여준 적이 있다. 그러나 전체적으로 보아 메이지기 이후 근대일본이 천황을 정점으로 하는 군과 관료의 강력한 지배 아래 있었다는 것은 의문의 여지가 없다.

또 하나 입헌적 운용을 파괴할 가능성은 천황이 전시와 사변, 비상시에 헌법의 입헌적 운용과 신민의 권리를 침해할 수 있는 힘을 부여받고 있었다는 점이다. 물론 신권군주로서 천황은 헌법 이전의 존재이고, 헌법은 천황이 '몸소' 제정하여 국민에게 은혜로서 내려준 것이므로 천황의 의지에 따라서는 폐지할 수도 있고 효력을 정지할 수도 있다. 비상사태를 조장하여 정치를 움직이려 한 군부의 동향이나, 천황대권을 발동하여 쇼와 유신을 단행하려 한 우익 초국가주의자의 계획은 헌법이 안고 있던 이러한 가능성을 토대로 한 것이었다.

천황의 역할

이처럼 천황의 신권성을 강조하고 일체의 통치권을 집중시킨 이유는 제국헌법이 한편으로는 단단한 집권국가의 완성을, 또 다른 한편으로는 민권운동에 대한 일정한 타협과 방어선의 구축을 지향했기 때문이다. 현실에서는 통치권을 충분히 활용하여 국가의 모든 기관을 자유자재로 움직일 수 있는 능동적인 군주는 존재하지 않았다. 과거에도 없었다. 확실히 천황은 국민교육의 방침과 내각 총리대신의 선택에 대해 의견을 표명하기도 하고 전쟁 때는 군사지휘에도 관여했다. 이것은 국정에 일정한 영향을, 때로는 바람직하지 않은 영향을 미쳤다. 그렇다고 해도 헌법체제의 중심축이 될 만큼 천황이 능동성과 견식을 갖추고 있었던 것은 아니다. 헌법은 천황과 직결된 자문기관으로서 추밀원(추밀고문)을 두고 있었지만 이 기관은 대개 천황과 천황정부의 보수성을 증대시키는 역할을 했다. 추밀원의 보좌를 계산에 넣더라도, 천황의 개인적 지배력은 그 권력이 갖는 형식상의 강대함에는 당하지 못한다.

사실 헌법체제의 운용에서 천황 대신에 중심축 역할을 한 것은 '원로'로 불리는 집단이었다. 그들은 유신의 체험과 메이지 국가의 건설자라는 사명, 그리고 민중운동에 대한 적대감을 공유하고 있었다. 정당과 의회에 대한 억제와 타협의 방법을 둘러싸고 의견을 달리하는 경우는 있었지만 자신들이 주도권을 쥐어야 한다는 점에서는 의견이 일치했다. 그런데 이들 원로의 시대가 막을 내리면서 군과 관료, 관료와 화족 등 지배층 내부의 모순과 대립을 조정하는 일이 곤란해졌다. 이 조정력을 천황에게는 기대할 수 없었기 때문이다.

제국헌법체제에서 천황의 역할은 몇 가지 측면을 갖는다. 천황은 천조(天祖)의 신칙으로 정해진 만세일계의 신화성과 불가분의 관계를 가진 통치권의 총괄자로서, 신권적·절대적 군주라는 성격을 갖는다. 이것이 '국체'다. 이는 원칙임과 동시에 현실적으로도 지배력을 갖고 있었다. '국체'가 국민사상에 대해 맹위를 떨친 시기도 있다. 헌법 운용이라는 면에서, 즉 국정 기능에서 천황은 입헌적 군주라는 측면을 갖지만 군과 관료가 일체화된 전제군주라는 측면도 갖고 있다. 어느 측면이 더 우세한가는 그 시대의 정치적·

사회적 세력관계에 달려 있다. 경우에 따라서는 입헌적 측면이 날아가 버릴 수도 있다. 대체적으로 말한다면 입헌적 색채를 지닌 전제군주 또는 전제적 색채가 강한 입헌군주라고 할 수 있다. 운용 면에서 그 폭이 이렇게 넓었기 때문에 제국헌법은 패전까지 '불후의 대전'이라고 불리며 계속 존속할 수 있었던 것이다.

나가이 히데오 永井秀夫

24
교육칙어와 천황초상은 어떤 역할을 하였을까

교육에 대한 천황의 주술

교육칙어의 발포 경위

교육칙어가 발포된 것은 1890년 10월 30일이지만 벌써 그 몇 년 전부터 정부 내에서는 이를 제정하려는 움직임이 있었다. 의회 개설을 앞두고 자유민권운동의 고양에 공포심을 느끼고 민심을 장악하는 데 불안감을 느낀 번벌정부는 대책 마련에 나섰다. 당시는 민법전도 편찬중에 있었다. 이 민법에서는 아내가 남편을 고소하고 아들이 아버지를 고소할 수 있었다고 한다. 민법전 편찬에 나선 것은 각국이 서양식 민법이 아니면 치외법권의 철폐를 승인하지 않겠다고 했기 때문이다. “상황이 이러하니 교육 방면에서 이 문제를 제대로 처리하지 않으면 안 된다”며 각 지방의 현령들도 서둘러 방안을 모색하기 시작했다. 이러한 현령들의 움직임은 1890년 2월 17일부터 개최된 지방관회의에서 교육칙어 작성의 압력으로 응집되었다.

당시의 총리대신은 야마가타 아리토모였다. 야마가타는 그 1년 전에 유럽에 가 있었는데, 국회를 개설하게 되면 일본의회에서 서양처럼 ‘과격론’이 횡행할지도 모른다는 불안을 담은 편지를 베를린에서 보낸 바 있다. 따라서

朕惟フニ我カ皇祖皇宗國ヲ肇ムルコト宏遠ニ
德ヲ樹ツルコト深厚ナリ我カ臣民克ク忠ニ克
ク孝ニ億兆心ヲ一ニシテ世々厥ノ美ヲ濟セル
ハ此レ我カ國體ノ精華ニシテ教育ノ淵源亦實
ニ此ニ存ス爾臣民父母ニ孝ニ兄弟ニ友ニ夫婦
相和シ朋友相信シ恭儉己レヲ持シ博愛衆ニ及
ホシ學ヲ修メ業ヲ習ヒ以テ智能ヲ啓發シ德器
ヲ成就シ進テ公益ヲ廣メ世務ヲ開キ常ニ國憲
ヲ重シ國法ニ遵ヒ一旦緩急アレハ義勇公ニ奉
シ以テ天壤無窮ノ皇運ヲ扶翼スヘシ是ノ如キ
ハ獨リ朕カ忠良ノ臣民タルノミナラス又以テ
爾祖先ノ遺風ヲ顯彰スルニ足ラン
斯ノ道ハ實ニ我カ皇祖皇宗ノ遺訓ニシテ子孫
臣民ノ倶ニ遵守スヘキ所之ヲ古今ニ通シテ謬
ラス之ヲ中外ニ施シテ悖ラス朕爾臣民ト倶ニ
拳々服膺シテ咸其德ヲ一ニセンコトヲ庶幾フ

明治二十三年十月三十日

御名 御璽

교육칙어

지방관들의 움직임에 반대할 리가 없었다. 천황도 그 해 2월 문부대신 에노모토 다케아키(榎本武揚)를 불러 “교육에 관해 덕육의 기초가 될 만한 잠언을 편찬하여 항상 아이들에게 독송케 하라”고 명령했다고 한다. 그런데 교육보다 이화학 방면에 관심을 갖고 있던 에노모토는 이를 매듭짓지 못했다.

이 해 5월 내각 개각에서 야마가타는 그가 내무대신으로 있던 시절에 차관이었던 요시카와 아키마사(芳川顯正)를 문무대신 자리에 앉혔다. 요시카와는 취임하자 곧 전 도쿄 제국대학 교수이자 양학에도 능통한 한학의 대가 나카무라 마사나오(中村正直)에게 초안 작성을 부탁했다. 나카무라는 다음 달 초안을 완성했는데 거기에는 충효를 기독교의 경신(敬神)사상으로 설명하려는 부분이 들어 있어 야마가타와 요시카와 모두 불만족스러워했다. 이에 법제국 장관 이노우에 고와시에게 이것을 보인 후 의견 제시와 수정을 부탁했다. 이노우에는 교육 방면에서 칙어를 낼 경우 정치적 명령과 혼동될 우려가 있다면서, 이 같은 칙어를 공포하는 데 대해 의문을 품고 있었다. 그러나 야마가타 수상의 간청으로 마지못해 시안을 만들고 나카무라 안에도 첨삭을 가했다. 그는 이 초안을 야마가타가 아니라 메이지 천황의 시강(侍講 : 천황에게 경서나 사서 등 학문을 교수하는 직) 모토다 나가자네(元田永

孚)에게 보내 수정을 청했다. 모토다는 이노우에의 초고에 수정을 가해서 되돌려보냈고 이노우에는 이를 또 손보았다. 이처럼 교육칙어 문안은 여러 그룹이 중심이 되어 수차례에 걸친 수정과 변경 끝에 완성되었다.

한편 제국의회 개최일은 이 해 11월 28일로 잡혀 있었다. 정부는 그 전에 의회에 대한 대책으로서 교육방침을 천명해 둘 생각으로 발포일을 10월 30일로 결정했다. 더욱이 11월 3일은 천황의 생일인 천장절이기도 했으므로 이 날 전국의 관청과 학교에서 칙어가 동시에 낭독되는 모습을 그렸을 것이다.

그런데 교육칙어에는 주무대신의 서명이 없다. 제국헌법 제55조에 따르면 "모든 법률과 칙령 기타 국무에 관한 칙어는 국무대신의 서명을 필요로 한다"라고 규정되어 있는데 오히려 이것은 이례적이었다. 그에 관해서 요시카와 아키마사는, "무릇 조칙이란 정사에 속하므로 시대와 함께 변하며 헌법 역시 개정할 수 있다. 그러나 이것은 오로지 교육에 속하는 칙어로서 만세에 전해야 할 것이다. …… 만일 서명을 하여 정사와 혼동되면 후세에 어떤 참견이 생길지도 모른다"라고 했다. 교육칙어를 영원무궁한 '인륜의 대본, 국민교육의 연원'으로 위치시키고자 한 것이다.

교육칙어의 보급작전

이렇게 해서 교육칙어는 전국 약 3만의 학교에 발포되었다. 정부는 각지의 반응을 염려하여 11월 6일 문부성 보통학무국장의 이름으로 각 부현 지사에게 전보를 쳐서 의견을 묻고 칙어 봉독식을 독려했다.

이 봉독식을 계기로 정부는 학교의식을 중시하게 된다. 1891년 6월에는 「소학교 축일과 대제일(大祭日)의 의식 규정」을 제정하였고 1893년 8월에는 「소학교 의식의 창가용 가사 및 악보」(기미가요, 기원절, 천장절 등의 8곡)를 만들었다.

학교의식의 중심은 천황초상에 대한 최경례와 교육칙어 봉독이었다(초상에 대해서는 후술). 의식은 반드시 초상을 잘 보이게 하거나 칙어 내용을 잘 익히도록 하는 데 목적을 두지는 않았다. 장엄한 분위기 속에서 엄숙히 진행되는 식 자체를 통해 무의식중에 천황에 대한 외경심이 길러지게 만들고자 했다.

이러한 의식의 효과를 높이기 위해 학교의식과 관련한 저작물도 자주 저술되었다. 이이지마 리하치(飯島利八)가 지은 『소학교 의식에 관한 연구』(1911)도 그 중 하나다. 여기에서는 '의식을 시작하기 직전의 주의' 사항으로서 "③ 안색이 좋지 못한 자 등이 있으면 약을 주거나 입장을 삼가게 한다. ④ 미리 화장실에 갔다오게 할 것, 특히 콧물을 닦아 두도록 하는 것은 중요하다"(강조는 원문)라는 지적이 나온다.

교육칙어는 장엄하게 낭랑한 목소리로 읽어야 했다. 칙어를 보다 잘 낭독하기 위한 궁리와 연구도 거듭되었다. 1897년 7월 홋카이도의 가메다(龜田) 외 3군의 교육협의회가 결의한 「칙어 봉독법을 정하다」에도 그 일단이 보인다. 다음은 그 뒷부분 가운데 일부다.

> 칙어를 봉독할 때 '짐'이라는 글자는 읽기에 가장 주의해야 한다. 또렷하고 힘 있으며 위엄 있게 하되 한 번에 짐이라고 읽고 조용하고 모나지 않게 읽어야 한다. 황조황종(皇祖皇宗)이라는 네 글자는 높은 소리로 읽어야 하며, 충을 다하고 효를 다한다는 구절은 가장 또렷하게 발음해야 한다. 또 국체의 정화, 교육의 연원이라는 구절은 보통 음성으로 묵직하게 읽어야 한다. 실(實)이라는 글자에는 힘을 주어야 하고, 신민이란 글자에는 가장 위엄과 힘을 주어 읽고 '신민'이라고 이어서 읽어야 한다. 진(進)이라는 글자에는 한층 더 힘을 주어야 하는데 일단 완급으로만 조절하고, 점점 힘을 주어 소리 높이 읽다가 끝을 올려 읽으며 단숨에 읽어야 한다…… (『北海道教育雜誌』 59, 1897)

러일전쟁 후에는 아이들에게 교육칙어를 암송하고 필사하도록 하였다. 그러나 이러한 조치는 교육칙어에 대한 이해를 심화시켰다기보다는 반대로 의식과 칙어에 대한 반감을 넓힌 것으로 보인다. 아이들은 "짐이 무심코 방귀를 뀌었다. 너희 신민은 냄새가 날 거야, 국가를 위해서 참아라"라는 식의 우스개 노래를 부르며 억압에서 오는 불만을 달래려 했다. 이렇게 되자 교육칙어를 보급하기 위한 다양한 방법들이 동원되었다. 칙어 내용을 자장가풍으로 만들어 노래를 부르게 하는 학교가 있는가 하면, 아이들에게 익숙한 동화인 모모타로 이야기로 풀어서 칙어 내용을 설명한 책(大石末吉, 『教育勅

語桃太郎訓話』, 1939)도 나왔다. 아이들의 주사위 놀이에도 이를 이용해서 판매하기도 하였다. 교육칙어에 관한 여러 해설서도 수없이 쏟아져 나왔다.

목숨과 바꾼 천황의 초상

천황의 사진을 공공기관에 배포하고 관리들뿐 아니라 일반 주민에게까지 배례케 하는 관행은 1873, 74년부터 시작된 듯하다. 이시 겐도(石井研堂)의 『메이지 사물의 기원』(明治事物起源)에 따르면 "1873년 6월 4일, 시조(四條) 나라(奈良) 현령, 폐하의 사진을 청하여 인민들에게 예배토록 하자고 상주하니 곧 각 부현에 한 장씩 하사하다. 이것이 천황의 초상을 최초로 하사한 예다"라고 되어 있다. 또 『일러스트레이티드 런던 뉴스』 1878년 3월 23일자에는 천황 사진에 경의를 표하는 일본인이 그림으로 소개되어 있다. 이러한 관행은 교육 관계자들의 주목을 끌게 되었다.

천황의 사진이 학교에 교부되기 시작한 것은 1882년경부터로, 문부성 직할의 학교로 보낸 것이 효시다. 1889년 말부터는 소학교까지 보급되는데, 그 계기가 된 것은 1889년 12월 문부성 총무국장이 도부현 지사 앞으로 보낸 다음과 같은 통첩이다. "천황 및 황후 폐하의 사진은 지금까지 도청 부현립 소학교 등에 하사해 왔는데, 이제는 고등소학교에도 신청을 받아 따라 하사할 수 있게 되었으므로, 우선 이후 유지의 목적도 확립하고 타의 모범이 될 만한 우수한 학교를 뽑아 문부성을 거쳐 신청할 수 있다."

이 내용으로 알 수 있듯이 초상은 교육칙어 등본과는 달리 전국의 소학교에 일률적으로 하사된 것이 아니다. '모범'적이거나 '우수'하다는 평가를 받은 학교에 하사되었고, 초상을 하사받는 학교는 이를 대단히 명예로운 일로 생각하였다. 그래서 각 학교는 초상을 하사받는 의식을 '공전의 유례없는 성전'으로 거행하였다.

초상에 대한 취급은 극도로 정중했다. 초상을 받들고 관리하는 의무와 관련하여 문부성이 낸 최초의 통지는 문부성 훈령 제4호 「초상 및 교육에 관한 칙어 등본의 건」(1891년 11월 17일)이다. 이것은 "관내 학교에 하사된 천황폐하와 황후폐하의 사진 및 교육에 관해 내리신 칙어의 등본은 교내의 일정한 장소에 최대한의 존중심을 갖고 봉안해야 한다"라는 대단히 간단한

충군애국교육의 일환으로서 천황과 황비의 초상에 대한 숭배가 특히 강조되었다

훈령이다. 그러나 '신청에 따라' '하사'된 만큼 "최대한의 존중심을 갖고"라는 이 말은 천금의 무게를 갖고 있었다. 그리고 이것을 수호하기 위해서는 교육 관계자의 직분과 목숨까지 걸어야만 한다는 것이 점차 '불문율'로 되어 갔다.

천황초상의 속박

이 '불문율'을 지키기 위해 목숨을 버리는 교사가 잇달아 나왔다. 현재 확실하게 밝혀진 최초의 순직자는 도치나이 다이키치(栃內泰吉 : 이와테 현 소재의 하코자키 소학교 훈도로 1896년 6월 17일 사망)인데, 제2차 대전중의 공습에서 천황사진을 지키기 위해 순직한 교원 10명을 포함하여 패전할 때까지 목숨을 바친 사람은 20여 명이 넘는다.

이 중 네 번째 희생자 나카지마 나카시게(中島仲重 : 나가노 현 난조 보통고등소학교 교장)가 사망한 것은 1921년 1월 6일이다. 저녁 무렵 학교에 화재가 났다는 연락을 받은 나카지마 교장은 자택에서 학교로 달려가 불타고 있는 2층의 숙직실(여기에 봉안실이 있었다)로 향했다. 불에 타 무너진 학교 건물더

미에서 찾아낸 교장의 유체는 온통 새카맣게 탄 모습이었는데, "두 팔의 팔꿈치가 몸에 붙어 두 손으로 사진을 받드는 듯한 모양"을 하고 있었다. 유골은 자택에 안치되었고 조문을 온 지방 관장은 "선생님, 장하게 돌아가셨습니다"라고 잠시 동안 감동의 눈물을 흘렸다고 한다(三井駿一郎 編,『中島仲重先生』, 1973).

이 같은 순직이 선례가 되자 순직자에 대한 찬미는 점점 더 열기를 띠게 되고 초상과 칙어등본에 대한 신격화는 한층 촉진되었다. 반대로 사진을 소실하거나 도난당한 학교와 교장에 대한 비난은 매우 격렬해졌다. 그렇게 되자 점차 국민들은 본심의 한 자락도 사회 표면에다 드러내기 어렵게 되었다. 나카지마 교장이 순직하였을 때, 나가노 중학 교장 에구치 도시히로(江口敏博)가 천황사진을 꺼내기에는 너무 늦었는데도 목숨을 버리고 불속으로 뛰어든 것은 동의할 수 없는 행동이라는 의견을 신문에 실은 적이 있다(『長野新聞』 1921. 1. 9). 그러나 그는 법학사 도야마 신이치로(遠山信一郎) 등의 즉각적인 반론을 받고 사정을 해명해야 했다.

어쨌든 이런 순직의 교훈으로 많은 학교가 학교건물이 아닌 다른 곳에 따로 봉안전을 세워 초상과 칙어등본을 넣어두기도 하였다. 제2차 대전중에는 '초상과 칙어등본의 봉안과 수호'가 '학생과 아동의 보호'보다 우선되어(文部省, 「學校防空指針」, 1943) 공습 위험이 있는 곳에서는 초상이 소개되기도 했다.

1989년 1월 17일자 『아사히 신문』의 「테마 담화실」란에는 전 고등학교 교사 모리타 다쿠지(森田宅治)의 다음과 같은 투고가 게재되었다.

> 히로시마에 원자탄이 떨어진 8월 6일 당시 나는 고등사범학교 2학년생이었다. 6일 밤에는 시체를 매장하는 작업을 했는데 잇달아 날라져온 시체에 석유를 뿌리고 태웠다. 그리고 한밤중에는 봉안전 경비를 섰다. 학교는 다 불타 무너졌는데 봉안전만은 철근이었기 때문에 남아 있었다. …… 순식간에 20만이 넘는 생명이 사라진 이 밤에 왜 봉안전 경비를 서야 하는지 나는 이해할 수 없었다.

원폭으로 '민초'의 시체가 겹겹이 쌓여 가는데 '위에 있는 한 분'의 분신인 사진을 지키는 봉안전만이 재 속에 남아 있었다. 교육칙어체제라는 전전의 교육상황을 단적으로, 또한 상징적으로 보여주는 '히로시마에 원폭이 떨어지던 날 밤'의 모습이다.

참고문헌
山住正己,『教育勅語』, 朝日新聞社
暗本努,『'御眞影'に殉じた教師たち』, 大月書店
『兵庫縣教育史』,『長野縣教育史』,『福島縣教育史』,『静岡縣教育史』 등 各縣 교육사
堀尾輝久,『天皇制國家と教育』, 青木書店
森川輝紀,『近代天皇制と教育』, 梓出版社
花井信,『近代日本地域教育の展開』, 梓出版社
籠谷次郎,「明治教育における學校儀式の成立」,『日本史研究』132
籠谷次郎,「わが國學校における'御眞影'について」(上・下),『日本史研究』159, 160

이와모토 쓰토무 岩本努

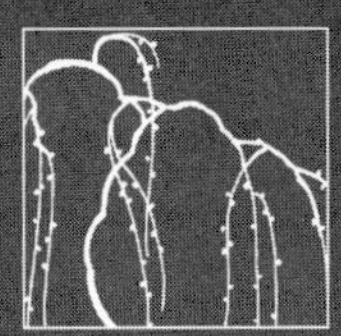

일본제국주의와 천황제

연표 4

주요 사건

1893 전시대본영조례 공포
1894 청일전쟁 개시
1895 시모노세키 조약 조인. 삼국간섭
1897 금본위제. 관영 야하타(八幡) 제철소 설립
1900 의화단 운동
1902 영일동맹 체결
1905 포츠담 조약 조인
1906 '민철' 설립. 관동도독부 설치
1909 안중근, 이토 히로부미 암살
1910 한일합방조약 조인
1912 제2차 사이온지(西園寺) 내각, 조선과 중국 대책을 위한 2개 사단 증설 문제로 총사직
1914 제1차 세계대전 참전
1915 중국정부에 21개조 요구
1917 러시아혁명
1918 쌀소동
1919 파리강화회의. 3·1 운동
1920 보통선거 요구운동 고양
1923 간토 대지진. 조선인 학살, 가메이도(龜戶), 아마카스(甘粕) 등 여러 사건 발생
1925 보통선거법 성립(28년 실시)

천황(제) 문제

1893 중의원, 내각 탄핵 상주안 가결. 건함조칙 발포
1894 메이지 천황, 히로시마 대본영에서 전쟁 지도
1895 대만총독부 건립
1900 치안경찰법 제정. 군부대신 현역무관제 확립
1903 국정교과서제도
1905 히비야(日比谷) 사건(계엄령 시행)
1908 무신(戊申)조서 발포
1909 등극령 공포
1910 대역사건(다음 해 고토쿠 슈스이 등 처형)
1911 경시청 특별고등과 설치
1912 메이지 천황 사망, 다이쇼 천황 즉위(7월)
제3차 가쓰라 내각, 조칙에 의해 성립
1913 다이쇼 정변(가쓰라 내각 붕괴)
1915 다이쇼 천황 즉위의식(대상제)
이 무렵 다이쇼 천황의 지병 악화
1921 황태자 히로히토 양행. 섭정에 즉위
1923 지진으로 계엄령 시행
치안유지령. 「국민정신 작흥에 관한 조서」 공포
1925 치안유지법 성립(28년 개악)

25
일본정부가 청일전쟁에서 노린 것은 무엇일까
근대천황제와 조선침략

천황과 아시아 침략

근대 천황제의 역사는 인접한 아시아 여러 나라에 대한 침략, 식민지지배와 불가분의 관계에 놓여 있다. 청일전쟁으로 일본은 메이지 초년 이래 조선침략의 새로운 일보를 내딛었고, 중국으로부터는 대만을 빼앗아 처음으로 식민지를 갖게 되었다. 이 점에서 청일전쟁은 근대 천황제 역사상 하나의 중요한 획을 그은 전쟁이다. 일본에서는 청일전쟁을 '조선의 독립'을 지키기 위해 청나라와 싸운 '정의의 전쟁'이라고 이야기해 왔다. 과연 그럴까. 전쟁의 주요 무대가 된 조선에 초점을 맞추어 생각해 보자.

조선의 국왕을 포로로 삼다

1894년 봄, 조선의 남부지방에서 격렬한 농민반란이 일어났다. 이를 계기로 청·일 양국은 조선출병을 단행했다. 6월 초의 일이다. 그러나 외국군대의 침입이 국가의 독립을 위태롭게 할 것이라고 판단한 농민군은 조선정부와 타협을 하였고 반란은 진정되었다. 이에 따라 청·일 양국은 출병 구실

청일전쟁은 근대천황제의 성립과 밀접히 관련되어 있다.

을 잃었고, 조선정부는 철병을 요구했다.

출병하면 당장에라도 청·일 양군 사이에 충돌이 일어나고, 충돌이 일어나면 그 동안 충분히 힘을 키운 일본군이 속전속결로 청군을 압도하여 구미 열강이 간섭할 겨를도 없이 강화를 맺고, 이것을 기회로 청나라 세력을 조선에서 전부 몰아내고 조선을 지배하겠다는 것이 일본정부와 일본군의 계략이었다.

그런데 청군은 움직이지 않았고 일은 뜻대로 돌아가지 않았다. 그러면 어떻게 전쟁을 시작할 것인가. 여기에서 착안한 것이 청나라가 조선을 속국으로 여기고 있다는 점이었다. 그러나 청나라에 직접 그 부당함을 따지고 들면서 전쟁을 시작하는 것이 아니라, 우선 조선정부에게 그 책임을 물어 조선정부로부터 의뢰를 받는 형식으로 청군을 쳐부순다는 방책을 꾸몄다.

즉 1876년 일본과 체결한 강화도조약에 조선은 '자주국'으로 되어 있다, 그러니 '속방을 보호한다'는 구실로 청군이 조선에 주둔하고 있는 것을 인정한다면 이는 조약위반이다, 그러니 청군을 철거시켜라, 자력으로 할 수 없다면 일본군이 대신 쫓아내 주겠다, 쫓아내 달라는 국왕의 의뢰문을 내라 ―일본은 이런 식으로 조선정부를 질책하여 개전의 실마리를 풀고자 했다.

그러나 조선국왕이 그런 요구를 솔직하게 받아들일 리 없었다. 그래서 7월 23일 이른 아침 일본군은 경복궁을 점령했다. 일본은 "탁 터놓고 말해 먼저 조선국왕을 포로로 잡아 우리 수중에 넣어야 했다"[당시 외무대신 무쓰 무네미쓰는 그의 회고록인 『건건록』(蹇蹇錄) 초고에서 이렇게 말했다]라는 비상수단을 강구하여 무리하게 의뢰문서를 받아내려 한 것이다. 청일전쟁은 이러한 일본정부의 끈질긴 방식으로 시작되었다.

조선의 종속을 노리며

청일전쟁은 '조선의 독립'을 위해서라는 명분을 내세우며 이런 형태로 시작되었지만, 전쟁중에 내내 조선을 일본의 세력 하에 두고자 기도하였다.

전쟁이 시작된 지 한 달도 안 된 8월 17일, 일본정부는 당면 조선정책을 결정했다. 그것은 "조선을 명의상 독립국으로 공인하지만 일본은 간접・직접적으로 영원히 또는 장기간에 걸쳐 그 독립에 힘을 빌려주고 타국의 멸시를 막는 데 노력한다"는 것이었다.

그러면 실제로 일본은 어떻게 하려 했는가.

일본정부는 8월 20일에 한일 잠정합동조약을, 26일에는 대일본과 대조선 양국맹약을 체결했다. 일본은 전자를 통해서는 경부와 경인 철도 부설권 등을 따냈고, 후자를 통해서는 일본군의 진퇴와 식량보급 등에서 조선정부가 모든 편의를 제공하도록 하는 의무를 부과했다.

일본정부는 전승의 여세를 몰아 조선 종속정책에 한층 박차를 가했다. 현재 일본 국회도서관 자료실에 소장되어 있는 무쓰 무네미쓰(陸奧宗光)에 관한 문서 가운데에는 ① 주둔병과 관련하여 조선정부에게 내도록 해야 할 외교통지서 문안, ② 한일조약 초안, ③ 대일본국과 대조선국 동맹 비밀조약, ④ 조선 내치개량에 관한 건이라는 통합문서 기록이 있다.

①은 전쟁 후에도 계속 일본군의 조선 주둔을 인정시키려 한 것이다.

②는 조선의 철도와 전신을 일본이 독점적으로 지배하려고 한 것으로, 일본이 조선의 철도를 50년간 관리한다는 내용이 명기되어 있다. ②는 전쟁중에 철도전신조약을 맺어 조선정부에 강제하려 했으나 주권을 무시하는 이 같은 조약을 조선정부가 받아들일 리 없었으므로 그 기도는 일단 좌절

되었다.

③은 조선이 필요로 하는 무기와 탄약은 모두 일본이 공급한다, 조선은 일본 이외의 다른 나라에서 무기와 탄약을 구입할 수 없다, 장래 일본과 조선의 군대가 연합해서 외국군대와 싸울 경우 조선군대는 일본군의 지휘에 따른다는 등의 조항을 포함하고 있다. 이런 노골적인 조약은 설령 비밀조약이라 해도 곧 알려질 것이고 그렇게 될 경우 득될 것이 없다는 미국인 외무성 고문의 의견도 있어서 그 실현은 보류되었다.

이러한 일련의 기록은 청일전쟁을 계기로 일본이 조선을 어떻게 하려 했는지를 유감없이 보여준다.

명성황후 시해사건 : 무법의 원형

조선의 민족주의를 전혀 고려하지 않은 이러한 계획은 당연히 그에 걸맞은 결과를 초래했다.

조선의 반일기운은 이미 청일전쟁 이전에 농민반란에서도 나타났는데, 일본군이 경복궁을 점령한 이후에는 조선 궁정과 정부 내부, 그리고 민간에서도 그 기운이 한층 더 높아갔다.

그러나 일본정부와 군 지도자들은 조선의 반일 움직임이 높아지면 높아질수록 그것은 외국이 부추긴 것이라고밖에 생각하지 않았다. 침략에 반대하는 조선인의 움직임이 얼마나 조선민족의 마음속 깊이 뿌리박은 것이었는지를 전혀 이해하지 못한 것이다. 침략당한 민족에 대한 이러한 몰이해는 그 후 오랫동안 천황을 비롯하여 천황제를 지탱한 관료와 군인의 습성이 되었다.

그 결과 조선의 명성황후를 시해하는 사건까지 일어났다. 청일전쟁이 끝나고 약 반년 후인 1895년 10월, 이 해 8월에 조선주재 공사로 부임한 미우라 고로(三浦梧樓 : 예비역 육군준장)를 중심으로 재조선 일본공사관 및 일본군이 계획하고 실행에 옮긴 사건이다.

미우라 공사의 명령을 받은 서울의 일본군 수비대와 일본 공사관원, 순사, 거기에 민간 '무뢰배'들이 명성황후의 정적인 대원군을 끌어들이고, 8일 새벽 왕궁으로 들이닥쳤다. 그리고 칼을 빼들고 황후의 침실로 뛰어들어가 황후로 여겨지는 여성 3명을 살해했다. 그 중 한 명이 황후임을 확인하고는 사체를 능욕한 후 근처 소나무숲에서 불태워 버렸다. 왕궁에서 황후세력은 일소되고 일본의 후원을 받은 신내각이 형성되었다. 미우라 공사는 "이것으로 조선도 드디어 일본것이 되었다. 이제 안심이다"라는 말을 내뱉었다.

세계에서 유례가 없는 사건이었다. 미우라 공사 등은 도대체 무슨 생각으로 이런 만행을 저질렀을까. 당사자들은 다음과 같이 말하고 있다.

> 우리는 선임 공사 오토리 게이스케와 이노우에 가오루가 한 것과 똑같은 일을 했을 뿐이다. 수단은 개전에 앞서 행한 경복궁 점령보다 온건했다고 믿는다. 이 사건의 목적은 단지 궁중 '러시아파'의 수령인 황후를 누르고 '일본파' 세력을 회복하는 것이었다. 황후살해는 그 과정에서 부수적으로 일어난 일이고 주된 목적은 아니었다. 그런데도 일본정부가 이 사건을 공사의 과실로 문책하고 죄라고 한다면 어째서 정부는 작년의 경복궁 점령은 인정했는가. (당시 서울의 일본공사관원이었던 杉村濬 등의 진술서, 伊藤博文 編,『秘書類纂・朝鮮交涉資料 中』; 杉村濬,『在韓苦心錄』등 참조)

더욱 간과할 수 없는 것은 일본정부가 사건 관계자를 단 한 명도 처벌하지 않았다는 점이다. 사건을 목격한 것은 조선인만이 아니라 외국인도 포함되어 있었기 때문에 일단 일본정부는 할수없이 사건 관계자들을 일본으로 불러들였다. 그러나 군인들은 군법회의에서 전원 무죄를 선고받았고, 미우라 등도 히로시마 지방재판소 예심에서 증거불충분으로 전원 기소를 면했다.

일본정부는 조선에 대해 극악한이 무법을 저질러도 전혀 처벌을 가하지 않음으로써, 이후 조선・중국에 대한 침략에서 불법과 무법이 통하는 선례를 만들어 놓았다. 천황을 비롯하여 황족・화족을 교육하는 학습원 원장을 역임한 미우라 고로는 1910년 조선병합 후 천황의 신임을 얻어 추밀고문관에 임명되기까지 했다.

"또 싸울 기회가 올 것이다"

삼국간섭으로 요동반도를 되돌려준 후 메이지 천황은 수상 이토 히로부미에게 다음과 같이 말하였다.

요동반도를 서둘러 차지할 것은 없다. 이번 전쟁에서 지리와 인정도 알게 되었으니 이제 머지않아 조선에서든 어디에서든 또 싸울 기회가 올 것이다. 그 때 차지해도 될 것이다. (津田茂麿, 『明治聖上と臣高行』

천황은 이 해 9월 추밀고문관 사사키 다카유키(佐々木高行)에게도 "대만도 의외로 어려운 듯하지만 차차 승리를 거두어도 괜찮을 것이다"라고 하면서 대만인민의 항일투쟁 진압과 식민지지배에 대해 특별한 의욕을 나타냈다(위의 책).

청일전쟁은 근대일본이 최초로 벌인 본격적인 대외전쟁이었다. 이 전쟁에서 승리함으로써 일본은 중국에게도 불평등조약을 강제하여 광대한 상품시장을 획득하고, 자본주의가 비약적으로 발전할 수 있는 길을 열어 제국주의의 길로 들어섰다. 체질상 군국주의를 벗어날 수 없는 천황제는 "또 싸울 기회가 올 것이다"라고 한 천황을 선두로 하여 그 체제를 항층 확고히 다졌다.

그러나 천황제는 그 대극에 선 식민지와 일본에 침략당한 여러 민족의 민족운동의 역량을 전혀 보지 못했다. 일본이 청일전쟁에 승리한 후 반세기 뒤에 태평양전쟁에서 처참한 패배를 맞은 것은 당연한 결과였다.

참고문헌

山邊健太郎, 『日韓併合小史』, 岩波新書, 1966

中塚明, 『日清戰爭の硏究』, 靑木書店, 1968

藤村道生, 『日清戰爭』, 岩波新書, 1973

梶村秀樹, 『朝鮮史』, 講談社現代新書, 1977

朴宗根, 『日清戰爭と朝鮮』, 靑木書店 1982

나카쓰카 아키라 中塚明

26
러일전쟁은 천황제국가에 어떤 의미가 있을까
제국주의로의 길과 민중지배

러일전쟁과 메이지 천황

1957년 신동보(新東寶) 영화사가 「메이지 천황과 일러 대전쟁」이라는 영화를 만들어 대호평을 받았다. 메이지 천황, 아니 천황이라는 존재가 영화 속에서 이 정도로 본격적으로 배우에 의해 연출된 예는 처음 있는 일이었다. 2시간 가까운 대작으로 정통적인 수법으로 러일전쟁의 대강을 펼쳐 보인 영화다. 즉 개전 전의 대러시아 외교와 일본 내의 개전여론, 두 차례의 어전회의와 국교단절, 선전포고(1904.2), 여순요새 포위작전(같은 해 2~4월), 제3군에 의한 여순 공격(같은 해 8월~1905년 1월), 봉천 접전(같은 해 3월), 동해 해전(같은 해 5월) 순이었다. 뭐 영화이니 사소한 불만이나 사실 왜곡 같은 것이야 눈감아줄 수 있다 해도, 다음 두 가지 점만은 꼭 지적하고 넘어갈 필요가 있다.

타이틀에서도 전면에 드러나듯이 영화 속의 메이지 천황은 주역으로서 도처에 등장하며 대단히 정치적인 역할을 수행하는데, 실물보다 당당하여 마치 절대군주처럼 보인다. 일본인들이 알고 있는 천황의 장년기 모습은 실물사진이 아니라 그림으로 그린 초상화다. 초상화는 '실물'을 의도적으로 이상화시켜 그린 것으로 보이지만(多木浩二, 『天皇の肖像』, 岩波新書) 그것은 별 문제가 아니다.

그보다 문제가 되는 것은 영화가 메이지 천황을 묘사하는 방식이다. 즉 영화에 등장하는 메이지 천황은 국민을 생각하며 그들 한사람 한사람의 전사에 슬퍼하고 '신민'(臣民)의 마음과 행동(봉공)을 소중히 여기는 자비로운 아버지와도 같은 존재다. 거기에는 사리에 맞지 않는 장면들이 등장한다.

영화 「메이지 천황과 일러 대전쟁」

여순 공격을 담당한 제3군 총사령관 노기(乃木)가 군인으로서 무능했고 그를 보좌하는 참모 역시 그다지 유능하지 못했다는 사실은 자주 지적되는 이야기다(司馬遼太郎, 『殉死』, 文春文庫). 철벽을 자랑하는 러시아군 요새에 무모한 육탄전을 감행한 노기는 병사들(민중)의 목숨을 파리목숨처럼 여기며 함부로 희생시켰다. 여순에 대한 첫 번째 공격(1904년 8월)이 있었던 6일 동안, 제9사단의 경우 전투에 참가한 약 1만 1천 병사 가운데 8%가 전사했고, 사상·행방불명·포로 등의 전체 손실을 헤아리면 47%에 달했다. 이것은 군대로서는 사실상의 괴멸을 의미한다(大江志乃夫, 『日露戰爭と軍事史的硏究』, 岩波書店). 영화는 그러한 노기의 지휘 책임을 노기의 아들도 죽게 함으로써 정당화시키려고 했다. 이러한 평가는 첫 작전계획이 대폭 지연된 점까지 포함해서 적확하지 않다. 그러나 어쨌든 영화의 모순은 사람의 목숨을 파리목숨처럼 내버린 노기와 그 '국민'의 전사를 슬퍼하는 천황, 그리고 무능함 때문에 해임되는 노기를 비호하는 또 다른 모습의 천황을 아무런 망설임 없이 같은 화면에 보여주고 있는 점이다.

메이지 천황은 자비로운 아버지가 아니며 더더군다나 '신'도 아니다. 사실은 매우 인간적인 남자였다고 이해해야 할 것이다. 천황이 검소하고 허식을 싫어하는 인물이었음을 보여주는 에피소드는 많다. 와타나베 기쿠지로(渡邊幾治郎)는 메이지 천황에 대해 여러 편의 글을 발표했는데, 거기에 소개된 러일전쟁 당시의 천황의 모습은 거의가 엇비슷하다. 예를 들면 겨울에도 난로를 사용하지 않았다든가 여름에도 군복을 갈아입지 않아 땀이 겉옷에까지 배어 나왔다든가 병사들과 똑같이 형편없는 식사를 했다든가 하는 식이다. 출정하는 병사가 '추위와 더위에 시달리고 고생하는 것을 생각해서'(『明治天皇と軍事』) 취한 행동이었다고 한다. 일상 생활에서도 천황은 황궁의 공식석상은 차치하고라도 내전에서도 전등을 못 켜게 하고 대신 촛불을 사용하게 했다. 이러한 검소한 성격은 어린 시절(물론 메이지 유신 이전) 그를 키운 외조부 나카야마 다다야스(中山忠能)의 교육 덕이 컸다. 나카야마 집안은 강직하기로 이름난 명문가로, 살림살이가 얼마나 어려웠던지 장사치들조차 그 집 앞은 조용히 지나갔다고 할 정도였다. 천황은 보통사람이 생각하는 것 이상으로 검소한 생활체험을 갖고 있었던 것이다. 또 최근 연구에 따르면 러일전쟁 직전에는 당뇨병 때문에 감정의 기복도 컸다고 한다(飛鳥井雅道, 『明治大帝』, 筑摩書房).

그런데 노기와의 관계는 어떠했을까. 메이지 천황은 자신을 '꼭두각시'처럼 이용하는 이토 히로부미 등 서양식의 정부 문관그룹에 대해 불쾌한 감정을 갖고 있었다고 한다. 공식 전기인 『메이지 천황기』에서는, 청일전쟁 때 전쟁은 피할 수 없는 일이라고 상주한 내각대신들 때문에 본의 아니게 개전을 허락했다는 메이지 천황의 불만을 전하고 있다. 그 증거로 든 것 중 하나가 천황이 이토 등에 대한 대항의 표시로서 전승보고 제사를 거부한 일이다. 따라서 천황이 노기를 과도하게 옹호한 것도 그러한 사소한 저항의 하나로도 볼 수 있다. 군인으로서 처음으로 대실패(일본의 최대·최후의 사무라이 반란인 세이난 전쟁중에 군기를 적병에게 빼앗겼다)를 맛본 이후, 천황이 여러 모로 우직한 노기를 비호했던 것은 단순한 동정만으로는 볼 수 없다.

그러나 이러한 인간적인 천황은 군주의 위엄과는 거리가 멀어 천황제에는 별 쓸모가 없었고 따라서 점차로 천황은 민중으로부터 멀어졌다. 그 결과 '노기 전설'이 등장한다. 러일전쟁 후 노기는 극히 정신주의적인 천황신봉자로서 살다 천황이 죽자 따라 죽었다. 그 때문에 '이상적인 일본인의 전형', 나아가 '군신'(軍神)으로까지 숭앙받았고, 그의 천황에 대한 충성심은 추앙의 대상이 되었다(『橋川文三著作集3』, 筑摩書房). 이에 부응해서 천황도 차차 신격화되어 노기와 함께 천황제 지배를 강화하기 위한 상징이 되었다. 영화 『메이지 천황과 일러 대전쟁』은 이러한 주변 사정들은 완전히 무비판적으로 다루는 잘못을 범하였다.

러일전쟁 하의 민중

영화에서 보이는 또 하나의 문제는, 러일전쟁에 즈음하여 일본 내의 여론이 모두 개전론으로 들끓었고 민중이 전쟁에 협력을 아끼지 않았던 것처럼 묘사한 점이다. 러일전쟁을 제국주의 전쟁으로 평가하는 이유 중 하나는 그것이 총력전으로서 전 국민을 전쟁에 동원하려 한 데 있다. 러일전쟁 후 지방의 행정관청은 일본 각지의 전시체제 보고문서를 남겼다(10개 현 분의 존재가 확인). 이를테면 『이시카와 현 전시기』를 보면 병사의 동원, 사상자와 유족에 대한 대응, 군사공채 등의 구입과 귀금속 각출 상황, 각종 단체의 전쟁협력, 전시하의 농업과 교육, 위생상태 등 다양한 내용이 기재되어 있다. 확실히 거기에는 전시의 비상군사체제와 일본 내의 정치지배를 일체화하는 구체적인 과정이 명확히 드러나 있다. 이는 러일전쟁이 천황제 체제에 귀중한 체험이 되었다는 것을 증명하고 있다(大江志乃夫, 『日露戰爭と軍事史的硏究』, 岩波書店). 이 자료에는 각지 출신 병사들의 '봉공 미담'도 실려 있는데, 그 전국판이 영화에도 나오는 여순요새 포위작전의 히로세(廣瀨) 중좌이고 동해해전에 참가한 도고 헤이하치로다. 이러한 '미담'이 신문 등을 통해서 민중속으로 뚫고 들어가 전쟁열을 부채질한 것은 사실이다.

그러나 러일전쟁이 그 이전의 청일전쟁과 결정적으로 달랐던 점은 비전(非戰)과 반전의 움직임 또한 명확히 존재했다는 점이다. 종교가 우치무라 간조(內村鑑三)는 이전에 영문으로 「청일전쟁의 의거」라는 글을 발표한 데

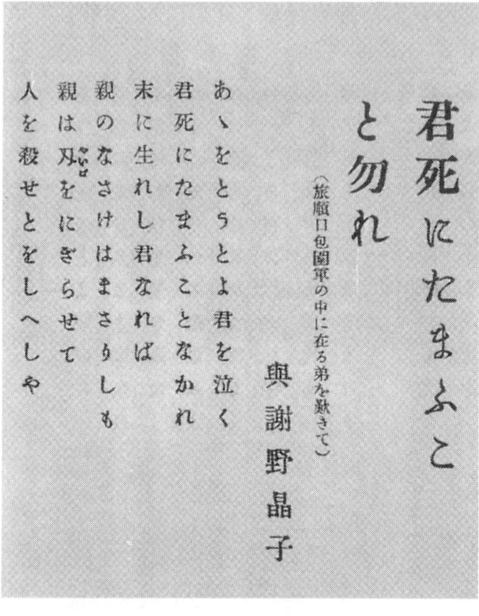
君死にたまふこと勿れ
（旅順口包圍軍の中に在る弟を歎きて）
與謝野晶子

あゝをとうとよ君を泣く
君死にたまふことなかれ
末に生れし君なれば
親のなさけはまさりしも
親は刄をにぎらせて
人を殺せとをしへしや

요사노 아키코의 시
「군주여 죽음을 내리지 마소서」

대해 "마음속 깊이 부끄러움을 느낀다"고 뉘우치며 러일전쟁에 대해 '철두철미한 반대' 주장을 폈다(『內村鑑三全集』 11·13, 岩波書店). 요사노 아키코(與謝野晶子)가 반전의 입장을 「군주여 죽음을 내리지 마소서」라는 시에 실어 표현한 것은 잘 알려진 일이다. 조직적으로는 고토쿠 슈스이와 사카이 도시히코 등 평민사(平民社)에 모인 초기 사회주의자의 활동이 있었다. 평민사가 그 주간지인 『평민신문』에 "전쟁 결과 반드시 민생이 궁핍해질 것이다"(第17號 「与露國社會黨覺書」)라고 주장한 것은, 단기간이기는 했지만 어쨌든 전국 각지로부터 공감자를 얻은 사실을 잊어서는 안 된다. 이 신문은 또 「오호 증세라!」, 「예비병 소집의 참상」이라는 기사를 의식적으로 게재하여 반전의 입장을 명확히 보여주었다(『戰争と平和の日本近代史』, 大月書店). 더욱이 병사가 된 민중의 전쟁 기피행동도 간과할 수 없다. 전쟁에 동원된 병사들 사이에서 불평이 일고 격전지에서 도망치기 위해 자해를 하는 병사도 존재했다는 사실 등은 모두 그 일단이다(大浜徹也, 『明治の墓標』, 秀英出版). 이러한 사실들은 무시한 채 묘사된 러일전쟁은 역사위조라고 하지 않을 수 없다.

러일전쟁 후의 시대와 천황제 지배

러일전쟁 후의 시대는 1905년 9월 5일 강화반대를 외치는 민중의 히비야 폭동사건으로 시작되었다. 수많은 인명손실 등의 희생에 비해 승리(포츠담 조약)는 형식적인 내용에 그쳤고 배상금도 없이 끝난 전쟁 뒤에는 가혹한 현실만이 남아 있었다. 히비야 폭동은 민중의 직접적인 불만의 표현이었고, 이는 전국으로 퍼져나가 다이쇼 데모크라시의 한 원류가 되었다.

러일전쟁 후의 현실은 '재정팽창'과 '민력피폐'라는 말로 단적으로 표현된다. 러일전쟁에 쏟아부은 전쟁비용은 청일전쟁 때와 비교하여 그 8배를 웃도는 18억 엔이라는 거액이었다. 1904년 당시 정부의 세입 총액은 약 3억 3천만 엔이었다. 전비 조달을 위해서 대량의 외국채가 발행되었다. 일본 내에서는 대증세가 시행되어 민중의 어깨를 짓눌렀는데, 전시중에 실시된 '비상특별'세는 전후에도 그대로 계속되어 가계만이 아니라 정촌(町村)의 재정까지 어렵게 만들었다. 전쟁으로 일손을 잃고 마필 징발로 경작력을 잃은데다 계속된 조세 수탈로 농촌은 크게 동요하였다. 영세자작농의 몰락, 지주·소작관계의 악화, 농촌인구의 도시유입 현상이 급속히 촉진되었다.

구미 열강에 의해 겨우 인지된 '일본제국'의 지위는 아시아에서는 유일한 것이었으며 천황제국가로서는 어떻게든 반드시 사수해야 할 요새였다. 권력 측의 결의는 러일전쟁 직후 선포된 무신조서로 표명되었는데, "마땅히 상하의 마음을 하나로 해서 충실히 직업에 종사하고 근검하게 생산에 임"할 것과 "거국일치"가 요구되었다. 이 조서는 당시 교육칙어(천황의 이름으로 국민도덕의 근원과 국민교육의 기본이념을 명시한 칙어. 1890년 발포)와 동등하게 취급되었고 민중은 그 봉독을 강요당했다. 또한 정부는 국가에 귀속된 국민이라는 의식을 민중에게 심어주기 위해 '일등국'이라는 키워드를 널리 퍼뜨리고, 이 일등국을 통합하는 이데올로기로서 천황을 가부장으로 하는 가족국가관을 침투시켰다. 천황은 자비로운 아버지에서 일약 '일군만민'(一君万民)의 군주, 나아가 '신'이 되었다.

일등국의 내실을 갖추기 위한 구체적인 정책으로서는 전술한 무신조서를 직접적인 계기로 하여 전개된 지방개량운동과, '부국증강'을 목적으로 한 러일전후의 경영이 추진되었다. 전자의 경우, 내무관료가 주도하는 일본자본주의의 재정기반인 정촌의 재정 강화가 도모되고, 지방 공공단체의 천황제적 지배에로의 편입과 지주제의 재편강화가 꾀해졌다. 이를 위해 정촌의 기본재산 조성, 정촌시(町村是)의 작성, 모범정촌의 표창 등이 실시되었다. 후자인 러일전후의 경영은 자본주의의 육성과 발전정책으로서 군비확장,

철도국유화와 노선의 연장, 제철업 정비, 전신전화사업의 추진, 치산치수 계획의 입안과 실시를 주요 내용으로 하였다. 국부의 증강을 도모하면서 민중을 천황제국가의 틀 안으로 밀어넣으려고 한 것이다.

그러나 이러한 일련의 시책만 갖고는 여전히 '일본제국'과 천황제 지배는 불안정했다. 나쓰메 소세키(夏木漱石)의 소설에 나오는 "일등국이 되어도 헛일이네요"(『三四郞』에서 나오는 廣中 선생의 말)라는 말처럼, 모순과 허약성을 내재하고 있었다. 그런 의미에서 대역사건과 조선병합이 동시에 진행된 1910년은 러일전후의 시대를 특징짓는 중요한 해였다.

청일전쟁 후 일본은 러일 개전 직후 제1차 한일협약, 전후 제2·3차 한일협약을 통해 조선침략을 착착 진행시켜 나갔다. 이에 대항하여 조선에서는 의병운동 등 강력한 반일운동이 일어났지만 일본은 무력으로 이를 진압하고, 결국 1910년 8월 조선병합에 관한 조약을 강제하여 조선을 완전히 식민지화했다. 같은 해 6월에는 메이지 천황의 암살을 계획했다는 죄로 고토쿠 슈스이를 비롯한 다수의 사회주의자를 탄압한 소위 대역사건을 일으켰다. 미야시타 다이키치(宮下太吉) 등 4명을 제외한 대부분의 피고가 무죄였음에도 불구하고 고토쿠는 물론 간노 스가(菅野すが) 등 12명이 사형에 처해졌다. 정부는 대역사건을 사회주의자들의 대음모사건이라고 선전하며 운동의 탄압에 광분했다. 사회주의라는 다른 가치관을 소유한 자를 제거함으로써 천황제 이데올로기와 그 지배를 정당화하고자 한 것이다.

천황제국가와 그 지배를 유지하기 위해서는 식민지침략과 일본민중에 대한 탄압정책이 불가결하였음을 1910년의 역사는 여실하게 보여준 것이다.

참고문헌

大江志乃夫, 『日露戰爭の軍事史的硏究』, 岩波新書, 1976
司馬遼太郞, 『殉死』, 文春文庫, 1976
飛鳥井雅道, 『明治大帝』, 筑摩書房, 1989
『戰爭と平和の日本近代史』, 大月書店, 1979
大江志乃夫, 『兵士たちの日露戰爭』, 朝日新聞社, 1988

하시모토 데쓰야 橋本哲哉

27
천황국가는 어떻게 생활 속으로 침투해 들어갔을까

무신조서와 충군애국 교육

러일전쟁과 국가의 교육통제

일본의 근대교육은 황국사관에 바탕한 교과교육과 학교의식을 중심으로 몸으로 체득하는 교육을 두 개의 축으로 하여 전개되었다. 그 내용을 엄밀히 검토하면 몇 가지 단계로 구분할 수 있는데, 특히 학교교육의 변천사에서 보면 러일전쟁기는 하나의 전환기였다.

교과서를 예로 들어보면, 러일전쟁이 개시되기 전해인 1903년에 국정교과서령이 발포되었다. 그 이전은 소위 검정제도시대였는데, 이 제도 아래에서는 자유발행기 때보다야 통제를 더 받기는 했지만 그래도 국정교과서와 내용을 상당히 달리하는 다른 교과서도 출판할 수 있었다. 1901년에 발행된 『소학내국사보습』(小學內國史補習)에는 "고전에 의거해서 생각해 보건대, 아주 먼 옛날 일본에서는 야만인이 많이 거주하였고 국내가 소란스러웠다. 그들 가운데 흙굴에 사는 자들도 있어서 '땅거미'라고 불렸다. 오늘날 여러 지역에서 출토되는 돌화살 등은 이들 야만족이 사용한 것이라고 한다"라고 쓰여 있듯이 석기시대에 대한 기술도 포함되어 있다. 석기시대에 대한 평가에는 문제가 있지만 어린이들이 사실을 통해 지식을 습득할 수 있게 한다는 측면에서 획기적이었다. 물론 이러한 교과서뿐만 아니라 이후 국정교과서의 원형이 되는 것들도 있었다. 그러나 1903년 교과서 부정사건은 이러한 상황을 완전히 뒤바꿔 놓았다. 정부는 여론의 비판을 역으로 이용하여 다음해에 전 교과에 걸쳐 교과서 '국정제도'를 단숨에 실현시켰다.

지배층은 학교의식의 중요성에 대해서도 일찍부터 주목하고 있었다. 다야마 가타이(田山花袋)가 1909년에 발표한 『시골학교 교사』(田舍教師)에는 러일전쟁기의 천장절 행사 모습이 다음과 같이 묘사되고 있다.

> 천장절에는 학교에서 식이 거행되었다. 학무위원과 촌장, 지방유지, 학부모들이 우르르 몰려 들어왔다. 천황의 말씀을 적은 칙어 상자가 테이블 위에 놓이고 그 옆에는 하양 노랑 국화꽃이 꽂힌 화병이 놓였다. 여학생들 중에는 모슬린으로 지은 새 외출복에 찻빛 하의를 걸친 아이들도 여기저기 눈에 띄었다. 가문의 문장이 박힌 예복을 입은 남학생도 있었다. 오르간 소리에 맞추어 「기미가요」와 「오늘같이 좋은 날」을 합창하는 소리가 강당의 깨어진 유리창 틈새로 흘러나왔다. 노래가 끝나자 선생들이 출구에 서서 종이에 싼 과자를 학생들에게 나누어주었다. 학생들은 즐거워하면서 절을 하고 이를 받아들었다. 얌전히 호주머니에 넣는 놈이 있는가 하면 종이를 펼쳐 보는 놈도 있었다. 개중에는 문 쪽에서 벌써 우적우적 깨먹는 예의가 형편없는 놈도 있었다.

당시에 이미 천황제 교육을 철저화하기 위해 관청 직원까지 참가한 가운데 학교의식이 치러지고 있음을 볼 수 있다. 이러한 학교의식은 1891년 6월 7일에 문부성이 제정한 「소학교 축일 대제일 의식 규정」으로 구체화되었고, 1893년 8월에 「축제일 창가」가 결정되어 「기미가요」나 「천장절」 같은 노래가 제창되게 되었다. 러일전쟁기에는 이 같은 의식이 특히 중시되었다.

학교교육만이 아니었다. 청년들의 사회적 활동에 대해서도 국가의 강제력이 동원되어 각지에서 청년회가 만들어졌다. 1901년에 작성된 한 청년회 규약서(「南多摩郡稻城村(現東京都稻城市)矢野口愛國青年申合規約之書」)에는 다음과 같은 대목이 나온다.

제1조 : 천황폐하의 축제일 및 대제일 등에는 모두 의식을 받들어 모실 것. 단 매년 1월 2일에 간담회를 열 것

제2조 : 본 회는 애국을 그 취지로 하며 병역명령에 꼭 따를 것. 단 타지역 출신자는 여기에 제한을 받지 않음(이하 생략)

각 지역단위별로 청년들을 쉽게 전쟁에 동원하기 위한 조직으로서 청년회가 만들어졌음을 알 수 있다.

생활 속으로 침투하는 국가 : 무신조서

1908년 10월, 천황의 이름으로 발포된 무신조서(戊申詔書)는 이후 교육의 방향을 제시하는 기축이 되었다. 그 내용의 중점은 "마땅히 상하의 마음을 하나로 하고, 충실히 맡은 바 업무에 복종하고, 근검하게 생산에 종사해야 한다. 이 믿음과 뜻이 도타운 풍속을 이루어 사치를 멀리하고 실질을 거두며 태만을 서로 경계하도록 부단히 힘써야 한다"는 것이었다. 러일전쟁 이후 일본 국내상황이 동요하는 중에 충군애국의 정치와 교육체제를 재구축하여 국민통합을 도모하고자 하였음을 알 수 있다.

학교교육에서는 도덕과 일본사 교육이 중시되고 청년야학교나 보충학교 등을 통해 국가주의가 철저히 주입되었다. 교과서도 종래에는 '충의'와 '애국'을 병렬적으로 취급했으나, 이제는 '충군애국'으로 일원화시켰다. 1학년에서는 기쿠치 고헤이(木口小平 : 청일전쟁 때 육군 이등병으로 종군한 나팔수. 죽어가면서도 입에서 나팔을 떼지 않았다고 한다), 2학년에서는 히로세 다케오(廣瀨武夫 : 러일전쟁에 종군하였다가 러시아 어뢰에 맞아 자폭)와 같은 군국미담의 주인공이 실리고 4학년과 6학년에서는 '충군애국'이 중심 테마가 되었다. 특히 1910년 대역사건을 계기로 하여, '불경' 사건이 발생하는 것은 천황에 대한 존엄성을 경시하기 때문이라는 맹공격을 가하고, 메이지 천황의 신격화와 만세일계를 관철시키기 위해 일본사에서는 남조를 정통으로 삼게 되었다(1331~92년 사이에 가마쿠라 막부체제를 유지하여 봉건권력을 확립하려 한 세력인 북조와, 고대 국가기구를 재편하여 천황을 중심으로 하는 통일정권을 수립하고자 하는 세력인 남조가 대립하였다. 결국 1392년 남조의 천황이 북조의 천황에게 항복함으로써 남

북조 내란은 막을 내리고 이후 황위는 북조 계통에서 나오게 되었다. 그러나 메이지기 이후에는 천황 절대주의 사상에서 남조를 정통으로 삼았다). 학교의식에서도 충군애국이 중시되었다. 고등사범학교에서는 교수요강에 제시된 과제가 교육현장에서 그대로 구체화되었고, 1910년에는 신년·기원절·천장절의 3대 행사 같은 의식을 치르는 방법이 획일화되었다. 당시의 신문보도(『報知新聞』 1910. 9. 21)를 한 번 살펴보자.

일본의 초대 천황으로 전하는 전설상의 인물 진무 천황. 천황제위의 근거로서 당시 크게 숭배의 대상이 되었다.

> 소학교에서 거행하는 3대 행사 등의 축제일 의식은 지금까지 각 학교에 따라 다소 차이가 있었으나 제국교육회에서는 이번 3대 행사 및 졸업식, 학교기념식 조사위원을 뽑아 조사한 결과 아래와 같은 방식에 의거함이 가장 적당하다고 결의하고 곧 발표할 예정이다.
>
> 3대 행사
>
> ① 경례 ② 학교장, 어진영(천황과 황후의 초상화)의 휘장을 걷는다 ③ 창가, 기미가요 ④ 최경례 ⑤ 칙어 봉독 ⑥ 창가, 칙어 봉답 ⑦ 학교장 훈사 ⑧ 창가(행사에 해당하는 노래) ⑨ 학교장이 어영의 휘장을 닫는다 ⑩ 경례
>
> 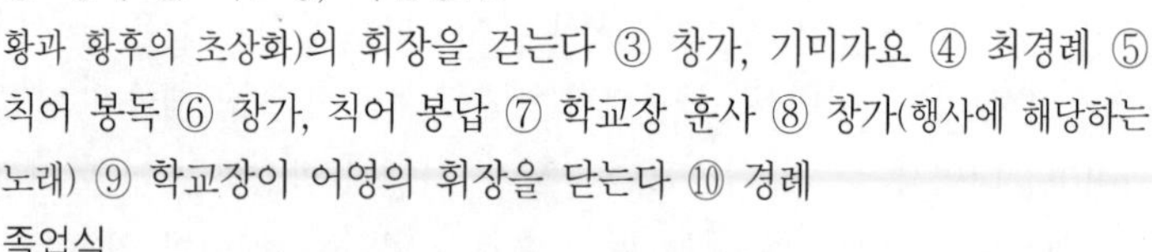
>
> 졸업식
>
> ① 경례 ② 창가, 기미가요 ③ 학사 상황 보고 ④ 증서 수여 ⑤ 학교장 고별사 ⑥ 내빈 축사 ⑦ 졸업생 총대표 답사 ⑧ 졸업생 창가 ⑨ 경례
>
> 학교기념일
>
> ① 경례 ② 창가, 기미가요 ③ 학교장 식사 ④ 내빈 축사 ⑤ 아동 총대표 축사 ⑥ 창가(교가나 기념일 노래) ⑦ 경례

죽을 때까지 나팔을 입에서 떼지 않았다는 기쿠치는 군국미담의 주인공으로 널리 선전되었다.

이처럼 전국에 걸쳐 획일적인 학교의식이 강제되고 몸으로 체득하는 충군애국교육이 강조되었다.

한편 내무성도 「무신조서」의 공포를 전후하여 청년의 조직화에 착수하였다. 1906년 지방장관회의에서는 청년단체의 지도를 지시하고 「지방자치와 청년단체」를 발행하였다. 그 내용은 청년단체와 사회교육, 청년단체와 근검저축, 청년단체와 농사개량 및 부업 장려, 청년단체와 공안부조, 청년단체와 풍기교정, 청년단체와 시국봉공 등이었다.

문부성도 1909년에는 「지방자치와 청년회」를 발표하고 다음 해에 1,178개의 청년회 중 82개 단체를 우수단체로 뽑아 표창하였다. 그 와중에 청년회의 중앙조직을 만들고자 하는 움직임도 나타나 1908년에는 전국청년단중앙회가, 2년 후에는 제국중앙청년단이 창립되었다. 후자는 기관지로서 『청년단』도 발행하였다. 중앙청년회도 만들어져 『활청년』(活青年)이 발행되었다. 그리고 같은 해 4월 26일 나가사키, 아오모리, 이와테 등 몇몇 지역을 제외한 각 부현에서 1,914명이 참가한 가운데 나고야에서 일본 최초의 전국청년대회가 개최되었다. 이 대회에서 각지 청년회는 "시운의 요구에 응하기 위해 대일본청년회 조직을 내무성과 문부성에 내놓을" 것을 제안하였다. 이렇게 되자 당연히 청년회는 본격적·합법적으로 행정의 지배 아래 놓이게 되었다. 실제로 이 시기에는 지방개량운동의 일환으로서 적극적인 신사통합정리정책이 실시되고 있었는데 이 운동의 추진을 담당한 것이 학교나 청년회였다.

이바라키 현 사노(佐野) 촌의 예를 한 번 살펴보자(大江志乃夫, 『戰争と民衆の社會史』). 여기에서는 지방개량운동이 진행되는 중에 초혼사가 만들어지고 이 신사에 새로운 지위와 역할이 부여되었다. 사노 촌의 고등소학교 교장은 다음과 같이 기록하고 있다.

> 세상이 문명화되어 인지가 열리게 됨에 따라 인륜도덕의 길도 열려 자연히 경신(敬神)사상 역시 깊어진다고 할 수도 있다. 그러나 오늘날의 상황은 그러하지 못하다. 특히 청년들에게서 그것이 심하다. 이에 우리 학교에서는 아동의 경신사상을 키우고 동시에 자기가 살고 있는 지역의 지리를 파악할 수 있도록 봄운동회가 열리지 않을 때는 1912년 4월 28일부터 진수(鎭守 : 그 고장을 지키는 신을 모신 신사) 참배를 드리기로 하였다. 이 참배 때는 미리 각 지역의 구장이나 학무위원, 같은 씨족신을 받드는 일족의 대표 등에게 참배순서나 시간 등을 첨부한 통지서를 발송하고 관청 관리나 주재소 순사 등에게도 안내장을 보내 참가를 요청하기로 하였다. 거기에 각 유지 등에게도 안내장을 보내기로 하였기 때문에 참가자는 많을 수밖에 없다.
>
> 대강 오전 8시에 교문을 출발하여 여러 신사를 참배하고 마지막에 초혼사에 참배하기로 하였다. 통지를 해 두었으므로 어느 곳이든 가능한 한 신사를 아름답게 꾸며 두고 그 지역의 유지나 청년이 전부 출석하여 보리차 등을 대접한다. 순서가 진행됨에 따라 참가자는 점점 많아지고 마지막 일정인 초혼사 참배 때는 이 고장의 모든 유지가 모이게 된다.

원래 행정단위로서 위로부터 만들어진 정촌제는 정촌민의 실태와는 부합되지 않았기 때문에 종종 옛 촌과의 사이에 분쟁을 일으키곤 하였다. 따라서 무엇을 통해 촌민의 정신통합을 만들어낼 것인가가 지방개량운동에서 중요한 과제가 되었다. 사노 촌의 경우는 초혼사 참배를 일단 학교행사로 실시하면서 동시에 촌민 모두가 참여하는 행사로 확대 실시함으로써 러일전쟁의 전몰자를 애도하는 촌민의 마음을 하나로 묶어 '새로운 촌 만들기'를 추진한 것이다. 결국 「무신조서」에 의거한 체제 조성이란 생활 속에서 천황국가를 만들어내는 것이었다고 할 수 있다.

파시즘과 무신조서

그러나 무신조서에 기초한 교육체제가 그 후 바로 정착되었다고는 할 수 없다. 게다가 다이쇼 데모크라시기에는 자유교육, 자치, 민중 등의 문제가 교육과제로 부상하였다. 무신조서가 다시 힘을 발휘하기 시작한 것은 파시즘기였다.

1931년 만주침략과 연이은 태평양전쟁의 발발은 일본의 전 지역을 전쟁체제로 몰아넣었다. 1931년, 이나다 정(稲田町)의 청년단은 실천목표로서 5개조 서문, 교육칙어, 정신작흥조서, 군인칙유와 함께 무신조서를 내걸었다. '무신조서 체제'를 원점으로 하는 파시즘 교육체제의 구축이라고 볼 수 있다. 앞에서 소개한 무신조서 체제 만들기의 모범촌이었던 사노 촌은 쇼와공황 하에서는 '농산어촌 경제갱생운동'에서 모범실행촌이 되었고 그 후 특별지도촌으로 지정받아 전 촌에 걸친 교육실천을 명령받았다. 그리고 1938년에는 이바라키 현의 유일한 자치모범촌으로서 표창을 받았다. 무신조서 체제의 모범촌은 파시즘의 모범촌이기도 하였던 것이다.

학교교육 면에서도 1930년에는 모든 학교에 쇼와 천황의 사진이 하사되어 태안전(泰安殿)이 마련되었다. "매일 아침 조례를 비롯하여 직원과 아동이 등하교할 때는 반드시 태안전 쪽을 향해 깊이 고개 숙여 절하고 황국의 번영을 기원함과 동시에 충성을 맹세"(『川崎・中原80年史』)하였다. 또한 이 시기가 되면 1927년 3월 4일 칙령으로 발포된 메이지 절이 더해진 4대 행사가 대단히 중시되었다. 이러한 동향은 1935년 중의원에서의 「국체명징에 관한 결의」, 문부대신에 의해 4월 10일 전국 학교장 앞으로 전달된 「국체명징 훈령」, 나아가 8월 3일에 정부가 낸 「국체명징에 관한 성명」에 의해 더욱 박차가 가해졌다.

교과교육은 천황을 살아 있는 현인신으로 주입시키는 데 중점을 두었고, 1910년대에 확립된 천황의 신격화=절대화를 위한 학교의식은 계속적으로 체계적인 실시를 꾀했다. 여기에서 천황을 위해서라면 목숨을 아끼지 않는 소국민=신민을 길러내는 교육이 뿌리를 내리게 되었다.

참고문헌

『大日本青少年團史』, 日本青年館
大江志乃夫, 『戰爭と民衆の社會史』, 德間書店
德武敏夫, 『かわりゆく教科書』, 新日本新書
村上重良, 『近代詔勅集』, 新人物往來社

와타나베 겐지 渡邊賢二

28
'황민화'란 무엇인가
식민지지배의 원형으로서의 대만지배

쇼와 천황과 대만식민지

1989년 일본의 한 신문에 다음과 같은 기사가 실렸다.

> 지난 2월 14일, 대만 대중에서 '대일 배상을 청구하는 대만 구일본 군인·군속·가족 모임'이 열렸다. 회의장에는 대만의 국회의원을 포함하여 약 50명이 참가하였다. 대부분은 유창한 일본어를 구사할 수 있었는데 손이나 발이 없는 사람, 구 일본군 군모를 쓴 사람 등 다양하였으나 그 전쟁이 한 개인의 육체와 정신에 지울 수 없는 각인을 새겨 둔 점에서는 동일하였다. 참가자 중 한 사람은 이렇게 말하였다. "적어도 쇼와 천황이 살아 있는 동안에 해결되기를 바란다. 해결까지야 못한다 하더라도 성의만이라도 보여줄 것을 촉구한다." (『每日新聞』 1989. 3. 4.)

또한 대만 신문 중 하나인 『자립조보』(自立朝報)는 쇼와 천황의 중병 보도가 나간 후 다음과 같은 기사를 실었다.

대만원주민의 목을 운반하는 일본병사

> 침략전쟁이 시작되자 일본 당국은 대만인을 군대의 인부나 통역, 간호부로 징용하여 전선으로 내보냈다. …… 과거 일본의 침략을 받았던 대만인으로서 우리는 지금 히로히토(쇼와 천황)가 그 야만적인 침략행위에 대해 대만 및 중국 인민에게 사죄할 것을 요구한다. (1988년 10월 27일자.『海外紙誌に見る天皇報道』, 凱風社 수록)

쇼와 천황은 식민지 대만과는 개인적으로도 특별한 관계가 있었다. 예컨대 1923년 4월 당시 황태자였던 히로히토는 '중요한 국무'로서 약 반년에 걸쳐 대만을 방문한 적이 있다. 이는 후에 천황이 식민지를 방문한 유일한 사건이 되었다.

와카바야시 마사후미(若林正文)는 이 방문은 "대만사람들에게는 대만 거주 일본인의 시범에 따라 신민의례를 학습하고 제국의 충량한 신민이 되기 위한 자질을 발휘할 절호의 기회"였고, 그 의례 과정은 " '내지연장주의'의 기치 아래 대만통치가 바로 천황에 의한 통치라는 점을 가장 명료히 드러내 주는 연속장면이었다"(平野健一郎 編『近代日本とアジア』)라고 지적하였다.

이 때 황태자는 병동(屛東)에 있는 대만제당주식회사를 방문했는데, 그곳 휴게소로 사용되었던 대나무 기둥에서 싹이 돋아나 후에 이를 황태자 방문기념으로 심어 키웠다고 한다. 이 대나무는 '병동의 신성한 대나무'로 불리면서 대만에서 천황숭배와 신격화의 대표적인 소재가 되었다.

황민화정책과 일본어

일본의 대만지배의 기본적 특징은 무엇이었을까. 대만총독부 정보부가 펴낸 『새로운 대만』(新臺灣)에는 다음과 같이 기술되어 있다.

> 황민을 키우는 것이 대만을 통치하기 시작한 이래 우리의 일관된 통치정책이다. 외국의 식민정책을 보면 그 민족 고유의 풍속·습관은 좋든 싫든 그대로 내버려 둔 채 본국인이라면 도저히 불평을 할 수 없을 만큼 그들을 부려먹는 게 보통이다. 하지만 우리 일본은 어디까지나 황도를 선포하여 새로이 편입된 민을 일본 본국의 국민과 다름 없도록 동화시키는 것을 궁극의 목적으로 한다.

이 동화정책의 중심에 둔 것이 대만인 교육, 특히 일본어 보급이었다. 식민지 대만의 초등교육 보급률이 다른 지역보다 높았던 것은 이 때문이기도 하다. 야나이하라 다다오(矢內原忠雄)도 이렇게 지적하였다.

> 교육의 중심은 국어(일본어)다. 이는 교육의 수단일 뿐만 아니라 그 주된 내용이다. …… 공립학교(대만인 소학교)에서는 처음부터 교수용어를 일본어로 하고, 한문(대만어)은 단지 부수적인 과목으로 삼아 매주 2시간 정도 수업했을 뿐이다. 중등 이상의 학교에서는 한문도 모두 일본식으로 읽었다. 이런 방법은 적어도 보통교육에서는 문화전달의 수단으로서 오히려 힘만 많이 들고 효력은 적은 것이라고 해야 한다. 그럼에도 불구하고 대만교육계에서 이런 일본어 강요정책을 펴는 최대 목적은 동화를 위한 것이라고 하지 않을 수 없다. (『帝國主義下の臺灣』)

일본어를 지레로 하여 일본인의 지배민족으로서의 우월성을 확보하고 동시에 대만주민의 민족적·문화적 전통을 억압하면서 황민을 형성하고 황민의식을 육성하고자 한 것이다. 그러한 의미에서 언어정책은 일본 대만지배의 특징을 나타내는 중요한 핵심이었다.

1896년에 우선 '일본어 전습소'를 설치하고 2년 후에는 이를 공립학교로 개칭하여 대만인을 대상으로 초등교육을 보급하기 시작하였다. 1922년에는

「신교육령」을 공포하여 그 때까지 관행화되어 있던 일본인과 대만인의 구별을 폐지하고 초등교육에서는 공학을 인정하여 일단 초등교육제도를 정비하였다. 그러나 1925년의 아동취학률을 보면, 일본인이 평균 98.2%를 보인데 비해 대만인은 28.4%, 산지계 주민은 71.4%에 그치고 있다.

태평양전쟁의 개시와 함께 교육의 황민화정책도 급속도로 강화되었다. 우선 1934년에 '대만사회교화협의회'를 조직하고 「교화요강」을 발표하였다. "교육칙어의 취지를 철저히 보급한다"라는 전문에 이어 첫 번째 요강의 "철저한 황국정신을 배양하고 국민의식의 강화에 노력할 것"이라는 항목에서는 "신사숭배"와 함께 "일본어 상용을 보급하여 (황국) 국민으로서의 성격과 태도를 확실히 갖게 할 것"이라고 서술되어 있다. 더욱이 '교화시설' 항목에도 일본어 보급을 내걸고 그 구체적인 시책으로서 "가정 및 시가지 부락 등의 일본어화에 힘쓸 것", "관공서 · 은행 · 회사 등 여러 단체에서 사용하는 용어는 일본어로 한정할 것" 등을 포함하고 있다. 마지막 '장려방책' 항목 중에도 "일본어 가정, 일본어 부락, 우수 시가지를 선발하여 장려할 것" 등이 보인다. '교화'라는 이름으로 철저한 일본어 사용을 강제하고 있음을 볼 수 있다.

다카야마 데루오(高山輝男)는 공립학교를 다닐 때의 경험을 이렇게 회고하고 있다.

> 학교에서는 일본어밖에 쓸 수 없었고, 무심코 대만어를 입 밖에 냈다가는 무서운 벌이 기다리고 있었다. 일본인 교사가 반 친구들을 몽둥이로 때리는 모습은 어린 우리들의 눈에 대단히 강렬한 인상을 주었다. 우리는 이 공포심 때문에 자연히 어느 때건 대만어는 입 밖에 내지 않는 훈련을 할 수 있었다. (『'天皇の赤子'たちは, いま』)

이러한 일본어 강제가 어떻게 천황숭배와 결부되었을까. 그 상징적인 이야기가 『초등과 일본어(3)』(1942)에 실린 「기미가요 소년」이다. 이야기는 1935년 4월 대만에서 일어난 지진사건에서 시작된다. 당시 공립학교 3학년이었던 대만인 소년 덕곤(德坤)은 지진으로 무너진 건물 밑에 깔려 큰 부상을 당한다. 수술중에도 일본어만 쓰고 대만어는 한 마디도 하지 않았던 이

소년은 수술한 보람도 없이 마지막으로 기미가요를 부르며 숨을 거둔다.

이 이야기는 후에 증언을 통해 한 일본인 교사가 꾸며낸 이야기라는 사실이 밝혀졌으나, 당시에는 덕곤이 다닌 학교에 동상이 세워지고 '황민화교육의 최대의 귀감'으로서 대만과 일본의 모든 아동교재의 소재로 활용되었다. 1937년부터는 신문에 한문을 사용하는 것과 학교의 한문교과 등이 금지되었다. 1940년에는 대만인에게 창씨개명이 강제되었으며 종래 대만민중의 사묘(寺廟)를 폐지하고 신사참배를 강요하는 사묘정리운동이 추진되었다. 나아가 1941년에는 소학교와 공립학교가 "황국의 도에 입각하여 초등보통교육을 실시"하는 국민학교로 일본화한다. 이 해 4월에 '황민봉공회'가 만들어지고, 1943년에는 대만인을 대상으로 하는 의무교육제가 도입되어 교육부분에서 전면적인 전쟁협력체제가 만들어졌다.

침략전쟁에 동원된 대만인

15년전쟁이 개시되면서 징용당한 대만인 숫자는 일본의 발표에 따르면 군인 80,433명, 군속 126,750명으로 총 207,000여 명에 달하고 그 중 30,304명이 전사하거나 병사하였다. 그러나 이 숫자에는 위안부나 군수공원 등으로 징용당한 사람들이 들어 있지 않다. 당연히 전쟁중에 희생된 대만인은 더욱 많다.

대만인이 일본군에 편입된 것은 일본의 식민통치가 시작된 지 얼마 안 된 1897년으로, 이미 호향병(護鄕兵)이라는 지원병제도가 있었다. 그러나 본격적인 동원이 이루어진 것은 만주침략과 중일전쟁이 개시되고 나서부터다. 해군군속이었던 다카야마는 당시의 일을 다음과 같이 회고하고 있다.

> 대만인은 '폐하의 적자', '황군의 일원'으로서 제일선으로 달려나갔다. 그러나 대우는 일본군인으로서가 아니라 군속, 그것도 군대의 허드렛일을 하는 인부였다. 인부는 주로 수송과 사역 같이 위험한 임무를 수행하면서도 정식으로 일본군 군인으로 편입되지 못한 채 항상 명령에 따라 움직이기만 할 뿐 진급도 못하였다. 대만인은 군대인부로 나간 경우가 많았기 때문에 이들 인부의 사기를 진작하기 위한 군가가 많이 제창되었다. …… 지금도 내 귀에는 그 노랫소리가 쟁쟁하다.

붉은 어깨띠를 두른/ 영예로운 인부/ 기쁘다 우리는/ 일본의 남자
꽃이 흩어지면/ 사쿠라 꽃이요/ 아버지는 부름을 받은/ 영예로운 인부
폐하께 바치리/ 남아의 생명/ 무엇이 아까우랴/ 조국을 위해
(『'天皇の赤子'たちは, いま』)

1938년 5월에는 국가총동원법이 대만에도 적용되었다. 1941년 4월, 일본 '대정익찬회'의 성립에 대응하여 대만에서는 '황민봉공회'(조선에서는 국민총력연맹)가 발족된다. 그 2개월 후 일본 각의에서 대만의 지원병제도 실시가 결정되고 이 해 12월, 지원병제도의 실시에 앞서 제1회 고사(高砂) 의용대가 편성되었다. 즉각 필리핀에 투입된 이 의용대는 당시 고사족으로 불린 산지계의 청년주민들로 조직되었는데, 전체상은 지금까지도 분명하지 않으나 1944년 1월까지 적어도 아홉 차례에 걸쳐 편성되었으며 그 수는 4천 명이 넘었을 것으로 추정된다.

1942년 4월, 육군 특별지원병제도가 시행되고 1943년 8월에는 해군 특별지원병제도가 실시되어 한족계 주민도 징병대상에 포함되었다. 연령은 주로 19~23세였고 최저 17세에서 최고 30세까지로 되어 있었다. 이후 전황이 악화되자 이미 1943년 각의에서 결정을 본 징병제도가 1945년 1월부터 대만 전토에서 실시되어 약 22,600여 명이 현역병으로 편입되었다.

이상이 식민지지배 하의 대만인 청년이 일본군에 편입되어 침략전쟁에 동원된 대략의 경과다. 이처럼 일본군의 일원으로 동원된 대만인들은 전후 '애국저금'이라는 명목으로 빼앗긴 급여까지 포함하여 아무런 보상도 받지 못한 채 돌아왔지만(1988년도에 일본정부는 겨우 인도적 정신에 기초하여 1인당 200만 엔의 조위금과 위문금 지급을 결정하였다), 문제는 그것으로 끝나지 않았다. 동원된 이들 대만병사 가운데에는 일본인이 아닌데도 불구하고 전범으로 몰려 처형당한 사람들도 있었다.

전몰 대만 소년의 묘

전쟁의 진전과 함께 황민화정책 아래서 대만의 전 계층이 전쟁에 동원되었다. 가나가와 현 젠토쿠지(善德寺) 경내에는 다음과 같은 위령비가 서 있

어 오늘날에도 대만에서 온 참배자가 줄을 잇고 있다.

전몰 대만 소년의 위령묘
태평양전쟁 말기, 이 지역에 다카쿠라(高座) 공장이 있었다. 13세에서 20세까지의 대만인 소년 8천여 명이 해군공원으로 고향을 떠나 기후와 풍토, 그 밖의 모든 열악한 환경을 극복하고 고통과 결핍을 참아내며 연일 계속되는 공습에 떨면서도 맡은 바 책무를 완수하였다. 그러나 병상에 눕거나 혹은 폭격으로 비참한 최후를 맞은 자 다수고, 유골은 고향으로 보내졌으나 꿈에도 그리던 고향 땅을 밟고 그리운 육친과 재회도 하지 못한 채 이국의 땅에서 산화해 간 소년을 생각하니 18년이 흐른 지금도 그 슬픔이 새롭다. 이들 영령의 명복을 빌며 다시는 이런 비참한 일이 일어나지 않도록 영원한 평화를 기원하며 이 묘를 세운다.

1963年 平塚市富士見町10番18號 元海軍工廠海軍技手 早川金治

참고문헌
黃昭堂, 『臺灣總督府』, 教育社硏究新書, 1981
加藤邦彦, 『一視同仁の果て』, 勁草書房, 1979
宮田節子, 『朝鮮民衆と'皇民化'政策』, 未來社, 1985
본문에 인용된 것은 생략

기무라 고이치로 木村宏一郎

29
근대의 천황 즉위의례는 어떻게 만들어졌을까

천황교체와 국민

메이지 천황의 즉위

군주에게 가장 중요한 일이 후손을 남기는 것이라고 얘기한 사람은 아마 마르크스였을 것이다. 인간으로 태어난 천황이 아무리 살아 있는 현인신이라고 우긴다 해도 강보에 싸인 아기에서 성장하여 성인이 되고 이윽고 죽어 없어지는 것은 다른 인간이나 매한가지다. 특히 일본 천황의 경우, 혈통을 거의 유일한 존재가치로 삼는 군주인 이상 '교체' 문제는 항상 그 내부에 위기를 포함하고 있다고 할 수밖에 없다.

천황의 교체의식은 보통 3단계를 거친다. 첫 번째는 천황지위의 상징인 3종의 신기를 전수받아 황위계승을 여러 신하 앞에서 선언하는 천조고, 두 번째는 중국식으로 본격적으로 거행하는 즉위식, 세 번째는 천황이 최고 제사장으로서 천신에 제사를 올리고 스스로 신이 되는 의식인 대상제다.

무쓰히토 즉 메이지 천황이 즉위한 것은 1867년 1월 30일(양력)로 그 아버지인 고메이 천황이 돌연 사망하고 나서였다.

당시 무쓰히토는 14세의 병약한 소년으로 아직 관례도 마치지 않은 상태였다. 궁내청이 펴낸 『메이지 천황기』에 의하면 오사히토가 사망하고 2주 후에 천조가 행해졌다. 이틀 후에는 3종의 신기 중 검과 곱은옥이 천황에게 건네졌다. 이것들은 모두 전통에 따른 행사에 불과했다. 무쓰히토의 즉위식은 무진전쟁에서 아이즈와카마쓰 포위전이 한창일 때 행해졌다. 당시 메이지 유신의 주역 이와쿠라 도모미는 "옛 의식은 중국을 모방한 것이 많다. …… 그러하니 (일본의) 고전을 고증하고 살펴 새로이 등극의식을 고안"해 낼 것을 명령하였다. 이에 따라 즉위식장 중앙에 커다란 지구의를 배치하고 옥좌를 설치하였으며 중국식 의복 대신 신도식 의복을 착용하고 신도의식의 일종인 봉폐(奉幣 : 신에게 기도를 올릴 때 종이 따위를 오려 드리운 오리를 바치는 의식)를 거행하는 등 새로운 즉위의식이 고안되었다.

고메이 천황. 메이지 천황의 아버지로
그의 죽음을 둘러싸고 독살소문이 파다하게 돌았다.

대상제는 무진전쟁이 종결된 후인 1871년에 새로운 수도 도쿄에서 행해졌다. 유키 · 스키 국(悠紀 · 主基國 : 대상제 때 신에게 바칠 신곡을 경작하는 밭의 이름. 가장 신성한 밭이 유키 전이고 그 다음이 스키 전)으로는 도쿄에서 가까운 가이(甲斐) 국과 이와(安房) 국이 지정되어 엄중한 관리 아래 신에게 바칠 신곡이 경작되었다. 원래 나흘 동안 행해졌던 이 의례는 이틀로 단축되고 각국 공사를 위한 향연, 도쿄 진대병의 사열식, 포대 · 군함이 쏘는 축포 등이 더해졌다. 무쓰히토의 즉위의례는 신 천황의 등장을 국내외에 알린다는 데 주목적이 있었기 때문에 국민들에게 천황에 대한 충성심을 강요하는 의례로서는 부족한 점이 있었다. 근대 천황제의 출발과 함께 천황 즉위의례는

14세의 나이로 즉위한 메이지 천황의 천조도

일정하게 개혁이 이루어졌지만 정부는 "이번 의식은 흉내만 낸 것이고 다음부터는 대규모로 치를 것을 기약한다"고 하여 그 완성은 후일로 미루었다.

황실전범과 등극령

오사히토(고메이 천황)의 아들 중 유일하게 살아남은 황자로서 천황에 오른 무쓰히토(메이지 천황)는 15명의 아이를 두었으나 이 가운데 자라서 어른이 된 것은 5명뿐이고 그나마 황자는 병약한 요시히토뿐이었다. 요시히토는 1879년에 태어나자마자 뇌막염을 앓은 이후 병치레가 잦아 늘상 감기를 끼고 사는 병약한 아이였다(1921년 궁내성 발표문). 무쓰히토는 일곱 살 난 요시히토의 교육을 모토다 나가자네나 니시무라 시게키 같은 당대의 저명한 학자들에게 맡기려 하였으나 지능 발육이 정상이 아니었기 때문에 극히 초보적인 교육밖에는 실시할 수 없었다. 황태자 요시히토는 가정교사가 일본 글자인 '오십음'을 가르치고 있는 중에도 마음이 내키지 않으면 책상을 '탕' 하고 앞으로 밀어 넘어뜨리고는 어디론가 나가버리기도 하고, 꾸지람을 들

동궁 안에 따로 만들어진 동궁학문소의 교실 내부

으면 구슬이 든 큰 붓을 교사의 면전에다 던져버리기도 하는 등 난폭성을 보였다(飯澤匡, 『異史明治天皇傳』에 소개되어 있는 傅育官 湯本武比古의 회고록 참조. 요시히토는 다음 해 9세가 되자 학습원 예비과에 입학했고 1894년에는 아카사카 별궁 안에 학문소가 설치되었다. 그와 비교하면 후에 쇼와 천황이 되는 요시히토의 아들 히로히토는 우수하다고 할 수 있다. 그는 학습원 초등과를 졸업한 후 1914~21년까지 해군대장 도고 헤이하치로를 총재로 하여 설치된 동궁학문소에서 공부하였다).

천황이라는 자리가 천황 개인의 능력에 좌우되지 않게 하기 위해서는 제도를 확립해 두는 것이 가장 급선무였다. 근대적인 즉위의례는 황실전범과 등극령이라는 두 가지 법령의 제정을 통해 완성되었다.

1889년에 발포된 대일본제국헌법 제2조에는 "황위는 황실전범이 정하는 바에 따라 황자·황손이 계승한다"라고 되어 있다. 황실전범은 제1장 '황위계승' 부분에서 황자와 황손의 계승순위를 9개 조에 걸쳐 규정하고 있다. 제2장 '천조 즉위'는 다음 3개 조로 이루어져 있다.

제10조 천황이 사망하면 황태자는 곧 천조하고 조종의 신기를 받든다.

제11조 즉위의례 및 대상제는 교토에서 행한다.

제12조 천조 후 원호를 정하되 새로운 천황이 즉위할 때까지 이를 다시

고치지 않는다. 메이지 원년의 제정에 따른다.

이 규정들 가운데 새로 제정된 것은 제11조다. 왜 행사장소를 도쿄가 아닌 교토로 정했는지에 대해서는 의견이 분분하나 이와쿠라가 제정러시아의 복수 수도제(페테르부르크와 모스크바)를 모델로 삼았다고도 한다.

1899년 무쓰히토는 이토 히로부미를 황실제도조사국 총재로 임명하고 "황실제도는 황실전범 및 헌법에서 그 대강을 정하였으나 그에 기초하여 영원한 기준을 정할 필요가 있는 것이 적지 않다. 이에 짐이 경에게 그 완성을 기할 것을 명하는 바다"라고 말하였다. 황실전범을 구체화시켜 천황제를 영원한 것으로 만들고자 하는 천황의 의지가 표명된 것이다.

이토는 어용괘(御用掛 : 궁내성 등의 명령을 받아 일을 수행하는 관리)들에게 "중흥(메이지 유신) 이후 많은 것을 정비하였음에도 불구하고 오로지 조정의 예전(禮典)만 구비하지 않은 채 이대로 내버려두는 것은 실로 중요한 규범을 완전히 누락하고 있는 것이라 하지 않을 수 없다", "특히 이를 제정하는 것은 오늘의 급무이며 지금 이 때 서두르지 않으면 결국 완비하지 못할 우려가 있다"라고 훈시하였다. 또한 "예전(禮典)이라면 주로 즉위예전을 최우선으로 삼아야 한다"고 하여 황실제도조사국의 가장 중요한 과제를 제시하였다(『伊藤博文傳』). 여기에는 정당세력의 신장이라는 정국의 변화 속에서 의회세력의 손이 닿지 않는 곳에 천황을 중심으로 한 지배체제를 확립・강화하려는 의도가 들어 있었다.

조사와 입안을 담당한 중요 인물은 부총재 이토 미요지(伊東巳代治) 외에 어용괘로 임명된 신권적 천황주의자 아리가 나가오(有賀長雄), 오쿠다 요시히토(奧田義人) 3명이었다. 이들이 기초한 황실의 여러 법령이 속속 추밀원으로 보내졌다(이토 미요지가 이토 히로부미에게 보낸 편지에 동봉한 1906년 6월 자료에 의하면, 실제로 35건의 여러 법령안이 상주되었거나 기초중이었다고 한다. 『伊藤博文關係文書2』).

1907년 6월 이토 미요지는 "직무 가운데 가장 난제였던 상의령(喪儀令 : 장례의식에 관한 법령)과 등극령의 2대 의례는 완전히 완성되었다"고 이토에게 보고하였다. '천황즉위 전례'인 등극령은 1909년 2월 11일에 공포되었다.

이러한 황실의 여러 법령의 제정은 기이하게도 중국 의화단운동을 진압하기 위한 출병으로부터 러일전쟁, 조선의 식민지화라는 움직임과 병행하고 있다. 여기에는 일본 제국주의의 발전에 발맞추어 천황을 중심으로 하는 제도와 의례를 보강함으로써 일본국내의 지배체제를 재편・강화하려 한 정치적 의도가 명백히 드러난다.

등극령은 전 18개 조로 이루어진 황실령(황실전범에 기초하여 황실에 관한 사항을 정한 여러 규정으로서, 황실의 가장인 천황이 정한다)으로 제1편 천조의례와 제2편 즉위례 및 대상제 의식으로 이루어져 있고 상세한 부식도 딸려 있다. 이 등극령에 따라 "천조 후에 바로 원호를 개정"(제2조)할 수 있게 되었고, 이후 원호는 천황의 재위연간을 나타내게 되었다. 또한 즉위례가 있은 다음날 대상제가 거행됨으로써, 그 유래를 달리하는 즉위례와 대상제가 '어대전'(御大典) 혹은 '어대례'(御大禮)라고 하여 사실상 하나의 행사로 일체화된 것이 또 하나의 큰 특징이었다.

등극령에 따라 행해진 천황 교체의식에 두 번이나 깊이 관계한 바 있는 유명한 민속학자 야나기타 구니오는 "옛날 기록에 보면, 요전 교토에서 대상제가 행해졌다더라 …… 라는 식의 기사가 많이 보인다"라고 기록되어 있을 만큼 관심을 끌지 못했던 행사가 "아무리 깊은 산중이나 멀리 떨어진 작은 섬마을 사람들까지도 행사의 기일과 시각을 알고 있었고, 멀리서 그날 밤의 장엄한 제사 광경을 가슴에 새기지 않은 자가 한 사람도 없었다"(1928년 朝日新聞論說「大嘗祭と國民」)라고 할 정도로 대규모 행사로 바뀌었다고 표현하였다. 법령을 통해 천황을 찬미하는 제전의식에 국민 모두를 끌어넣는 데 성공한 것이다.

요시히토의 즉위의례

1912년 7월 30일(공식발표에 따른 것이다.『하라케이 일기』등에 의하면 실은 그 전날이다) 무쓰히토가 세상을 떠나자 그 17분 후에 황태자 요시히토가 천조를 하고 그날중에 다이쇼로 개원하였다. 무쓰히토에게는 "선제 치세의 메이지라는 원호는 성스러운 업적을 가장 잘 상징하는 것"이라고 하여 메이지 천황이라는 호가 부여되었다. 9월 13일 밤에 대상(大喪)이 행해지고 같은 시

1915년 11월 교토에서 거행된 다이쇼 천황의 즉위례에 참가한 황족들의 기념사진

각에 육군대장 겸 학습원장 노기 마레스케 부부가 천황을 따라 자결하였다.

다음 해 11월, 대례사가 임명되어 즉위식 준비가 시작되었다. 대례사관제는 칙령으로 발포되어 국가 최고의 대전이 되었지만, 궁내성이나 그 배후에 있던 야마가타 아리토모처럼 즉위령과 대상제는 황실 자체적으로 행해지는 의례이므로 이 일은 궁내대신이 맡는 것이 마땅하다며 반대하는 쪽도 있었다. 그들이 의도한 것은 천황을 국민의 손이 전혀 닿지 않는 데에 두는 것이었다. 1914년 4월 무쓰히토의 황후 하루코가 사망하여 대례사는 폐지되고 즉위식은 1년 후로 연기되었다.

1915년 4월에는 대상제를 앞두고 유키・스키 국(愛知縣・香川縣, 1928년에는 滋賀縣・福岡縣)에서 모든 것을 정결히 하는 불식(祓式)이 시작되었다. 11월이 되자 천황과 정부는 교토로 이동하여 즉위례, 대상제, 대향연, 이세 신궁 참배, 진무 천황 및 현 천황의 위로 4대 천황까지의 능묘 참배를 등극령에 따라 실시하였다. 11월 10일 오후 3시 30분에 자신전 행사와 아울러 전국에서 일제히 만세삼창이 제창되고 그 밖에 사원의 타종, 공장과 기선의 기적, 전등 점화, 전차 등의 일제정차 같은 명령이 하달되었다. 은사(恩赦), 구호금 하사, 신사 승격, 위(位) 수여 등도 대대적으로 행해졌다.

그러나 교토를 수놓은 이 눈부시게 화려한 행사와 정부의 명령만으로는 전 국민을 동원할 수 없었다. 지방마다 지사 등의 지방행정조직, 지방의 재계인사와 지역유력자 등이 중심이 되어 '봉축회' 등을 조직하고 '대전(大典) 기념'이라는 미명 하에 가지각색의 이벤트를 전개하였다. 유키 재전으로 선택된 아이치 현의 한 촌에서는 러일전쟁 때의 전공으로 훈장과 은사금을 하사받은 인물이 재전봉사자로 선정되고 현 전체가 행사 수행에 나섰다. 촌에서는 청년회원과 재향군인회가 날짜를 정해 밤낮으로 재전을 경비하였다.

제1차 대전에 따른 호경기 탓도 있어서인지 대상제가 거행되는 밤에 "교토 시민은 전등을 대낮처럼 밝히고 요란스레 꾸민 채 시가지를 행진하기도 하고 곳곳의 술집에서는 현악기 반주에 맞추어 부르는 노래 소리가 끊이지 않아" 전통주의자인 야나기타의 눈살을 찌푸리게(「大嘗祭ニ關スル所感」) 만들기도 했다.

쇼와의 대례

그러나 이 1915년의 경험에 대해 정부 내에서도 여러 가지 비판이 일었다. 그 중 하나가 앞의 야나기타의 언급에서도 보았듯이 전통적인 대상제의 복구를 바라면서 나온 비판이었다(中村哲, 『柳田國男の思想』).

원호 결정을 둘러싸고는 황실의 장래를 우려한 야마가타 아리토모가 1917년에 모리 오가이(森鷗外)를 제실박물관총장 겸 도서장으로 임명하였고, 모리는 『원호고』(元號考) 등의 연구에 몰두하였다(『鷗外全集20』). 1928년에 거행된 히로히토의 즉위례와 대상제는 요시히토 때를 상회하는 대규모 행사로서 근대 천황제국가의 절정기를 상징하는 것이었다. 그러나 이는 한 발자국 한발자국 다가오는 전쟁과 파시즘의 그림자와 함께 행해졌다. 그 해 7월, 전국의 부현에 특별고등경찰가 모두 설치되고 즉위식 전에는 예방검속이라는 이름으로 7천 명이 구류처분을 당하였다(『무산자신문』).

이렇게 보면 천황가의 장례식이나 즉위식은 20세기 초두에 성립된 것이므로 전통적인 것이라고는 볼 수 없다. 전후에 등극령과 황실제사령 등을 비롯한 황실령은 일본국헌법의 제정과 함께 폐지되지만 전후의 보수정치가들이 이 모든 의식을 거의 천황가의 사적행위로서 잔존시켰고, 히로히토의 장례식이나 아키히토의 천조 역시 구 황실령에 준하여 행한 것은 주지의 사실이다.

참고문헌

土肥昭夫・戸村政博 編,『天皇の代替わりとわたしたち』, 日本基督教團出版局
村上重良,『天皇の祭祀』, 岩波新書
小松裕,「登極令の制定について」,『歴史評論』358
西秀成,「近代における天皇即位儀禮」,『歴史評論』366
猪瀬直樹,『天皇の影法師』, 新潮文庫
飛鳥井雅道,『明治大帝』, 筑摩書房

니시 히데나리 西秀成

30
다이쇼 데모크라시는 천황제와 어떤 관계였을까
파시즘 전야의 정당과 민중운동

무시된 천황의 분부

1912년 산업기반의 정비와 행·재정의 정리를 모토로 내건 제2차 사이온지 내각은 식민지가 된 조선을 목표로 하는 2개 사단의 증설을 강경하게 요구하는 육군과 날카롭게 대립하였다. 군부와 번벌 세력은 육군대신을 사임시키고 후임을 내지 않는 방식으로 사이온지 내각을 무너뜨려 버렸다. '군부대신 현역무관제'를 무기로 휘두른 것이다. 사이온지의 뒤를 이어 수상에 오른 것은 번벌세력의 총아 가쓰라 다로였다.

가쓰라 내각의 등장은 여론을 악화시켜 '벌족타파, 헌정옹호'를 주창하는 대중운동을 고양시켰다. 다이쇼 데모크라시의 본격적인 서막을 알리는 제1차 호헌운동의 시작이다. 3천여 명이 참가한 가운데 도쿄에서 열린 제1회 헌정옹호대회를 시발로 하여 1912년 12월부터 다음 해 1월에 걸쳐 각지에서 시민대회와 현민대회가 줄을 이었고 오사카에서는 1만 명 이상이 참가하는, 전에 볼 수 없던 대규모의 민중운동이 일어났다. 의회 내에서는 "불경스러운 발언이다!"라는 야유 속에서 정우회(政友會)의 오자키 유키오(尾崎行

보선운동의 선두에 선 오자키 유키오

熊)가 "칙어든 뭐든 다 인간이 하는 일이니 잘못이 없다고 할 수는 없다", "그들(가쓰라 등)은 옥좌를 성채로 삼고 칙어를 탄환으로 삼아 정적을 쓰러뜨리려 하고 있는 것은 아닌가"라는 유명한 연설을 행하였다. 가쓰라는 천황의 '분부'를 통해 정우회의 사이온지에게 내각 불신임안을 수습하게 하려 하였으나 정우회 의원총회는 그 '분부'에 대항하여 불신임안을 철회하지 않겠다는 결의를 내렸다. 과거 청일전쟁을 눈앞에 둔 1893년, 군비확충과 증세에 반대한 정당운동이 천황이 내린 군함칙어 하나로 마침표를 찍어버렸던 초기 의회와는 사뭇 달라진 모습이었다. 국회는 가쓰라 내각에 분노한 성난 민중들에게 둘러싸였고, 상황이 이렇게 비화되자 가쓰라 내각은 성립한 지 겨우 50여 일 만에 총사직하지 않을 수 없었다.

다이쇼 데모크라시와 천황기관설

오자키가 칙어를 비판하고 정우회가 천황의 '분부'를 무시한 배경에는 무엇보다도 민중운동의 고양이 있었다. 이것이 오자키에게 그 같은 과감한 발언을 하게 하고 정우회에게 안이한 타협을 할 수 없게 하는 상황을 만들어 냈다고 할 수 있다. 민중운동 없이는 천황제에 대한 비판이든 개혁이든 어떤 것도 불가능하였기 때문이다.

이러한 상황 속에서 메이지 헌법을 입헌주의적 입장에서 재해석하여 다이쇼 데모크라시 시대의 이론적 지주로 떠오른 것이 미노베 다키치의 '천황기관설'과 요시노 사쿠조의 '민본주의'다. 미노베의 천황기관설이 전 국민 앞에 모습을 드러낸 것은 다이쇼 정변이 일어나기 직전인 1912년 3월에 출

다이쇼 데모크라시의 상징이 된 미노베 다키치와 그의 저서

판된 『헌법강화』(憲法講話)를 통해서였다.

미노베는 입헌제를 군주와 국민이 함께 다스리는 것으로 정의하고 따라서 국민을 "피치자일 뿐만 아니라 다른 한편으로는 치자의 일원"이라고 보았다. 그리고 군주는 최고 권력자이기는 하지만 그것은 어디까지나 법률상의 명분이고 국가기관으로서 국민에게 구속을 받는 존재이며, 정당내각제와 보통선거제는 입헌정치 아래에서는 피할 수 없는 자연적이고 필연적인 추세라고 주장하였다. 이 주장에 대해 가장 먼저 공격의 포문을 연 것은 전제주의의 옹호론자인 법학자 우에스기 신키치(上杉愼吉)였다. 이 둘의 논전을 계기로 하여 1913년 한 해 동안 당시의 일류 종합잡지인 『태양』을 배경으로 수많은 학자가 참여하는 일대 논전이 벌어졌다. 결과는 미노베의 완승이었다. 우에스기를 공공연히 지지한 자는 겨우 2명뿐이었다. 이는 논쟁이 한창이던 때 일어난 제1차 호헌운동과의 연결을 보여준 것이다.

'세계의 대세'로 떠오른 데모크라시와 지배층의 대응

다이쇼 데모크라시는 세계적 상황에 조응한 것이기도 하였다. 특히 제1차 대전 후에는 참혹한 전쟁에 대한 반성의 움직임이 일면서 평화와 협조, 데모크라시가 국제사회의 공통 이념으로 떠올랐다. 그리고 전쟁의 결과로 러시아, 독일, 오스트리아, 헝가리 등에서 군주제가 무너졌다.

당시 일본은 메이지기 이래 세계의 대세를 구실 삼아 부국강병과 국가주의 정책을 추진하고 있었다. 그런데 그 대세가 바야흐로 편협한 국가주의를 배격하고 평화와 협조, 데모크라시를 기조로 삼게 되었으니 일본 지배층이 받은 충격은 적지 않았다.

이 시기 지배층의 동향을 잘 알 수 있는 『하라 다카시 일기』를 한 번 살펴보자. 1917년 러시아혁명으로 차르가 퇴위했다는 소식을 접한 후 4월, 하라는 다음과 같이 쓰고 있다.

> 러시아혁명을 보고 초연주의자도 이제 꿈에서 깨어나지 않을 수 없다. 근래의 일은 …… 황실을 위해, 국가를 위해 심히 우려하지 않을 수 없다.

1918년 쌀소동을 계기로 데라우치 내각이 사퇴한 후 최초로 본격적인 정당내각을 구성한 하라는 1920년에 다시 다음과 같이 적고 있다.

> 지금은 근본적으로 메이지 천황 시대와는 다르므로 통솔권(통수권) 등을 함부로 휘두르는 것은 앞날을 위해 위험하다. 정부가 황실에 누를 끼치는 일이 없도록 모든 책임을 지는 것, 이것이 바로 우리 헌법의 취지다. 또한 황실을 위해서는 황실이 직접 정치에 관계하지 않게 하고 단지 자선과 은상 등을 베푸는 곳으로 만들면 편안해질 것이라고 생각하여 그러한 방침을 취해 왔다. 그런데 참모본부 주변의 군인들은 이 점을 이해하지 못하고 걸핏하면 황실을 담보로 정계에 군림하려 하니 심히 잘못된 것이 아닐 수 없다.

여기에서 '메이지 시대와 완전히 달라졌다'는 말은 우선 영명한 군주로 인정받았던 메이지 천황과, 당시 의회에 임석하여 칙어조차 낭독할 수 없을 정도였던 그의 아들 다이쇼 천황과의 차이를 의식한 데서 나왔을 것이다. 또한 새로운 시대적 흐름의 배후에 존재하는 세계사적 대세 역시 민감하게 인식하고 있었다고 할 수 있다. 하라의 이러한 생각에는 천황제 관료인 미우라 고로, 다나카 기이치, 야마가타 아리토모 등도 거의 동의를 표하고 있다. 이 시기가 되면 천황제기관설 등의 입헌주의 사상과 지배층의 인식 사이에는 결정적인 대립이 보이지 않았고, 지배층도 입헌주의를 무시할 수 없는 상황에 처해 있었다. 단 하라는 의회의 개·폐회와 해산을 비롯하여 그것이 무엇이든 간에 정적과 싸움을 벌여야 할 때는 반드시 황거, 때로는 하야마(葉山) 별장으로까지 달려가 전혀 정치적 판단력도 없는 다이쇼 천황에게 일일이 상주하는 것을 잊지 않았다. 원칙으로서의 천황제의 강대함은 여전하였던 것이다.

지능이 낮았던 다이쇼 천황은 일본 지배층을 당혹스럽게 했다. 위는 다이쇼 천황의 초상, 아래는 다이쇼 천황의 대상 사진이다.

민중이 빠진 '헌정의 상도'

1925년 보통선거법(단 여자에게는 참정권이 주어지지 않았다)이 실현된 것은 이러한 국내외적 변화의 결과였다. 즉 간토 대지진 후 관료세력을 기반으로 하여 탄생한 스기우라 게이고(清浦奎五) 내각에 대항하여 헌정회・혁신구락부・정우회는 '호헌3파'를 조직하여 정당내각제 수립, 보통선거법 제정, 귀족원 개혁이라는 세 가지 요구를 내걸고 제2차 호헌운동을 일으켰다. 내각은 의회를 해산시켰으나 총선거의 결과는 3파의 승리였다. 헌정회의 가토 다카아키(加藤高明)가 3파를 기초로 하여 조각을 담당하고, 이 내각 아래에서 보통선거법이 실현되었다. 그리고 이후 원로인 사이온지 밑에서 1932년 5・15사건이 일어날 때까지 정우회와 민정당이 서로 정권을 돌아가며 장악하는 정당내각제의 관행 소위 '헌정의 상도'가 계속되었다.

그러나 보통선거와 정당내각제는 제1차 호헌운동과 비교하면 민중운동을 수반하지 않은 채 실현되었다는 특징을 갖고 있다. 본래 정우회와 민정당 등은 기본적으로 부르주아의 이익과 결부된 정당이었기 때문에 제1차대전 후 일본에서도 뚜렷한 고양을 보이던 노동자계급을 위시한 민중 운동에 대해 잔뜩 경계의 눈초리를 보내고 있었다. 제1차 호헌운동 때는 고양된 민중운동을 등에 업고 번벌 전제세력과 대립하기도 하였지만, 그 후에는 오히려 민중운동과 민주주의 사상을 적대시하고 내부공작 등을 통해 원로를 비롯한 번벌 관료세력과 손을 잡고 타협하면서 자신들의 세력을 확장시키고자 하였다.

최초로 본격적인 정당내각을 조직한 하라도 보통선거의 실시를 위한 납세자격의 철폐 주장에 대해 "현 사회조직에 타격을 가하려는 것으로서 계급제도의 타파"를 목적으로 하는 위험스럽기 짝이 없는 것으로 보았다. 그리고 이들 민중이 현 사회조직을 파괴할 세력을 형성한다면 "실로 국가의 기초를 위험스럽게 만들 수 있다"고 하여 1920년에 제안된 보통선거법안의 실현을 저지하였다. 호헌3파가 보통선거법을 실현시킨 것도 민주적인 정치제도를 확장하기 위해서라기보다는, 1920년대 들어 급속히 고양된 민중운동의 에너지를 다른 곳으로 돌려 계급적 질서를 안정시키기 위해서였다고 볼 수 있다.

이러한 정당정치 아래에서 메이지 헌법에 내포된 입헌주의적 개혁을 기대할 수는 없었다. 아니, 오히려 천황제 파시즘으로 가는 길을 열어주는 사태를 초래하게 된다.

천황제 파시즘으로 가는 길

다이쇼 데모크라시는 분명 천황의 정치적 힘을 실질적으로 약화시키면서 입헌주의적 변혁을 추진할 수 있는 요소를 포함하고 있었다. 그럼에도 불구하고 이 요소를 살리지 못하고, 오히려 이후 천황제 파시즘으로 넘어가 버린 이유는 무엇일까.

우선 병약한 다이쇼 천황을 대신하여 황태자 히로히토를 새로운 카리스마로 만들고자 한 지배층의 정책을 들 수 있다. 당시 지배층은 '제왕학' 교육을 중시하여 학습원이 아닌 동궁 안에다 따로 황태자를 교육시키기 위한 특별학문소를 세웠다. 또한 제왕학의 완성을 목적으로 한 1921년 히로히토의 영국방문도 상당한 성과를 거두었다. 이 성공에는 제1차 대전 후 세계의 군주국가를 유지하고자 한 영국과 영국왕실이 히로히토의 영접에 적잖은 신경을 쓴 탓도 있다. 이와 함께 국민통합에서 의식(儀式)이 수행하는 역할이 재확인되면서 쇼와의 대상(大喪)과 대례(大禮)가 대대적으로 연출되었다. 귀국 후 히로히토는 섭정이 되었고 국민들 사이에서도 이 젊고 새로운 섭정에 대한 기대가 높아졌다.

의식의 중시와 표리관계에 있는 천황제에 대한 언론의 억압·단속체제도 정비되었다. 특히 보통선거법과 함께 성립된 치안유지법은 후에 대단한 맹위를 떨치게 된다.

한편 계급적 입장을 같이하면서 군부·관료 세력과 타협관계에 있던 정우회와 헌정회는 기본노선에서 큰 차이를 보이지 않았다. 따라서 양자가 정권투쟁을 벌일 경우 쟁점으로 부상하는 것은 건전한 정책논쟁과는 전혀 상관없는 것들이었다. 천황과 국체의 권위를 이용하여 상대방을 서로 '반황실, 반국체'로 몰면서 비난한 것이 그것이다. 예컨대 1926년 섭정 히로히토의 암살을 기도한 박열 사건과 관련하여 당시 야당인 정우회가 헌정회를 향해 가한 다음 비판은 그 대표적인 예가 되겠다.

> 천황은 신성불가침이고 신민은 영원히 절대적으로 복종해야 하는, 실로 세계에서 탁월한 우리 국체의 정화니, 만에 하나라도 불상사가 일어난다면 국민은 신하된 도리로서 사력을 다해 이를 제거하지 않으면 안 된다. …… 그런데 정부가 이 일을 짐짓 경시하고 있는 것은 황실과 국체에 관한 근본관념에서 우리와 맞지 않는 바가 있기 때문이다.

이에 헌정회는 정우회야말로 '반황실'적이라는 비난을 퍼부어 댔다. 이러한 정당 간의 상호비난과 황실 · 국체에 대한 충성경쟁은 황실과 국체의 정치적 가치를 더욱 높여주었다. 그렇게 보면 후에 일어나는 통수권 침범문제나 천황기관설 사건도 정당인들 스스로가 준비하고 있었다고 할 것이다.

천황제의 파시즘화 경향은 군국주의와 군비확장의 추진에 따른 재정문제의 심각화, 일본 국민생활의 파괴, 나아가 조선과 만주 등지의 민족적 저항의 확대 등 일본 제국주의정책의 모순이 확대되어 막다른 궁지에 몰리면서 전면에 나서게 된다. 다이쇼 데모크라시 하의 정치는 기본적으로는 이러한 경향을 수정하거나 바꿔놓지 못하였다. 입헌주의 사상이 널리 퍼져 나가고 정당정치도 일정하게 전진하였지만, 그렇게 해서 세워진 기반은 제국주의 일본의 틀을 벗어난 것은 아니었다. 민중운동에 대한 정당의 경계심이나 적대감은 여전하였고, 이는 특히 제1차 대전 후 민중운동의 성장과 함께 더욱 강화되었다. 이러한 것들이 천황제의 개혁을 더 이상 진전시키지 못하고 결국은 파시즘화로 가는 길을 재촉한 근본 이유 중 하나가 되었다고 할 수 있다.

참고문헌

鹿野政直, 『日本歷史(27) 大正デモクラシ-』, 小學館, 1976
松尾尊兊, 『大正デモクラシ-の研究』, 靑木書店, 1966
松尾尊兊, 『國民の歷史(21) 民本主義の潮流』, 文英堂, 1970
鈴木正幸, 『近代天皇制の支配秩序』, 校倉書房, 1986
佐々木潤之介, 「戰後史と象徵天皇制」, 『歷史地理教育』 442, 1989. 5

마루야마 아키라 丸浜昭

31
제1차 대전 후의 데모크라시 상황에 대해 천황제는 어떻게 대응하였을까

황태자 히로히토의 양행

「상복 입은 나라에서」

메이지 천황의 사망은 메이지 개인의 카리스마성에 많은 부분을 의지해 온 천황제에 큰 타격을 주었다. 일반적으로 군주제의 안정에는 군주 개인의 인격이 대단히 중요한 의미를 갖는다. 그런 의미에서 메이지 천황은 부국강병을 실현한 근대일본의 영광을 인격화한 존재로 부각되어 천황통치를 안정시키는 데 중요한 역할을 했다. 그에 반해 병약한 다이쇼 천황은 아버지 메이지 천황이 수행한 역할을 대신하기에는 역부족이었다. 다이쇼기에 접어들어 원로와 군인들 간에 문제가 생길 때마다 선제(先帝 : 메이지 천황)의 의지를 끄집어낸 것도 바로 권력 내부를 조정할 천황의 기능이 상실되어 있었기 때문이다.

메이지의 종언은 국민들 사이에 일종의 천황으로부터의 이탈 혹은 국가주의로부터의 이탈을 불러왔다. 1912년 9월, 모모야마 능(桃山陵)에 가까운 교토에 살고 있던 야마모토 센지(山本宣治)는 「상복 입은 나라에서」라는 짤막한 글을 『가나타 신보』(加奈陀新報)에 기고하였다.

어제 신 앞에 엎드려 축원을 올린 수많은 민중의 눈물도 이윽고 그치고, 지금은 냉정하게 "아무리 지위가 높은 군주일지라도 죽음을 이겨낼 수 없다"라고 말한다.

(교토 시장이) "고베・오사카 사람들은 애국심이 강하여 조기를 내걸고 있으나 교토 시는 오랜 도읍지고 능으로 선정된 지역에서 가까운 곳임에도 불구하고 조기가 눈에 띄지 않는 것은 충군애국 시민이 적은 까닭이니 (나는) 이를 개탄해 마지않는다"라고 발언한 데 대해 교토 시민들은 분개하였다. "조기 게양은 법령에서 보이듯이 일정 기간만 달면 되고 대상 기간 내내 달 필요가 없다는 것을 시장은 잊었는가, 우리 시민은 적어도 애국심이 부족하다는 따위의 모함을 받아들일 수 없다"며 항의를 하였다. 이와 유사한 사건이 다른 지역에서도 있을 것이다. 원래 애국심이나 충의 같은 것을 어떤 한 계급의 전유물로 생각하는 것은 잘못된 것이다. 이런 사상을 무리하게 확대시켜 혹 마음에 안 맞는 자를 만나면 "너는 반(反)국민이고 불경한 자다, 정말 사상이 의심스럽다"라고 극단화시키는 방법은 올바른 것이 아니다.

야마모토는 천황의 사망을 비교적 깨인 눈으로 파악하고, 조기 강제 등에 반발하는 민중의 존재를 끄집어 내보이고 있다. 동시에 그는 교토 시장의 발언에 담긴 본질을 훌륭하게 꿰뚫어 보고 "애국심이나 충의 같은 것을 어떤 한 계급의 전유물로 생각하는 것은 잘못된 것이다"라고 주장하고 있다. 나아가 그는 "일본은 새롭게 태어났지만 스스로 그 혼을 발견하지 못하고 있다", "고상한 이상과 목적에 눈을 돌리는 자는 오늘날의 정치가나 장군들 가운데에는 없는 듯하다"라는 『타임즈』의 논평을 인용하며 원로나 관료, 군인 등을 비판하였다.

야마모토의 이러한 파악방식은 1907~11년간 캐나다에 유학한 경험에서 얻은 국제적인 시각에 힘입은 바 큰데, 그가 묘사한 것처럼 천황제에 대한 국민의 반응은 메이지기와는 달라지고 있었다. 다이쇼라는 새로운 시대를 국가 쪽에서 지도해 나갈 정신적인 '비장의 카드'가 없었던 것이다. 이윽고 다이쇼 정변이 일어나고 데모크라시 풍조가 고양되는 가운데 체제 측은 새로운 대응책을 모색하지 않을 수 없게 되었다.

제1차 대전과 데모크라시 상황

1910년 조선을 식민지화한 일본에게 제1차 대전은 새로운 제국주의적 침략의 야망을 성취시킬 수 있는 호기였다. 1914년 8월, 대독참전을 결정한 일본은 독일군의 칭다오(靑島) 요새를 공략한 후 대외적으로 약속한 '독일 이권의 중국 반환'을 무효화시키고 1915년 1월, 중국의 위안스카이 정권에게 21개조 요구를 들이밀었다. 이 21개조 요구는 호헌운동으로 들끓고 있던 일본 내의 정부비판운동의 칼날을 다른 데로 돌리게 하는 데 성공하였다. 러시아혁명이 일어나자 혁명간섭과 영토확장을 노리고 시베리아 출병을 단행(1918년 8월)한 일본군은 일크츠크를 비롯하여 동시베리아 각지를 점령하였다. 이러한 팽창정책은 결과적으로는 실패로 끝났으나 처음에는 성공할 것 같았고, 전쟁특수에 의한 호경기로 제1차 대전은 문자 그대로 다이쇼 신시대에 나타난 천재일우의 기회처럼 보였다. 그러나 그러한 생각도 잠깐, 제1차 대전은 천황제와 이를 유지하고자 하는 사람들에게 다음과 같은 곤란한 숙제를 안겨주었다.

① 러시아, 독일, 오스트리아, 오스만 투르크 등과 같은 군주국이 혁명으로 차차 무너졌다. 이러한 국제적인 군주제의 위기에 어떻게 대응할 것인가.

② 전쟁 후의 국제정세 속에서 평화와 협조를 갈구하는 기운이 높아졌다. 따라서 청일전쟁 이래 대외전쟁의 승리를 통해 그 권위를 높여 온 천황제는 종래의 방식을 개선할 필요성이 있었다.

③ 러시아 혁명의 성공과 국제적인 평화·협조의 기운에 의거한 일본의 데모크라시 운동이 쌀소동을 계기로 더욱 고양되었다. 데모크라시 상황에 어떻게 대응하고 천황통치의 정당성을 어떤 방식으로 내세울 것인가.

③ 한국병합, 21개조 요구와 베르사이유 조약에 대하여 조선에서는 3·1 독립운동이, 중국에서는 5·4운동이 일어났다. 동아시아 민중의 분노와 저항에 어떻게 대응할 것인가.

위와 같은 상황은 천황제의 입장에서 보면 메이지 천황의 사망으로 야기된 상황보다 훨씬 심각한 것이었다. 일본의 이러한 내외적인 데모크라시 상황에 대응하여 천황제를 옹호하고 유지하기 위해서는 불가피하게 천황제를 과감히 수정할 필요가 있었다. 동시에 이러한 사태에 대응할 수 있는 군주로서 '영명'한 황태자 히로히토에 대한 기대가 지배층 내에서 더욱 높아져 갔다.

황태자 히로히토의 양행

1921년 3월 3일, 황태자 히로히토는 황후와 일부 궁중세력의 반대를 무릅쓰고 유럽(중심은 영국) 여행길에 올랐다(9월 3일 귀국). 그리고 귀국 직후인 11월에 섭정에 취임하였다. 이 반년 간의 양행은 1차 대전 후의 천황제의 변화를 상징적으로 보여준 사건이었다.

하라 다카시 등 일본의 정치지도자들은 황태자 양행에 기대를 걸고 있었다. 정치지배자로서 뛰어난 정치감각을 지녔던 하라는 1919년도 예산에서 황실비 증액을 삭제하고 황실수익을 사회사업에 사용하게 하는 정책을 취하였다. 쌀소동에 의한 민중의 불만이 황실에까지 미치지 못하게 하려는 배려였다. 황태자 히로히토의 양행에 관하여 하라는 다음과 같이 기록하고 있다.

> 이젠 황태자 전하가 조금씩 정사도 보고 사람을 만나는 일 등에도 익숙해지게 만들 필요가 있다는 생각이 들어서 전날 마쓰카타(松方)에게 은밀히 말을 건넸더니 동감을 표했다. 하마오(浜尾) 동궁대부(東宮大夫)에게도 같은 뜻을 비쳤는데, 요령부득의 일이라고 하길래 야마가타의 동의를 얻어 하마오에게 황태자가 성혼하기 전에 양행을 하게 할 필요가 있지 않는가 하고 말을 건네보았다. 그러나 학문을 다 끝내지 못했다는 따위의 말을 하며 아직 결행할 때가 안 되었다고 탄식조로 이야기하였다. 나는 이 양행이 정말 필요한 일이라고 지적하였다. …… 사실 나는 이 일을 국가의 중대사라고 생각해 왔고, 늘상 이 문제를 우려하여 천황에게 상주하는 일도 가능한 한 나 자신이 하고 있다. 야마가타, 마쓰카타, 사이온지 모두 이 점에 대해서는 진실로 우려를 금치 못하고 있다. (『原敬日記』 1919. 11. 6)

그의 『일기』를 보면, 국민들 앞에 나설 수 없을 만큼 심각해진 다이쇼 천황의 병이 국민감정에 마이너스로 작용하고 있다는 점, 따라서 황태자가 정무를 대행할 필요가 있고 이를 위해 황태자 교육과 양행을 고려한 점, 궁중에서 이론이 있기는 하지만 황태자 양행을 '국가의 중대사'로서 꼭 실행해야 한다는 점에 대해 원로를 비롯한 지배층의 인식이 일치하고 있음을 알 수 있다.

하라 등이 황태자 양행을 적극 추진한 것은 영국식 군주제를 본고장에서 보고 배우게 하여 데모크라시 상황에 대처할 수 있는 군주로 키우기 위해서였다. 나아가 황태자가 유럽으로부터 높은 점수를 따게 하여 그의 영명함을 국민들에게 전시할 필요도 있었다. 황태자가 유럽에 머물렀을 때 그의 일거수 일투족에까지 극히 세심한 주의를 기울인 것은 이 때문이다.

출발 전, 하라는 이런 문제에까지 일일이 신경을 쓰고 있었다.

> 황태자 전하의 몸가짐, 예컨대 전하는 자꾸 몸을 움직이는 경향이 있는데 가까이서 모시고 있는 사람이 이 점에 대해 말씀을 올려 교정을 받았으면 하고, 서양식 식사예절도 실은 잘 모르고 계시는 것 같으니 이것도 누군가 잘 말씀 올렸으면 한다. 양행에서는 특히 그런 것이 매우 중요할 것이다. (『原敬日記』 1920. 10. 28)

황태자를 유럽에 초빙한 중심인물은 영국왕 조지 5세였다. 제1차대 전은 세계의 대표적인 군주국들을 붕괴로 몰아넣었다. 이에 대해 군주제 제국주의의 유지와 강화를 위해 중심적인 역할을 수행한 것이 영국이었다. 로이드 조지나 처칠은 국제적인 혁명운동을 억압하기 위해서는 국제적인 군주제를 유지, 강화할 필요가 있다고 판단하고 대전에서 살아남은 군주국에 대해 특별히 지원을 아끼지 않았다.

영국의 이러한 정치적 판단에 따라 황태자 히로히토는 도착하자마자 후한 대접을 받았다. 그는 포츠머스 군항에서 영국 황태자의 환영을 받았고, 런던의 빅토리아 역에서는 직접 조지 5세의 영접을 받았다. 아시아인으로서 전대미문의 일이었다. 더욱이 그는 영국의 명예 육군대장에 임명되었다. 이러한 대접에 크게 감격한 황태자 히로히토는 "조지 5세 폐하의 자비로운 아버지와도 같은 따뜻한 대접은 평생 잊을 수 없다"고 후에도 자주 이야기하였다.

하라 등의 노력도 있고 해서 유럽에서 일본 황태자가 얻은 평판은 그다

황태자 양행은 데모크라시 상황에 대처하기 위해 일본정부가
주도면밀하게 준비한 것이었다. 사진은 영국왕 조지 5세와 히로히토

지 나쁘지 않았다. 그리고 그 '영명'함은 대량으로 동원된 매스컴을 통해 일본국민에게 대대적으로 선전되었다. 양행은 군주의 존재방식을 배운다는 점에서 히로히토에게도 큰 영향을 주었다. 혁명의 기운이 일고 있는 유럽의 실상과 지배자계급, 특히 왕실이 민중에 대해 어떻게 대응하는지를 배운 그는 귀국 후 여러 가지 방면으로 '영국식'을 실천하려고 하였다. 가능한 한 국민들 앞에 직접 나서서 황실을 '개방'하려는 노력을 보이기도 하고, 매스컴을 사용하여 각종 이벤트를 연출하는 등 인심 조작방식을 사용하는 일이 많아졌다. 이러한 연출은 일본인들 사이에 새로운 천황상을 만들어 내는 데 도움을 주었다. 메이지의 종언과 제1차 대전이 만들어낸 일본 내외의 데모크라시 상황에 대하여 천황제는 영국의 군주제 유지책의 도움을 받으면서 대담한 황실 '개방'정책, '영명'한 황태자의 창출과 섭정 취임이라는 방식으로 대응하여 난제를 풀어 나가고 있었다.

가시하라 신궁의 신역 확장

마지막으로 다이쇼기의 천황제에 관련된 지방의 움직임을 나라 현에 위치한 가시하라 신궁(橿原神宮 : 신궁이란 신사를 지칭하는 칭호 중 하나로서 대개

황조나 천황을 제사하는 신사) 주변을 예로 들어 살펴보자.

진무 천황을 제사하는 가시하라 신궁은 1890년 제국헌법체제의 성립과 함께 창건되어 국가신도의 발양을 상징하는 역할을 하였다. 그러나 메이지기에는 러일전쟁 때를 제외하면 이 곳을 찾는 일반 참배객도 별로 되지 않았고 사람들에게도 친근한 존재로 부각되지 못하였다. 그러던 것이 다이쇼기에 접어들면서 상황이 달라졌다.

우선 '신위(神威)의 존엄을 유지하고 영역(靈域)의 신성을 도모'하기 위해 신궁 신역을 확장하는 사업이 추진되었다. 국비와 가시하라 신궁 강사(講社 : 계를 조직하여 신불을 참배하는 단체)의 사업비, 각 부현에서 거둬들인 기부금 등 약 90만 엔을 들여 확장공사에 착수했다. 도중에 중단이 되는 등 우여곡절을 거친 끝에 1926년 확장사업은 완성을 보았다. 그 결과 신궁은 두 배로 확장되고 거의 같은 면적을 가진 인접한 우네비 공원도 정비가 이루어졌다. 이 때 신궁 북쪽에 위치한 진무 천황릉도 정리·확장되었는데 그 과정에서 "능을 내려다볼 수 있는 위치에 있는 것은 무엄하다"는 이유로 미해방부락이 강제 이전을 당하기도 하였다.

두 번째로 1923년에 오사카 전기궤도(大阪電氣軌道 : 현재의 近鐵)의 우네비 선(畝傍線 : 현재의 橿原線)이 개통되어 현내나 오사카 방향에서 온 참배객이 급증하였다. 우네비 선의 부설 목적은 다음과 같았다.

> 일상 업무에 쫓기는 사람들도 쉽게 참배할 수 있게 되면 우네비 및 신궁 참배자 수가 급증할 것이다. 시간을 단축하게 되니 경제적인 것임은 물론 국민사상에 미치는 영향은 더욱 큰 이익을 가져다줄 것으로 믿는다. (『大阪電氣軌道三十年史』)

참배에는 오락적 요소도 포함되어 있었겠지만 신궁을 확장·정비하고 교통기관을 정비함으로써 참배객을 늘려 국민이 천황제에 대해 친근감을 품게 하는 것이 주목적이었던 것이다. 다이쇼기가 되면 가시하라 신궁처럼 '위조된 문화재'까지 동원하여 민심을 직접 조작하여 국가신도의 정신을 침투시키는 수단으로 적극 이용하였음을 알 수 있다.

참고문헌

『山本宣治著作集第1巻』, 汐文社
鈴木正幸, 『近代天皇制の支配秩序』, 校倉書房
佐々木隆爾, 「戰後思想史と象徵天皇制」, 『歷史地理教育』 442
鈴木良 編, 『奈良縣の百年』, 山川出版

가쓰야마 겐쇼 勝山元照

32
부락문제는 어떻게 생겨났고 해방운동은 어떻게 발전하였을까

부락차별과 천황제

천칭폐지령을 둘러싸고

근세 봉건사회의 확립 과정에서 봉건적 신분제도를 성립시킨 막번제 권력은 특히 피다(皮多), 숙(夙), 등내(藤內), 번태(番太), 비인(非人) 등을 천민신분으로 고정시키고 이들에게 형 집행이나 경찰, 청소 같은 천대받는 일을 맡겼다. 그리고 근세 봉건사회가 동요하는 중에 신분제도의 확립·강화 정책을 취하면서 피다를 비천한 칭호인 예다(穢多)로 부르며 차별정책을 강화하였다. 메이지 초기에 예다는 전 인구의 약 1.5%, 비인은 약 0.3%를 점하였는데 조사에서 빠진 천민까지 넣으면 천민해방령으로서 천칭폐지령(賤稱閉止令)이 포고된 1871년 당시 천민은 전 인구의 2% 정도를 차지하였다(部落問題研究所 編,『部落の歷史と解放運動 - 近現代編』참조).

이 봉건적인 신분제도는 막번체제 하에서 전개된 피지배계급의 신분제 철폐투쟁과 천민의 신분해방투쟁, 메이지 신정부의 출범과 함께 대외적인 이미지의 개선을 위해 고려해야 했던 문명개화정책을 배경으로 하여 폐지되었다. 농민·상인이 평민으로 된 것은 1869년경의 일이다. 그러나 이 신

부락해방운동의 선구적 역할을 한 수평사의 초기활동가들. 이 운동은 천황제 권력에 대한 도전이라는 의미가 컸다.

분제 개혁은 원래가 '일군만민'(一君万民) 사상을 토대로 모든 권력을 천황에게 집중시키는 통일국가를 만들기 위한 것이었다. 천황은 살아있는 신인 현인신이 되었고 천황 일족은 황족이 되었다. 구 귀족[公卿]과 대명은 화족이 되어 가문과 공적에 따라 공·후·백·자·남작이라는 5단계 작위를 받았다. 구 무사는 사족(士族)이 되고, 아시가루(足軽 : 최하급 무사) 이하는 졸(卒)이 되었다. 다음 해 9월에는 평민들도 성을 쓸 수 있게 되었으나 과거 천민신분이었던 자에게는 허용되지 않았다.

천민으로 간주된 에다·비인 등의 칭호가 폐지된 것은 1871년 8월 28일 태정관 포고 제44호를 통해서다. 그러나 이 천칭폐지령은 법제상 신분·직업·거주지의 자유는 인정하였으나 여전히 행정적인 면에서는 차별을 온존시키고 사회적인 차별도 그대로 유지시켰다. 게다가 종래 에다가 갖고 있던 소·말 시체의 처리권을 부정하고 비인의 권리였던 보시나 걸식을 위한 장도 빼앗았다. 이 때문에 천칭폐지령은 많은 천민들에게 생활의 향상이 아니라 오히려 생활고를 가중시키는 결과를 가져왔다.

일부 지역에서는 천칭폐지령의 하달이 의도적으로 지체되기도 하고 천민신분의 폐지에 반대하는 움직임도 나타났다. 이는 주로 도시나 촌의 지주, 유력농민층의 선동으로 일어나고, 연공감면과 징병령 반대, 학제 반대 등 신정부 정책에 대한 반발이 왜곡된 형태로 표출된 것이었다.

그러나 부락민 자신은 천칭폐지령을 적극적으로 받아들였다. 여러 부락에서 지금까지 천민이 해 왔던 일을 포기하겠다는 협의가 이루어지고 입회권에 대한 소송을 벌이기도 하고 신사참배를 요구하기도 하는 등 자각적인 해방의 움직임이 강해져 후의 부락해방운동의 출발점이 되었다.

부락문제의 성립

부락문제는 일본 근대사회에서 출현하여 현대사회까지 계속되고 있는 사회문제다. 이 문제가 나타난 것은 1880년대부터 1890년대의 일본제국헌법체제 확립기였다.

일본제국헌법은 '만세일계'의 천황을 정점으로 하여 구 귀족이나 대명을 화족이라는 특권신분으로 재편성했을 뿐만 아니라 여성차별과 가부장제도를 법률로서 유지시켰다. 이러한 천황제 절대주의체제를 지탱하는 종적 지배체제의 일환으로서 온존된 것이 바로 부락차별이었다. 이는 기존의 촉예(觸穢 : 부정 타는 것은 접촉하지 않으려는 것) 관념이나 비천 관념과도 관계가 있지만, 더 본질적으로는 기생지주가 지배하는 농촌에서 전근대적인 여러 제도가 그대로 남아 있었고 부락 내의 지배체제 역시 재편성되지 않은 채 온존된 결과였다. 이리하여 수리권, 입회권, 어업권, 정촌합병, 정촌회 의원선거, 소학교 설립 등 생산활동의 장에서 부락 차별문제는 해결을 보지 못한 채 그대로 남아 있게 되었다. 여기에다 천황제 절대주의 지배체제 아래에서 천황제 이데올로기가 철저히 주입되었다. 이러한 전근대사회 습속의 잔재, 천황제 절대주의국가의 지배이데올로기, 게다가 부락의 낮은 경제적 위치 등이 얽혀 부락문제가 성립되었다.

부락개선운동과 무신조서

부락개선운동이 발흥한 것은 1880년대 후반에 들어서였다. 야마구치 현의 불교청년행도회(佛教青年行道會), 오이타 현의 풍속교정회, 오사카의 공도회(公道會), 교토의 진취회(進取會) 등이 그것이다. 메이지 헌법체제가 성립하는 1890년대가 되면 미요시 이헤이지(三好伊平次)를 중심으로 하여 오카야마 현 전역의 부락유지들이 모여 비작평민회(備作平民會)가 만들어졌다. 전 현 차원에서 만들어진 최초의 부락개선운동단체였다. 그리고 1903년 7월 오사카의 청년회관에서 대일본동포융합회의 설립총회가 열렸다. 이는 와카야마 현에서 일어난 정토진종 포교사에 의한 차별사건, 히로시마 공소원에서 일어난 부락민 이혼소송에 대한 차별판결, 오사카 부회(府會) 의원에 입후보한 모리 히데쓰구(森秀次)에 대한 차별사건 등이 연달아 터지면서 뜻을 같이하는 사람들의 결집을 도모하고 '도덕수양 · 풍속교정 · 교육장려 · 위생주의 · 인재양성 · 근검저축 · 식산흥업'을 목적으로 하여 결성된 것이다.

이러한 부락개선운동의 진전과 청일 · 러일 전쟁기의 일본 자본주의의 발전에 따른 노동운동의 진전에 직면하여 사회정책을 실시하지 않을 수 없게 된 천황제정부는 한편으로는 부락개선정책을 실시하면서 또 다른 한편으로는 사회운동에 대한 탄압을 강화시켰다. 1908년 10월 11일, 사회주의의 대두와 향락주의 풍조를 억압할 목적으로 가쓰라 내각 아래서 무신조서가 발포되었다. 이는 "마땅히 상하가 마음을 하나로 한다"라고 하여 계급협조를 설파하고 사치를 경계하며 국운의 발전을 위해 '충량한 신민의 협조'를 요구한 것으로서, 이후 교육칙어와 함께 도덕교육의 기본방침이 되었다. 여기에 1910년의 대역사건을 통해 사회운동에 대한 탄압의 강도를 더욱 높이고, 다른 한편으로는 부락민에 대한 교화정책과 개선책을 추진하였다.

그 결과 천칭폐지령은 천황의 '성덕'으로 실현된 것이고 그 개선책은 천황의 '인자함'에 의한 것이라는 의식이 뿌리를 내려갔다.

수평운동과 천황제

제1차 대전은 일본 자본주의에 미증유의 이익을 가져다주었다. 제혁업도 호황을 맞아 부락의 피혁산업 역시 크게 성장하였다. 그러나 많은 부락민이 종사하고 있던 조리[草履 : 일본식 짚신]와 하키모노(履物) 산업 등은 반대로 쇠퇴의 길을 걸었다. 물가상승의 파고가 부락민의 생활을 덮쳤고 이에 따라 생활 향상에의 요구는 더욱 고양되었다.

수평사운동을 묘사한 만화(1933)

1918년 7월 22일, 도야마 현 주부들에 의해 시작된 쌀소동은 1도 3부 38현으로 확산되면서 일본 역사상 최대의 민중봉기로 발전하였다. 쌀소동에 참가한 부락민이 얼마나 되는지는 분명하지 않으나 교토와 오사카, 고베에서 부락민이 이 소동에 앞장선 것은 사실이다. 운동은 자연발생적인 성격을 띠었으나 이 운동으로 지배계급이 받은 충격은 심각하였다. 한편 부락민은 이 운동을 통해 도시 하층민이나 노동자, 농민과의 공동투쟁이라는 귀중한 경험을 얻게 되었다.

이후 부락민의 해방요구는 급속히 고양되었다. 1919년 미에 현에서 우에다 오토이치(上田音市) 등은 시베리아 출병으로 전사한 병사의 장례식에 참석한 한 장교가 행한 차별 발언에 대하여 육군대신에게 항의하여 사죄를 받아내는 데 성공하였다. 1921년에는 철심동지회(徹心同志會)를 조직하여 부락차별을 규탄하고 소작쟁의에 나섰다.

1920년 나라 현에서는, 일본사회주의동맹에 참가하고 사카이 도시히코와 야마카와 히토시 등의 사회주의자들과 접촉하고 있던 사이코 만키치(西光万吉) 등의 청년들이 연회(燕會)를 조직하여 부락민의 생활향상을 위한 소비조합활동 등을 시작하였다. 그리고 하층의 민주주의적 에너지에 기초하여 개혁을 요구하는 사람들과 손잡고 보수세력에 대항하여 구정(區政) 민주화를 쟁취해 냈다.

1920년부터 21년에 걸쳐 전국 각지에서 청년회를 중심으로 차별철폐를 외치는 자각적인 단체들이 탄생하여 각각 창의성 넘치는 활동을 전개하였다. 공산주의자 사노 마나부(佐野學)가 「특수부락민 해방론」이라는 논문을 발표하여 조직의 전국적인 결집과 운동방향을 제시한 것도 이 때다.

사이코 만키치 등은 수평사 설립에 착수하였다. 먼저 「좋은 날을 위하여」라는 창립취지서를 작성하여 전국에 배포하고 창립대회에 참가할 것을 호소하였다. 1922년 3월 3일, 교토에서 3천여 부락대중이 참가한 가운데 전국수평사 창립대회가 개최되어 경과보고를 거쳐 강령·선언·결의가 채택되었다. 그로부터 1년 사이에 약 600여 개의 지방 및 부락에서 수평사가 결성되었다. 7월에는 기관지 『수평』이 발간되어 출판과 선전활동도 활발히 추진되었다.

수평사의 창립은 천황제 권력에 대한 중대한 타격이었다. 이 단체는 천황제를 정점으로 하는 비인간적인 신분지배 자체에 정면 도전을 한 것이고, 모든 인간의 해방을 목적으로 하는 보편적 원리를 내걸었기 때문이다. 게다가 수평운동은 처음부터 노동·농민·사회주의 운동과 결합하여 일본에서 진정한 민주주의를 실현하려고 한 것이었다.

초기 수평사의 투쟁은 차별규탄운동을 중심으로 하였으나 천황제에 대해서도 정면투쟁을 전개하였다. 1922년 3월 오이타 현의 마타가하라(的が原)에서 일어난 소각사건의 진상규명과 구호활동은 그 대표적인 사례다. 이 사건은 간인노미야 고토히토 친왕(閑院宮載仁親王)이 오이타 시에서 열리는 일본적십자사와 애국부인회 대회에 출석차 기차를 타고 지나갈 때 차창 밖으로 비칠 오두막이 보기 흉하다고 하여 해당 지역의 경찰관이 60여 호의 집을 소각해 버린 사건이다. 당시 소각된 마토가하라는 미해방부락이 아니라 일반인이 살고 있는 빈민지역이었으나, 이 사건에 대한 수평사의 투쟁으로 간인노미야의 대회 출석은 중지되었다.

이 같은 움직임에 대응하여 천황제정부는 간토 대지진이라는 혼란을 절호의 기회로 삼아 1923년 「국민정신 작흥에 관한 조서」를 발포하였다. 이는 다이쇼 데모크라시의 풍조 속에서 국민들 사이에 널리 확산된 민주주의 사상을 "겉만 번지르한 화려함과 방종한 습속을 점차 싹 틔우고 경박과 과격한 풍조를 낳는"것으로 적대시하고, "개인의 이익에 치우침이 없이 공무에 전력을 다해 국가의 흥륭과 민족의 번영, 사회의 복지를 기해야 한다"고 하여 천황을 중심으로 국민을 재편성함으로써 천황제의 안정과 강화를 도모한 것이었다. 그러나 부락대중을 비롯한 민중운동은 이러한 천황제 지배에 대해 단호한 투쟁을 벌여나갔다.

1927년 11월 19일, 나고야 연병장에서 육군의 훈련연습이 있었다. 훈련이 끝나고 이어 열병식이 행해졌는데 갑자기 기타하라 다이사쿠(北原太作) 이등병이 대열에서 벗어나 천황의 말이 있는 몇 미터 앞까지 달려나왔다. 그는 "직소!(直訴), 직소!"를 외치며 직소장을 건네려 하였다. 군대 안에서 일어나는 차별사건과 군 당국의 태도에 항의하여 개선을 요구하기 위한 행동이었다. 물론 이것으로 부락차별이 해소될 수 있는 것은 아니었지만, 이는 사람들에게 부락문제에 관심을 갖게 하고 부락민들에게는 용기를 주는 계기가 되었다. 한편 1920년대부터 30년대에 걸쳐 광범위하게 일어난 소작쟁의는 기생지주제를 기초로 한 천황제정부의 지배체제를 뿌리째 뒤흔들었다.

이후에도 수평운동과 부락해방운동은 계속되었다. 그러나 제2차 대전 전에는 천황제정부가, 패전 후에는 점령군과 일본 독점자본이 부락차별 온존정책을 취함으로써 지금까지도 부락문제는 사회문제의 하나로서 완전한 해결을 보지 못한 채로 남아 있다.

참고문헌

部落問題研究所 編,『部落の歴史と解放運動 - 近現代編』
部落問題研究所 編,『水平運動史の研究』
鈴木良,『近代日本部落問題研究序説』, 兵庫部落問題研究所

고마키 가오루 小牧薰

33
천황제국가는 간토 대지진을 어떻게 이용했을까
대지진과 민중운동 탄압

계엄령 하의 학살사건

간토 대지진 직후인 1923년 9월 3일 이후의 신문에는 지진으로 인한 각지의 피해와 참상, 야마모토 곤베에 내각의 성립, '다이쇼 천황 무사', '섭정궁(후의 쇼와 천황) 무사'와 같은 황족 개개인에 대한 소식, 불령선인의 움직임을 전하는 기사들이 실려 있어 당시 상황을 상징적으로 보여주고 있다. 특히 "불령선인 각지에서 방화, 수도에 계엄령 내려져"(『東京日日新聞』 1923. 9. 3) "불령선인이 사람들을 위협하자 도쿄 부근의 군대가 출동"(『秋田魁新報』 1923. 9. 5) "조선독립 음모단", "군대와 조선인 여러 곳에서 충돌"(『秋田魁新報』 1923. 9. 6) 등의 기사를 보면서 일본인들은 조선인들이 진짜로 각지에서 폭동을 일으킨다는 소문을 믿게 되었다.

간토 대지진이 도쿄를 덮친 1923년 9월 1일, 야마모토 내각은 조각중인 상태라 아직 내각 기능을 수행하고 있지 않았다. 그러므로 9월 2일에 내려진 계엄령은 임시 수상대리인 우치다 고사이(內田康哉), 내상 미즈노 렌타로(水野錬太郎), 경보국장 고토 후미오(後藤文夫), 경시총감 아카이케 아쓰시(赤

간토 대지진 당시 자경단은 군대와 경찰의 사주 아래
조선인을 포함한 반체제 인사에 대해 무차별 학살을 자행하였다.

池濃) 등에 의해 9월 1일 오후부터 준비된 작품이었다. 이 가운데 미즈노 내상과 아카이케 경시총감은 1919년 한국에서 일어난 3·1독립운동을 탄압한 콤비로도 유명하다. '조선인의 폭동'을 구실로 내건 계엄령은 추밀원의 자문도 없이 섭정의 재가를 거쳐 바로 칙령으로 발포되었다. 당시 일본제국헌법에서는 "천황은 공공의 안녕을 유지하고 재해를 피하기 위해 긴급한 필요에 따라 제국의회가 휴회중인 경우 법률을 대신할 수 있는 칙령을 발한다"라고 되어 있다. 이 칙령에 의거하여 계엄령이 내려진 것은 1905년 러일전쟁 강화조약에 반대하는 히비야 폭동사건 이래 두 번째였다.

도쿄에 내려진 계엄령은 곧 다른 지역으로 확대되었다. 계엄령이 발포되기 이전부터 「비상경비에 관한 명령」을 법적인 근거로 삼아 출동해 있던 군대도 2차, 3차로 동원을 확대하였다. 이에 따라 수도 도쿄는 일본 전국에서 올라온 군대, 그것도 전시와 마찬가지로 무장을 하고 실탄을 장전하여 임전체제를 갖춘 5만이 넘는 군대에게 장악되었다. 간토 대지진 때 일어난 모든 학살사건은 이 군대가 저지른 것이었다. 출동한 군대와 경찰은 '폭동'이 사실이 아님을 알고 있었을 것이다. 설사 명령을 믿고 출동하였다 하더라도 이윽고 그것이 사실이 아니라는 것쯤은 곧 깨달았을 것이다.

도대체 군대는 치안유지를 구실로 하여 어떤 일을 자행하고 민중에 대해서는 어떤 역할을 수행하였을까. 그리고 간토 대지진 당시 벌어진 일련의 사건들은 시대의 추이에 어떤 영향을 미쳤을까.

학살사건의 주역은 군대

간토 대지진 때 일어난 조선인 학살사건은 일반적으로 악선전에 현혹당한 민중과 자경단(自警團)이 저지른 것으로 되어 있지만, 실제 주역은 군대였다. 유언비어를 긍정하고 선전하여 민중을 불안에 사로잡힌 행동으로 내몬 것도 군대와 경찰이었다.

이를 지바 현의 예를 통해 살펴보자.

나라시노(習志野)에서 실탄을 장비하고 임전체제를 갖추어 출동한 기병연대는 "적은 수도에 있다!"라고 면서 도쿄로 향했다. 그리고 가메이도(龜戶)에 도착해서는 곧 '조선인 사냥'이라는 대량학살을 개시하였다. 이 학살은 출동의 목적이기도 하였다. 도쿄로 파견된 전령이 갖고 돌아와 전국으로 타전한 전보 내용은 다음과 같았다.

> 도쿄 부근의 지진을 이용하여 조선인들이 각지에서 방화를 일삼고 불순한 목적을 이루기 위해 현 도쿄 시내에서 폭탄을 소지하고 석유를 붓고 방화하고 있다. 이미 도쿄 일부에서는 계엄령이 시행되고 있는데, 각지는 이를 자세히 살펴 조선인들의 행동을 엄중 단속해야 한다.

이런 식의 유언비어가 군의 공식루트와 공식기관을 통해 전국으로 번져나갔다. 이것이 자경단의 학살사건으로도 연결된다.

이치카와(市川)의 야전중포병 제1연대는 오마쓰카와(小松川)로 출동하여 "저항하지 않고 순순히 굴복해 온 조선인 노동자 2백 명"(『久保野日記』)을 학살하였다. '조선인 폭동을 진압하는 것'이 군대의 출동목적이었고, 그러한 행동은 자경단을 조직하라는 명령을 전달받은 민중들에게 유언비어를 믿게 하는 근거를 제공하였다. 자경단에 의한 학살사건은 이렇게 해서 각지로 퍼져나갔다. 살해된 조선인의 숫자는 현재까지도 확실하지 않으나 군대·자경단이 저지른 것까지 합하면 6천 명을 넘을 것으로 추정된다.

자경단에 의한 학살사건은 9월 3~5일을 피크로 6일 진정되었다. 다음과 같은 「주의」가 나오면서 수습된 것으로 생각된다.

주의

一. 조선인에 대해서는 그 성질의 좋고 나쁨에 상관없이 법에 어긋나는 대우를 하는 일이 없도록 절대 신중을 기할 것. 같은 우리 동포임을 잊지 말 것.

一. 모든 조선인이 악랄한 기도를 꾀한다고 생각하는 것은 크게 잘못된 것임. 이러한 소문에 현혹되어 폭행을 가하여 스스로 죄인이 되거나 한두 악인의 계략에 편승하는 따위의 어리석은 행동을 범하지 말 것.

간토 계엄사령부

그러나 군대는 이러한 「주의」의 발포와 상관없이, 탄압대상을 무리하게 확대시켜 나가면서 지진의 혼란과 자경단 사건의 배후에서 학살을 자행하였다. 탄압대상에 오른 것은 "지진을 악용하려 하는 일본인" 즉 사회주의자들과, '불령선인' 즉 식민지 민족해방 독립운동과 연루될 우려가 있는 조선인들이었다. 전자의 예로는 가메이도 사건과 오스기 사카에 사건을 들 수 있다. 가메이도 사건은 9월 4일 밤, 가메이도 경찰에 검거당한 가와이 요시토라(川合義虎) 등 10여 명의 노동자가 경찰서장의 의뢰를 받은 나리시노 기병연대 병사들에게 살해된 사건이다. 오스기 사건은 무정부주의자 오스기가 그의 아내, 조카와 함께 도쿄 헌병대에서 아마카스 마사히토(甘粕正彦) 대위에게 학살당한 사건이다. 두 사건 모두 일 개인의 판단에 따라 저질러질 수 있는 사건이 아니었다. 지진의 혼란을 이용하여 일본의 사회주의운동과 노동운동에 가해진 의도된 조직적인 탄압이었다.

불령선인 학살은 조선인 총단속으로 조선인을 '보호·수용'한 경찰과 군대 수용소에서 저질러졌다. 나라시노 수용소의 경우, 수용자들을 선량한 조선인과 불순한 조선인으로 나눈 후 불순한 조선인만 따로 영창으로 끌어낸 후 스파이를 들여보내 학살하였다고 한다(전 군인의 증언). '보호・수용'이라는 이름 아래 군대가 극히 조직적으로 자행한 선별과 학살이었다. 당시 학살당한 숫자는 명확하지 않지만 수용자 숫자의 감소를 통해 역으로 계산해 보면 상당수에 이른다.

특히 당시 강제 연행된 조선인 학생이나 경찰관, 군인들의 증언을 연결시켜 보면, 수용소가 주변 마을에 조선인들을 나눠준 후 자경단을 시켜 이들을 살해하게까지 하였음을 알 수 있다. 9월 7일 저녁, 자경단은 "(조선인들을) 나눠줄 테니 데리러 오라"는 군대의 호출을 받고 불령선인들을 인수하러 갔으며, 촌의 각 구마다 자경단이 땅을 파서 조선인을 앉힌 뒤 목을 잘라 살해한 사실이 촌의 일기를 통해서 확인되었다(『いわれなく殺された人びと』). 이는 군대의 학살행위를 촌의 자경단에게 돕게 한 것일 뿐 아니라 사실이 밝혀질 경우 그 책임을 자경단에게 전가하고자 고안된 각본이었을 것이다.

이치카와 야전중포병 제1연대가 저지른 중국인 왕희천(王希天) 살해사건도 민족운동에 대한 탄압의 하나였다. 증거 인멸을 위해 시체를 토막내서 버렸다는 군인의 증언도 있다. 사건 후 군대에서는 이런 모든 살해사건에 대해 함구령이 떨어졌고 재판을 대비해서 미리 문답까지 준비해 두고 있었다.

민중(자경단)에게 전가된 학살책임

간토 대지진 때의 학살사건은 이상에서 보았듯이 계엄령 아래 군대가 제압하고 군대와 경찰이 중심이 되어 자행되었다. 그러므로 그 책임은 민중을 끌어들인 군대와 경찰, 나아가 이를 지시한 지배층에게 물어야 한다. 그러나 실제로는 군대가 저지른 학살은 최대한 은폐되고 도저히 숨길 수 없는 극히 일부 사례만이 재판에 회부되었다. 게다가 그 대부분을 "위수근무령에 따라 행해진 것이므로 적법행위로 인정"하여 죄를 묻지 않았다. 따라서 오스기 사카에 사건의 주범 아마카스 대위가 군법회의에서 징역 10년을 언도받은 것(1927년에 출옥)은 오히려 예외적인 것이었다.

군대의 학살은 최대한 은폐하고 학살 책임을 유언비어에 현혹당한 민중(자경단)에게 전가시키고 관계자를 구속하여 재판에 넘겼지만, 당시의 보도를 보면 그나마의 재판도 적당적당 진행되고 판결도 거의 집행유예로 종결되었다. "조선인을 상해한 피고에게는 극히 가벼운 형을 구형할 방침이다 / 야마시타 검사정의 동정" 같은 기사도 보였다(『東京日日新聞』 1923. 11. 2). 자경단이 저지른 사건을 재판할 경우에는 군대로부터 인계를 받아 살해한 사건은 완전히 비밀에 부쳐졌고, 살해당한 상대가 조선인인지 일본인인지에 따라서 재판 내용도 크게 달랐다.

1923년, 뭔가가 준비되고 있었다

간토 대지진은 전혀 예상치 못한 자연재해였다. 그런데도 이만한 탄압이 즉석에서 의도적으로 행해졌다는 것은 이미 그 해 가을에 뭔가가 준비되고 있었음을 추측케 한다.

1919년 3·1독립운동 이래 뚜렷해진 식민지 조선의 저항과 탄압, 1922년의 일본공산당·일본농민조합·수평사의 결성에서 보이는 일본 민주운동의 발전, 도쿄와 오사카의 조선노동동맹회의 결성, 보통선거운동·노동운동 등의 발전, 그 속에서 맞이한 1923년은 3악법(과격사회주의운동취체법안, 노동조합법안, 소작쟁의조정법안) 반대운동으로 시작되어 노동쟁의가 속발하였다. 2월에는 공산당 제2회 대회, 3월에는 임시대회가 개최되었고 6월에는 제1차 공산당사건이 일어났다(이 때 검거된 사람들은 형무소에 있었기 때문에 간토 대지진 때 가메이도 사건 같은 탄압을 피할 수 있었다). 4월에는 후에 가메이도 사건으로 살해당한 가와이를 중심으로 하여 공산청년동맹이 결성되고 5월에 개최된 메이데이에는 '8시간노동 즉시 실시'와 함께 '식민지해방'이 슬로건으로 내걸렸다. 계속되는 탄압 속에서도 사회주의운동과 노동·농민운동이 발전을 거듭하고 이들 운동은 식민지해방운동과 점차 연결되기 시작하였다. 천황제국가의 지배층이 가장 두려워하던 사태가 벌어지고 있었던 것이다.

이 해 가을에 준비되고 있던 투쟁은 9월 2일의 국제청년데이였다. 가와이는 그 준비로 바쁘게 지방으로 뛰어다녔다. 9월 1일의 간토 대지진으로 도쿄에서는 국제청년데이를 거행할 수 없었으나 군마, 나가노, 교토 등에서는 행사가 치러지고 예상대로 탄압이 뒤따랐다. 물론 지배층은 미리 탄압 준비를 해 두고 있었다. 다른 한편으로 지배층은 11월로 잡힌 섭정 황태자

의 결혼식을 성대히 치를 준비도 진행시키고 있었다. 화려한 연출로 국민적 관심을 끌어모은다는 계획이었으나 대지진으로 결혼식은 다음 해로 미뤄졌다. 1923년은 12월 섭정 저격사건인 '도라노몬(虎の門) 사건'으로 저물어 갔다.

사상통제의 강화 : 지진천벌론과 국민정신작흥운동

천황제국가의 지배층은 간토 대지진이 끝난 후에도 지진을 계속 이용하였다. 지진으로 인한 혼란과 곤궁한 생활에 시달리던 민중에게 지진천벌론을 강요하고 「국민정신 작흥에 관한 조서」를 발포한 것이 그것이다. 국민들 사이에 사치와 향락주의가 만연하고 위험사상이 횡행했기 때문에 하늘이 노해서 지진이라는 천벌을 내렸다, 그러므로 국민정신을 바짝 긴장시켜야 한다는 것이 주내용이었다. 조서가 발포된 것은 계엄령이 해제되기(11월 16일) 직전인 11월 10일로, 국민에 대한 사상통제를 강화하기 위해 만들어낸 것이 분명했다. 조서가 발포된 후 지방판 기사에는 행정조직의 장이나 학교장들이 조서를 받들어 모시기 위한 방안을 모색하고 있다는 등의 협의기사가 계속 실렸고, 1924년에는 국민의 사상선도와 국민정신의 작흥을 위해 각지에서 국민작흥회가 만들어져 국가주의적 경향이 급속히 대두하였다. 특히 초점이 된 대상은 청소년층이었다.

1925년 군제개혁으로 4개 사단이 폐지되었으나 다른 한편 전차대와 비행대의 신설을 포함한 군의 근대화가 추진되고, 4월 13일의 칙령에 따라 현역장교가 학교현장에 배치되어 군사교련이 실시되었다. 이는 군의 예비교육이라는 의미도 갖고 있어서 지배층에게는 대단히 효과적인 사상교육이 되었다. 이 해는 또한 보통선거법과 치안유지법이 성립된 해이기도 하였다.

참고문헌

姜德相・琴秉洞 編, 「關東大震災と朝鮮人」, 『現代史資料(6)』, みすず書房, 1963

姜德相, 『關東大震災』, 中公新書, 1975

金原佐門, 『昭和の歴史(1) 昭和への胎動 - 大正デモクラシ-の開化と挫折』, 小學館, 1988

加藤文三, 『川合義虎』, 新日本新書, 1988 ; 千葉縣追悼調査實行委員會, 『いわれなく殺された人びと』, 青木書店, 1983

히라카타 지에코 平形千惠子

34
치안유지법은 어떻게 제정되고 개악되었을까
민중운동의 고양과 천황제

민중운동의 고양을 두려워하다

1917년 러시아혁명과 소비에트 정권의 성립은 일본의 민주주의·사회주의 사상과 운동에 큰 영향을 미쳤다. 또한 다음 해 시베리아 출병 발표 등에 영향받아 쌀값이 뛰어오르면서 시작된 '쌀소동'은 군대까지 출동시켜 겨우 진압은 하였으나, 그 영향으로 사회주의운동이 크게 성장하고 각 분야에서 전국적인 조직이 결성되었다. 1920년 신부인협회, 21년 일본노동총동맹, 22년 일본농민조합, 전국수평사 등 부인·노동·농민·해방의 여러 분야에서 운동의 조직화가 진행되었다. 1922년 7월 15일에는 비합법 조직으로서 사카이 도시히코와 야마카와 히토시 등을 중심으로 하여 일본공산당이 결성되었다.

이러한 민중운동의 고양 속에서 1922년 2월, 다카하시 고레키요 내각이 과격사회운동취체법안을 의회에 제출하였다. 1920년 하라 다카시 내각 아래서 추진된 각국의 단속법안에 대한 조사가 열매를 맺은 것이다. 그 제1조는 다음과 같다.

> 제1조 무정부주의, 공산주의 기타에 관하여 조헌(朝憲)을 문란케 할 사항을 선전하려 하는 자는 7년 이하의 징역이나 금고에 처한다.

그러나 이 법안을 둘러싸고 '조헌 문란'이라는 문구가 불명확하다는 등의 문제점이 지적되고 내무성과 사법성 사이에서도 의견일치가 이루어지지 않아 의회 밖의 법안반대운동 속에서 3월, 심의미료인 채로 폐기되었다.

1923년 6월 제1차 공산당 사건이 일어났다. 그 3개월 전인 3월, 도쿄 샤쿠지이(石神井)에서 강령초안을 심의하기 위한 공산당임시대회가 개최되었다. 이 대회의 문서를 사노 마나부(후에 전향)가 소지하고 있었는데, 그 문서를 경시청에 압수당하는 바람에 6월 5일 새벽부터 정오에 걸쳐 약 80명의 당 간부와 당원이 체포되었다. 이것이 제1차 공산당 사건이다. 당시 신문은 이 사실을 다음과 같이 보도하였다. "일본공산당의 내용과 조직은 모두 러시아식", "과거 1년간 착착 계획을 추진하여 학생과 노동자를 적화시켰다"(『大阪新聞』 1923. 6. 6).

이후 '주의자'를 역적시하는 여론조작이 강화되었다. 이러한 중에 간토대지진이 일어나고 가메이도 사건과 조선인학살사건 등이 연이어 일어났다. 바로 그 와중인 9월 7일, 치안유지령이 긴급칙령으로 공포되었다. 내용은 다음과 같았다.

> 출판 통신 기타 어떤 방법으로든 폭행과 소동 기타 생명과 신체 혹은 재산에 위해를 끼칠 범죄를 선동하고 안녕질서를 문란케 할 목적으로 치안을 해치는 사항을 유포하거나 혹은 인심을 현혹할 목적으로 유언비어를 퍼뜨리는 자는 10년 이하의 징역 혹은 금고 또는 3천 엔 이하의 벌금형에 처한다.

치안법제가 이미 만들어져 있었는데도 다시 마련된 이 칙령안에 재가를 내린 것은 1921년 11월부터 섭정 자리에 있던 후의 쇼와 천황이었다. 또한 11월에 「국민정신 작흥에 관한 조서」가 나와 각지에서 정신작흥을 위한 여러 행사가 개최되었다. 이리하여 이 해는 민중운동을 억압하고 파시즘 체제로 몰고가는 기점이 되었다.

치안유지법의 제정

제2차 호헌운동으로 성립한 가토 다카아키 내각은 1925년 1월 일・소 기본조약에 조인하고 소련과 국교를 수립하였다. 당시 가토는 일본군의 시베리아 철병과 국교수립을 주장하고 있었다. 영・미 중심의 워싱턴체제에 발목이 잡힌 일본 제국주의가 지푸라기를 잡는 심정으로 한 선택이었을 것이다. 그러나 그에 따른 공산주의사상의 유입과 강화된 민중운동에 밀려 보통선거를 실시하지 않을 수 없게 되자 지배층은 경계의 끈을 더욱 조이지 않을 수 없었다. 그 일환으로 준비된 것이 바로 치안유지법이었다. 1925년 2월 17일 각의에서 결정되어 다음 날 중의원에 제출된 이 법의 제1조는 다음과 같다.

> 국체 혹은 정체를 변혁하거나 사유재산제도를 부인할 것을 목적으로 하여 결사를 조직하거나 그 내용을 알고도 여기에 가입한 자는 10년 이하의 징역에 처한다.

위 법안에 반대하는 의원의 질문에 대해, 이전의 과격법안에서 문제가 되었던 '조헌 문란'처럼 불명확한 데도 없고 남용 우려도 없다는 답변이 나왔다. 단, 정체개념이 불명료하다는 비판이 나오자 이 부분은 삭제하기로 결정되었다. 의회 밖에서는 법안 제출 사실이 보도된 1월경부터 노조를 중심으로 반대운동이 전개되었으나, 결국 3월 7일 중의원, 3월 19일에 귀족원에서 법안은 가결되었다. 반대한 의원은 오자키 유키오, 나카노 세이고(中野正剛), 아리마 요리야스(有馬頼寧) 등 18명에 지나지 않았다.

치안유지법이 최초로 적용된 것은 교토 학련(京都學連) 사건이었다. 1925년 10월의 '오타루 고등상업학교 사건'(군사교련 연습중에 배속 장교가 주의자와 불령선인을 가상의 적으로 상정하여 일어난 사건)을 계기로 학련(일본학생사회과학연합회, 1924년 9월 결성)이 중심이 되어 군사교련 반대운동이 일어났다. 12월 교토 부 경찰부 특별고등과는 교련반대 포스터를 붙인 죄를 물어 도시샤 대학과 교토 대학생 등 33명을 검거하였다. 이들은 곧 증거불충분으로 석방되었으나, 다음 해 1926년 1월부터 반대운동을 교사하고 선동을 기도했다는 죄목으로 노로 에이타로(野呂榮太郎), 이와타 요시미치(岩田義道) 등 총 38명이 체포되어 치안유지법 위반으로 기소되었다. 가와카미 하지메, 야마모토 센지 등의 교수들도 가택수색을 받았다. 이들은 1심에서 전원 유죄판결을 받았고, 공소심의중에 1928년 치안유지법이 개악되자 형이 가중되었고[예를 들면 하야시 후사오(林房雄)는 금고 10개월에서 2년으로 늘어났다], 1930년 대심원에서 상고 기각판결이 내려졌다. '마르크스·레닌주의'를 지도이념으로 하는 학련을 탄압한 빌미는 "사유재산제도를 부인할" 목적을 갖고 있다는 것이었는데, 후에 한결같이 문제가 된 '국체변혁' 사항을 적용되지 않은 것이 이 시기의 특징이다. 이는 치안유지법이 두 번째로 적용된 1927년 11월 홋카이도 공산당사건(지역 프롤레타리아 문화운동에 대한 탄압)에서도 마찬가지였다. '국체변혁'을 중죄로 취급하고 이 문구를 확대 해석하여 탄압을 강화한 것은 치안유지법이 개악된 1928년 이후다.

'대례' 준비와 3·15사건

이러한 탄압 속에서도 일본 내외의 사회운동은 고양되고 있었다. 1926년 3월 노동농민당 결성, 4월 하마마쓰 일본악기 대쟁의, 5월 니가타기사키 촌(新瀉木崎村) 쟁의, 6월 조선공산당이 지도한 반일시위운동, 10월 일본농민당 결성, 12월 공산당 재건대회, 사회민중당과 일본농민당 결성 등 조직적 운동이 전개되었다. 이처럼 사회운동이 한창인 1926년 12월 26일 다이쇼 천황이 사망하였다.

1927년은 금융공황으로 와카쓰키(若槻) 내각이 총사직하는 등 정·재계가 모두 크게 동요한 해였다. 다나카 기이치 내각이 산동 출병을 단행하는 중에 5월에는 동양모슬린 가메이도 공장의 스트라이크(여공의 자유외출 획득), 7월 코민테른의 「27년 테제」 발표, 9월 노다 간장공장 스트라이크(1928년 4월까지 지속되어 패전 전 최장기 스트라이크를 기록했다) 등이 잇달았다.

그리고 다음 해 1928년 2월 20일, 제1회 보통선거가 실시되었다. 무산정당에서 8명, 특히 극좌파인 노농당에서 3명이 당선되었다. 여당인 정우회는 217석으로 216석을 차지한 민정당과 차이가 1석밖에 나지 않았기 때문에 무산정당 의원이 캐스팅 보트를 쥐게 되었다.

치안유지법의 개악은 쇼와 천황의 즉위례와 밀접한 관련 하에 이루어졌다.

같은 해 3월, 전국에 걸쳐 일제히 공산당 대탄압 사건이 일어났다. 공산당원을 포함한 1,658명이 치안유지법 위반으로 검거된 소위 3·15사건이다. 이 사건과 관련하여 나카지마 미치오(中島三千男)는 다음과 같이 지적하였다.

> 1928년의 세 가지 사태(3·15사건, 치안유지법 개악, 특별고등경찰의 전국적 설치)의 배경으로 흔히 1928년 2월 보통선거에서 나타난 무산정당의 진출을 든다. 그러나 그보다는 1928년 11월의 대례 즉, 즉위의식을 어떻게 대대적으로 성공시킬 것인가가 당시 지배자들의 중심 과제였고 그 때문에 공산당을 탄압했을 것이다. 오히려 그쪽이 더 중대사였지 않나 싶다. (東京都 高等學校教職員組合第2支部委員會·教硏委員會 編, 『天皇の代替わりと'國民統合'』)

사건 다음 날 신문에는 대상제에 쓰일 곡식을 제공할 스키 전과 유키 전이 결정되었다는 기사가 대대적으로 보도되었다. 4월 7일에는 대례의 경비 계획이 보도되었다. 전국의 경찰관 등 32만 2천여 명이 동원되고 281만 엔의 예산이 수립되었다. 3·15사건이 정식으로 공표된 것은 사건이 발생하고 근 한 달이나 지난 4월 10일이었고 이는 11일자 신문에 일제히 보도되었다. 노농당, 일본노동조합평의회, 일본무산청년동맹의 좌파계열 결사에 대해 해산명령이 떨어진 것도 10일이었다.

4월 22일자 신문에는 공산당 관련 검거자들로 "이치가야 형무소 만원"이라는 기사와 '스키 전 파종식' 기사가, 또한 24일에는 특별고등경찰의 전국 배치와 "전국에 사상경찰망, 예산 50만 엔을 지금 의회로"라는 기사가 게재되었다. 이렇게 보면 치안대책은 대례를 준비하는 과정에서 중요한 한 부분으로서 추진되고 있었다고 볼 수밖에 없다.

치안유지법의 개악

1928년 4월 27일 다나카 내각은 치안유지법 개정안을 제출하였다. 그러나 의회는 스즈키 기사부로(鈴木喜三郎) 내무대신의 선거간섭 문제 등을 둘러싸고 분규가 일면서 정회되었고 5월 6일, 개정안은 심의미료인 채로 폐기되었다.

그런데 5월 15일 각의가 개정안을 긴급칙령으로 공포하겠다는 방침을 결정하였다. 그러자 야당인 민정당과 귀족원, 추밀원, 나아가 여당인 정우회의 일부 의원들까지 들고일어나 반대입장을 표명하였다. 그 전해에 일어난 금융공황 때 대만은행을 구제하기 위한 긴급칙령안이 추밀원에서 부결되고 와카쓰키 내각이 총사직하는 등 어지러운 정치상황 속에서도 칙령으로 법률을 공포한다는 방침에 대해서는 많은 반대론이 야기되었다. 미노베 다키치도 5월 21일자 『오사카아사히 신문』에서 "긴급칙령의 남용이 너무나 지나쳐서 도대체 제정신을 가진 사람들의 짓이라는 생각이 들지 않을 정도다. 흑막정치라는 느낌이 더욱 진해지지 않을 수 없다"면서 반대론을 주창하였다. 그러나 다나카 내각은 공포를 서둘러 칙령안을 6월 12일 각의로 결정하고 추밀원 심사위원회에서 찬성 5, 반대 3으로 통과시켰다. 6월 27일 추밀원 본회의에서 결론이 나지 않자 하루 더 일정을 추가하여 다음 28일에 5명의 반대를 무릅쓰고 원안 그대로 가결시켰다.

이 개정에서 가장 문제가 된 것은 '국체변혁'과 '사유재산제도 부인' 항목이 따로 구별되고, 국체변혁 결사에 대한 형이 무거워져 사형이 도입된 점이다. 여기에 '목적수행죄'라는 것이 첨가되었다. 이에 따라 본인에게 명확한 의지가 없더라도 당국의 눈에 '결사의 목적을 수행하기 위한' 것으로 보이면 유죄가 성립되게 되었다. 이것은 치안유지법의 확대해석과 운용에 결정적인 역할을 하게 된다.

이 개정에 앞서 6월 26일자 『오사카아사히 신문』에 의하면, 경찰부장 회의에서 내무상은 "위험사상의 근절은 대부분 경찰력에 의지한다" "즉위식을 받들어 모시는 데 유감이 없도록 하라"라는 훈시를 내렸다. 치안대책의 강화가 대례와 밀접한 관계 속에서 이루어졌다는 사실은 여기에서도 분명해진다.

또한 칙령이 가결된 직후 다나카 수상은 "원안 찬성론자나 반대론자 모두 어전인 만큼 열심히 논의를 해준 데 대해 감사를 금할 수 없다. 폐하도 고문관의 의견을 청취하시고 만족하셨으리라고 생각한다"고 말하고 있다(『讀賣新聞』 1928. 6. 29). 즉 '어전'에서의 토의를 통해 쇼와 천황을 만족시키는 개정을 할 수 있었고, 다나카 내각이 반대론을 누르고 칙령으로 공포를 강행할 수 있었던 것도 천황이 '만족'했다는 이러한 사정이 있었기 때문이다.

11월 교토에서 거행될 대례를 앞두고 약 7천 명이 예방검속되었으며 대상제도 삼엄한 경계 속에서 실시되었다(이 때 팩시미리가 일본에서 처음으로 실용화되어 즉위식은 그날 전국 신문에 사진으로 보도되었다).

1929년 2월, 야마모토 센지는 경찰의 잔학한 고문을 예산위원회에서 추급하고 나아가 치안유지법 개정의 사후승인안에 대한 반대토론을 준비하고 있었다. 그러나 정우회 때문에 심의는 중단되고 야마모토는 3월 5일, 우익에 의해 간다 여관에서 암살당하였다. 4월 16일 아침, 전국에 걸쳐 일본공산당원 약 300명이 일제히 검거되었다. 이 4·16사건 후에도 일본공산당은 여러 차례에 걸쳐 다시 재건되었으나 그 때마다 치안당국의 탄압강도는 더욱 드세졌다. 치안유지법은 사회주의사상만이 아니라 모든 자유사상, 천황제가 허용하지 않는 종교(大本敎, 御國敎 등 1,011건) 등을 탄압하는 데 적용되었고 일본은 파시즘의 길로 돌진해 나갔다.

참고문헌
松尾洋,『治安維持法』, 新日本出版社, 1971
佐々木敏二,『山本宣治』上・下, 汐文社, 1976
『新聞集成昭和編年史』, 明治大正昭和新聞研究會
松尾尊兊,『大正デモクラシ-』, 岩波書店, 1968

사카모토 노보루 坂本昇

15년전쟁과 천황

연표 5

주요 사건

1928 3·15사건. 치안유지법 개악
1929 4·16사건. 다나카 기이치 내각, 만주 모 중대사건의 처리문제로 총사직
1930 런던 해군군축조약 조인
1931 만주침략 개시
1933 국제연맹 탈퇴
1935 천황기관설 문제
1936 2·26사건(계엄령 시행)
1937 루거우차오(蘆溝橋) 사건(중일전면전 개시)
1938 '국민정부를 상대하지 않겠다'(제1차 고노에 성명). 국가총동원법 제정
1939 노먼한 사건
1940 삼국군사동맹. 대정익찬회 발족
1941 일소중립조약. 미일교섭 개시(4월). 도조 내각 성립(10월). Hull Note(11월). 태평양전쟁 개시(12월)
1942 미드웨이 해전
1943 학도병 출진. 카이로 회담
1944 사이판 '옥쇄'(7월)
1945 얄타 회담(2월). 도쿄 대공습(3월). 오키나와 전투(4~6월). 포츠담 선언. 원폭 투하(8월)

천황(제) 문제

1926 쇼와 천황 즉위(12월)

1928 즉위례·대상제(11월)

1929 천황, 다나카 수상을 질책

1930 통수권 간범 문제 발생

1932 '관동군의 충성스러운 열성을 기뻐하노라' 칙어

1935 「국체명징성명」

1936 천황, '반란군'으로서 진압 지시

1937 중국침략 개시후 중국의 '책임'으로 돌리는 칙어

1939 국민징용령 공포

1940 '기원 2600년제' 식전

1941 국민학교령 공포(3월). 「제국국책수행요령」(9월, 10월 하순을 고비로 전쟁준비). 「제국국책수행요령」(11월, 12월 초두에 무력 발동). 선전포고 조서(12월 8일)

1945 고노에 상주문(2월 '국체호지'를 위한 화평 제언, 각하). 「종전의 서(書)」(8월 15일)

35
일본은 만주를 어떻게 지배하였을까
마지막 황제 푸이와 천황 히로히토

만주국의 성립

푸이(溥儀)는 1906년 청나라 황제 광서제의 동생 순친왕의 장남으로 태어나 1908년 서태후의 지시에 따라 세 살 나던 해에 청나라 제12대 황제에 올라 선통제(宣統帝)가 되었다. 그러나 이 즉위도 잠깐, 1911년 신해혁명으로 청조가 무너지면서 퇴위당하였다. 그러나 퇴위 후에도 중화민국임시정부의 청조우대정책으로 대청황제라는 칭호를 유지하고 연금을 받으면서 자금성 안에서 살고 있었다. 그 후 군벌의 항쟁과 청조 부활운동 속에서 1917년 7월 1일 다시 황제 자리에 올랐으나 겨우 12일 만에 물러나야 했다. 1924년에는 펑위샹(馮玉祥) 등 국민군의 베이징 점령에 의해 우대조건을 취소당하고 자금성에서 추방당한 후 한때 일본공사관에 몸을 의지하다가 톈진의 일본조계지로 이주하였다. 1931년 일본의 만주침략이 시작되자 다시 세 번째로 황제에 즉위하게 된다.

일본은 메이지기 이래 중국 동북지역을 '만주'로 부르며 그 땅을 독점적으로 지배하려고 하였다. 청일·러일 전쟁을 거쳐 일본은 만주 남부에 남만주철도와 관동주 조차지를 근간으로 하는 세력권을 구축하고 이어 제1차 대전중에 중국에게 21개조 요구를 강요하여 지배권을 강화하였다. 그러나 1920년대 후반에는 제국주의에 반대하고 전 중국의 통일을 원하는 중국민중의 혁명운동이 발전하면서 그 지배가 흔들리기 시작하였다. 게다가 이 시기에 세계 대공황에 휩쓸려 들어간 일본은 국내적으로도 정치적·경제적 위기에 처하게 되었다. 여기에 군부독재체제를 수립하고 무력을 행사하여 중국에서 세력을 확보하고 확대하고자 하는 일부 군인과 우익의 움직임이 표면화되었다. 그 즈음부터 비밀리에 만주점령을 계획하고 있던 관동군은 드디어 1931년 9월 18일, 봉천 교외의 류탸오거우(柳條溝)에서 남만주철도의 선로를 폭파하고 이를 중국군의 소행으로 덮어씌워 전쟁을 개시, 단숨에 만주 전역을 점령하였다.

만주침략의 최대 목적은 만주를 중국 본부에서 떼어내어 일본의 지배 아래 두는 데 있었다. 관동군은 만주를 일본영토로 삼을 심산이었으나 군 중앙부와의 의견차이로 괴뢰국가를 수립하는 쪽으로 방향을 바꾸게 된다. 사변 직후인 11월, 관동군의 밀명을 받은 봉천 특무기관장 도이하라 겐지(土肥原賢二) 대좌가 부의를 비밀리에 천진에서 여순으로 데려오는 한편, 건국 공작을 위한 행정적 지도기관으로서 사령부 내에 통치부를 설치하여 공작을 강화하고 현지의 중국 요인을 회유, 협박하며 계획을 추진시켜 나갔다. 그 결과 침략이 개시된 지 반년 후인 1932년 3월 1일, 정식으로 만주국 건국이 선언되었다. 3월 8일 창춘에 도착한 푸이는 다음 날 집정(執政)에 취임하고 원호를 대동(大同), 수도 이름을 창춘에서 신징(新京)으로 개칭하였다. 2년 후인 1934년 3월 1일, 만주국은 국호를 '만주제국'으로 고치고 푸이는 황제가 되어 연호를 강덕(康德)이라고 개원하였다. 그러나 국가도 제위도 모두 일본의 꼭두각시에 불과하였다.

일본의 만주통치책

건국 반년 후인 9월 15일, 일본은 만주국과 「일만의정서」를 체결하고 정식으로 만주를 국가로 승인하는 형식을 취하였다. 이 의정서에 따라 일본은 모든 기득권을 승인받고 국방은 관동군에게 위임되었으며 별도로 마련된

푸이의 만주국 황제 취임 축하차 도착한 천황의 동생(오른쪽)과 푸이(왼쪽)

비밀협정을 통해 관동군이 통치의 실권을 장악하였다. 국가기관으로서 참의부와 국무원, 감찰원 등이 설치되었으나 행정부에 해당하는 국무원의 실권은 일본인 총무장관이 장악하고 일본의 각 성에 해당하는 각 부의 실권도 차장인 일본인이 차지하는 등 많은 일본인이 관리에 취임하였다.

오늘날 중국 지린성 창춘시 동북쪽 한쪽에 위치한 푸이의 궁전은 공무를 집행하는 외궁정과 일상 생활을 위한 내궁정으로 나뉘어져 있었고 총면적은 12만 평방킬로미터에 달하였다. 외궁정의 중심은 '근민루'(勤民樓)라는 이름이 붙은 건물로 2층에는 즉위식을 올린 근민전이라는 옥좌가 놓인 방과 알현실이 있었다. 1층에는 4개의 방 외에 동남쪽에 작은 방 하나가 있었는데 그 곳이 황실의 어용괘인 요시오카 야스나오의 집무실이었다. 관동군이 파견한 요시오카는 공·사를 가리지 않고 푸이의 모든 일상사를 감독하였다. 궁전 남쪽으로 나 있는 정문으로 드나들 수 있는 사람은 푸이와 주만대사, 관동장관을 겸임한 관동군 사령관뿐이었고 그 밖의 궁전 관리들은 서쪽 문으로 다녀야 했다.

일본의 만주지배 목적은 이 지역을 총력전체제의 구축을 위한 군수자원의 공급지로 삼아 대소전에 대비한 전략기지로 만드는 것이었다. 이를 위해 일본은 무엇보다도 철도교통시설의 정비와 중공업 개발에 전력을 기울였다. 관동군은 남만주철도주식회사(만철)에 의한 투자 외에 민간자본의 투자를 유도하고 1937년부터는 국책에 조응한 산업개발 5개년 계획을 실시하였다. 중일전쟁이 개시된 직후에는 닛산 콘체른과 만주국 정부가 주도하여 만주중공업개발회사를 세웠다. 또한 만주에는 이전부터 일본의 구재벌 외에도 신흥재벌로 불린 자본이 적극 진출해 있었는데 이들 자본 및 군부와 결탁한 기시 노부스케 등 혁신관료의 활약이 두드러졌다. 만주의 이러한 급격한 공업화는 인플레와 함께 노동력 부족을 초래하였고, 이에 따라 화북 일대에서 모집된 많은 중국인 노동자가 비참하게 혹사당하였다. 오늘날 중국 랴오닝 성 다스차오(大石橋) 교외에서 발굴・보존되고 있는 '후스거우 만인갱'(虎石溝万人坑)은 그 전형적인 사례다. 이 곳은 남만광업주식회사가 마그네사이트 광산에서 혹사당하다 목숨을 잃은 중국인 노동자들의 시체를 매장한 곳이었다. 지표에서 겨우 3미터도 안 되는 깊이에 일곱 겹으로 빽빽이 매장된 시체들의 뼈가 발굴되었는데 총 1만 7천 명 정도의 분량으로 추정되고 있다.

중일전쟁의 개시와 함께 일본인의 농업이민도 본격화되었다. 만몽개척단 혹은 만몽개척 청소년의용군이라는 이름으로 만주로 건너온 이들 일본인이 소유하게 된 토지는 중국 농민들로부터 극히 싼값으로 강제로 사들인 것이 보통이었다. 한편 치안과 군사대책을 주요 목적으로 하여 일본에서 건너온 많은 개척단은 항일군의 활동지역이나 소련국경에서 가까운 지역으로 보내졌다. 2차 대전 말기 소련군이 침공하자 관동군은 이들을 내버려둔 채 일찌감치 도주해 버렸는데, 그 바람에 오늘날 중국잔류 일본인 고아문제와 같은 비극적인 결말을 맞게 된다.

이러한 일본의 만주점령과 만주국을 통한 지배에 대해 중국민중은 처음부터 강력히 저항하였다. 따라서 건국 직후 관동군에게 떨어진 첫 번째 과제는 치안대책이었다. '핑딩산(平頂山) 사건'은 이를 상징적으로 보여준다. 「일만의정서」가 조인된 1932년 9월 15일 밤, 만철이 경영하는 무순탄광을 항일유격대가 습격하였다. 다음 날 아침, 일본군은 무순 교외의 핑딩산에 있는 부락을 유격대와 내통하였다는 이유로 포위하였다. 이윽고 남녀노소를 불문하고 주민 3천여 명을 잔혹하게 학살하고 마을을 불태워 버렸다. 학살한 시체에는 석유를 끼얹어 불태우고 다이너마이트로 벼랑을 무너뜨려 묻어 버렸다. 오늘날 이 곳은 발굴되어 '핑딩산 순난동포 유골관'으로서 보존,

공개되고 있다. 관동군은 이러한 토벌활동을 반복하는 한편 일·만 공동의 치안조직 확립에 나서는 등 치안입법을 강화하였다. 경찰서장의 지휘감독 아래 각 호를 자위단으로 조직하는 보갑제를 실시하고 지린성 동부와 간도 지방 등 항일활동이 활발한 지역은 경비하기에 용이한 장소로 민중을 강제로 이동시키고 무장집락 형태를 취하는 집단부락을 설치하였다. 이와 함께 '왕도낙토·오족협화'(王道樂土·五族協和)라는 슬로건 아래 교화통치를 목적으로 하는 관제 '만주국협화회'를 조직하였다. 협화회는 1936년에 거국적인 국민운동조직으로 개조되어 청년훈련을 실시하고 협화청소년단·협화의용봉공대 등을 조직하는 작업을 추진하였다. 나아가 1940년, 만주국 정부는 국병법(國兵法)을 제정하고 다음 해부터 징병제를 실시하였다.

1943년부터는 국민근로봉공제까지 실시하여 문자 그대로 총동원체제를 만들어냈다. 이에 대해 중국민중은 초기에는 반일유격대로 맞서고 1936년에는 동북항일연군을 조직하여 반일투쟁을 벌여 나갔다.

쇼와 천황과 만주지배

1901년에 태어나 1926년 말에 즉위한 쇼와 천황은 이러한 일본의 만주지배에서 중요한 역할을 수행하였다.

1928년 6월, 관동군은 봉천군벌 장쭤린(張作霖)이 탄 열차를 폭파하여 그를 살해하는 사건을 일으켰다. 일본 정부나 군벌 모두 일본군인은 이 사건과 관계가 없다고 주장하였다. 천황은 사건의 진상을 발표하고 하수인을 처벌하라는 명령을 내리는 대신 수상 다나카가 보고한 사건 내용이 앞뒤가 맞지 않는다는 데 불쾌감을 표시하고 그를 사직시키는 선에서 그쳤다. 만주침략 당시 천황은 당초 정부가 취한 불확대방침을 일단 지지하였지만 급속히 그 태도를 바꾸었다. 사건의 발발과 함께 관동군은 일본군의 지휘 아래 있는 조선군을 동원하여 국경을 넘어 만주로 출동시킨다는 계획이었다. 그러나 참모본부는 천황의 명령을 받은 참모총장의 정식 명령이 떨어질 때까지 계획을 보류하라고 통고하였다. 천황도 조선군 사령관의 독단을 유쾌해하지 않았다. 그러나 하야시 센주로(林銑十郎) 조선사령관은 독단으로 국경을 넘어 병사를 파견해 버렸다. 명확히 천황통수권을 침범한 행위였지만 천

방일한 푸이를 마중나온 쇼와 천황

황이 보인 반응은 경미한 것이었다. 우선 출병에 따른 경비지출을 간단하게 인정한 후, 참모총장에게 "이번 일은 어쩔 수 없겠지만 앞으로는 충분히 조심하라"는 주의를 주었을 뿐이다. 9월 21일에 관동군이 본래의 관할구역을 벗어나 지린으로 진격한 것도 독단으로서 통수권을 침범한 것이었으나, 이 또한 천황에게 추인받았다. 게다가 1932년 1월 8일 천황은 관동군에게 칙어를 내려 군의 활약을 칭찬하였다. "짐은 그 충성심에 대단히 기뻐하노라"라며 앞으로도 자신의 신뢰에 답하라는 격려와 함께. 만주국이 건국된 후 1933년 1월, 천황은 "지금까지 만주문제는 다행히도 잘 처리되어 왔다"고 평가하였다.

푸이와 히로히토

1935년 4월 푸이가 일본을 방문하였다. 1934년에 있었던 그의 즉위식에 천황의 동생이 만주를 방문한 데 대한 답방 형식으로 일·만 간의 친선을 보이기 위해 관동군이 주선한 것이었다. 푸이가 도쿄에 도착하자 천황은 역 앞으로까지 마중을 나와 접대를 하고 여러 차례 축연을 베풀고 함께 군대의 사열을 받기도 하였다. 푸이는 메이지 신궁에 참배를 하고 중국침략으로 부상을 입고 육군병원에 입원해 있던 병사들의 병문안을 가기도 하였다. 또한 천황의 어머니와 황태후를 방문하여 함께 산보를 하기도 하였다. 이 산보 장면과 황태후에게 손을 빌려주는 푸이의 모습은 전 일본에 대대적으로 보도되어 '일만친선'의 증거로서 선전되었다. 푸이 자신도 이 방문에서 "결국 스스로 지고한 권위를 가졌다는 최대의 착각"을 일으켰다고 한다.

이어 1940년 5월 푸이는 다시 한 번 일본 방문길에 올랐다. 이는 일본황실의 조상신 아마테라스를 만주로 맞아들여 국교화시킨다는 계획을 실행에 옮기기 위해서였다. 이 해 일본은 '황기(皇紀) 2600년제'에 휩싸여 있었다. 천황과 회견한 푸이는 관동군이 짜놓은 각본대로 일본과 만주와의 불가분의 관계를 체현하기 위해 아마테라스를 만주로 맞아들여 받들고 싶다는 뜻을 전했다. 천황은 "폐하께서 그리 희망하고 계시니 뜻에 따라야겠지요"라고 답하고 테이블 위에 놓여 있는 3종의 신기에 대하여 설명해 주었다. 푸이는 귀국 후 바로 신묘 창건에 착수하였다. 궁전 동남쪽에 위치한 고지를 신성 영역으로 정하고 사전(社殿)을 세워 이를 건국의 신묘로 삼아 아마테라스를 제사하였다. 7월 15일, 장징후이(張景惠) 만주제국 총리, 우메즈 요시지로(梅津美治郎) 관동군 사령관 등이 참석한 가운데 거행된 진좌식(鎭座式 : 신령이 그 자리에 임하는 의식)에서 푸이는 일본어로 된 고지문을 낭독하였다. 또한 황제 직속으로 신설된 제사부는 국무원·참의부와 함께 대관청이 되고 총재에는 전 관동군 참모장인 하시모토 도라노스케(橋本虎之助)가 취임하였다. 이후 매월 1일과 15일에는 일본식으로 신관 차림을 한 푸이가 맨 앞에 서고 관동군 사령관과 만주국 관리가 동참한 가운데 제사가 거행되었다. 대제(大祭)로서 3월 1일에 건국제, 7월 15일에 원시제가 행해졌다. 그 후 만주 각지에 이러한 신묘가 세워져 정기적으로 제사가 행해졌고, 사람들은 신묘 앞을 지날 때마다 고개를 깊이 숙여 예를 표하지 않으면 불경죄로 처벌을 받았다. 사람들은 이를 혐오하였고 신묘 부근은 정적만 흘렀다.

만주제국은 일본의 패전과 함께 붕괴되고 푸이는 소련에 체포되어 하바로프스크 수용소에 수감되었다가 1950년 7월 중국으로 송환되었다. 이후 주로 무순 전범관리소에서 수용소 생활을 보내고 1959년 석방되어 베이징의 문사자료연구위원회에서 근무하였다. 문자 그대로 마지막 황제였던 그는 만년에는 평민이 되어 1967년 10월 17일에 사망하였다. 그 때 나이 61세였다. 만주국 시절의 궁전은 오늘날 '위황궁진열관'(僞皇宮陳列館)과 '지린성박물관'으로 바뀌었는데, 전자에는 일본의 만주침략 개요, '황제에서 평민으로'라는 제목이 붙은 그의 생애, 근민전의 모습, 궁정생활 관계 유품 등이 전시되어 있다.

한편, 쇼와 천황은 상징천황제 아래서 계속 황위를 지키다가 1989년 1월 7일 황궁에서 87세를 일기로 생애를 마감하고, 황태자 아키히토가 그 뒤를 이었다.

참고문헌

愛新覺羅溥儀著, 新島淳良・丸山昇譯, 『わが半生』 上・下, 株式會社大安, 1965
岡部牧夫, 『滿州國』, 三省堂選書, 1978
井上淸, 『天皇の戰爭責任』, 現代評論社, 1975
滿州史硏究會 編, 『日本帝國主義下の滿州』, 御茶の水書房, 1972
西村成雄, 『中國近代東北地域史硏究』, 法律文化社, 1984

이구치 가즈키 井口和起

36
왜 중일강화의 '성단'은 불가능하였을까
중일전면전과 천황

중일전쟁의 전면화와 이후의 정치과정에 대해, 이는 육군이 폭주한 결과이고 천황이나 정부, 정당은 그냥 거기에 끌려갔을 뿐이라는 것이라는 식의 역사서술이나 증언이 자주 눈에 띈다. 그러나 현실의 정치과정이란 것은 그렇게 단순하지가 않다. 루거우차오(蘆溝橋) 사건에서 '국민정부를 상대하지 않겠다'는 성명에 이르는 확대방침 대 불확대방침의 복잡한 대립과 천황과의 관련을 사실에 입각하여 살펴보자.

루거우차오 사건과 천황

1937년 7월 7일 루거우차오 사건이 발발한 직후 천황의 최고 걱정거리는 '소비에트가 간섭을 하고 나온다면 어찌할 것인가'였다. 내대신 유아사 구라헤이(湯淺倉平)는 천황에게 고노에 후미마로 수상을 우선 만나볼 것을 진언하였다. 이는 통수부보다 정부의 의향을 중시해야 한다는 의미였을 것이다. 그러나 천황은 "고노에는 뒤에 만나보겠다"며 거절하고는 7월 11일 참모총장 간인노미야 고토히토(閑院宮戴仁)를 불러들였다. 그 때 천황이 가장 우려를 표한 것이 바로 소련의 동향이었다(原田熊雄 述, 『西園寺公と政局6』). 당초부터 천황은 중국과의 일전은 피할 수 없는 것이라고 생각하고 있었다. 후에 내대신 기도 고이치에게 "루거우차오 사건이 일어나기 전부터 중국과는 결국 전쟁을 벌일 수밖에 없다고 생각하였지만, 소비에트를 대비해야 한다는 차원에서 중국과는 한 번은 타협을 해야 한다고 생각한다"(『木戶幸一日記 下』, 1940. 7. 11)라고 말하였다고 한다. 여기에서도 걱정하고 있는 것은 역시 소련의 행방이다. 1935년경부터 참모본부가 대소 전비가 최악의 상태에 놓여 있다고 소리를 높이면서 천황도 위기감을 느꼈기 때문일 것이다. 소련에게 배후를 찔릴 것을 두려워한 천황은 당초에는 분명 전쟁의 속전속결을 희망하였다. 전쟁이 상하이로 번져나간 후 8월 18일, 참모총장 간인노미야와 군령부 총장 후시미노미야 히로야스(伏見宮博恭)에게 "병력을 이렇게 여러 군데로 분산시키면 전쟁을 계속 질질 끌게 될 것이니 병력을 한데 모아 대공격을 펼친 후, '공명'한 태도로 평화를 끌어내어 신속히 시국을 수습할 방책은 없겠는가? 예컨대 중국이 반성하게 할 방책은 없는가?"(『戰史叢書86 支那事變陸軍作戰1』)라고 물었다.

중일전쟁이 전면화되었을 때도 천황은 소위 '불확대'와 '조기수습'을 생각하고 있었다. 그러나 소련이 나설 가능성이 없다는 것을 알게 되고(당시 소련은 스탈린에 의해 최고 간부가 숙청되는 등 혼란에 빠져 있었다) 중국 역시 전혀 '반성'의 기미를 보이지 않자, 점차 전쟁계속·응징론 쪽으로 기울어졌다.

육군 내의 대립

루거우차오 사건이 발발하자 육군 중앙부의 반응은 두 가지로 갈라졌다. 현지에서 띄운 전보를 받아든 육군성 군무과장 무라야마 가네시로(柴山兼四郎) 대좌는 바로 다음과 같이 내뱉었다. "귀찮은 일이 일어났군!" 이에 반해 참모본부 작전과장인 무토 아키라(武藤章) 대좌의 반응은 정반대로 "유쾌한 일인데"였다(「河邊虎四郎小將回想應答錄」, 『現代史資料12』).

같은 육군성 내에서도 군사정책을 담당한 군무과는 불확대파였고, 편성과 동원을 담당한 군사과는 중국에 일격을 가하여 응징하자는 확대파였다. 참모본부 내에서도 제1과장(작전부장)인 이시하라 간지(石原莞爾) 소장과 전쟁지도과는 불확대파였고, 작전과와 제2부(정보부) 특히 중국과는 열렬한 확대파였다.

확대파는 중국민중의 항일의식과 중국군의 항전력을 과소평가하면서 "상륙할 것도 없이 탕구(塘沽) 부근까지 주욱 배를 몰고만 가면 그것만으로도 베이징과 톈진은 항복할 것이다"라든가 중국에 이름이 알려진 장군에게 3개 사단을 주어 "북중국으로 파견하면 그 곳의 오합지졸들은 두 손 들고 항복할 것이다"라는 등 극히 낙관적인 예상으로 일관하였다(「河邊虎四郞小將回想應答錄」, 『現代史資料12』). 대부분의 확대파는 당시의 장제스 정권을 무너뜨리고 화북을 '제2의 만주국'으로 만들 생각이었다.

육군 내의 확대파와 불확대파의 대립은 상당히 심각하였다. 이시하라 등 불확대파는 대소전 준비와 '국방국가'의 건설이야말로 군부가 가장 우선해야 할 과제고, 따라서 중국과의 전쟁으로 쓸데없이 전력과 국력을 소모해서는 안 된다는 생각이었다. 사건 발발 직후인 7월 14일, 불확대파의 중심인물인 전쟁지도과의 다카시마 다쓰오(高島辰彦) 소좌는 이시하라 작전과장의 생각을 구체화시켜 "사건 불확대의 일반 방침을 견지하고 당면 사건의 진상을 똑바로 직시하여 한도 이상의 병력 사용은 피한다"라는 내용을 중심으로 하는 「북지(北支)사변 지도 요강안」을 기안하고 무토 작전과장에게 연대를 구하였다. 무토는 서류를 모두 훑어본 후 "이런 추상론이 이제 와서 무슨 소용이 있나?"라고 호통을 치며 면전에서 찢어버렸다(上法快男 編, 『軍務局長 武藤章回想錄』). 과거 그 스스로 만주침략을 일으킨 바 있었던 이시하라 작전부장이 확대파 소장막료와 파견군의 폭주를 억누르기에는 역부족이었던 것이다.

참모본부 제2부와 제1부 작전과의 확대파는 인사와 기구를 개정하면서 불확대파를 배제해 나갔다. 9월 28일 이시하라 작전부장을 전출 형식으로 밀어내고, 10월 26일에는 전선의 확대라는 현실에도 불구하고 집요하게 '불확대'를 외치며 물고 늘어지는 전쟁지도과를 작전과 내에서 전쟁지도반으로 격하시키는 데 성공하였다. 단 타협의 산물로서 확대파의 중심인 무토를 아울러 전출시키고 불확대파인 가와베 도라시로(河邊虎四郞)를 새로운 작전과장에 취임시켰다.

일본 어린이들이 일장기를 흔들며 난징 함락을 축하하고 있다.

선전포고와 대본영 설치

9월 2일 전선의 확대와 함께 '북지사변'은 '지나사변'으로 호칭이 변경되었지만, 둘 다 전쟁이 아닌 '사변'이라는 용어를 쓰고 선전포고를 하지 않았다는 점에서는 동일하였다. 그러나 중국에 파견된 육군은 해관을 접수할 필요성과 대의명분을 명확히 하기 위해, 또한 일부 해군은 해상을 봉쇄하기 위해 선전포고를 주장하였다. 고노에 수상도 9월 중순에는 선전포고 쪽으로 기울어지고 있었다. 그러나 해군성이 일치하여 이에 반대하였다. 미국이 중립법(분쟁 당사국에게는 군수물자의 수출을 금한다)을 적용할 것을 우려하였기 때문이다. 즉 "선전포고를 하면 외국에서 군수물자를 수입하기가 대단히 어려워진다. …… 지금 같은 때 외국에서 제대로 수입을 못하게 되면 그야말로 큰일이다. 국방력에 커다란 구멍이 뚫린다"(風見章, 『近衛内閣』)고 주장하였다. 이 의견은 설득력을 발휘하여 이후에도 선전포고는 하지 않았다.

11월 20일에는 러일전쟁 이래 32년 만에 대본영이 육해군 최고 통수기관으로서 황궁 내에 설치되었다. 당초 육해군성은 참모본부가 '대본영 결정'이라는 이름을 빌미로 육해군성에 '압박'을 가할 것을 우려하여 대본영 설치

1938년 1월 제2회 대본영 어전회의. 가운데가 쇼와 천황

에 반대하였다(9월 12일. 原田熊雄 述, 『西園寺公と政局6』). 그러나 고노에 수상과 유아사 내대신이 정치와 전쟁을 통합시키기 위한 대본영 설치에 찬성하고, 해군도 대본영에 수상 등의 문관을 참가시키지 않는다는 것을 전제조건으로 하여 찬성 쪽으로 돌아섰다. 이리하여 대본영 설치는 전시로만 한정한다라고 되어 있던 「전시대본영조례」가 개정되어 '사변'시에도 설치할 수 있게 되었다. 단 새로운 「대본영령」에서는 육해군의 강력한 요구를 받아들여 대본영 구성원에서 수상과 외상 등의 문관이 모두 배제되었다. 이 점이 수상·외상·원로가 참가했던 메이지기의 대본영과는 크게 다르다.

사이온지, 강화의 결단을 말리다

참모본부의 불확대파는 독일 주중대사 트라우트만을 매개로 하여 중국의 국민정부와 평화교섭을 추진하려고 하였다. 이시하라 작전부장은 전출 직전인 9월에 참모본부 제2부의 마나키 다카노부(馬奈木敬信) 중좌와 독일의 오이겐 오토 대좌를 중개로 하여 트라우트만과 연락하는 데 성공하였다(重光葵, 『昭和の動亂(上)』). 당시 독일 쪽에서 보면 일본은 방공협정을 체결한 맹방이고, 중국은 중고병기의 유력 시장이자 군사고문관을 보내는 사이였다. 사실 상하이 주변의 중국군은 독일군 장교의 조언을 받으며 독일제 병기로 무장하고 일본군과 전투를 벌이고 있었다. 독일에서도 나치당은 반소(反蘇)라는 점에서 일본을 중시한 반면, 외무성과 군부는 중국을 중시하여 견해가 일치되어 있지 않았다. 어쨌든 당시로서는 아직 일본이든 중국이든 어느 쪽도 잃고 싶어하지 않던 시기였으므로 평화 알선에는 상당히 적극적이었다.

불확대파(참모본부 작전과 전쟁지도반)는 11월 21일에 「대지중앙정권방책」(對支中央政權方策)을 책정하고 "현 장제스 정권이 일개 지방정권으로 전락하기 전에, 장기지구전을 결심하지 않고 체면은 유지하면서 강화 쪽으로 마음을 굳히도록 제반 조치를 강구"하는 것이 필요하다고 주장하였다. 즉 난징 함락 이전에 장제스의 체면을 살려주면서 강화를 하자는 것이다. "장제스 정권(계승정권)을 부정할 경우 그들을 반일이라는 하나의 목적 아래 뭉치게 만들 것이고 …… 결국 일본제국은 앞으로 오랫동안 여기에 막대한 국력을 쏟아붓게 될 것이다"(『現代史資料9』)라고 보았기 때문이다. 물론 불확대파는 평화론자가 아니다. 대소전 준비의 지체와 국력의 소모(일본과 만주를 중화학공업화하여 국방국가를 건설하고자 한 소위 '이시하라 구상'의 좌절)를 우려하였을 뿐이다. 그들은 신임 참모차장 다다 하야오(多田駿) 중장을 설득하여 트라우트만 공작을 성공시키고 어전회의에서 불확대방침을 천황에게 상주함으로써 파견군과 중앙의 확대파를 억누르고자 하였다.

전쟁지도반 호리바 이치오(堀場一雄) 소좌의 집념어린 공작으로 1938년 1월 11일, 러일개전 이래 한 번도 열린 적이 없던 어전회의가 개최되었다. 쇼와 천황은 추밀원 본회의와 대본영 회의에는 참석하고 있었지만 국책 결정을 위한 어전회의는 첫 경험이었다. 그는 어전회의에서 발언을 할지 말지 판단이 잘 서지 않았다. 육군 불확대파는 천황의 재가를 얻어 파견군을 누르고 일거에 강화를 추진하려는 생각이었다. 그러나 천황이 상담을 의뢰한 원로 사이온지 긴모치(西園寺公望)의 생각은 좀 달랐다. 즉 '육군에서는 폐하의 견해 하나로 파견을 억누를 수 있다고 생각하지만, 만약 실제로 그것이 불가능할 경우 어찌 되겠는가. …… 군권에는 흠집이 날 것이고, 이는 정말 송구스러운 일이다'라고 생각하였다. 그래서 아예 천황에게는 중요한 발언은 하지 말라고 미리 못을 박아 두었다(原田熊雄 述, 『西園寺公と政局6』). 유아사 내대신도 회의 전날까지도 태도를 결정하지 못한 채 망설이는 천황에게 "정치적 책임이 직접 폐하에게 미칠지 모를 일은 절대로 입 밖에 내서는 안 됩니다"라고 말하였다. 결국 천황은 사이온지와 내대신의 의견에 따라 어전회의에서 함구하였고, 이 회의에서는 평화와 전쟁계속이라는 서로 다른 두 가지 논의를 병렬한 「지나사변 처리 근본방침」이 결정되었다.

기대가 어긋난 불확대파는 트라우트만 공작에 더욱 기대를 걸었다. 그러나 12월 3일 난징이 함락되자 전승에 현혹된 일본정부는 강화조건에 배상을 포함시키는 등 더욱 경직된 태도로 돌아섰다. 더욱이 고노에와 육군대신 스기야마 하지메(杉山元)는 평화교섭을 중단하자고까지 주장하였다. 고노에와 문부대신 기도는 "우리가 마치 패전국이나 되는 것처럼 일부러 속을 다 내보이는 조건을 내걸고 '이것으로 강화하면 어떻겠는가'라는 식의 태도를 보이는 것은 연전연승을 올리고 있는 나라가 취할 태도가 아니다"라고 하면서 참모본부의 조기평화론에 비판하였다(1월 15일. 위의 책). 1월 15일의 대본영정부 연락회의 석상에서도 외무대신 히로타 고키(廣田弘毅)는 "트라우트만 공작은 도저히 희망이 없다. …… 어떻게든 중국에 대항하겠다는 결심을 굳혀야 한다"며 공작중단과 전쟁계속을 주장하였다. 그러다보니 오히려 통수부(참모차장) 쪽이 평화를 설득하고, 정부(수상・외상・육해상) 쪽이 전쟁을 주장하는 기묘한 회의가 될 수밖에 없었다. 결국 마지막날 강행된 회의에서 문답이 오고간 끝에 참모본부는 손을 들었다. 그날 밤 불확대파는 간인노미야 참모총장을 고노에 수상보다 먼저 천황과 만나게 하는 방식으로 최후의 반전을 노려 보았다. 그러나 루거우차오 사건 때와는 사정이 달라져 있었다. 천황은 결정된 사항을 번복하게 하려 하는 것이 아닌가 하여 "총리와 먼저 만날 약속이 되어 있으므로 안 되겠다"고 거절하였다(1월 15일. 위의 책). 참모본부 방식도 분명 음모적이었지만, 천황의 선택 역시 그가 루거우차오 사건 직후와는 달리 고노에와 기도, 히로다 등의 '국민정부 부정=전쟁계속론'에 기울어져 있었음을 보여준다.

다음 해 1월 16일 일본정부는 "중국 국민정부를 상대하지 않겠다"는 성명을 내고 스스로 전쟁종결의 가능성을 닫아버린다. 당시 불확대파인 가와

베 작전과장은 이렇게 중얼거렸다. '우리는 정말 승리하고 있는 것일까?'(『市ヶ谷臺から市ヶ谷臺へ』)라고. 과연 이후 일본은 진흙구덩이 같은 전쟁의 수렁 속으로 빠져 들어간다.

참고문헌

藤原彰, 『昭和の歷史(3) 日中全面戰爭』, 小學館, 1982
古屋哲夫, 『日中戰爭』, 岩波新書, 1985
吉田裕, 『天皇の軍隊と南京事件』, 靑木書店, 1985
江口圭一, 『十五年戰爭小史』, 靑木書店, 1986
藤原彰・今井淸一 編, 『十五年戰爭史(2) 日中戰爭』, 靑木書店, 1988

야마다 아키라 山田朗

37
총력전체제는 어떻게 만들어졌까
국가총동원체제와 국민생활

국가총동원법 성립

다이쇼 데모크라시는 치안유지법과 특별고등경찰을 동원한 일본공산당 탄압, 우익과 군부에 의한 거듭된 쿠데타, 광신적인 우익단체와 원리일본사(原理日本社)의 미노다 무네키(蓑田胸喜) 등에 대한 공격으로 시작된 다키카와(瀧川) 사건, 천황기관설의 배제를 통해 자유주의자까지 박해하는 상황 속에서 질식되어 가고 있었다. 공격의 구실은 항상 '국체' 파괴였다. 그 종점이 중국에 대한 전면적인 침략이고 태평양전쟁이었다.

일본정부는 중일전쟁에 직면하여 단기 해결을 생각하였으나, 중국군은 항일민족통일전선을 결성하여 완강하게 항전하였다. 베이징, 상하이, 난징을 점령당했지만 결코 굴복하지 않았다. 고노에 수상은 "일본정부는 이후 중국 국민정부를 상대하지 않겠다"는 성명을 내고 중국과의 평화교섭의 길을 닫아버렸다. 전선은 보급이 곤란할 정도로 확대되고 전쟁은 진흙탕에 빠진 것처럼 장기화 조짐을 보였다.

정부는 육군의 강력한 요망에 따라 국가총동원체제를 확립하기 위해 기회원을 설치하고 전문 총 50개조의 국가총동원법을 입안하여 1938년 2월 제73회 제국의회에 제출하였다.

총동원체제 하의 군국소년

제1조는 "본 법에서 말하는 국가총동원이란 전시(전쟁에 준하는 사변도 포함)에 즈음하여 국방의 목적을 달성하기 위해 국가의 모든 힘을 가장 유효하게 발휘하도록 인적 및 물적 자원을 통제·운용하는 것을 말한다"라고 되어 있고, 세부 항목에는 칙령만으로도 국민을 총동원할 수 있게 되어 있다. 노동자의 임금·노동조건을 규제하는 것은 물론이고 물자의 생산·공급·소비·이동·가격 결정, 기업의 폐지·합병, 가옥·공장·토지의 사용에서 수용까지 마음대로 할 수 있었다. 총동원물자라는 이름으로 어느 것 하나 통제대상에서 벗어날 수 없었고 위반시에는 가혹한 벌칙이 뒤따르게 되어 있었다.

이러한 법안을 보고 일부 의원들 사이에 "천황을 방패로 삼아 정부가 권력을 마음대로 휘두를 위험이 없는가" "모든 국민생활을 정부에게 백지위임하려고 하는 것은 아닌가"(『東京日日新聞』)라는 불안이 나오는 것도 당연하였다. 그러나 법안에 비판적인 의원들에게 군부가 위협을 가하고 방공호국단으로 불리는 우익폭력단이 정당본부를 습격하고 테러를 가하자 정당은 "정부의 신중한 운용을 바란다"며 꽁무니를 뺐다. 법안은 수정 없이 그대로 성립되었고, 고노에 수상은 "이 법률은 중국과의 전쟁에 적용하지 않겠다"고 하였지만 즉시 그 일부가 발동되었다.

국민정신총동원운동

국가총동원법이 인적·물적 자원의 총동원체제라고 한다면 그 사상적·정신적 총동원체제를 만들어 내려 한 것이 '국민정신총동원운동'이었다. 그 바탕이 된 것은 미노베 다키치의 천황기관설을 배제하고 중의원에서 결의된 「국체명징 결의」(1935)와 같은 해 8월과 10월 두 차례에 걸쳐 정부가 발포한 「국체명징 성명」이었다. 육군성은 「국체의 본의와 그 강화의 제언」을, 문부성은 「국체의 본의」라는 팸플릿을 만들어 널리 배포하고 그 선전에 나섰다.

1937년 7월 중일전쟁이 개시되자 정부는 8월 '국민정신총동원운동'의 실시를 결정하고 9월에 내각의 고유호외로 다음과 같이 발표하였다.

> 무릇 난국을 타개하고 국운의 번영을 도모하는 길은 우리의 존엄한 국체에 기초하여 충성을 다하여 보국하는 정신을 날로 진작시키고 이를 국민 일상의 업무 생활 속에서 실천하는 데 있다. 이번 국민정신총동원을 실시하는 연유 역시 여기에 있다. …… 충성으로써 공(公)을 받들고 협화로써 마음을 하나로 하여 일본정신을 앙양시키고 거국일치의 열매를 거둠과 동시에 이를 실천으로 나타내어 더욱더 국력 신장을 도모함으로써 국운을 돕고 받드는 것은 본인이 전 국민에게 깊이 기대하는 바다.

여기에서도 '존엄한 국체'와 '훌륭한 일본정신'이 기축을 이루고, '팔굉일우' 즉 천황을 중심으로 세계를 한 국가로 통합한다는 광신적인 언어로 표현된 슬로건이 내걸렸다.

총동원체제와 국민생활

민수를 압박하는 군수

전쟁의 장기화는 군수사업의 계속적인 확충을 요구하였다. 기획원은 '물자동원계획'을 책정하고 육해군과 민간에 이를 할당하였다. 이에 따라 민간의 수요는 극도로 억제되어 국민생활을 압박했다. 정부는 1938년 10대 방책을 발표하고 물가통제, 소비절약, 폐품회수, 저축철저, 생활간소화 등을 내세웠다. 면제품 제조 제한 조치가 내려져 순면·순모 제품은 자취를 감추어 인조섬유와 혼방제품 외에는 찾아볼 수 없게 되었다. 민수용 철강은 대폭 삭감되었고, 국위를 걸고 1940년에 개최할 예정이던 만국박람회와 도쿄올림픽은 시설물을 건설할 수 없어 포기할 수밖에 없었다.

충령탑 건설을 위한 가두모금.
'흥아봉공일'이라고 적힌 현수막이 보인다

증세와 저축, 국채

민수산업은 원재료를 입수할 수 없게 되면서 폐업하거나 혹은 군수공장의 하청으로 전락하거나 둘 중 하나를 선택해야 했다. 반면 군수산업에는 방대한 국가자금이 투입되었고, 자금은 증세와 국채로 충당되었다. 애국저금이 권장되고 보국채권, 군사채권이 각 호별로 할당되었으며 국방헌금이 강요되었다. 그렇게 하여 모인 국가예산의 70~80%가 군사예산으로 돌아갔다.

대용품 시대

전략물자의 확보를 위해 민중의 생활은 극도의 희생을 강요당했다. 1937년에는 생고무, 다음 해에는 면사·가솔린·중유가 티켓으로 판매되었고, 양모·피혁·철·알루미늄 사용에 제한이 가해졌다. 이 해부터 가솔린 자동차 대신 목탄으로 가는 자동차가 거리를 달리더니 이윽고는 장작으로 달리는 자동차가 출현하였다. 대용품시대의 도래다. 금속을 절약하기 위해 대나무로 만든 수저와 자기로 만든 단추, 자수를 놓은 학교마크가 등장하였다. 가정집에서는 동으로 만든 화로나 모기장에 달린 고리까지도 회수되었다.

흥아봉공일로부터 대조봉대일로

민중의 불만을 해소하는 방법으로는 국민정신총동원운동을 더욱 철저히 하는 것 외에는 도리가 없었다. 정부는 1939년 국민정신총동원 강화방책을 결정하고 전국의 시정촌에 철저한 시행을 요구하였다. 이리하여 매월 1일을 '흥아봉공일'(興亞奉公日)로 정하여 그날은 전몰용사의 묘를 참배하거나 전선에 위문주머니를 보내고 복장과 식사를 특히 간소히 하며 술과 담배를 끊고 그렇게 해서 아낀 돈은 반드시 저금할 것 등이 권장되었다. 학교도시락은 일본 국기 모양으로 밥 한가운데 매실 장아찌 한 개만 박아넣게 하고 이를 확인하기 위해 교사들이 도시락검사를 하였다. 흥아봉공일은 태평양전쟁의 개시와 함께 개전일인 8일로 바뀌고 이름도 대조봉대일(大詔奉戴日)로 변경되었다.

배급제도의 등장

물가야 어떻게든 통제를 한다 해도 생활물자의 부족으로 인한 암시세의 등귀를 억누를 수는 없었다. 그 대책으로서 등장한 것이 배급표 제도였다. 1940년 우선 성냥과 설탕이 배급제가 되고 이어 술·목탄·면제품, 다음 해 4월부터는 쌀을 대상으로 하여 6대 도시, 곧이어 전국적으로 할당통장제가 실시되었다. 처음 배급량은 성인 1인당 하루 330g이었지만 이윽고 양은 더욱 줄어들었다. 그나마 전쟁 말기에는 보리, 수수, 옥수수, 콩깻묵, 감자까지 쌀로 환산되어 배급되었다. 야채, 생선, 고기, 된장, 간장, 소금도 인조윤번제(隣組輪番制)나 표로 배급되었다. 의료품은 점수표제가 적용되었다. 이러한 배급 업무는 시정촌을 거쳐 정내회(町內會 : 일종의 동회), 부락회, 그리고 최말단의 인조가 담당하였다.

인조제도의 역할

인조제도는 국민정신총동원운동, 제2차 고노에 내각이 제창한 신체제운동의 지도조직인 대정익찬회의 말단조직으로 정비되었다. 이 제도는 전쟁의 장기화와 함께 주민의 자치조직이라기보다는 행정기관을 보조하는 역할을 하면서, 국책을 침투시키고 비국민적 행동을 감시하게 되었다.

내무성이 작성한 1940년 9월의 「부락회와 정내회 등의 정비요령」을 보면 그 목적을 "만민을 돕는다[翼贊]는 취지에 입각하여 …… 국민의 도덕적 연마와 정신적 단결을 도모하고 …… 국책을 모든 국민에게 투철하게 관철시키며 …… 국민경제생활의 지역적 통제단위로 삼아 …… 국민생활을 안정시키는 데 필요한 기능을 발휘하게" 하는 데 두고(『資料日本近現代史12 大政翼贊會』) 조직의 조직방법과 정기집회의 개최 요령에 이르기까지 세세히 지시를 내리고 있다. 최말단 인조의 정기집회는 한 달에 한 번씩 개최되었다. 모임은 궁성요배, 황군의 무운장구 기원, 호국영령에 대한 묵념, 국가 제창으로 시작하고 행정기관으로부터의 통지가 있은 후 협의간담이 행해졌다. 협의·실행 사항으로서는 주로 신사의 존숭예배, 철저한 국책수행, 군사원호의 강화, 세금완납, 저축장려, 방공시설의 정비 등이었다. 특히 주목되는 것은 다음과 같은 '지도상 주의할 사항'이다. ① 하극상에 빠지지 말 것, 하의상달을 촉구하되 자칫하면 비판과 이론을 일삼아 상의를 따르지 않게 되니 …… 논의보다는 실행을 중시하는 정신을 함양하는 데 주력할 것, ② 적화사상의 배제 …… 적화분자의 계략을 경계할 것, 노동자·실업자만으로 구성된 인조에는 적화분자가 끼여들 우려가 있고 …… ③ 방첩사상의 보급을 철저히 할 것 등(위의 책). 대단히 철저한 통제인데, 이는 뒤집어보면 내무성이 국민에 대해 뿌리깊은 불신감을 갖고 있었음을 알 수 있다.

태평양전쟁에 돌입하고 전쟁이 격화되면서 인조는 권력기관의 말단조직으로서 모든 일상 생활에 관여하였다. 주민등록, 배급을 위한 등록이나 통장·티켓의 교부, 물자배급, 국채할당, 금속회수, 방공연습, 정부의 선전 등 수많은 일에 관계하였다. 이러한 규제를 통해 천황제 파시즘은 지배를 관철시키고 총력전체제를 유지해 나갔다.

저항하는 민중

이렇듯 민중 한사람 한사람을 철저히 지배하는 체제가 형성되고 있는 사이에 불만이 터져나왔다. 대정익찬회 본부에까지 이런 투서가 날아들 정도였다. "전쟁터에서 돌아오면 익찬회의 신체제 아래서 실업자가 된다. 대정익찬회 따위를 들먹이며 요란을 떨면서 연금실업자들이 수입을 속인다. …… 사치를 하고 있는 것은 장교들과 군수품을 취급하는 장사치들이다"(京橋, 위의 책). 불만은 도시와 농촌을 가리지 않고 터져나왔으며 압도적으로 많은 것은 경제 · 생계 · 배급에 관한 것이었다.

1941년에는 치안유지법이 전면 개악되어 예방구금제도가 만들어졌다. 이 제도 때문에 형기를 마치고도 감옥에 그대로 갇혀 있어야 하는 사상범이 생기게 되고, 이들 중에는 여전히 침략전쟁 반대, 천황제 타도를 일관하여 주장하는 사람들이 있었다. 노사카 산조(野坂參三) 등은 해외에서 전쟁과 군부에 반대하는 통일전선의 결성을 호소하고 반전동맹을 조직하여 목숨을 걸고 투쟁하였다.

사회대중당 산하의 전일본노동총동맹이 거국일치라는 이름 하에 해산된 후 산업보국회로 흡수되고 농민조합도 농업보국을 주창하며 해산하는 등 반체제운동이 정체되는 중에도 투쟁하는 노동자 · 농민은 존재하였다. 침략전쟁에 반대하는 노동자의 지도 아래 사보타지, 불량품 생산전술에 의한 생산감소, 대우개선 요구 등 교묘한 저항이 일어났다. 1944년의 관청통계만 보더라도 총 296건, 1만여 명이 쟁의에 참가하였다. 농촌에서의 소작쟁의도 같은 해 2,160건이 일어나고 여기에 8,200여 명이 참가하였다. 패전 바로 전해라는 혹독한 정세 아래에서도 한편으로는 이처럼 엄연히 투쟁을 벌이는 사람들이 있었던 것이다.

참고문헌

『日本民衆の歷史(9) 戰爭と民衆』, 三省堂
犬丸義一 · 中村新太郎, 『物語日本近代史(3)』
犬丸義一 · 中村新太郎, 『物語日本勞動運動史(下)』, 新日本出版社
社會運動史的に記錄する會 編, 『獄中昭和史 豊多摩刑務所』, 青木書店
江口圭一 · 木坂順一郎, 『治安維持法と戰爭の時代』, 岩波ブックレット

스즈키 다케시 鈴木武

38
태평양전쟁의 개전에 천황은 어떻게 관여했을까
천황의 전쟁책임

중일전쟁의 늪

1937년 7월 중일전쟁이 개시된 이래 일본은 중국의 주요 도시들을 점령해 나갔지만 1940년이 다 가도록 도대체 해결의 실마리가 보이지 않았다. 일본정부는 정국을 전환할 수 있는 열쇠를 장제스 원조통로의 차단과 '유럽전쟁'의 급전개에서 구하였다. 당시 충칭으로 옮긴 장제스 정권의 항전력의 토대가 미·영·소 등의 원조였고, 1939년 9월부터 시작된 유럽전쟁에서 프랑스가 항복하고 독일군이 영국 본토에 상륙하기 직전이라는 상황판단을 토대로 하여 대본영정부 연락회의는 무력행사를 포함하는 남진정책으로서 「세계 정세의 추이에 따른 시국 처리 요강」을 결정하였다. 이에 따라 남진과 장제스 원조통로의 차단을 목적으로 1940년 9월, 프랑스령 북베트남으로 진주하였다.

한편 일본이 전쟁으로 치닫는 데 중요한 역할을 한 것 중 하나가 일본·독일·이탈리아 사이에 체결된 3국동맹이었다. 중일전쟁 개전 후에 본격화한 3국동맹의 강화 문제에서 독일은 군사동맹의 대상을 미·영·불로까지

백마를 탄 군복차림의 히로히토는 군국 일본의 상징이었다.

확대할 것을 희망하였지만 석유 등 전략물자를 미국에 의지하고 있던 일본은 해군의 강력한 반대에 부딪혀 요나이(米內) 내각 때까지 결론을 내지 못하고 있었다. 제2차 고노에 내각이 성립한 후 수상과 마쓰오카(松岡) 외상이 중심이 되어 1940년 9월 일·독·이 3국동맹이 체결되었다. 미일관계는 점점 악화되었고 이에 따라 국교 조정문제가 초미의 과제로 떠올랐다. 해가 바뀌어 1941년 4월, 마쓰오카 외상은 독일방문을 마치고 귀국하는 중에 일소중립조약을 체결하였다. 거의 때를 같이하여 미일교섭이 시작되었다. 그러나 3국동맹을 중시한 마쓰오카 외상은 미일교섭에 열의를 보이지 않았고 교섭은 난항에 빠졌다.

독소전과 제1회 어전회의

1941년 6월, 독일이 소련침공을 감행하였다. 그 3일 후부터 대본영정부 연락간담회는 「정세의 추이에 따른 제국 국책 요강」을 의제로 삼았다. 이 자리에서 일본 외교의 중추를 3국동맹에 두고 소련과의 즉시 개전을 주장하는 마쓰오카 외상과, 남북으로의 군사행동은 정세의 추이에 따라 판단해야 한다는 통수부가 대립하였다. 그러나 결국 양자의 타협에 의해 "목적 달성을 위해서는 미영과의 전쟁도 불사"할 것이며 프랑스령 베트남과 타이를 침공하는 남진책과, 독소전이 일본에 "유리하게 전개되면 무력을 행사하여 북방문제"를 해결한다는 북진책이 결정되었다. 7월 2일, 이 해 첫 번째 어전회의가 개최되고 연락간담회의 결정인 「정세의 추이에 따른 제국 국책 요강」이 그대로 결정되었다. 이는 미일전쟁으로 가는 커다란 분기점으로서 중대한 선택이었다.

여기에서 주목할 것이 결정방법이다. 통수부가 만든 원안을 결정한 주체는 대본영정부 연락간담회다. 이 간담회는 1940년 11월 종래의 대본영 연락회의와는 별개로 설치된 기구인데(이후 연락회의는 개최되지 않았다), 정부 쪽에서는 수상·내상·외상·육상·해상·서기관장이, 통수부 쪽에서는 참모총장·군령부 총장·육해군 차장·군무국장 등이 참가하였다. 이 회의는 설치 당시의 취지에 따르면 한편으로는 "항상적으로 매주 목요일 수상관저에서 가볍게 정부와 통수부의 연락간담"을 행하는 모임이었지만 다른 한편으로는 "본 회의에서 결정한 사항은 각의에서 결정한 것 이상의 효력을 지니며 전쟁을 지도하는 데 제국의 국책으로서 강력히 시행"할 것이었다. '가벼운' '연락간담회'에서 결정한 사항이 각의 결정 이상의 효력을 지니고 전쟁지도에서 제국의 국책이 되는 것이라면, 중요 국책은 정부와 통수부의 합동회의에서 결정되고 정부에게는 주도권이 없었다는 말이 된다. 바로 여기에 문제가 있었다.

9월 6일의 어전회의

7월 16일, 제2차 고노에 내각이 총사직하고 미일교섭이 난항에 빠지자 마쓰오카 외상이 경질당하였다. 7월 2일 어전회의가 결정한 북진책(관동군 특종연습)과 남진책(프랑스령 남베트남 침공)의 실시를 앞두고 더 이상 미일관계가 악화되는 것을 군부도 원치 않았기 때문이다. 그러나 재미 일본자산의 동결, 대일 석유 전면 금수 소식은 미일관계를 더욱 긴박한 상황으로 몰아갔다.

제3차 고노에 내각의 성립을 계기로 연락간담회는 궁중대본영에서 개최하는 대본영정부 연락회의로 변경되었다. 연락회의는 정부(각의)와의 관계나 참가자의 구성 면에서는 연락간담회와 거의 동일하였다. 그러나 연락회의가 통수 사항을 포함하여 중요 국책을 심의하고, 기밀 누설을 방지하기 위해 각의에 제출하지 않는 사항들을 심의한다는 점에서 각의보다 중요한 위치를 점하고 있었다. 대본영정부 연락회의는 정부와 통수부 간의 의견을 조정하는 장이 아니라, 통수부의 의견을 국정에 반영시키는 장이 되어버린 것이다.

9월 3일 대본영정부 연락회의는 "10월 상순이 되어도 우리의 요구를 관철할 길이 없을 경우에는 바로 대미개전을 결의한다"라는 「제국 국책 수행 요령」을 결정하였다. 해군군령부 총장이 대미전을 결의한 이유는 물자가 점점 줄어드는 일본의 입장에서는 조기 개전 쪽이 유리하고, 개전시기를 일본이 결정하고 선제권을 장악함으로써 장기전에 대비하기 위해서였다. 그러나 동시에 "적을 마지막 궁지로 몰아넣을 방법이 없다. …… 국제정세의 변화에 따라 취할 수 있는 수단이 있을 것이다"라고 피력하고 있다. 결국 전쟁은 결정적으로 국제정세의 변화에 따라 좌우되리라는 것을 보여준 것이다. 또 10월 상순경에 개전하겠다는 결의에 대해, 참모총장은 2월까지는 계절 문제 때문에 북방작전 즉 소련침공은 안 되고, 남방작전은 "지금 바로 착수해도 내년 봄까지 걸리기" 때문이라고 설명하였다.

오전 11시부터 오후 6시까지 속행된 이날 연락회의에서는 원안에 있는 "우리의 요구를 관철할 수 없을 경우"가 "우리의 요구를 관철할 길이 없을 경우"로 수정되었다. 이 자구 수정은 10월 상순의 자동 개전을 피하기 위해서였다. 그러나 개전 결정 그 자체에 대해서는 수정의견이 없었다. 중요 사항은 첫 번째 연락회의에서 간단히 결정되었던 것이다.

어전회의 전날 고노에 수상은 「제국 국책 수행 요령」을 천황에게 은밀히 상주하였는데 천황은 통수에 관한 질문을 던졌다. 더구나 다음 날 열릴 어전회의에서 양 총장에게 질문을 던지겠다는 뜻을 비쳤다. 고노에 수상은 당장 양 총장을 불러들여 답변을 하게 하였다. 천황은 스기야마(杉山) 참모총장에게 남방작전은 예정대로 수행할 것인지, 상륙작전은 그렇게 낙관할 수 있는지, 기후 문제는 어떤지 등을 질문하였다. 또 "예정대로 수행할 수 있다고 답했지만 당신은 대신으로 있던 시절에도 장제스가 곧 항복할 것이라고 호언장담했지만 지금도 그리 되지 못하고 있지 않는가"라며 주의를 주었다. 이에 참모총장은 일본의 국력이 점점 감소되고 있으며, 따라서 아직 힘이 있을 때 개전할 필요가 있고, 쉽지는 않겠지만 승전은 가능하다고 밝혔다. 이 대목에서 천황은 큰 소리로 "절대로 승리할 수 있는가"라고 질문하였다. 참모총장은 "절대로라고 말씀드리기는 어렵습니다만, 승산이 있다는 것만은 말씀드릴 수 있습니다. 반드시 승리한다고 하기는 곤란합니다"라며 장기적인 평화를 희구해야 한다는 말도 덧붙였다. 뭔가 애매한 답변이었다. 그러나 천황은 다시 큰 소리로 "아아, 알았소"라고 답하며 요강을 인정하였다. 천황의 재가가 떨어지자 「제국 국책 수행 요령」은 수월하게 다음 날 어전회의에 제출되었다.

이 요령의 중요성을 제대로 인식하고 있었던 천황은 9월 6일 아침 내대신 기토 고이치를 불러 오늘 열릴 어전회의에서 질문을 하고 싶다는 뜻을 전했다. 기도는 하라 요시미치(原嘉道) 추밀원 의장이 모든 질문을 할 것이고, 마지막으로 "이번의 전쟁 결정은 국운을 건 것이라 할 만큼 중대한 것이므로 통수부에서도 외교공작이 성공을 거두도록 전폭적인 협력을 아끼지 않아야 한다"는 점을 경고해 두는 편이 좋을 것이라고 조언하였다. 어전회의에서는 연락회의에 출석하지 않는 하라 추밀원 의장이 예정대로 질문을 하였다. 천황도 관례를 깨고 발언을 하였다. 천황은 하라 의장의 질문에 양 통수부장이 답변하지 못하는 이유를 묻고, "이렇게 중대한 문제에 대해 통수부장이 의견표시를 하지 않는 것은 나로서는 유감이다"라고 하면서 메이지 천황이 읊은 와카(和歌) 한 수를 힐문조로 인용하였다. "사해의 모든 사람들을 동포로 보는 세상에, 쓸데없는 파도 일어 시끄러워지네."

이 와카를 통해 천황은 무슨 말을 하고 싶었던 것일까. 일부에서는 이 발언을 가지고 천황은 평화주의자라고 주장하지만, 과연 그럴까. 첫 번째 연락회의에서 결정되어 바로 어전회의에 제출된 「제국 국책 수행 요령」에 대해 천황은 불안감을 느꼈을 것이다. 그러나 천황이 느낀 불안은 남방작전과 그에 따른 대미전쟁 때문이 아니었다. 그의 걱정은 남방작전을 수행하는 중에 소련이 참전할지의 여부에 있었다. 9월 9일과 10일 이틀에 걸쳐 참모총장이 상주를 하였을 때 천황은 남방작전을 전개하는 중에 "북쪽이 나설 것

진주만으로 향하는 전투기를 선상에서 전송하는 모습

같지는 않은가"라는 질문을 던졌다. 총장은 계절문제를 들어 이를 설명하고, 일단 결정이 내려진 이상 정세만 살피다 결단을 내리지 못하는 일이 없도록 계획대로 밀고 나가겠다고 답하였다. 그제서야 천황은 "이제 안심이다"라고 말하였다. 천황이 갖고 있던 불안은 바로 이것이었다. 따라서 천황이 전쟁 그 자체를 반대한 것은 아니었다.

개전까지

아시아 태평양전쟁 개전까지는 두 차례 더 어전회의가 열렸다. 그 사이에 도조(東條) 내각이 고노에 내각을 대체하였다. 정변의 최대 쟁점은 중국과 프랑스령 베트남에서 철병할 것인가의 여부였다. 고노에 수상은 미일교섭을 성공시키기 위해 철병 후에 병사를 주둔시키자고 주장하였고, 도조 육상은 그럴 경우 중일전쟁의 성과를 상실할 가능성이 있다고 하여 반대하였다. 타협은 결렬되었다. 고노에 수상은 사직하고 기도 내대신은 주전론자인 도조 육상을 수상으로 천거하였다. 천거의 표면적 이유로 든 것은 천황의 생각을 중시하고 종래의 복잡한 사정에 정통하며 육군부 내를 통제할 수 있는 인물이기 때문이라는 것이었으나, 도조 내각은 개전내각의 느낌을 진하게 풍겼다.

도조 내각은 9월 6일 열린 어전회의의 결정까지 포함하여 국책을 재검토하였다. 결론을 내려야 할 시기가 임박하자 연락회의는 11월 1일 오전 9시부터 다음날 새벽 1시까지 회의를 계속하였다. '어떻게든 전쟁은 피하고 와신상담'할 것인지, 혹은 개전을 한다면 '개전 결의'는 언제 할 것인지의 기로에 서 있었다. 도고 외상과 가야(賀屋) 장상은 승리를 확신하지 못하는 전쟁에는 문제가 있다며 집요하게 반대론을 폈다. 이에 대해 군령부장은 장기전을 예상하면서, 2년간은 전쟁을 하고 3년 이후의 정세는 '유형 · 무형의 국가총력과 세계정세의 추이'에 따라 결정되기 때문에 전쟁의 승패는 "예상할 수 없다"고 하면서도 개전 주장은 양보하지 않았다. 결국 무력을 발동하는 시기를 12월 초순으로 잡되 미일교섭은 계속해 나간다는 쪽으로 결정이 났다.

두 번째 어전회의를 앞둔 11월 2일, 도조 수상과 양 총장은 연락회의의 상황을 세세한 부분까지 천황에게 상주하였다. 이때 천황은 "대의명분은 어찌 생각하는가" 등 시종일관 작전에 관한 질문을 던졌고, 화해에 관해서는 단 한 마디도 언급하지 않았다. 천황에게 개전은 이미 기정사실화되어 있었기 때문이리라. 11월 5일 어전회의 당일에도 천황은 어떤 발언도 하지 않았다. 이 해 네 번째 어전회의는 12월 1일에 개최되었다. 그날까지 연락회의는 개전 준비에 더욱 박차를 가하였다. 이미 해군은 9월 1일에 연합함대에 전시편성 명령을 내렸고, 육군도 11월 6일에는 남방작전을 수행할 부대의 전투서열을 하달하여 남방군이 탄생되어 있었다. 따라서 12월 1일에 열린 어전회의에서는 미국 · 영국 · 프랑스와의 개전을 최종적으로 결정했을 따름이다.

천황의 개전책임

태평양전쟁에 대한 천황의 개전책임은 어떻게 생각할 수 있을까. 여기에서는 법적책임으로 한정시켜 살펴보겠다. 제국헌법 아래에서 천황은 두 가지 권력의 중추에 서 있었다. 하나는 대원수로서 통수부를 인솔하는 천황이고, 다른 하나는 국권의 최고 권력자로서의 천황이었다. 전자에 관해 제국헌법은 "천황은 육해군을 통수한다"(제11조)라고만 규정했을 뿐 천황이 통수부의 장(참모총장 · 군령부총장)과 어떤 관계에 있는지에 대해서는 규정하고 있지 않다. 통수권이 헌법체계에서 독립되어 있었기 때문이다. 통수권과 관련하여 천황과 통수부장과의 관계는, 군사령관과 군참모장 같은 관계로 보면 된다. 즉 보좌는 하되 책임은 없는 군대의 명확한 상하관계의 일환을 이루는 최고 막료장에 지나지 않았다. 이러한 의미에서 천황은 완전한 절대군주였다. 후자의 경우는 제국헌법에 "국무 각 대신은 천황을 보필하고 그 책임을 진다"(제55조)라고 하여 천황에 대한 절대복종을 요구하고 있지 않다. 이 국무대신의 '보필' 사항이야말로 국무대신을 천황의 의지 결정에 개입할 수 있는 특별한 직책으로 만드는 것이었다. 그리고 이에 따라 천황대권의 행사에서 국무대신이 천황을 대신하여 책임을 지는 군주무책임론이 성립한다.

천황은 개전 결정에 관계하였다. 그리고 "천황은 전쟁을 선포하고 강화를 강구하며……"(제13조)라는 제국헌법 규정에 따르면, 선전포고는 천황의 직무에 속한다. 문제는 바로 여기에 있다. 헌법 제13조의 권한은 국무사항으로서 국무대신의 보필 사항이다. 천황에게 책임을 물을 경우, 국무대신의 이 보필이 기능하였는지가 문제시 된다. 그런데 이미 살펴본 것처럼 사실상 개전을 결정한 주체는 보필 책임이 없는 자들(양 총장 등)을 포함시킨 연락회의(연락간담회)였고, 그 후 일종의 의례적인 절차라고 해야 할 어전회의가 다시 한 번 결정하였다. 특히 개전과 관련된 중요 의제를 통수부가 발안하였고, 연락회의의 결정은 각의 결정 이상의 효력을 지니고 있었다. 그렇다면 개전 결정에서 국무대신의 보필은 작동하지 않은 것이 되고, 따라서 천황무책임론은 성립될 수 없다. 절대군주인 천황은 통수부가 국무에 깊숙이 관계하는 것을 허용하였고, 통수부의 참가 하에 이루어진 개전 결정을 인정해 버렸다. 따라서 국권의 최고 권력자인 천황은 국무대신의 보필이 기능하지 못하는 상태에서 이루어진 결정을 인정한 셈이 된다. 그렇다면 당연히 이는 제국헌법의 규정에서 벗어난 것이고, 따라서 천황은 마땅히 법적으로도 개전의 책임을 져야 한다.

참고문헌
家永三郎, 『太平洋戰爭』(第2版), 岩波書店, 1986
家永三郎, 『戰爭責任』, 岩波書店, 1985
井上清, 『天皇の戰爭責任』, 現代評論社, 1975
藤原彰, 『天皇制と軍隊』, 青木書店, 1978
參謀本部 編, 『杉山メモ』, 原書房, 1967
『木戶幸一日記(下)』, 東京大學出版會, 1966

기미시마 가즈히코 君島和彦

39
‘대동아공영권’이란 무엇일까
천황제 파시즘이 만들어낸 허구의 세계

대동아공영권 구상의 배경

공식적으로 대동아공영권이라는 말을 처음 쓴 사람은 제2차 고노에 내각의 외무대신 마쓰오카 요스케(松岡洋右)로 알려져 있다. 그는 1940년 8월 1일의 기자회견에서 “우리 일본의 현재 외교방침은 황도의 대정신에 입각하여 우선 일본·만주·중국을 하나로 묶는 대동아공영권의 확립을 도모하는 것이어야 한다”라고 하였다. 바로 이 시기에 공영권이라는 말이 등장하게 된 배경에는 1931년 이래 추진되어 온 일본의 침략전쟁의 추이가 있었다.

전쟁의 발단으로부터 1937년 전면적인 무력침략이 개시되기까지 일본 군국주의의 계략 속에는 북진과 남진의 양면이 모두 막연하게 포함되어 있었다. 그러나 중일전면전으로 돌입한 이후 중국인민의 철저항전에 의해 전황은 수렁에 빠졌고, 이를 타개하기 위해 고노에 내각은 ‘동아신질서’ 성명(1938년 11월)을 내고 중국의 괴뢰화를 호소하였다. 이 시기 유럽에서는 나치 독일이 주변 여러 지역을 침략하여 성과를 거두면서 그들이 말하는 소위 ‘유럽의 신질서’가 현실감을 띠어 가고 있었다. 이에 힘을 얻은 듯 1940년 7

월, 고노에 내각은 '팔굉일우'(八紘一宇)라는 '건국[肇國]의 대정신'에 입각하여 "황국을 핵심으로 일본·중국·만주를 강고히 결합하는 대동아의 신질서를 건설한다"는 「기본 국책 요강」을 각의에서 결정하였다. 동시에 대본영 정부 연락회의는 남방지역(프랑스령 베트남, 홍콩, 네덜란드령 인도네시아 등)을 지배하기 위한 무력행사방침인 「세계 정세의 추이에 따른 시국 처리 요강」을 결정하였다. 이 대동아공영권의 목적은 유럽 파시즘과 제휴하여 동남아시아의 유럽 세력을 배제하고 남방의 석유를 비롯한 자원을 수탈하는 것이었고, 미·영과의 무력대결을 각오한 남진정책을 뒷받침하는 구상이었다.

마쓰오카의 기자회견이 있은 후인 9월, 일본은 프랑스령 북부 베트남에 군대 4만을 진주시키고 그 직후 독일·이탈리아와 3국동맹을 체결하였다. 이는 당연히 미국의 신경을 건드렸다. 미국은 대일 자산의 동결, 나아가 대일 석유 수출 금지라는 제재조치를 가하며 일본과 대결자세를 분명히 하였다. 영국도 이에 동조하여 영국령 미얀마의 대중국 물자 수송로를 재개하였다. 미국을 선두로 하는 이 대일 포진을 일본은 'ABCD(America·Britain·China·Dutch) 포위진'이라고 부르며 대국민 선전을 행하고 적개심을 선동하였다. 그런데 그때까지 염두에 두고 있던 북방의 대소 개전은 독일의 대소 공격이 둔화되면서 소련 극동군의 배치가 예상과는 달리 감소하지 않았기 때문에 중지하지 않을 수 없었다.

이러한 움직임을 포함하여 일본 파시즘의 특질이 천황제 파시즘에 있다는 점을 확인해 둘 필요가 있다. 천황제 파시즘은 '아래로부터 파시즘'을 형성한 독일 등과는 달리, 메이지기 이래 절대주의적 천황제 내부에 존재한 군부와 관료세력이 천황과 궁중고관 아래서 재계와도 동맹을 맺어 추진된 것이었다. 이러한 정치동맹을 통일하고 풀뿌리 민중까지 총동원할 수 있는 유일한 원리는 황국사관에 기초한 천황에 대한 충성뿐이었다. 그리고 정책문서에는 예외 없이 등장하는 황국, 건국정신, 팔굉일우 등의 용어로도 알 수 있듯이, 대동아공영권이란 '황모(皇謨)의 현실화' 즉 천황의 세계를 만든다는 대의명분을 갖고 있었다.

일본은 전황의 악화 속에서 대동아의 결집이라는 구호를 내걸고 1943년 대동아회의를 개최하였다.

공영권의 범위

1941년 12월 8일, 천황은 미국과 영국에 대한 선전의 조서를 내고, 전쟁은 태평양전쟁 단계로 확대되었다. 4일 후 각의는 '지나사변'을 포함한 이 전쟁을 소위 대동아전쟁으로 부르기로 결정하였다. 이로써 일본의 침략전쟁은 '동아 신질서의 건설'로부터 그 범위를 동남아시아로까지 확대시킨 대동아공영권의 확립을 위한 아시아 해방전쟁이라는 명목이 확정되었다. 다음 해 1월 제국의회에서 내각 총리대신 도조 히데키는 시정방침 연설을 통해 "대동아공영권 건설의 근본방침은 건국의 대정신에 연원을 둔 것으로, 대동아의 각 나라 및 각 민족으로 하여금 원하는 대로 제자리를 찾게 하며 일본제국을 핵심으로 하여 도의에 기초하고 공존공영의 질서를 확립하게 하는 데 있다"고 설명하고 있다.

대동아공영권의 구체적인 범위를 보여주는 일례로서 개전 직후에 만들어진 극비문서가 있다. 이는 극동국제군사재판 법정에 증언서로 제출된 문서로, 「대동아전쟁에 의한 남방 점거 제 지역 선후처리 방책 대강」과 「대동아공영권에서의 토지처분안」이다. 작성일자는 둘다 1941년 12월로 되어 있는데 후자의 맨 끝에는 "군 및 척무성에서 제작"이라는 주가 붙어 있다. 「방책 대강」은 "이번 대동아전쟁 결과 일본제국이 미국, 영국, 프랑스 각국이 점령하고 있던 남방 여러 지역을 완전히 점거하게 될 때는 이들 지역에 대해 제국이 원하는 바에 따라 그 통치형태, 정치, 문화, 경제 등 모든 사항을 정할 수 있지만 이번 전쟁이 간절히 바라는 바는 선전포고 조칙에서도 보이듯이 미국·영국의 동양제패를 배제하고 제국의 생존을 완전히" 하는 것이므로 "선후처리에서는 오로지 위 조칙의 취지를 받들어 행해야 한다"라고 서술하고 있다. 「토지처분안」은 대동아공영권의 지배범위를 보여주는 것이다. 이것에 따르면 먼저 홍콩·필리핀·해남도까지를 대만총독부 관할하에 두고, 남양청 관할지역에 괌과 웨키 섬 등을 포함시키고 있을 뿐만 아니라 멜라네시아 지방·동태평양·호주·뉴질랜드·실론·알라스카·중앙아메리카 등에 7개 총독부를 신설하는 것으로 되어 있어 그 범위가 아메리카 대륙으로까지 미치고 있다. 또한 "독립국으로 삼아야 할 지역으로는 동인도·미얀마·말레이지아·타이·캄보디아·안남의 6개 왕국을 들고, 소련영토는 독일과 협정하여 분할한다고 그 대강을 정하고 있다. 물론 이 문서는 어디까지나 일부 군부가 책정한 것에 불과하다. 그러나 어리석기 짝이 없어 보이는 이 과대망상증 속에서 '팔굉일우의 성전'이 아시아 해방은커녕 실은 일본이 '원하는 바'를 관철시키기 위한 군부 파시스트들의 침략에 불과한 것이었음을 읽어낼 수 있다.

대동아공영권의 실태

대미·대영 개전 후 약 반년 동안 일본군이 점령한 지역은 광대하였다. 북쪽으로는 알루샨 열도에서 시작하여 태평양 지역에서는 마샬 제도, 길버트 제도, 솔로몬 제도로부터 뉴기니아, 동남아시아는 인도네시아 및 말레이 반도 전역을 포함하여 미얀마에 이르렀다. 일본군이 단기간에 이 정도의 성과를 이룰 수 있었던 최대 요인은 천황 스스로 '불난 틈을 탄 도둑'이라고 한 표현에서 잘 드러난다. 즉 당시 미·영의 기본전략의 초점이 나치 독일의 타격에 맞추어져 있어 일본이 침략한 지역에 대한 관심이 상대적으로 약화되어 있었고, 일본군이 해당 지역의 민중들에게 지지를 못 받고 있던 식민지군의 허술함을 이용하였기 때문이다. 더욱이 아무리 겉치레뿐이었다고는 해도 일본이 내건 '구미 세력으로부터의 아시아 해방'이라는 슬로건은 현지 민중의 요구와 결부되는 면이 있어서 일본군이 진격했을 당초에는 일

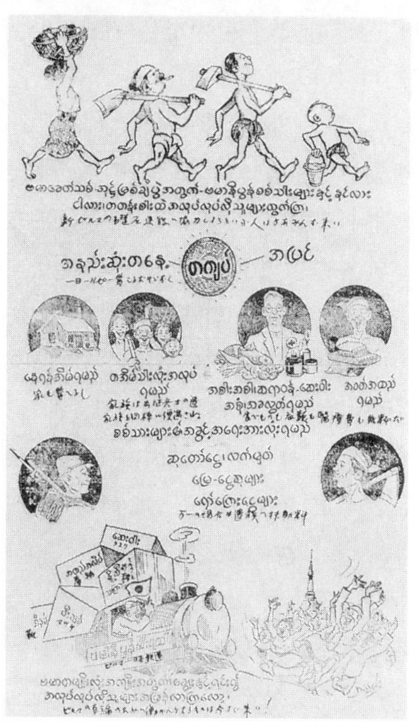

대동아공영권의 허상. 필리핀인의 저항을 누르기 위해 '신필리핀 건설'을 호소한 삐라(왼쪽)와 말레이 아동들에게 일본어를 가르치는 일본군 병사(오른쪽)

정하게 민중의 지지와 협력을 얻어낼 수 있었다.

그러나 일본의 점령정책이 개시됨과 동시에 점령지 민중은 구미를 대신해 맞아들인 자는 더욱 잔학한 지배자라는 사실을 절실히 깨달았다. 대본영이 1941년 11월에 결정한 「남방 점령지 행정 실시 요강」은 '중요 국방자원의 급속한 획득 및 작전군의 자활 확보'를 목적으로 하여 '잔존 통치기구를 최대한 이용'할 것을 권하고 있다. 과거 도조의 시정방침이 강조한 "각 나라 및 민족으로 하여금 원하는 대로 제자리를 얻게 한다"는 것은 민족자결을 의미하기는커녕 일본 침략군을 위해 모든 것을 다 바쳐 봉사하는 입장을 부여하겠다는 의미밖에는 없었던 것이다.

일본 제국주의의 타민족 지배에 대한 잔혹성은 이미 대만, 조선, 만주국에서 명확히 드러나 있었다. 식민지 민중의 민족기본권을 완전히 부정하고 일본 천황에 대한 무조건 숭배를 강제하였으며, 천황가 조상신에 대한 예배, 일본어 강요, 자원 · 물자 · 식량 수탈, 노동력의 폭력적 약탈을 자행하였다. 당연히 민중의 저항은 거셌지만 무단적 지배를 통해 일본은 이를 압살해 나갔다. 게다가 일본 군국주의가 이들 구식민지권의 민중을 징병·군속·군부·위안부 등 일본 군대의 최하층으로 조직하여 침략자 편에 가담시키는 이중의 죄악을 범했다는 사실도 잊어서는 안 된다. 혹 당시 일본의 병사나 민중이 인간적 감성을 갖고 있었다 해도 이는 피해민족에 대한 '연민'의 수준이었고, 정작 그런 상황을 야기한 주범인 자기 나라에까지는 닿지 못하였다. 이러한 민중의 의식구조는 오늘날에도 시사하는 바가 적지 않다.

한때 일본의 점령지였던 동남아시아 각지의 현 교과서는 예외 없이 일본 점령시절의 비참한 실태를 서술하고 민족과 평화를 위한 교훈을 아이들에게 전하고 있다. 인도네시아에서는 노동자의 일본어 발음인 '로무샤'가 그대로 쓰이고 있고, 일본군에게 강제로 끌려갔다가 돌아오지 못한 수만 명에 대한 이야기가 실려 있다. 또한 강제로 국외로 끌려가 태면철도(泰緬鐵道 : 타이와 미얀마를 잇는 군용철도) 건설에 종사하다가 미·영 병사 포로들과 함께 비참한 운명을 맞았다는 사실을 관계 당사국들이 똑같이 기술하고 있다. 필리핀의 초등학교 교과서에는 '깊이 고개를 숙이는 인사'(最敬禮), 기근, 강간 장면에 일장기와 일본병사를 그려넣은 일러스트를 싣고 "수업시간에 서로 토론해 보세요"라고 해 놓은 것도 있다. 싱가포르에서는 화교 대량학살 사건이 지금도 추적되고 있고, 사람들은 그 위령비를 '피빚탑'(血債塔)이라고 부르고 있다. 베트남에서는 일본군의 극단적인 물자징발로 인해 전쟁 말기 반년 사이에 약 2백만 명이 아사했다고 한다. 이러한 상황을 만들어 놓고 다른 한편으로는 "천장절을 맞아 말레이 및 수마트라 섬 주민이 나갈 길은 분명해졌다. …… 양 지역의 주민은 모두 천황폐하의 적자가 된 것이다. 대일본제국의 고마운 국체를 이들 주민에게 이해시키는 것은 새로운 영토에 주둔할 모든 황군 병사에게 주어진 존엄한 임무다"(싱가포르 일본군의 『陣中新聞』 1942)라는 따위를 설파하는 일본을 그 누가 신뢰하겠는가.

대동아공영권의 붕괴

비논리적인 대동아전쟁은 천황제정부의 비과학적인 작전지도와 맞물려 서전을 장식한 반년을 보내고 나서부터는 전세의 역전 조짐을 보이기 시작하였다. 1943년에 접어들자 일본은 황급히 미얀마(8월), 필리핀(10월)의 독립을 승인하고 인도네시아에도 독립을 약속하였다. 나아가 11월 5~6일, 도쿄에 중국 괴뢰정권·타이·만주국·필리핀·미얀마 대표들을 모아 「대동아선언」을 발표하는 등 공영권을 강화하기 위한 온갖 방책을 강구하였다. 그러나 아시아 민중의 이반과 항일운동을 억누르기에는 이미 늦었다. 전국의 악화는 가속화되었다. 결국 이탈리아와 독일이 항복한 후 연합국의 집중공세와 아시아 여러 민족의 반파시즘·민족해방투쟁 앞에서 일본 군국주의는 패배하고 대동아공영권은 완전히 사라졌다. 역사에 역행하는 자에게 돌아오는 당연한 귀결이었다.

참고문헌

小林英夫,『大東亞共榮圈』, 岩波ブックレット, 1988

內海愛子・田邊壽夫 編著,『大東亞共榮圈』, 梨の木舍, 1983

鈴木靜夫・橫山眞佳 編著,『神聖國家日本とアジア』, 勁草書房, 1984

노무라 아키라 野村章

40
국민학교란 무엇일까
천황제 파시즘 하의 교육실태

1937년 12월, 「국체의 본의」를 기본노선으로 하는 '학교쇄신평의회'의 의견을 접수한 일본정부는 교육심의회를 설치하고 전 학교교육에 대한 개혁을 추진하여 다음 해 그 답신을 받았다. 이 답신을 토대로 1941년 3월 1일, 국민학교령이 공포되고 4월 1일에 소학교 대신 국민학교가 발족되었다. 교육목표로서는 "국민학교는 황국의 도에 입각하여 초등보통교육을 실시하고 국민의 기초적 연마를 목적으로 삼는다"(국민학교령 제1조)는 것을 내세웠다. 국민학교는 1947년 신학제에 의해 소학교·중학교가 발족될 때까지 겨우 6년밖에 존속하지 못했으나 1945년 패전 때까지 전쟁 일색의 학교교육을 담당한 주체였다.

등교와 조례

국민학교가 발족된 해에 학교마다 소년단이 조직되고 동과 부락단위로 반이 편성되었다. 6학년 남학생이 반장을 맡고 집단등교가 이루어졌다. 교문에 도착하면 반장은 득의양양한 얼굴로 "전체, 멈춰!" "태안전을 향해 경례!"라는 호령을 붙였다. 집단등교를 하지 않을 때는 각자 태안전을 향해 경례를 붙이고 교실로 향하였다. 무서운 호랑이 선생님이 교무실에서 이 모습을 지켜보며 경례를 잊는다거나 대강 대강 경례하는 학생들에게 큰 소리로 주의를 주었다.

태안전(泰安殿)은 천황과 황후의 사진인 어진영과 교육칙어, 조서를 보관한 건물로서 많은 학교가 철근 콘크리트로 건물을 짓고 철제 문짝을 달았다. 지붕은 동판으로 이고 지붕 위 양끝에는 X자 형으로 교차시킨 길다란 목재를 붙였다. 주변에는 둥근 자갈을 깔고 쇠사슬로 둘러쳤다. 이 건문 안에 든 내용물은 비상시 가장 먼저 꺼내와야 할 것이었고 관리는 엄중하였다.

조례는 수업을 시작하기 전에 비가 오지 않는 한 매일 아침 거행되었다. 조례대 맨 앞은 저학년이 서고 5~6학년생이 좌우 끝에 위치하였다. 조용하고 기민한 정렬이었다. 교사의 호령에 따라 '궁성요배', '경례'를 마친 후 라디오 체조를 하였다. 겨울에는 '얍!', '이엽!' 하는 구호를 내지르면서 '하늘찌르기'라고 하는 체조를 하였다. 길고 지루한 교장의 훈시가 끝나면 겨울에는 구보로 교정을 몇 바퀴 돈 후 교실에 들어갔다.

국민학교의 수업

국민학교 초등과에는 국민과목으로서 수신(도덕) · 국어 · 국사 · 지리, 수리과목으로서 산수 · 이과, 체육과목으로서 무도 · 체조, 예능과목으로서 음악 · 습자 · 그림 · 공작이 있었다. 고등과에는 여기에 실업과목이 첨가되고 여학생은 가사 · 재봉 수업이 있었다.

다음은 2학년 수신교과서의 한 대목이다.

> 일본은 좋은 나라/ 맑고 깨끗한 나라.
> 세계에서 하나밖에 없는 신의 나라.
> 일본은 좋은 나라/ 강한 나라.
> 세계에 빛나는 훌륭한 나라.

2학년만이 아니다. 전 학년에 걸쳐 교과서에는 일본이 천황의 조상신인

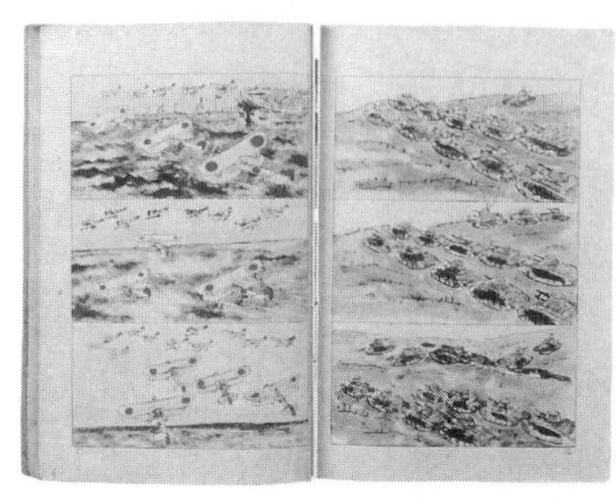

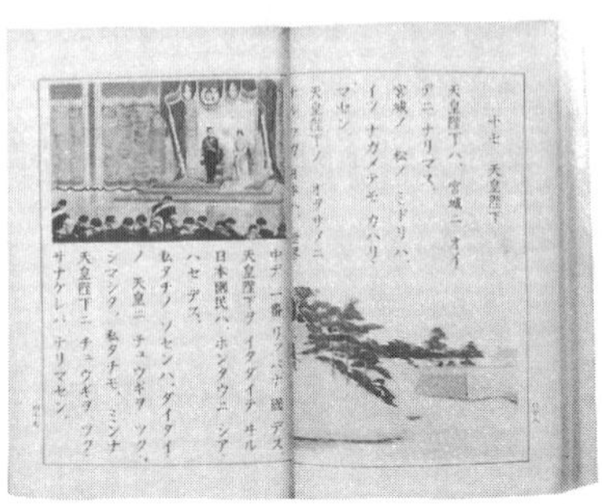

전차와 군용기가 등장하는 1학년 산수교과서와
천황에 대한 충성을 가르치는 2학년 수신교과서

아마테라스, 천손강림, 진무 천황으로 시작하는 만세일계의 천황이 통치하는 신의 나라라는 이야기가 실려 있었다.

국어교과서 나오는 제목들을 한 번 보자.

> 병정놀이 : 『읽기 2』 1-2
> 형의 입영/금훈장/병원의 병정 : 『읽기 4』 2-2
> 대련에서/함대 관람식/대연습/작은 전령사/방공 감시병 : 『초등과 국어 4』 4-2
> 다바오/말레이 진격/싱가폴이 함락되던 밤 : 『초등과 국어 6』 6-2

제목만 보아도 모두 전쟁 일색이다.

국어시간에는 전쟁터의 병사에게 보내는 위문편지를 썼다. 중일전쟁 이래 교육의 일환으로서 군인 원호교육과 위문편지 쓰기가 적극 권장되었는데, 학교에서 독자적으로 시행하기도 했지만 총후봉공회(銃後奉公會) 같은 단체로부터 요청을 받기도 하였다.

역사는 '일본사'였다. 5학년은 신대(神代)부터 전국시대까지, 6학년은 아즈치・모모야마 시대부터 중일전쟁기까지를 배웠다. 칠판 위 벽면에는 신대부터 현 천황의 즉위까지의 역사에 삽화가 들어간 연대표가 붙어 있었다. 교과서보다 더 인상적인 것은 구스노키 부자(楠木父子 : 남북조시대의 무장. 둘 다 1945년 패전 전에 충효의 전형으로서 숭앙의 대상이었다)의 이별과 수군영의 회견 등을 묘사한 큰 액자그림이었다. 부교재로는 『보통소학 그림국사』라는 책이 사용되었는데, 부록인 '아마노이와토' 그림은 다지카라오노 미코토가 바위굴 문을 힘껏 들어올리자 팟! 하고 빛이 퍼져나가며 아마테라스 오미카미가 상냥한 미소를 띠고 나타나는 장면이었다.

지리수업도 전쟁 일색이었다. 태평양전쟁이 시작되자 교실 벽면에는 대동아지도와 세계지도가 내걸리고, 일본군이나 추축국의 진격로 · 점령지 · 해전 장소에는 끝을 잘라낸 성냥개비에 일장기(◉)와 나치(卐) 표시가 된 작은 기를 붙여서 세웠다. 그러나 이런 것은 전쟁에서 승리를 거두고 있던 1942년 전반까지만이었다. 그 즈음 노바라 사에서 펴낸 『아동연감』이라는 것이 지리참고서로서 인기가 있었는데, 일본의 각 지방과 세계의 여러 주를 다른 색깔로 인쇄한 지도에 각지의 산물이나 병력이 그림으로 표시되어 있었다. 특히 나라별 군함 · 항공기 · 전차 등의 보유대수나 성능을 보여주는 페이지 등은 몇 사람씩 돌려가며 읽기도 하였다.

산수는 교과서 『보통소학 산술』(제6학년 아동용 하)을 예로 들어 살펴보자. 이것은 국민학교로 학제가 변경된 해에 6학년생이 사용하던 것인데, 태평양전쟁을 상정한 이런 문제가 제출되었다.

> 문제3) 군함이 조류를 따라 항해하면 1시간에 23해리를 갈 수 있고, 조류를 거슬러 항해하면 1시간에 17해리를 갈 수 있다고 한다. 이 군함의 속력과 조류의 속도를 구하시오.
>
> 문제4) 열대지방의 상공 6000~7000미터에서는 매우 강한 서풍이 불고 있다. 이 바람을 타고 비행기가 두 시간에 1100킬로미터를 비행하였다. 반대로 바람을 거슬러 비행했더니 1시간에 150킬로미터밖에 비행하지 못하였다. 바람이 없는 곳에서의 비행기의 시속과 바람의 속도를 구하시오.

국민학교로 바뀐 후의 음악책은 초국가주의와 군국주의를 고무하는 노래들로 채워졌다. 1학년 때부터 기미가요를 배우고 2학년이 되면 기원절, 구니히키(國引き : 이즈모 신이 신라땅에 밧줄을 걸어 끌어당긴 후 이즈모에 묶어두었다는 설화), 군칸(軍かん)을 배웠다. 3학년부터 고등과 2학년 때까지 기미가요, 칙어봉답, 천장절, 메이지절, 1월 1일, 기원절 식가는 공통으로 들어가는 노

래였다. 가사의 일부를 소개해 보겠다.

하늘의 바위굴(天の岩屋 : 초등과 3학년)

1. 사카키 가지에 걸어 두자/ 거울과 곱은옥을 걸어 두자/ 아아 신의 시대/ 바위굴 문 앞에……
3. 바위굴 문이 휘익 열렸다/ 눈부시게 건너오는/ 그 모습은/ 아아 아마테라스 오미카미

그 밖에도 역사와 전쟁에 관련된 수많은 창가가 불려졌다. 노래로 꾸민 황국사관 일본사를 만들어 낼 수 있을 정도였다. 태평양전쟁이 시작되자 도레미파솔라시도는 '하니오헤토이로하'라는 일본식으로 바뀌었다. 여기에 적의 기종을 폭음으로 식별하기 위해 청음(聽音)이 더해지고 하호토・하헤이를 오르간으로 훈련하였다.

체조시간에는 보통 상의와 바지를 벗고 팬티와 집에서 직접 만든 내복을 입었고 겨울에는 메리야스에 바지 차림이었다. 때로 웃통을 다 벗고 구보로 신사참배를 하러 가기도 하였다. 여학생들도 무도를 배웠는데 여자들이 '부르마'라고 부르는 통넓은 바지를 입고 "에잇! 얍! 타아!"라는 소리를 내지르며 무가 여인들이 사용했다는 언월도를 휘두르는 희한한 모습도 볼 수 있었다.

의식과 학교행사

입학식과 졸업식, 매학기마다 열리는 시업식과 수업식, 4대 행사, 봄가을의 황령제, 육해군 기념일 …… 의식은 정말 셀 수도 없이 많았다. 날씨가 좋은 계절은 그래도 괜찮지만, 사방배(四方拜)를 하는 날이나 기원절은 정말 싫은 날이었다. 냉기로 썰렁한 강당에 입장하기 전에 담임선생님은 반드시 코를 훌쩍이지 말라는 주의를 주었다. 교장이 교육칙어를 봉독할 때는 고개를 숙이고 있어야 하는데, 그러다 보면 콧물이 흘러나와 훌쩍거리는 소리가 엄숙해야 할 분위기를 깨뜨렸기 때문이다. 장황한 교장의 훈시도 '빨리 좀 안 끝나나?' 하는 생각뿐, 내용 따위는 전혀 머리에 들어오지 않았다. 유일한 즐거움은 과자를 받을 수 있다는 것이었다. 빨갛고 흰 만두가 후에는 딱

딱한 빵으로 바뀌었는데, 태평양전쟁이 시작되자 그마저도 받을 수 없었다.

운동회에서는 5·6학년 남학생 전원이 참가하는 기마전이나, 높다랗게 세운 대나무 끝에 매달린 희고 붉은 헝겊을 재빨리 올라가 떨어뜨리는 청백전[源平戰]을 벌였다. '만세'라는 승리의 함성도 국민학교로 바뀐 뒤에는 번창을 기원하는 '이야사카'(彌榮)로 변경되었다.

학예회에서는 노라쿠로 마스크를 쓰고 연기하는 전쟁연극과 백호대(白虎隊) 연극을 하였다. 백호대 연극연습을 할 때는 마분지로 갑옷을 만들어 입고 흰 머리띠를 두른 채 이이모리 산(飯盛山)에서 할복자살하는 마지막 장면을 몇 번이나 반복해서 연습하였다.

교외활동

흥아봉공일(매월 1일. 태평양전쟁 개전 후에는 매월 8일의 대조봉대일로 바뀐다)에는 신사에 가서 전승을 기원하거나 육군묘지를 청소하였다. 국체명징(천황중심주의의 국체를 밝힘)이 크게 강조되면서부터 교육과 신사와의 관련이 특히 밀접해졌기 때문이다. 출정하는 병사를 전송하거나 전사자를 마중하는 데도 자주 동원되었다. 출정 때는 군가도 부르고 용기백배했지만 전사자를 맞이할 때는 침울하고 허탈해하였다.

1940년 5월, 만주국 황제 푸이가 일본을 방문했을 때는 역에 가까운 선로를 따라 질서정연하게 정렬하여 마중을 하였다. 같은 해 11월의 '황기 2600년제' 기념식에는 오랫만에 불꽃놀이도 하고 이날에 맞추어 신사의 제사도 성대히 거행하였다. 1942년 2월, 싱가포르 함락 축하기념으로 당시로서는 귀중품이었던 연식 테니스 공이 학교에 배급되어 손으로 하는 야구놀이를 즐기기도 하였다.

교외활동으로는 소년단 활동이 있었다. 국방헌금이라고 해서 대나무로 만든 통을 들고 가가호호를 돌며 헌금을 걷었다. 그렇게 해서 모은 돈을 연대사령부로 가져다주면 후에 학교로 감사장이 날아들었다.

전쟁의 격화와 함께

전쟁의 격화와 함께 식량은 물론이고 운동화, 의복, 공책 등 학용품이 모

전쟁터로 보내기 위해 수집된 국민학교 아동의 위문첩

두 부족해졌다. 신발이나 학생복 같은 것은 학교에서 실시하는 추첨에 당첨되어 구입권을 얻은 운좋은 놈만 지정상점에서 살 수가 있었다.

중등학교 이상의 학생들은 학교를 떠나 군수공장이나 군대에 들어갔다. 국민학교 아동들만 방석 두 개를 포개서 만든 띠를 어깨에 둘러매고 찐감자나 밀기울을 넣은 빵도시락을 들고 등교하였다. 경계경보 사이렌이 울리면 수업을 중단한 채 집으로 돌아가고 해제되면 다시 등교하는 일이 반복되었다.

그나마 이런 학교생활도 태평양전쟁이 종말에 접어들면서부터는 불가능해졌다. 공습이 심해지자 정부는 "특히 국민학교 초등과 아동의 소개를 강도 높게 촉진"할 것을 각의에서 결정하고 연고소개를 추진하였다. 연고가 없는 학생들은 집단소개되었는데, 도쿄를 중심으로 대도시와 공업도시, 군사도시 등 13개 도시가 대상지역으로 지정되었다.

소개를 하지 않는 지역에서는 종종 공습에 대비하여 분산수업이 이루어졌다. 경계경보 발령과 동시에 귀가하고 해제와 함께 등교하는 이러한 상황에서 수업이 제대로 될 리 없었다. 따라서 부락별·동별로 사원이나 신사의 사무소, 공민관, 개인주택 등을 임시학교로 삼아 수업을 계속하였다.

고학년생이나 고등과 학생은 근로봉사에도 동원되었다. 출정 병사가 있

소개하는 국민학교 학생들

는 가족의 노동력 부족을 메우기 위해서였다. 주로 모심기, 피뽑기, 벼베기 등을 거드는 농촌근로봉사는 간식으로 찐감자나 때로는 주먹밥이 나와 즐거웠다. 제방에서의 풀베기는 군마용 건초를 만들기 위해서였다. 소나무 뿌리 캐기는 항공기 연료인 가솔린이 부족해서 그 대용품인 소나무 뿌리 기름을 만들기 위해서였다.

1945년 패전 직전이 되면, 해안에서 가까운 학교에 다니는 학생들은 진지 구축에까지 동원되었다. 이것이 초국가주의, 군국주의, 천황중심주의 교육의 말로였다.

참고문헌

山住正己,『日本教育小史』, 岩波新書, 1987

山中恒,『子どもたちの太平洋戰爭』, 岩波新書, 1986

江口圭一・木坂順一郎,『治安維持法と戰爭の時代』, 岩波ブックレット, 1986

永原慶二,『皇國史觀』, 岩波ブックレット, 1983

스즈키 다케시 鈴木武

41
공습공보 발령은 왜 지체되었을까
도쿄 대공습과 천황

폐허 위의 천황

도쿄 스미다 천의 동쪽-고토 구를 가로지르는 지하철 도자이센에 몬젠나카마치라는 역이 있다. 그 이름에 걸맞게 과거 에이다이지(永代寺)의 몬젠마치(중세 이후 신사나 절 앞에 형성된 시가지)로서의 화려함이 지금도 남아 있는 곳이다. 그러나 그 일대는 1945년 3월 10일, 겨우 2시간 남짓의 공습으로 약 10만 명의 사망자와 100만 명의 피해자를 낸 도쿄 공습지역이다. 스모의 '요코즈나 비'로 유명한 후쿠오카의 신사 하치만구 경내에는 특이한 비석이 하나 서 있다. 얼핏 다른 것과 별반 달라 보이지 않는 돌기둥이지만 "천황폐하께서 휴식을 취하신 곳"이라고 새겨진 글자가 뭔가 특이한 느낌을 준다. 비석은 대공습이 끝난 후인 18일, 피해상황을 돌아본 천황의 하치만구 방문을 '기념'하여 지역 유지들이 1960년 4월에 세운 것이다.

천황이 다녀간 다음 날 19일 조간신문은 일제히 5단 기사로 큰 타이틀을 달고 사진을 넣어 천황의 피해지역 시찰 모습을 대대적으로 보도하였다. 제목은 "황송스럽게도 천황폐하 피해지역 순찰", "초토화된 땅에 서신 폐하의

朝日新聞

昨暁 約百三十機 帝都市街を盲爆

約五十機に損害 十五機を撃墜す

議會けふ再開

單機各所から低空侵入

臨時閣議で救恤策

畏し 天皇陛下戰災地を御巡幸

焦土に立たせ給ひ 御仁慈の大御心

一億滅敵の誓ひ新た

憤怒滅敵へ起て

首相、罹災者を激励

敵 硫黄島へ艦砲射撃

九州東南海面 機動部隊現出す

地區に艦上機波狀來襲

夕刻迄に千四百機

천황의 피해지역 순찰 모습은 각 매스컴에서 대대적으로 보도되었다.

인자하신 마음", "적을 멸망시키겠다는 1억 일본인의 맹세가 새롭다", 고이소 구니아키(小磯國昭) 수상의 "폐하의 사려 깊은 뜻을 받들어 생각하다"라는 제목의 담화, 그리고 사진에는 "초토화된 땅을 도보로 둘러보시다"라는 설명이 붙어 있었다.

이날 호리타 젠에(堀田善衛)라는 작가는 우연히 목격하게 된 이 시찰 장면을 다음과 같이 회상하였다.

> 나는 하릴없이 후쿠오카의 하치만구 경내에 멍하니 서 있었다. 경내라고는 하지만 어디가 본전이고 어디가 배전(排殿)인지조차 짐작도 가지 않았다. 돌 기둥문, 바닥에 깔린 납작납작한 돌, 돌층계 등 돌로 된 것들만 남아 있었는데 그나마 표면은 갈색으로 변색해 있었고 만지면 돌가루가

투투툭 떨어져 내렸다. …… 경관과 헌병의 수가 불어나고 사람들이 돌층계 위에 어지러이 널려 있는, 화재를 겨우 면한 냄비 따위를 치우고 정리하기 시작하였기 때문에 나는 경내를 떠났다. …… 9시가 지났을까? 여기에서는 보기 드문 고급자동차, 대개가 외제차인 승용차 행렬이 에이타이바시(永代橋) 쪽에서 모습을 드러냈고 거기에는 벽돌색 자동차도 섞여 있었다. 그것은 불에 타버린 이 땅에는 도저히 어울릴 성싶지 않은 광경이었다. 그렇게 부조화된 경치도 없을 것이라고 생각될 정도로, 생리적으로 불유쾌하고 어울리지 않는 광경이었다. 이 땅은 비참한 공습에서 살아남은 사람들, 다른 사람이 지나가면 때로 번뜩이는 이리의 눈빛을 하고 힐끗 째려보는 그런 자들만이 어울리는 곳이었으니까 말이다. 승용차 대열이 사이드 카까지 동반하여 불탄 지역에서 일어나는 특유의 모래먼지를 말아올리며 미끄러져 들어왔다. 상쾌한 아침빛을 받아 번쩍거리는 벽돌색 승용차 안에서 말끔한 군복에 긴 부츠를 신은 천황이 내렸다. 큰 훈장까지 달고 있었다. 내가 헌병의 눈을 피해 있던, 아마 공장터였던 듯한 콘크리트 벽 주변에서 200미터도 떨어져 있지 않은 거리였다. 나는 순간 온몸이 얼어붙는 듯한 느낌이 들었다 …… 나는 여기저기 구멍 뚫린 콘크리트 벽 음지에서 붉게 상기되어 서 있었는데 그들은 땅에 머리를 조아리고 엎드린 채 눈물을 흘리면서 폐하, 저희들의 노력이 부족해서 이리 힘없이 불타 버렸습니다, 황송스럽기 짝이 없습니다 따위의 말들을 구구절절히 늘어놓고 있었다. 나는 번쩍거리는 벽돌색 자동차와 번쩍이는 긴 부츠를 눈부시게 바라보면서 이렇게 되어버린 책임은 도대체 어떻게 질 것인가 하고 생각하였다.…… (堀田善衛, 『方丈記私記』)

'기념'비를 세운 사람들의 마음은 차치하고 대체 천황은 무슨 생각으로 이 곳을 방문하고 여기에서 무엇을 느끼고 무엇을 배운 것일까.

단 7분 차이의 수수께끼

도쿄 대공습의 피해가 상상도 할 수 없을 만큼 크고 비참했던 이유 중 하나로 '공습경보의 발령이 지체된 것은 아닌가?' 하는 의문이 번지고 있었다. 물론 이러한 의문을 입 밖에 내거나 공공연하게 표현할 수는 없었다. 그날 밤의 일을 『도쿄 대공습 · 전재지』(東京大攻襲 · 戰災誌)는 다음과 같이 기록

대대적인 공습으로 완전 폐허로 변한 스미다 천 방면

하고 있다.

> 제일탄이 후카가와 지역에 떨어진 것은 3월 10일 새벽 0시 10분, 화재는 인접한 조도 구에 발생, 2분 후에는 혼조 구가 피해를 당하였다. 0시 20분, 화재는 아사쿠사 구에도 발생. 여기저기서 발생한 화재가 점점 합류하면서 일거에 대화재로 발전하였다. 아사쿠사와 니혼바시 방면에 걸친 광범한 지역으로 번진 화재는 끔찍한 화마가 되어 가옥을 불태우고 스미다 천을 넘어 무카이지마 구와 합류, 겨우 반시간도 안 되어 번화가 전역으로 번져나갔다.

이 '7분 차이'에 대하여 동부군 사령부 민방위 당당 참모비서였던 후지이 쓰네오(藤井恒男)는 이렇게 회고하고 있다.

> 그 사이 정보판 램프가 여기저기서 꺼졌다 켜졌다 하기 시작하였고 차츰 상황판단이 불가능해지기 시작하였다. 나는 참모에게 공습경보를 발령할 것을 건의하였으나 참모는 허가하지 않았다. 그는 상황이 확실해지기도 전에, 그것도 한밤중에 공습경보를 발령하면 천황이 단잠에서 깨어나

지하 방공호로 대피해야 하고, 그 동안 사회의 기능은 마비되어 버릴 것이라고 우려했던 듯하다. 그 사이에 적기가 도시에 폭탄을 투하하였다는 정보가 들어왔다. 그 때서야 비로소 공습경보가 발령되었다. 지금 생각해보면 램프가 여기저기서 켜졌다 꺼졌다 하는 것을 바라보면서 공습공보를 내릴지 말지 망설이고 있는 사이에 다시 침입한 적기가 번화가에 폭탄을 투하했던 것이다. 화재의 불빛을 공격목표로 삼아 후속 적기가 도쿄 번화가로 침입해 왔을 것이다.

그런데 도쿄 대공습은 당시 어떻게 보도되었을까. 당시 국민이 믿어야 할 것은 대본영의 발표뿐이었다. 따라서 피해자가 자신의 눈으로 본 사실을 입 밖에 내는 것은 '유언비어'고 '스파이 행위'였다. 공습으로 인한 화재가 진화된 지 4시간 후 대본영은 다음과 같은 내용을 발표하였다.

대본영 발표(1945년 3월 10일 12시)

본 3월 10일 0시 조금 지나서부터 02시 4분 사이에 B 29기 약 130대가 도쿄를 내습하여 시가지를 맹폭격하였다

이 폭격으로 도시내 각 지역에 화재가 났지만 궁내성 주마료(主馬寮)는 2시 35분, 그 밖의 지역은 8시경까지 진화되었다

현재까지 판명된 전과는 다음과 같다

격추 15기 / 손해를 입힌 것 약 50기

궁내성 주마료라고 하면 천황이나 황족이 타는 말의 마구간이지만 당시의 정부나 군부에게는 가장 먼저 진화해야 할 중요 건물이었다. 그리고 무차별 대공습으로 비참한 피해를 당한 지역은 단순히 '그 밖'의 곳에 지나지 않았던 것이다. 이처럼 황실 소식을 우선시한 것은 대본영을 비롯한 군부의 공습 관련 발표나 신문보도에서 하나의 패턴이 존재하였기 때문이다. 그리고 1942년 4월 18일의 도쿄 첫 공습에 대한 제일보는 이후의 공습보도에서 전형적인 패턴이 되었다. 즉 전과만 강조하고 '아군의 손해'는 '경미'하다는 식의 일방적인 내용과 대공습일 경우 황실 소식을 항상 첨부하게 되었다.

'천황 군대'의 방공대책

도쿄 대공습과 천황 군대와의 관계는 어떠했을까. 내무성이 1943년에 작성한 『시국방공필휴』(時局防空必携)나 『제도방공필휴』(帝都防空必携) 등에서 보이는 방공에 대한 기본적 사고의 특징은 첫째 도쿄 시민을 "황거를 지키는 명예로운 방위전사"로 규정하고, 둘째 방공의 임무를 경방단(警防團)·인조·특설방호단·학교보국대 등 모든 민간조직에 맡기고 있다는 점이다. 「방공 필승의 맹세」에서는 "우리는 국가를 지키는 전사다. 목숨을 바쳐 담당지역을 지키겠다" 등의 선서문으로 주민을 강력하게 구속하고 있다. 또한 방공의 구체적 행동도 상세히 기록하고 있는데, "불이 나더라도 인조의 우두머리는 경찰 소방 관리나 경방단의 지도가 있을 때까지 방공 종사자를 지휘하여 끝까지 소화와 연소 방지에 나선다"는 말이 나온다. 예컨대 '도망치지 말고 끝까지 불을 끄라'는 것이다. 도쿄 대공습 때 불에 타죽은 사람이 많았던 것도 이러한 방공대책의 지도방식에도 한 원인이 있었다.

주민들에게는 이렇듯 비참한 희생을 강요하면서 다른 한편으로 군대의 방공대책은 어떻게 세워 두었던 것일까. 교육학자인 기노마루 후미오(城丸章夫)는 "(그들은) 실제로 500미터에서 3000미터 되는 거리에서 우리 얼굴을 향해 날아오는 비행기에도 거의 사격을 하지 못하였다. 쏘아봤자 격추되는 비행기도 거의 없었고 혹 있다 하더라도 극히 조금밖에 안 되었다. 게다가 방공호도, 대규모 화재에 대한 방책도, 주민의 소개도 극히 불충분한 채로 방치되어 있었다. …… 일본의 주요 도시와 그 주변에는 군대가 주둔해 있었다. 그러나 군대는 적기를 향해 사격도 못하고 대화재 속에서 우왕좌왕하는 주민을 도와주지도 못하였다. 피해를 당한 주민에게 군대가 가진 식량 중 일부를 떼어 도와주는 일도 없었다. 군이 주민을 지키는 것이 아니라 주민의 희생으로 군이 살아 남으려고 했기 때문이다"(『平和教育』 19)라고 쓰고 있다.

공습경보 발령 이후 8시간에 걸친 장시간의 화재로 약 10만의 사망자와 100만의 피해자가 났다. 그들은 집이 불타고 육친이 바로 눈앞에서 죽어가는 것을 지켜보고 있을 수밖에 없었으며, 자신들 역시 부상을 입은 채 의탁할 친척을 찾아 정든 땅을 떠나야 했다. 그러나 그 처참한 체험을 육친이나 친척들에게 얘기해줄 수는 없었다. 그것은 “공습피해나 방공 전투 상황은 특별한 일이 없는 한 신문이나 라디오를 통해 당국이 알려준다. 이 발표를 절대로 신뢰하고, 마음대로 상상해서 지껄인다거나 직접 보거나 들은 것일지라도 가볍게 글로 쓰거나 말하는 것은 악선전의 원인이 된다는 점을 명심해야 한다”는 함구령이 피해자들에게 족쇄로 작용하고 있었기 때문이다.

도쿄 대공습의 실태와 진실은 전시중에는 정부와 군부에 의해, 전후에는 미점령군에 의해 계속 은폐되었다. 도쿄 시민들이 ‘도쿄 공습을 기록하는 모임’을 조직하고 서민들이 직접 ‘공습 체험의 기록과 전승’ 작업을 추진한 것은 사건이 있고 나서 이십수년이 지난 뒤의 일이었다.

참고문헌

早乙女勝元, 『東京大空襲』, 岩波新書, 1971
東京空襲を記録する會, 『東京大空襲・戰災誌』(全5卷)
東京都教職員組合江東支部, 『新版炎の街』, あゆみ出版, 1985

네기시 이즈미 根岸泉

42
천황은 정말 평화주의자였을까
너무 늦은 '성단'과 국체보호

너무 늦은 항복

1975년 9월 20일 쇼와 천황은 미국방문을 앞두고 『뉴스위크』지 동방지국장과의 인터뷰에서 태평양전쟁에서 천황이 행한 역할에 대한 질문을 받았다. 그의 답변은 이러하였다. "전쟁 종결 당시 내 스스로의 뜻에 따라 결정하였다. 이는 수상이 각내에서 의견을 정리해 내지 못해 나에게 의견을 구했기 때문이고, 나는 스스로 의견을 피력하고 스스로의 의견에 따라 결정하였다. 그러나 전쟁 개시 때는 이미 각의에서 결정이 내려진 상태였고 나는 그 결정을 뒤집을 수 없었다. 이것은 일본헌법의 조항에 합치된다고 믿는다"(『朝日新聞』 1975. 9. 22).

태평양전쟁의 개전은 각의결정이고, 종전은 천황 자신의 책임 아래 결정했다는 것이다. 그는 스스로 평화를 위해 노력하고 국민을 위해 온 힘을 다한 평화주의자였다고 말하지만, 과연 사실일까. 패전에 이르는 경과를 천황 및 중신의 동향을 통해 살펴보자.

태평양전쟁에서 일본의 패배를 결정지은 것은 개전 다음 해인 1942년 6

패전의 날,
황궁 앞에서

월의 미드웨이 해전과 1943년 2월의 과달카날 섬에서의 철퇴였다. 더구나 1944년 6월의 마리아나 해전에서 대부분의 항공모함과 항공기를 잃은 후에는 패전은 기정사실화되었다.

1944년 6~7월 고노에 후미마로, 기도 고이치 내대신, 시게미치 마모루(重光葵) 외상 등 천황의 중신들은 몇 차례씩 회합을 열고 패전 처리문제에 대해 논의를 하였다.

> 기도 고이치 : 전체적으로 보아 전쟁은 거의 절망적이다. 육해군은 패전 책임을 서로 전가하려 할 것이다. 폐하께서 몸소 모든 책임을 지고 국내의 이러한 분쟁들을 억누를 필요가 있다고 생각한다.
>
> 시게미치 마모루 : 문제를 해결하는 방법은 무조건 항복밖에 없다. 평화는 빠르면 빠를수록 좋지만 지금 바로 항복하는 것은 국내 사정에 비추어 보건대 도저히 불가능하다. 아무리 빨리 한다고 해도 함대결전에서 패한 후에 해야 할 것이다. (『近衛日記』)

이처럼 중신들은 일본의 패전을 일찌감치 확신하고서도 별다른 대응책을 내놓지 못하였다. 육해군 지도부는 이미 제해권과 제공권을 상실하고 그저 대량의 병력을 투입하여 미군의 풍부한 물량전에 대항하는, 그야말로 뻔히 지게 되어 있는 전쟁을 계속하며 전사자 숫자만 늘리고 있었다.

1944년 말, 천황은 필리핀 전국에 불안을 느끼고 고이소 구니아키 수상 등에게 그 대책을 물었다. "레이테 전황도 반드시 낙관할 수 없어 루손에서의 결전을 고려하고 있는데, 정부는 종래 레이테 결전을 선전하여 국민을 지도해 왔으므로 만일 실상이 국민에게 알려지게 되면 국민은 실망하고 전의를 상실할 것이다. 생산증강에도 영향을 미치지 않을까 우려스럽다"(『木戶幸一日記 下』). 천황은 이처럼 불리한 전국을 지적하고 요시다 시게루 군수대신에게 생산증강에 노력할 것을 부탁하였다. 고이소 수상도 국민의 전의 저하를 방지할 방침의 검토를 약속하였다.

1945년 1월 미군은 루손 섬에 상륙하고 마닐라로 진공하였다. 필리핀 결전의 좌절로 1월 18일, 최고전쟁지도회의는 「본토결전 즉응태세 확립을 위한 전쟁지도 대강」을 결정하였다.

한편 고노에는 2월 14일, 국체보호를 위해 조기 종전을 요망하는 다음과 같은 상주문을 천황에게 제출하였다.

> 유감스럽지만 패전은 조만간 닥칠 것입니다. …… 패전은 우리 국체에 흠을 남기겠지만 지금까지의 영・미의 여론 상황을 봐서는 국체변혁으로까지는 나가지 않고 있는 것 같습니다. …… 따라서 패전만 되면 국체는 우려하실 필요가 없을 것입니다. 국체보호의 원칙에서 가장 우려되는 것은 패전보다는 패전으로 인해 일어날지도 모를 공산혁명입니다. (『日本外交年表竝主要文書 下』)

또한 고노에는 계속 철저항전을 고집하는 일부 군부를 일소하는 것이 공산혁명으로부터 일본을 구하는 선결조건이라는 지적도 덧붙이고 있다(細川護貞, 『細川日記』).

이에 대해 천황은 "우메즈 요시지로(梅津美治郎) 참모총장은 미국이 황실 말살론을 늦추지 않고 있다는 점을 들어 철저항전을 주장하지만, 나 역시 이 점에 대해서는 의문을 갖고 있다"라고 하는 한편, "우메즈와 해군은 대만으로 적을 끌어들인다면 공격을 할 수 있다고 하니, 그 후에 외교수단에 호소해도 괜찮다고 생각한다"고 말하고 있다.

천황은 화평교섭에 들어갈 때 한 번만이라도 전과를 올리고 나서 교섭에 들어가야 이야기 진척이 쉬워질 것이라며 전쟁계속을 주장하였다. 그 사이 미공군기는 2월 이후 간토 각지에 공습을 퍼붓고 3월 10일에는 도쿄에 대공습을 가하는 등 일본 각지에서는 공습으로 인해 도시주민이 무차별 참살되고 파괴가 계속되었다. 미군은 필리핀을 제압하자 일본 육해군 지도부의 예상과는 달리 대만을 건너뛰어 4월 1일 오키나와에 상륙하였다. 오키나와 전투에서는 주민까지 포함하여 치열한 전투가 벌어져 주민만 해도 15만이 넘는 희생자를 냈다(오키나와 전에 대해서는 본서 49항 참조).

누가 보아도 패전은 기정사실이었다. 그럼에도 불구하고 6월 8일 천황이 임석한 최고전쟁지도회의는 본토결전이라는 전쟁지도의 기본대강을 결정하였다.

3종의 신기의 보호와 마쓰시로 대본영

7월 25일, 내대신 기도 고이치는 천황에게 본토결전을 통해 전황을 전환시키자는 군부에 대해 불신을 표명하고, 본토에서 결전을 벌이게 될 경우 "진지하게 생각해야 할 것은 3종의 신기를 보호하는 문제입니다. 이를 온전히 지키지 못하면 황통 2600여 년의 상징을 잃게 되어 결국 황실도 국체도 보호할 수 없게 될 것입니다"(『木戶幸一日記(下)』)라며 강화의 긴급성을 역설하였다. 이에 대해 천황은 7월 31일, "이세와 아쓰타(熱田)에 있는 신기는 나의 신변 가까이로 옮기는 것이 제일 나을 것이다. 옮기는 시기는 인심에 미치는 영향을 고려해서 신중을 기해야 한다. 내 생각으로는 여러 번 옮기는 것도 괜찮을 것 같고, 신슈(信州)로 옮기는 것까지 각오해 두는 편이 좋을 것이다"(위의 책)라고 기도에게 말하고 있다.

군 지도부는 본토결전을 상정하고 나가노 현 마쓰시로(松代)로 수도 기능을 옮기는 '신수도'(新首都) 계획을 세웠다. 마쓰시로 지구의 시라토리 산(白鳥山)에 천황·황후와 대본영 본부, 조산(象山)에 정부와 보도기관, 사이조산(妻女山)에 인쇄소, 젠코지 온천으로 황태자를 옮긴다는 대규모 이전계획이었다.

공사는 1944년 11월부터 개시되었다. 총길이 13킬로미터, 총면적 4,300평방킬로미터에 이르는 이 대대적인 굴착공사에 총 300만의 노동자가 동원되었고 강제연행된 조선인 노동자도 많았다. 지하호는 폭격에도 견딜 수 있는 단단한 암반으로 된 산을 이용하고, 밤낮을 가리지 않고 1일 2교대 내지 3

교대의 돌관공사로 행해졌다. 처음에는 착암기와 공기압축기를 사용하였으나 후에는 거의 손으로 직접 파냈으므로 이 가혹한 노동으로 다수의 희생자가 나왔다. 천황거처가 거의 완성된 7월 12일, 시찰 나온 궁내성 직원은 신기를 제사할 현소(賢所)를 천황거처에서 분리시키라는 명령을 내렸다. 혹 천황에게 무슨 일이 생기더라도 새 천황이 즉위할 수 있기 위해서는 신기의 보호가 무엇보다도 중요하다고 생각하였기 때문이다.

천황거처용으로 만들어진 시라토리 산 지하호는 지금은 기상청 지진관측소로 사용되고 있고, 조잔 지하호는 입구 대부분이 폐쇄되었지만 황량한 바위 표면과 돌 부스러기가 남아 있는 터널은 그대로 방치되어 있다.

정부와 군 지도부는 7월중에 마쓰시로로 대본영 이전, 8월에는 3종의 신기와 함께 천황의 이주를 결정하고 '국체보호' '본토결전' '1억 옥쇄'를 부르짖었다. 포츠담 선언이 나온 7월 하순, 종전의 결단을 내려야 할 그 중요한 시기에 천황 · 정부 · 군지도부는 전국을 인식하지 못하고 무의미하게 수많은 국민을 전쟁지옥으로 내몰면서 비참한 파국으로 돌진해 가고 있었다.

국체보호가 최우선이다

1945년 7월 26일, 미 · 영 · 중 3국에 의한 포츠담 선언이 나왔다. 그 내용은 일본 군국주의세력의 제거와 일본의 민주화, 일본군의 무장해제와 전범처벌, 연합군의 일본점령, 일본 식민지와 점령지의 방기를 요구하는 것이었다. 이에 대해 스즈키 간타로(鈴木貫太郎) 수상은 7월 28일, 포츠담 선언의 묵살과 전쟁매진에의 의지를 기자단에게 발표하였다. 국민의 생명과 안전은 염두에도 두지 않았던 일본의 지도자들은 전쟁종결의 결단조차 내리지 못한 채 더욱 비참한 결말로 국민을 몰아가고 있었던 것이다.

미국 지도부는 포츠담 선언이 나오기 하루 전인 7월 25일 육군전략공군에 대해 히로시마 · 오구라 · 니가타 · 나가사키 중 어느 한 곳에 원폭을 투하하라는 명령을 내렸다. 미국은 원폭 투하가 일본에 '최대한의 심리적인 효과'를 낳을 것이고 동시에 대소전략에서도 국제적인 평가를 받을 수 있는 '극적인 효과'를 낼 것이라고 생각하고 있었다.

8월 6일 히로시마, 9일 나가사키에 투하된 두 발의 원폭은 순식간에 이십

수만 명의 생명을 앗아갔다. 그 후 원폭 후유증으로 십수만 명이 사망하고 삼십수만 명이 지금도 후유증으로 불안한 생활을 계속하고 있다.

1975년 10월 31일, 미국에서 귀국한 천황은 일본 기자단과의 인터뷰에서 원폭 투하와 관련한 발언에서 무신경을 그대로 드러내었다. "원자폭탄의 투하에 대해서는 유감으로 생각하며 히로시마 시민에게는 참으로 안된 것이지만 전쟁중이었으니 어쩔 수 없었던 일이라고 생각한다"(『朝日新聞』 1975. 11. 1).

8월 8일 소련은 대일참전을 선언하였다. 9일부터 기동력을 갖춘 소련군이 소·만 국경을 넘어 진격하고 관동군 총사령부는 만주방위를 포기하고 남하하여 조선방위를 명하였다. 일본군의 철퇴로 인해 국경선을 따라 배치되어 있던 약 27만에 달하는 만몽개척단과 청소년의용군은 그대로 방치되었고, 결국 7만 8천여 명이 사망하고 약 1만 1천 명이 행방불명되었다. 지금도 일본을 방문하고 있는 수많은 중국잔류 고아는 당시 육친을 잃었거나 생이별을 한 어린아이들이었다.

히로시마와 나가사키에 떨어진 원폭까지 국체보호에 대한 위협으로는 보지 않았던 일본의 최고 전쟁 지도자들도 소련의 참전과 관동군 붕괴에는 크게 동요하였고, 결국 포츠담 선언을 수락하는 쪽으로 기울었다.

8월 9일 어전회의가 열리고, 평화파와 본토결전파가 대립하였다. 이는 포츠담 선언을 수락하되 그 조건으로 국체보호만 내걸 것인지, 아니면 국체보호와 일본군의 자주적 철병, 전범의 일본 측에서의 처리, 보장점령 불가의 4개 조건을 달 것인지의 여부를 둘러싼 대립이기도 하였다.

> 도고 시게노리 외상 : 이 가운데 우리 측이 절대 받아들일 수 없는 것만을 언급하는 것이 필요하다. …… 황실은 절대적인 문제다. 장래 민족발전의 기초가 되는 것이니 요망사항은 이쪽으로 집중할 필요가 있다.
>
> 아난 고레치카 육상 : 반대한다. …… 우리는 모두 대의에 살고 대의에 죽어야 한다. 설사 1억 국민이 모두 죽는 한이 있더라도 어디까지나 전쟁은 계속해야 한다. 전쟁을 계속할 자신이 충분히 있다. 미국도 본토결전도 다 자신 있다.
>
> 히라누마 기이치로 추밀원의장 : 정말 자신이 있다면 완강하게 대항해

야 할 것이고, 자신이 없다면 육해군 병력이 아무리 강하다 해도 전쟁을 계속할 수는 없다. 단 국체보호와 황실평안은 국민 전부가 전사하는 한이 있더라도 지키지 않으면 안 된다. 성단으로 결정해야 한다.

스즈키 간타로 수상 : 이렇게 의견대립이 있는 이상, 성단을 받드는 도리밖에 없다. (『日本外交年表竝主要文書(下)』)

10일 새벽까지 계속된 이 어전회의에서 천황은 '황실과 천황통치대권의 확인'만을 조건으로 내건 외무대신안에 찬성하는 '성단'을 내리고, 포츠담 선언의 수락을 결정하였다.

일본정부의 수락 표시에 대해 연합국 쪽에서 보내온 회답(8월 12일 도착)은 모호한 것이었다. 즉, "항복한 때로부터 천황 및 일본국 정부의 국가통치 권한은 항복조항의 실시를 위해 필요하다고 인정되는 조치를 취하는 연합군 최고사령관의 제한을 받게 된다." 이 회답을 들고 8월 14일 열린 어전회의에서 천황은 "국체문제에 대해서는 적들도 인정하고 있다고 생각한다. 어떤 불안도 없다"고 발언하고 있다. 그리고 이 자리에서 포츠담 선언의 최종 수락이 결정되었다.

8월 15일, 아시아 여러 나라의 민중 2천만을 학살하고 일본에서는 일반 국민을 포함하여 300만의 희생을 강요한 기나긴 15년전쟁은 무조건 항복으로 막을 내렸다. 당시 천황을 포함한 전쟁지도자의 최대 관심은 학동소개로 굶주린 어린이들이나 근로동원으로 생명을 소모시킨 학생들, 공습으로 허둥대는 부녀자나 노인들, 전쟁터에서 전사하거나 아사하는 병사들이 아니었다. 천황의 지위를 어떻게 하면 안전하게 보장하고 천황통치대권을 유지할 것인가만이 최대의 문제였다.

참고문헌

近衛文麿, 『近衛日記』, 共同通信社
『木戸幸一日記(下巻)』, 東京大學出版會
『日本外交年表竝主要文書(下)』, 外務省
藤原彰 他, 『天皇の昭和史』, 新日本新書

에다무라 사부로 枝村三郎

43
8·15는 아시아인에게 어떤 날일까
천황과 아시아인

인과응보

'인과응보'. 이 말은 쇼와 천황이 병으로 쓰러졌을 때 어떤 말레이지아인이 편지에 써보낸 것이다. 전쟁중에 그가 살았던 깡웨이 촌은 일본군에 의해 여성과 어린이를 포함하여 675명이 살해되었으며 집은 불타고 촌은 전멸하였다. 그의 양친과 두 동생도 이 때 살해당하였다. 그는 총검으로 일곱 군데를 찔렸지만 어머니가 감싸안아 준 덕분에 치명상만은 피하여 살아남을 수 있었다.

천황은 1988년 9월 18일에 발열을 일으키고 다음 날 각혈을 하였다. 57년 전 9월 18일은 일본군이 만주침략을 개시한 날이고 중국에 대한 침략전쟁을 개시한 날이다. 천황이 쓰러진 것은 그 중국침략의 대가라는 것이다.

아시아에 있어서 원폭의 의미

1988년 8월, 그를 포함하여 5명의 말레이지아인 화교가 일본을 방문하였다. 모두 일본군에게 양친이나 형제를 잃고 본인도 살해당할 뻔한 사람들이었다. 히로시마의 원폭자료관을 둘러본 그들은 많은 여성과 아이들이 원폭으로 희생당한 데 대해 가슴 아파하며 같은 전쟁의 피해자라는 생각을 갖게 된 것 같았다. 그러나 한편으로는 "난징, 마닐라, 싱가포르, 말레이 등에서 그런 학살을 자행하지 않았더라면 원폭은 떨어지지 않았을 것이다", "원폭을 투하하지 않았더라면 말레이나 아시아에서 더 많은 희생자가 나왔을 것이다"라고 하는 말들이 계속 쏟아져 나왔다. 결국 일본침략의 귀결이 원폭 투하고, 그것으로 일본은 패배하고 아시아가 해방되었다는 것이다. 태평양전쟁은 말레이 반도 상륙으로 시작되었고, 말레이 반도에서 화교를 학살한 중심부대는 히로시마 부대였다. 하필 히로시마 부대였다는 것이 우연인지는 모르겠지만, 어쨌든 원폭 투하가 일본의 침략과 불가분의 관계라는 것을 보여주는 상징적인 사건이다.

말레이지아에 체재중인 어떤 일본인은 동말레이지아의 사라와쿠 영화관에서 제1 · 2차 세계대전을 다룬 「떠오르는 태양」(Rising Sun)이라는 다큐멘터리 영화를 본 적이 있는데, 원폭 구름이 피어오르는 마지막 장면에서 영화를 관람하던 화교 관객들이 일제히 커다란 박수를 보내는 것을 보고 대단히 놀랐다고 한다(荒川純太郎, 「アジアの民衆から見た日本」).

원폭 문제를 이러한 시각에서 보는 것은 일본군에게 고통을 당한 화교들만이 아니다. 분단통치에 이용당한 말레이지아인의 태도에 대해 말레이지아 작가 이스마일 후세인은 이렇게 지적하고 있다.

> 원폭이 투하된 사실을 라디오로 듣고 가족들과 기술발전이 정말 놀랍다는 둥 단 3일 만에 그렇게 오랜 전쟁을 끝장내다니…… 등의 이야기를 나누었다. 그 오랜 기간 계속되던 말레이지아인의 고통은 이것으로 끝나고 전쟁에서 해방되었다는 흥분이 말레이지아 구석구석을 들뜨게 하였다. (『反核と第三世界』)

인도네시아 자바에서도 원폭 투하 이야기에 사람들은 기뻐하였고, 한 이슬람 도사는 "일본은 천벌을 받은 것이다"라고 말했다고 한다(中村平治 ほか編, 『アジア1945年』).

원폭 투하가 결코 아시아의 해방을 위해서가 아니라 오히려 미국에 의한

냉전의 개시를 알리는 사건이고 인류에게 핵시대라는 새로운 위기시대의 도래를 상징하는 사건이었지만, 아시아인들은 원폭을 일본의 압정으로부터 해방시킨 '신의 구제'로 인식한 것이다(高嶋伸欣, 『旅しよう東南アジアへ』).

8·15 스케치

조선인에게 8·15는 해방의 날이었다. 8월 16일 조선건국준비위원회 위원장 여운형은 "조선민족해방의 날은 왔다. 우리 민족은 해방의 제일보를 내딛게 되었다. 우리들이 과거에 맛보았던 고통은 이 땅에서 모두 사라질 것이다. 그리고 지금 이 땅에 진정으로 합리적인 이상낙원을 건설하자"(『アジア1945年』)라고 연설하였다.

중국 충칭에 일본의 패전 소식이 전해진 것은 8월 10일이었다. 포츠담 선언 수락이 전해진 이날 군중들은 거리로 몰려나와 폭죽을 터뜨리며 승리의 환성을 올렸다. 8월 15일은 한국과 중국에서 '광복'의 날이다. 광복이란 암흑세계에서 해방되어 다시 태양이 뜨는 것을 의미한다.

말라야에서는 8월 11일경부터 일본이 항복했다는 소문이 퍼져나가기 시작하였다. 항일군이나 농촌사람들은 이를 축하하기 위해 돼지와 닭을 잡고, 취해 거꾸러질 때까지 진탕 술을 마셨다는 소문이 마을에서 마을로 번져나갔다. 그러나 마을사람들은 아직 믿을 수 없었다. 이 소문이 퍼져나가자 2~3일 안에 도박장이 폐쇄되었다. 일본군은 항복 이야기를 비밀에 붙이고 소문을 흘리는 자들을 단속하였다. 그러나 사람들은 여기저기서 몰래 축하잔치를 벌였고 한편으로는 일본군이 발행한 군표를 다 써버리기 위해 식료품점이나 잡화점 등으로 몰려들었다. 영국군이 들어오면 일본군의 군표는 휴지조각이 되어 버리기 때문이다. 일본의 항복이 싱가포르 사람들에게 알려진 것은 17일이고, 신문을 통해 보도가 나간 것은 21일이 지나고 나서였다.

일본이 항복했다는 사실이 확실해지자 말라야 사람들은 환희로 가득 찼다. 모두 싱글벙글한 얼굴로 악수를 나누고 인사를 하며 돌아다녔고 곳곳에서 잔치가 벌어졌다. 모든 가게는 간판에 적힌 일본어를 지우고 글자를 고쳐쓰느라 바빴고 모든 집에서는 일장기를 내다버렸다. 중국, 미국, 영국, 소련 연합국의 깃발이 마을에 나부끼고 사람들은 영국군의 도착을 기다렸다.

미군을 환영하는 조선인들

영국군은 9월 3일 베트남에 상륙하고 5일에는 싱가포르에 도착하였다. 이날 영국군을 맞이하기 위해 나온 환영인파는 항구에서 캬세이빌까지 5킬로나 되었다. 조국만세, 대중화민국 만세, 연합국 만세 등이라고 적힌 깃발과 플래카드를 들고 퍼레이드를 벌였다. 거기에는 화교만이 아니라 말레이인도 가세하였다. 두 손을 들어 흔들고 있는 사람들의 웃는 얼굴이 눈부셨다 (Malaya Upside Down, Singapore; An Illustrated History 1941-1984, The Japanese Occupation; Singapore 1942-1945).

천황과 일본군 지배

말레이지아 쿠알라룸푸르에 있는 국립박물관 정문에는 말레이지아의 역사가 모자이크화로 묘사되어 있다. 모자이크화의 맨 끝은 1957년의 독립그림이고 그 바로 앞이 일본의 점령시대다. 이 그림에서는 일장기를 배경으로 총을 멘 일본군 병사가 발을 높이 쳐들고 행진을 하고 있고 그 발아래에 사람들이 엎드려 있다. 일장기는 일본군 지배의 상징이다.

히로히토 천황이 쓰러졌을 때 싱가포르의 중국어지 『연합조보』(連合早報)

는 "나이가 좀 든 싱가포르 사람들은 여러 가지 생각을 떠올리게 된다. 어떤 사람은 천황이라고 하면 그 자리에서 바로 3년 8개월간의 '소남'(昭南)을 연상하고, 헌병과 일장기, 그 모든 것을 떠올린다. 강제로 일본어학교에 다니면서 아이우에오를 암기하고 매일 아침 도쿄를 향해 '궁성요배'를 한 쓰라린 기억을 떠올리는 사람도 있다"라고 쓰고 일본의 야심은 '원폭 세례를 받고' 실패하였으나 천황은 "전범 처리도 되지 않고 액운과 재앙에서 벗어날 수 있었다"고 논평하였다. 또한 말레이지아의 영자지 『스타』는 천황의 사망을 전하는 기사 속에서 "일본 이외의 국민들에게는 일본제국 군대의 싱가포르 점령을 기념하여 백마를 타고 군복 차림으로 군인들을 열병하던 천황의 빛바랜 사진이나 뉴스영화의 한 장면이 지금도 뇌리에 선명하게 아로새겨져 있다"고 지적하였고, "히로히토는 죽었지만 그가 일본의 군사 확장에서 수행한 역할은 결코 용서할 수 없을 것이고, 또한 잊을 수도 없는 것이다. …… 그의 죽음은 일본 점령중에 특히 끔찍한 재난을 당한 사람들의 분노를 불러일으켰다"(『赤旗』)고 전하였다.

일본군의 압정은 대개 군복차림으로 백마를 탄 대원수=천황의 기억과 연결되어 있는 것이다. 천황이 쓰러지고 매스컴의 캠페인이 벌어지고 있던 9월부터 10월 사이에 영어교과서 문제가 일어났다. 전쟁중에 일본군이 말레이 반도에서 갓난아기를 내동댕이쳐 총검으로 찔러 죽였다는 기술이 자민당의 압력을 받아 변경된 사건이다. 천황을 평화주의자로 미화하려는 캠페인과 말레이 반도에서 저지른 일본군의 만행을 은폐하려는 움직임이 동시에 추진된 것은 '일본군국주의'에 대해 강한 경계심을 불러일으켰다.

일본이 일으킨 전쟁으로 희생된 아시아인의 숫자는 2천만을 넘는 것으로 추정된다. 막연한 숫자밖에 알 수 없으나 중국인 천수백만, 조선 20만 이상, 필리핀 100만 이상, 베트남 200만, 인도네시아 200만, 말라야 10만 등으로 되어 있다. 이들은 거의 민간인으로, 군인 230만과 민간인 80만으로 군인사망자 수가 많은 일본과는 대조를 보인다. 이 숫자는 침략전쟁으로서의 성격을 여실히 보여주는 것이기도 하다(本多公榮, 『ぼくらの太平洋戰爭』).

8·15는 독립의 출발점

그런데 말라야 사람들이 진심으로 우러나 영국군을 환영하였다고 해서 결코 영국지배의 부활을 바란 것은 아니었다. 말라야 사람들은 일본군정 아래서 겪은 가혹한 체험을 통해 자유와 정의의 중요성을 배웠고, 그것들은 누구에게도 의지하지 않고 자신의 힘으로 쟁취해 내야 한다는 사실을 배웠다. 싱가포르의 소학교 교과서는 다음과 같은 말로 일본지배시대의 장을 닫고 있다(The Struggle for Freedom: Part 1).

> 점령은 모든 사람들에게 큰 고난이었다. 그러나 그것은 귀중한 교훈을 남겨주기도 하였다. 동남아시아의 많은 사람들의 눈을 뜨게 해준 것이다. 일본의 지배보다 서양의 지배 쪽이 그래도 낫지만, 자주독립 쪽이 가장 소망스럽다는 사실을 그들은 깨달은 것이다. (싱가포르 일본인회 『南十字星』)

일본의 패전 즉 8·15는 아시아인에게는 해방의 날, 광복의 날이고 동시의 독립의 출발점이 된 날이었다. 그러나 일본인은 패전을 '종전'이라는 말로 바꿔부르면서 일본 패배의 의미를 제대로 이해하지 못하였다. 이것은 일본의 아시아 침략전쟁에 대한 책임을 모호하게 만들고, 나아가 천황의 죽음을 계기로 아시아로부터 천황과 일본에 대해 엄중한 비판을 불러오게 만들었다.

참고문헌

高嶋伸欣, 『旅しよう東南アジアへ』, 岩波ブックレット, 1987
中野孝次 編, 『反核と第三世系』, 岩波ブックレット, 1983
中村平治・桐山昇 編, 『アジア1945年』, 青木書店, 1985
YMCA國際平和研究所 編, 『日本はアジアの友人か』, 東研出版, 1988
Chin Kee Onn, Malaya Upside Down, Federal Publications, クアラルンンプール, 1976
The Information Division, Ministry of Culture, Singapore, SINGAPORE: An Illustrated History 1941-1984, 1984
林博史, 「虐殺の證人たちのヒロシマへの旅」, 『朝日ジャーナル』 1988. 9. 23

하야시 히로시 林博史

전후의 천황과 천황제

연표 6

주요 사건

1945 「초기의 대일방침」 발표(9). 치안유지법 폐지, 「5대 개혁 지령」(10)
1946 군국주의자의 공직 추방(1). 헌법안(마쓰모토 안) 제출(2).
맥아더 초안(2.13). 식량데이(5). 일본국헌법 공포(11.3)
1947 교육기본법 · 학교교육법 제정(3.31)
1948 로열 미 육군장관 연설, '일본을 반공의 방벽으로'. 정령 201호(7).
경제안정 9원칙
1949 중화인민공화국 성립
1950 한국전쟁 개시(52년까지)
1951 대일 강화조약, 미일 안전보장조약
1959 안보개정저지국민회의 결성
1960 안보투쟁, 신안보 성립(6.19). 기시 노부스케(岸信介) 내각 총사직
고도경제성장
1968 오가사와라(小笠原) 반환
1970 일본 만국박람회. 안보조약 자동 연장
1972 오키나와 반환. 중일 국교정상화
1973 제1차 석유쇼크
1978 미일방위협력 지침(가이드라인)
1982 교과서 검정, 아시아 제국으로부터도 비판
1987 『신편 일본사』 고교 일본사 교과서로 등장

천황(제) 문제

1945　천황, 맥아더 방문(9). 수신 · 일본사 · 지리수업 정지(12)
1946　'인간선언'(1.1). 맥아더 회답(천황을 전범 처리하지 않는다 : 1.25). 천황, 순행 개시(2.19). 극동국제군사재판 개정(5.3)
1947　천황 메시지(오키나와의 계속 점령을 희망한다 : 9). 가타야마 데쓰(片山哲) 수상을 정무내주 후 비평(9)
1948　교육칙어의 배제(중의원) · 효력상실(참의원) 결의. 극동국제군사재판 판결(11, 12.23 처형)
1950　소련, 천황재판 요구(세균전 책임)
1951　데이메이(貞明) 황태후 사망
1959　황태자, 쇼다 미치코와 결혼(미치코 붐)
1964　도쿄 올림픽, 천황 명예총재가 되다
1966　'건국기념일' 정령 발포
1968　정부 주최 '메이지 백년 기념식전'
1969　'야스쿠니 법안' 최초로 국회 제출
1975　천황 · 황후 방미
1977　지도요령, '기미가요' 국가화(國歌化)
1979　원호법 성립
1985　나카소네 야스히로 수상, 야스쿠니 공식참배
1988　천황, 수술
1989　쇼와 천황 사망(1.7)

44
천황은 자신과 천황제를 어떻게 지켜냈을까
미점령군과 천황

패전과 천황 · 황태자

1945년 8월 15일 "국체를 보호할 수 있다"고 종전조서(終戰詔書)는 냈으나 반드시 국체보호(천황제 보호)를 보증할 수는 없었기 때문에 천황 히로히토는 불안하였다. 히가시쿠니 내각의 외상 시게미쓰 마모루가 8월 23일 천황에게 상주하였을 때 천황은 "적(연합국) 쪽에서 천황제에 대한 인상이 나쁜 이유는 무엇이고 그 사정은 어떤가"라고 질문하였다. 그리고 "일본인이 사용할 수 있는 언어는 외국에 통용되지 않는 것이 많다. 같은 취지를 외국인에게 이해가 가도록 설명하는 일이 더욱 긴요할 것이다"라는 의견을 피력하였다(『續重光葵手記』). 이러한 불안한 상황 하에서 천황은 전승자가 일본을 군사점령하기에 앞서 미리 그의 권위로 군대를 해체 · 복원시켜 둘 필요가 있었다.

천황은 8월 25일, 「육해군인에게 내리는 칙유」를 냈다. 이는 대원수의 입장에서 군인들의 사회복귀를 명한 것이었다. 그리고 "그대 군인들은 짐의 뜻을 잘 체현하여 충량한 신민으로서 각각의 민업에서 고통을 견뎌내며 가시밭길을 헤쳐나가 전후부흥에 힘을 다하도록 하라"고 하며 통수대권을 갖는 전제군주의 권위로써 군대해체와 사회복귀를 지시하였다. 패전했다고는 하나 일본의 위정자는 변함이 없었고, 대일본제국헌법체제도 계속되고 있었기 때문에 가능한 명령이었다. 천황의 이 지시는 후에 연합국 최고사령관 맥아더가 천황제의 이용가치를 확인하는 하나의 재료가 되었다.

1944년 당시의 아키히토 황태자(현 천황)

이 즈음 황태자 아키히토(현 천황)는 어떻게 하고 있었을까. 전쟁 말기에 학습원 군사교관 겸 어용괘를 역임한 다카스기 젠지(高杉善治)의 회상에 따르면, 패전 당일인 8월 15일에 동부군사령부 제14사단의 일부 군인들 사이에 "황태자를 받들어 아이즈와카마쓰에서 굳게 버티며 최후까지 항전을 계속하려는 움직임"이 있어서 서둘러 대책에 나섰다고 한다. 결국 이 움직임은 불발로 그쳤다. 또한 미점령군이 황태자를 "인질로 삼아 미국으로 강제 납치할 것이다"라는 정보가 나돌아 '황태자를 대신할 생도를 준비'하는 등 쇼킹한 대책이 세워졌다고 한다. 이 소문도 사실무근으로 끝나기는 했지만 어쨌든 황태자 주변의 동요는 큰 것이었다.

황태자 아키히토는 1944년 5월에 학습원 동급생들과 시즈오카 현 누마즈(沼津)에 학동소개를 하고 같은 해 7월에 도치기 현 닛코로 재소개하였다. 이어 전황이 악화됨에 따라 1945년 7월 오쿠닛코 유모토(奥日光湯元)의 난칸(南間) 호텔로 옮겨 이 곳에서 패전을 맞았다. 위에서 언급한 깜짝사건들에 휩쓸린 것이 바로 이 시기로, 당시 그의 나이 11세였다. 소개는 학습원 초등과 학생 66명 및 선생과 함께였지만, 특별히 황태자를 위해 호텔 2층에 거처 겸 공부방과 시종·전의의 집무실, 아래층에 침실이 마련되고 시종의 거실과 동궁직의 사무실·응접실, 황궁경찰관 대기실이 설치되었다. 식량난을 겪고 있던 때라 황태자도 학생들과 동일한 식사를 했다고 하지만, 같은 메뉴라도 황태자가 먹을 것은 궁내성 부속요리사가 만들고 학생들 것은 호텔 요리사가 만들었다고 한다. 어떤 상황이든 철저한 특별대우인 것만은 확실하다.

8월 30일 맥아더가 아쓰기(厚木)에 도착하고 9월 2일 항복문서가 조인되었다. 다음 날 천황은 궁중의 현소·황령전·신전(神殿)에서 '전쟁 종결을 고하는 의식'을 집행하였다.

황태자 아키히토는 9월 9일 천황으로부터 편지를 받았다. 천황은 이 편지에서 전쟁의 패인으로서 "황국을 지나치게 과신하여 영·미를 가벼이 본 점"과 "정신을 너무 중시하여 과학을 망각한 점"을 들고 있다. 그리고 "메이지 천황 때는 야마가타, 오야마, 야마모토 등 육해군에 명장이 있었으나" 이번에는 "군인이 발호하여 대국을 살피지 못하고 전진만 할 줄 알고 후퇴하는 것은 몰랐기 때문"이라고 토로하였다. 편지의 어디에도 천황 자신의 책임은 한 마디도 나와 있지 않다(참고문헌 참조).

황태자는 1945년 11월 7일, 도쿄로 귀경하여 아카사카 별궁으로 들어갔다.

도마 위의 천황

중화민국이나 호주에서는 천황 히로히토를 전범 리스트에 올려 놓고 있었다. 미국에서는 전 주일대사와 국무차관 그룹 등을 중심으로 '천황제 존속·이용'론이 주장되기도 하였지만 역시 강세는 천황을 전범으로 처벌해야 한다는 여론이었다. 그리고 종전조서에서 "천황의 국가통치대권을 변경시키라는 요구를 포함하지 않는다는 양해 하에"라는 조건을 단 데 대해 반발이 일어나 국제적으로 "천황을 재판정으로 보내라"는 소리가 높았다. 미국의 대일점령정책 결정기관인 국무·육군·해군 3성 조정위원회(SWNCC)는 1945년 9월 22일, 대통령 트루만의 승인을 얻어 「항복후 미국의 초기 대일 기본방침」을 공표하였으나 26일에는 SWNCC 극동소위원회가 "천황이 자발적으로 퇴위를 하거나 국민의 요구로 퇴위하거나 할 때는 전범으로 소추할 수 있다"는 제안을 내놓았다. 그 다음 날은 맥아더와 천황의 첫회견이 있는 날이었다.

1945년 9월 27일의 회견은 천황 히로히토에게는 천황제를 고수하기 위한 최후의 장이었다. 이 회견에서 천황은 "스스로 전쟁수행의 책임을 지겠다"고 밝혀 맥아더를 감동시켰다는 이야기가 있다. 이는 『맥아더 회상기』에 기초한 이야기인데, 당시 이 회견에서 통역을 맡았던 오쿠무라 가쓰조(奥村勝藏)의 기록에는 어디에도 그런 내용이 없다. 대신 천황이 "나 개인적으로는 어떻게든 전쟁을 피하고 싶었지만, 결과적으로 전쟁이 발발한 것을 스스로 가장 유감스럽게 생각한다"라고 말한 것으로 되어 있다. 한편 맥아더는 천황의 '성단'에 일본 군대와 국민 모두가 질서정연하게 복종한 데 대해 높이 평가했다. 오쿠무라의 수기를 발표한 고지마(兒島)는 이 회견 직후인 9월 29일자 내대신 기도 고이치 일기의 내용을 들어 맥아더의 회상에 대해 의문을 제기하였다. 기도의 일기에 보면, 천황이 엄한 국제여론을 우려하면서 자신의 의견을 솔직히 신문기자들에게 명확히 밝혀야 할지, 그리고 맥아더에게 밝혀야 할지를 두고 고민하는 모습이 나와 있다(『木戶幸一日記』). 만약 회견에서 천황이 자신의 전쟁책임 문제를 이미 언급했다면 회견 직후에 이 일을 가지고 다시 고민하면서 기도와 상담을 했을 리가 없다.

또한 도요시타 나루히토(豊下楢彦)에 의하면, 회견이 있고 나서 5일 후인 10월 2일자 『뉴욕타임즈』가 도쿄발 로이터 통신으로 일본의 내무성 담당자의 담화를 전했다고 한다(참고문헌 참조). 여기에 따르면 맥아더는 그 때까지 이루어진 점령 진척 상황에 대해 만족을 표시하여 천황을 감동시켰고, 맥아더 역시 점령 수행에 협력을 약속하는 천황의 발언에 감동하였다고 한다. 아마 이 이야기가 진실일 것이다. 어쨌든 회견에서 천황은 맥아더에게 높은 점수를 받았고, 천황은 자신과 천황제를 지키는 첫 번째 관문을 일단 통과하였다.

회견 직후 내대신 기도 고이치는 비서관 마쓰히라 야스마사(松平康昌)를 사절로 파견하여 맥아더의 답례방문 문제를 타진하였다. 총사령부 정치고

맥아더와 히로히토 천황

문 애치슨이 맥아더에게 제출한 10월 13일자 각서에 따르면, 마쓰히라 사절은 "천황은 답방이 없어서 체면이 깎였다고 생각하고 있으며 일본국민도 같은 이유로 점령군의 처사를 불공평한 것으로 여기고 있다"는 뜻을 비쳤다고 한다. 그러나 애치슨은 "맥아더가 답방을 할 경우 미국 신문들이 일제히 비난의 화살을 쏘아댈 것이고, 미국 국민들 역시 감정 상해할 것이다"라고 반대하였다. 이로써 일본국민에게 '대등한 입장'을 보여주려 했던 천황 측근의 의도는 무산되었다. 맥아더는 귀국할 때까지 한 번도 천황을 방문한 적이 없었다.

'인간선언'과 천황

국제여론에 밀린 미점령군은 민주개혁에 착수하였다. 10월 4일 「자유제한 철폐에 관한 각서」를 통해 치안유지법이 철폐되고 '천황제 폐지'를 내건 일본공산당이 합법적 활동을 개시하였다. 헌법개정이 문제로 떠오른 12월 15일에 「국가와 신도 분리에 관한 각서」가 나왔다. 이후 천황은 1946년 1월 1일을 기해 소위 천황의 '인간선언'으로 알려진 조서를 발표하였다. 이는 "천황을 살아 있는 신으로 간주하고 일본국민을 다른 민족보다 우월한 민족으로 보며 나아가 세계를 지배할 운명을 갖고 있다고 하는 가공의 관념에 기초를 두지 않는다"라고 하여 천황신격화와 초국가주의를 부정한 것인데, 배후에는 이를 통해 일본 내외의 냉엄한 여론 속에서 천황제를 존속시키려는 의도가 있었다. 후에 1977년 8월 23일 천황은 도치기 현 나스(那須)

에서 열린 기자회견 석상에서 이 조서의 첫 번째 목적은 「5개조 서문」을 새로 국민에게 알리는 것이었고, 천황신격화의 부정은 두 번째 문제였다고 밝혔다. 천황 스스로 자신의 위치가 다시 확고해졌다고 생각하고 한 발언이었을 것이다.

식량위기 속의 천황

1946년 5월 12일, 도쿄 세타가야의 주부들과 노동자들이 식량위기 돌파구민대회를 열고 궁성으로 몰려들었다. 19일에는 식량데모가 일어나는 등 혼란이 계속되자 24일, 천황은 라디오 방송을 통해 국민을 진정시키려고 하였다.

이 해 10월 16일에 열린 맥아더 · 천황 회담에서는 식량위기를 둘러싼 사회상황이 문제로 거론되었다. 이미 6월 17일에 극동국제군사재판소 수석검사 키난은 "천황을 전범으로 재판하지 않는다"고 언명해 두었다. 맥아더의 진언을 받아들인 미국이 천황을 점령도구로 이용한다는 점을 정책으로 확립하였기 때문이다. 따라서 이 회담에서 천황은 마음 놓고 그 어느 때보다 적극적으로 자기 목소리를 냈다. 천황은 5월의 인민투쟁을 제3자가 선동해서 일어난 위기라고 하면서 맥아더가 보내준 원조에 감사를 표하였다. 또한 천황이 일본의 부흥 희망에 "찬물을 끼얹는 것은 스트라이크다"라고 하자, 맥아더는 정치적 스트라이크를 선동하는 "공산주의자에게 관심을 갖고 감시를 게을리하지 않겠다"며 공감을 표하였다(실제로 그 3개월 후에 '2 · 1스트라이크' 중지 명령이 내려졌다). 이와 같이 회담은 반공 · 반인민투쟁의 입장을 공유하면서 천황은 미국점령에 기대를 걸고, 맥아더는 천황의 협력을 평가한 것이었다. 한편 천황은 이 회담에서 '순행'을 계속해도 좋다는 허락을 얻어냈다.

천황은 맥아더의 허가 아래 1946년 2월 이래 국민들 안으로 파고 들어가 '인간천황'을 연출하고 있었는데, 다음 해 1947년 말까지 2부 20현을 순행하며 '천황에 대한 경애심'을 재편하는 데 힘썼다.

인간선언 후 인간이 된(!) 천황가 일족

황실제도의 개혁

1946년 10월부터 1950년 가을까지 황태자 아키히토의 가정교사로 일한 사람은 미국인 바이닝 부인이다. 그녀는 천황에게 의뢰를 받은 미국 교육사절단 단장을 통해 가정교사로 일하게 되었는데, 다른 학생들과 마찬가지로 황태자를 영어식 애칭인 '지미'라고 부르며 평등한 교육을 실시하였다. 이는 교육효과와는 별도로, 정치적으로 천황가가 새로운 이미지를 만들어 내는 데 일정한 의미를 지니고 있었다.

황실제도의 기둥인 황실전범의 개정은 헌법개정에 따른 중요 부속법규 개정의 하나로 이루어져 1947년 5월 3일부터 시행되었다. 황실전범에 따르면 천황의 지위는 "황통에 속하는 남계 남자가 계승하고" 황위계승순위와 관련해서는 "적출을 우선하고 서출은 나중으로 한다"고 하여 구 황실전범에서 공식 인정된 소위 '첩제도'는 삭제되었다. 또한 '천조즉위' 조항 중 "조종의 신기를 삼가 떠맡는다"는 문구가 삭제되었다. 그러나 이 신기는 황실경제법 제7조에 "황위와 함께 전해져야 할 유서 깊은 물건"이라는 형태로 잔존되었다. 이번 쇼와 천황의 사망 이후 거행된 새 천황의 즉위에서는 '검과 곱은옥 등의 승계의식'이 집행되어 헌법상의 문제가 논란이 되었다.

또 하나의 중요한 개정으로 총리대신을 의장으로 하고 황족 2명, 중의원과 참의원 의장, 궁내청 장관, 최고재판소 장관으로 구성되는 황실회의가 마련된 점을 들 수 있다.

황실전범의 개정과 함께 황실경제법도 제정되어 방대한 황실재산이 모두 국유재산으로 환수되었다. 도쿄와 교토 황거 등은 국유재산으로서 황실용으로 제공되었다. 또한 천황 일가의 사적비용인 내정비(內廷費), 공적활동비인 궁정비, 황족에게 지급되는 황족비는 매년도 국회에서 심의하여 국가 예산에 포함시켰다. 그리고 1947년 10월 14일 지치부·다카마쓰(高松)·미카사(三笠)의 3미야케(宮家 : 황족에 속하며 미야라는 칭호를 받은 집안)를 제외한 11미야케 51명이 일시금을 받고 황적에서 빠졌다.

황실제도의 민주화 가운데 중요한 것은 먼저 등극령의 폐지다. 등극령은 천황의 즉위와 관련된 법령으로, 거기에 정해져 있던 '일세일원제'(一世一元制)와 대상제 등이 모두 폐지되었다. 그러나 원호법은 1974년에 다시 제정되었고, 대상제는 현재 부활의 움직임을 보이고 있다.

참고문헌

高杉善治, 『若竹のごとく - 戰争と皇太子』, 讀賣新聞社, 1968
エリザベス・グレイ・ヴァイニング 著・小泉一郎 譯, 『皇太子の窓』, 文藝春秋社, 1953
兒島襄, 「天皇とアメリカと太平洋戰争」, 『文藝春秋』 1975. 11, 12
橋本明, 「皇太子に宛てた天皇の手紙」, 『新潮』 45, 1986. 5
豊下楢彦, 『'天皇とマッカーサー會見'檢證」, 『朝日新聞』 夕刊 1989. 2. 6・7
安良城盛昭, 「'昭和'天皇Xデーと戰争責任」, 『文化評論』 1989. 3, 4, 5
長沼節夫, 「初公開された'天皇 - マッカーサー'第三會會見全容」, 『朝日ジャーナル』 1989. 3. 3.

우메다 데쓰지 梅田欽治

45
천황은 왜 전범처리되지 않았을까
도쿄 재판과 천황

벼랑 끝에 선 천황

일본의 패전이 명확해진 1945년 8월, 연합국 사이에서는 일본 천황이 침략전쟁의 개시에 책임이 있는지의 여부를 둘러싸고 통합된 의사결정을 내리지 못하고 있었다. 단 각국의 국민여론은 이 문제에 대해 상당히 엄격하였다. 이를테면 일본이 패전하기 직전에 천황에 대한 처리와 관련하여 미국에서 실시한 갤럽조사를 보면, 처형 33%, 재판에서 결정 17%, 종신형 11%, 추방 9%라는 결과가 나왔다. 미국에서는 선전포고 없이 기습공격을 감행한 진주만 공격에 대한 책임을 물어야 한다는 견해가 강했기 때문일 것이다.

호주정부는 일본이 포츠담 선언을 수락했다는 소식을 접하고 당장 8월 12일 런던의 영연방국 앞으로 천황을 침략전쟁의 책임자로 고발해야 한다는 취지의 전보를 쳤다. 그러나 이에 대해 영국정부는 천황을 고발하는 것은 정치적으로 좋은 방책이 못 된다며 고발에 반대한다는 회답을 보냈다. 이렇게 보건대 천황의 전쟁책임 문제에 대한 결론은 이후 연합국 간의 동향에 따라 달라질 수 있었다고 볼 수 있다.

도쿄 재판정에서의 도조 수상

8월 30일, 일본 점령관리의 최고 책임자로서 아스기 비행장에 내린 연합국 최고사령관 맥아더는 소프 준장에게 체포할 전범 리스트의 작성을 명령하였다. 그리고 9월 11일, 우선 태평양전쟁 개전 당시 수상 겸 육상 자리에 있었던 도조 히데키를 체포하였다. 일본이 무조건 수락한 포츠담 선언 제10항의 '모든 전범'을 재판에 붙인다는 내용에 근거한 것이었다. 이후 속속 전범 지명이 행해져 최종적으로 전시의 각계 지도자 100명 이상이 스가모 감옥에 수용되었다.

이러한 전범 지명의 확대 움직임에 위기감을 느낀 시데하라 내각은 「전쟁책임 등에 관한 건」이라는 제목으로 통일된 견해를 비밀리에 결정하였다. 그 중심 내용은, 천황은 개전 결정에 실질적으로 관여하지 않았으며 이 결정을 승인한 것은 헌법상의 관례에 정부의 결정사항을 인정한 데 지나지 않는다는 것이었다. 시데하라 내각은 이 같은 견해를 전제로 하여, 관계자들과 말하자면 말이 어긋나는 일이 없도록 미리 입을 맞추어 전범 지명이 천황에게까지 미치지 못하게 하려 하였다.

미국의 대천황 정책

미국 대일점령정책의 목적은 일본 군국주의를 해체하고 민주적 국가로 전환시키는 것이었다. 일본의 비군사화와 민주화를 목적으로 하는 이 점령정책은 소위 간접통치방식을 통해 실행에 옮겨졌다. 따라서 대일점령정책은 점령군의 감시 아래 천황정부의 관료들에 의해 실시된 것이라고 할 수 있다. 미국은 이러한 실시방식에 대해 어디까지나 이는 점령군이 천황정부와 그 관료들을 이용한 것이고, 천황정부를 지지하는 것은 아니라고 밝혔다. 설사 그렇다고 해도 '이용'과 '지지하지 않는다'의 관계에는 역시 미묘한 뭔가가 있었다. 결론부터 말하자면 일본의 점령통치에 천황의 이용가치가 인정되었고, 이는 천황이 전쟁책임 문제에서 빠져나가는 데 큰 요인이 되었다.

미국정부가 대일점령의 기본방침을 정한 것은 SWNCC(국무·육·해 3성 조정위원회)에서였다. 여기에서 결정된 문서에는 모두 SWNCC의 번호가 붙어 있는데 「일본의 천황 및 천황제 취급」이라는 이름이 붙은 문서는 SWNCC 55 시리즈에 해당된다. SWNCC 55는 몇 차례나 수정되었는데, 어떤 때는 천황 체포와 고발 쪽으로 기울고 또 어떤 때는 면책 쪽으로 기우는 식이어서, 이 문제를 둘러싸고 미국정부의 수뇌부도 의견이 좀처럼 일치되지 않았음을 알 수 있다.

SWNCC에서 내린 결정을 근거로 하여 통합참모본부가 맥아더에게 내린 지시는, 천황 히로히토를 전범으로 재판하는 것이 적당한지의 여부를 알려주고 그 판단의 증거가 될 수 있는 것을 비밀리에 수집하여 미국으로 보내주라는 것이었다. 이 지시 안에는 만약 천황 히로히토를 이용하지 않고도 점령통치가 잘 될 것 같으면 천황을 재판정에 세운다는 내용도 들어 있었다.

이 지시에 대해 맥아더는 1946년 1월 25일, 전쟁중에 이루어진 정책결정에 천황이 실질적으로 참여했다는 명백한 증거는 찾아낼 수 없다는 회답을 보냈다. 그리고 천황을 전범으로 재판정에 세울 경우 일본국민들이 맹렬히 반항할 것이며, 이는 일본의 공산주의화를 불러올지도 모른다, 이를 억누르기 위해서는 100만 이상의 점령군이 장기 주둔해야 할지도 모른다, 그런 점에서도 천황을 전범으로 재판하는 것은 적당하지 않다는 의견을 표명하였다.

이와는 별도로 점령군의 정치고문 J. 애치슨은 1946년 1월 4일 대통령 앞으로 보고서를 하나 보냈다. 이 보고서에서 애치슨은 개인적인 소견으로는 천황이 전범이며 천황제 역시 폐지해야 한다고 확신하지만, 현재 점령군이 수행하고 있는 민주화 정책의 추진에는 천황이 극히 유용하므로 천황을 면책하고 이용하는 정책이 적절할 것이라는 견해를 밝히고 있다. 맥아더나 애치슨의 이러한 보고서는 천황의 전범 처리문제에 대한 미국정부의 태도를 결정하는 데 중요한 역할을 하였다.

극동국제군사재판

만약 천황이 전범으로서 연합국의 재판을 받았다면 그것은 소위 도쿄 재판으로 불리는 극동국제군사재판장에서였을 것이다. 도쿄 재판은 침략전쟁의 개시·수행을 담당했거나 이를 위한 공동모의에 참가한 행위를 '평화에 대한 죄'로 간주하고 전시기 일본의 최고지도자 28명을 고발한 재판이다.

이 재판에 대해서는 전쟁의 승자인 연합국이 패자인 일본을 일방적으로 단죄한, 불평부당한 '승자의 심판'에 지나지 않는다는 비판이 있다. 이 비판은 절반 정도는 옳다. 그러나 동시에 나머지 절반은 틀린 것이다.

절반이 옳다는 것은 검사와 재판관을 파견한 11개 국이 전부 연합국으로 구성되어 중립국의 대표조차 포함되어 있지 않다는 사실에서 알 수 있다. 제2차 대전에서 연합국 측도 원폭을 투하하는 등 명확히 전쟁범죄를 범하였다. 그러나 도쿄 재판 법정에서 변호인 측이 고발한 이들 연합국의 전쟁범죄 책임은 모두 불문에 부쳐졌다.

반면 '승자의 심판'론이 잘못되었다는 것은 일본의 전쟁이 틀림없는 침략전쟁이었다는 사실을 무시할 수 없기 때문이다. 승자의 심판론은 이 핵심적인 사실을 모호하게 만들고 있다. 일본의 침략전쟁으로 엄청난 전쟁희생자가 나온 이상, 그 책임을 얼버무리고 넘어가서는 안 될 일이다. 제2차 대전은 복잡한 성격을 띠고는 있지만, 도쿄 재판이 파시즘에 대항하여 민주주의를 옹호하기 위해 싸운 연합국의 입장을 기초로 하여 열린 재판이라는 점은 분명하다. 따라서 이 재판은 그 자체로서 충분한 근거가 있다.

물론 그렇다고는 해도 재판소의 구성과 재판방식을 결정한 극동국제군사재판소의 조례를 공포한 것은 사실상 맥아더였다. 그러다보니 재판소의

도쿄 재판의 재판관석(왼쪽)과 피고석(오른쪽)

틀도 미국과 영국 등이 주도권을 잡기 쉬운 형태를 취했다. 나치 독일의 전범을 다룬 뉘른베르크 재판의 군사재판소조례는 '국가원수'든 정부관리든 상관 없이 그 공무상의 지위 때문에 면책될 수는 없다고 못박고 있다. 그러나 극동국제군사재판소 조례에서는 '국가원수든'이라는 말이 빠져 있다. 이는 처음부터 천황 면책을 목적으로 한 것이었다고밖에 할 수 없다.

도쿄 재판의 피고 선정은 각국 대표의 검사가 모인 참여검찰관회의에서 결정되었다. 피고 결정은 1946년 3월부터 4월에 걸쳐 행해졌는데, 이 회의에서 천황소추를 정식으로 제의한 것은 호주의 맨스필드 검사였다. 반면 맥아더의 지시를 받고 있던 미국의 키난 수석검사와 회의를 주재한 영국의 커밍스 카 검사는 모두 천황불소추의 입장을 취하였다. 이런 검찰진 속에서 호주의 제의가 통할 리 없었다. 거기에 어쩐 일인지 소련 대표 검사는 소추를 제의하지 않았다.

이렇게 해서 천황은 도쿄 재판의 피고 명단에서 빠지게 되었다. 단 도쿄 재판이 시작되었을 때까지만 해도 앞으로 열릴 제2차 국제군사재판에 천황이 추가 기소될 가능성이 전혀 없었던 것은 아니다. 그러나 1946년 6월 12일 SWNCC 극동소위원회는 SWNCC 55 관계 지령의 폐지를 결정하였고, 미국정부는 최종적으로 천황불소추 방침을 확정하였다. 6월 17일 키난 수석검사가 '최고의 정치적 차원'의 결정에 따라 천황을 전범으로 소추하지 않겠다고 발표한 성명은 이 SWNCC의 결정에 입각한 것이었다.

그러나 호주 대표인 웹 재판장은 천황을 적어도 증인으로서 법정으로 불러내 질문을 하려는 생각을 갖고 있었다. 따라서 천황의 출정 여부를 둘러싸고 웹 재판장과 키난 수석검사 사이에 허허실실의 말다툼이 전개되었다. 그러나 여기에서도 주도권을 쥔 것은 키난이었다. 키난은 맥아더와의 협의에 따라 천황을 증인으로서도 법정에는 세우지 않겠다는 방침을 굳혀 놓은 상태였고, 1947년 10월 천황에게 전쟁책임이 없다는 성명을 발표하였다. 1948년 11월 도쿄 재판의 결정이 내려졌고 판결문은 이러한 검찰 측의 논리를 기본적으로 인정한 것이었다.

판결 속의 소수 의견

그러나 도쿄 재판의 판결 안에는 천황의 전쟁책임을 지적하는 소수 의견도 있었음을 간과해서는 안 된다. 그 하나가 프랑스 대표인 베르나르 판사의 의견이다. 베르나르 판사는 법정에 증거로 제출된 『기도 고이치 일기』의 기사를 인용하면서 천황이 침략전쟁의 주요 발기인 중 한 명이었다고 주장하고, 그 천황이 소추되지 않은 것은 불공평한 처사이며 진정한 책임소재의 규명을 모호하게 만드는 것이라고 비판하였다.

또 하나는 호주 대표 웹 재판장의 견해다. 웹 재판장은 설사 천황이 대신들의 조언에 따라 행동했을 뿐이라 하더라도 그것이 천황에게 책임이 없다는 것을 의미하지는 않는다고 하였다. 동시에 "천황의 면책은 명확히 모든 연합국의 최선의 이익에 따라 결정되었다"라고 하면서, 그렇다면 같은 논리에 따라 처벌당한 피고들의 죄도 한 단계씩 감해주는 것이 마땅하지 않는가 하는 제안을 하고 있다.

도쿄 재판이 종결되었을 때는 점차 냉전이 격화의 조짐을 보이고 있었다.

도쿄 재판의 재판관들

이에 따라 연합국의 일치에 기초한 국제 재판이 그대로 계속될 가능성은 점점 희박해지고 있었다. A급 전범재판의 중단 방침은 소련 등의 반대가 있었지만 1949년 2월 극동위원회로부터도 승인을 받게 된다.

단 1950년 2월에는 소련정부가 미국정부에 대해 천황을 관동군이 기도한 세균전 전략의 책임자로서 국제재판에 회부할 것을 제안하였다. 그 전해인 1949년 12월에 하바로프스크에서 행해진 관동군, 731부대 관계자에 대한 재판결과를 근거로 천황에게도 책임이 있다고 보았기 때문이다. 그러나 미국 국무성은 이 제안에 대하여 1950년 6월, 정식으로 반대입장을 표명하였다. 이후 약하게나마 천황 소추의 가능성을 갖고 있었던 국제재판계획은 국제정치 무대에서 완전히 사라져 버렸다.

참고문헌

粟屋憲太郎,『東京裁判 - 訴追と免責』, 藤原・今井 編,『十五年戰爭史(4)』, 靑木書店, 1989

兒島襄,『天皇と戰爭責任』, 文藝春秋社, 1988

武田淸子,『天皇觀の相剋 - 1945年前後』, 岩波書店, 1978

赤澤史朗,『東京裁判』, 岩波ブックレット, 1989

아카자와 시로 赤澤史朗

46
상징천황제는 어떻게 만들어졌을까
일본국헌법과 상징천황

머리말

제1차 대전은 패전국에 혁명을 가져오고 수많은 군주제를 붕괴시켰다. 제2차 대전도 예외가 아니어서 이탈리아와 헝가리, 루마니아, 불가리아 등에서 군주제가 폐지되었다. 그러나 일본에서는 천황제가 폐지되지 않았을 뿐만 아니라 전전부터 천황이었던 사람이 새로 제정된 헌법 아래에서도 여전히 그 지위를 계속 유지하였다. 이렇게 온존된 천황과 천황제는 지배층에 의해 정치적으로 이용당하게 된다.

그러나 신헌법에 기초한 천황과 천황제의 위치는 전전과 많은 점에서 차이가 있다. 먼저 '신성불가침'한 천황이 갖고 있던 주권이 국민에게로 돌아가고, 국민들이 보통선거를 통해 직접 뽑은 의원들로 구성되는 국회가 '국권의 최고기관'으로 자리잡게 되었다. 또한 신헌법은 천황의 행위를 한정시키고, 국정에 관한 기능을 부정하였다(제4조). 천황의 기능은 국회의 지명에 기초하여 내각 총리대신을 임명하고 내각의 지명에 기초하여 최고재판소장관을 임명(제6조)하는 것 외에 '내각의 조언과 승인'에 의한 국회소집 등 10

신헌법 공포일의 천황

개 항목의 '국사에 관한 행위'(제7조)로 한정되었다.

이리하여 신헌법에 따르면 천황은 "주권이 존재하는 일본국민의 총의(總意)에 기초하는" "상징"(제1조)에 불과한 존재가 되었다. 결국 "국민이 그 의지를 변경하면 헌법 개정만으로도—군주의 동의를 받을 필요 없이, 역으로 말해 혁명적인 정치변혁 없이도—천황은 사라질 수 있는 그러한 새로운 관계"가 성립된 것이다(笹倉秀夫, 『世界』 1989. 4).

이러한 상징천황제는 어떤 경위를 거쳐 만들어졌을까.

패전후 일본정부의 기본자세

패전 직후 성립한 히가시쿠니 내각은 "국민은 패전의 책임을 지고 천황에게 참회해야 한다"는 성명(1억 총참회론)으로 상징되듯이 천황에게 전쟁책임을 묻는다거나 헌법을 개정한다든가 할 의도를 전혀 갖고 있지 않았다. 그러나 연합군으로부터 모종의 헌법개정 요구가 일어날 것을 예상하고, 비밀리에 관료층에 개헌의 검토를 명하였다. 이미 9월 단계에서 법제국 제1부장 이리에 도시오(入江俊郎)는 「전쟁 종결에 따른 헌법사 연구를 요하는 사항」을 정리하였으며, 외무관료들은 도쿄 대학 교수 미야자와 도시요시(宮澤

俊義)를 불러다 강의를 듣고 10월에는 헌법의 재검토를 포함하는 「자주적 즉결적 시책 확립 요강」을 정리하였다. 단 그 수준은 1920년대에 미노베 다키치나 요시노 사쿠조 등이 구상한 메이지 헌법의 자유주의적 운용을 의도하는 개정에 머무는 대단히 미온적인 것이었다.

10월 5일 히가시쿠니 내각은 GHQ(연합군 총사령부)가 천황 등에 관한 자유토의, 치안유지법 위반으로 구속된 정치범의 석방 등을 지시한 「정치적 · 민사적 및 종교적 자유에 대한 제한 철폐에 관한 각서」(인권지령)를 실행에 옮기지 못한 채 총사직하였지만, 부총리 격인 고노에 후미마로는 전날 맥아더의 시사를 받고 헌법개정에 나섰다. 이에 따라 헌법개정 문제가 본격적으로 표면 위로 떠올랐다.

패전으로 인해 지배층 내부에 야기될지도 모를 사태를 가장 우려하고 있던 고노에는 쇼와 천황의 퇴위와 개헌을 통한 천황제 존속을 고려하고 있었다. 내대신부어용괘에 임명된 고노에는 GHQ 정치고문 애치슨으로부터 영국식 의원내각제, 기본적 인권보장 등 12개 항목에 걸쳐 시사를 받고 개헌구상을 구체화하였다. 그러나 그의 전전 경력이 문제가 되고, 내대신부가 개헌 조사를 추진하는 데 대한 비판이 거세지자 GHQ는 11월 1일 고노에의 움직임은 상관할 바 아니라는 발표를 하였다. 고노에는 할수없이 11월 22일, 천황에게 개정에 관한 그간의 조사요강을 보고하고 작업을 중단하였다. 고노에에게 협력하여 조사를 맡았던 전 교토 대학 교수 사사키 소이치(佐々木惣一)도 따로 준비한 개정안을 천황에게 설명하였지만, 고노에에 대해 전범용의자로서 체포명령이 내려지고 이어 12월 16일 고노에가 자살하자 그들의 개헌작업은 빛을 보지 못한 채 끝났다.

히가시쿠니 내각에 이어 들어선 시데하라 내각도 GHQ의 5대 개혁지령과 '헌법의 자유주의화'라는 요구를 수용하여 10월 25일 비공식 기관으로서 마쓰모토 조지(松本烝治) 국무대신을 위원장으로 하는 헌법문제조사위원회(통칭 마쓰모토 위원회)를 발족시켰다. 이 위원회에서 큰 영향을 미친 인물은 고문을 맡은 미노베 다키치였다. 그는 일본 군국주의화의 책임은 제국헌법에 있는 것이 아니라 제국헌법의 '진정한 정신을 왜곡'하고 잘못된 해석에 기초하여 운용한 데 있다고 하여 개헌소극론을 폈다. 또한 같은 위원으로서 중심 멤버였던 미야자와 도시요시도 군부의 통수권 독립 등을 지레로 하는 제국헌법의 '본래의' '입헌주의적' 운용으로부터의 '일탈'을 문제삼고, 개헌을 그 시정 정도로 생각하고 있었다. 그 결과 헌법문제조사위원회의 마쓰모토 안은 제국헌법에 보이는 "천황은 신성하여"라는 문구를 "지존"으로 고치는 정도에서 그쳤다.

이처럼 일본정부의 움직임은 어디까지나 국체보호를 원칙으로 하였고, 헌법개정 특히 천황의 지위변경에는 완전히 소극적이었다.

민중운동의 고양과 민간헌법 초안

헌법개정의 움직임이 본격화되는 가운데 1945년 11월, 일본공산당의 「신헌법의 골자」를 비롯하여 다양한 헌법초안이 발표되기 시작하였다. 일본진보당과 일본자유당 안은 천황주권 하의 입헌군주제, 일본사회당 안은 국가(천황을 포함하는 국민공동체)주권 하의 입헌군주제를 주장하였다. 헌법연구회는 국민주권에 기초한 철저한 의회주의 군주제를 제기하였는데, 이 안을 정리한 스즈키 야스조(鈴木安藏)는 이것을 천황제를 폐지하고 민주적 공화제로 가는 제일보라고 생각하였다. 한편 동 연구회의 멤버 중 한 명인 다카노 이와사부로(高野岩三郎)는 국민주권에 기초한 대통령제로의 이행을 생각하고 있었다. 일본공산당은 천황제를 폐지한 인민주권의 공화국을 주장하였다.

이들 헌법초안에 대해서는 다음과 같은 점을 지적해 둘 필요가 있다.

첫째, 헌법연구회 초안을 기초한 스즈키는 프랑스의 인권선언 등과 함께 자유민권기의 헌법초안으로서 우에키 에모리가 기초한 「일본국국헌안」을 전시중에 도사(土佐)까지 달려가 연구하였는데 초안을 작성할 때 그 연구결과를 많이 참조하였다. 일본국민의 민주주의 운동의 성과가 여기에서 살아나 계승된 것이다.

둘째, 이러한 초안의 배경에는 광범위한 민중운동의 고양이 있었다는 점이다. 전쟁중의 억압 속에서도 전쟁의 참화를 통감한 민중의 생활과 권리, 미래를 요구하는 운동이 패전 직후 단숨에 고양되었다. 제도의 변경을 가져온 이 시기의 운동으로서 자치체 민주화운동을 일례만 들어보겠다. 1946년 일본 각지에서는 일찍부터 정촌정(町村政) 민주화운동이 크게 일어났다. 1

월 31일자 『아사히 신문』은 이 운동에 대해 다음과 같이 논평하였다.

> 군마 · 도치기의 예에서 볼 수 있는 정촌의 구간부 배격운동은 자치체의 민주화운동으로서 전국적 현상으로 발전될 성질을 띠고 있다. 이 운동은 농민이 공미(供米)나 배급 등 자신과 직접 관계되는 문제와 관련하여, 농촌 행정기구의 약체와 모순을 간파하고 구 간부의 부정이나 불신을 규탄하는 계기를 갖는 만큼 …… 중 · 소농 계층을 기반으로 하는 농촌민주전선을 태동시킬 가능성을 갖고 있다.

군마 현에서만도 193개 정촌 가운데 전시이득 등의 부정사례가 적발되어 사직한 정촌장이 28명, 정촌회 의원과 농업회 임원이 150명 이상에 달했다(『朝日新聞』 1946. 1. 29). 이러한 운동은 지방자치체장 공선운동에 영향을 미쳐 여러 자치체에서 편리한 자치체장 공선이 이루어졌다. 이 중 많은 곳에서 사회당, 공산당, 노조, 일본농민조합, 민주동지회, 민주해방연맹 등의 후보가 당선되었다. 이 모두가 헌법을 선취하고자 한 민중운동이었다.

미국정부와 점령군의 대응

맥아더는 당초에 천황제 폐지는 물론이고 개헌에 대해서도 극히 타협적이었다. 그러나 "천황 히로히토를 전범으로 재판하는 것을 미국의 정책으로 삼는다"는 미국 상원합동위원회의 결의(9월 18일)나 "히로히토를 전범으로 체포 · 재판 · 처벌한다"라는 SWNCC의 결정(10월 6일)을 비롯한 미국의 여론, 천황의 전쟁책임 추급을 포함한 일본의 철저한 개혁을 요구하는 소련과 호주 중심의 국제여론도 무시할 수 없었다. 여기에 일본 민중운동의 고양에 직면한 맥아더는 연말부터 다음 해 1946년 초두에 걸쳐 방침전환을 여의치 않게 되었다.

GHQ는 1945년 11월경까지는 군대를 비롯하여 천황제 국가기구의 주요 부분을 해체시키고 국가신도를 폐지하여 천황제 이데올로기의 근간을 무너뜨리고 있었다. 그러나 천황의 전쟁책임에 대해서만큼은 일본 내외 여론의 추급을 피하면서 일본 지배층의 협력을 받아 새로운 천황제를 만들어 내고자 하였다. GHQ가 원안을 작성하고 시데하라의 손을 거쳐 다시 천황 측의 요망으로 5개조 서문을 덧붙여 1946년 1월 1일 조서로 발표된 '인간선언'은 그 표현이었다.

'인간선언' 직후 애치슨은 트루만 대통령에게 편지를 띄워 그 자신은 천황에게 전쟁책임이 있다고 확신하지만 천황의 이용가치와 점령정책에 대한 협력을 이유로 들어 천황을 전범처리한다는 정책을 변경할 것을 진언하였다. 한편 맥아더도 천황을 전범으로 볼 증거를 찾지 못하였다는 문서를 아이젠하워 육군참모총장 앞으로 보냈다. 미국정부도 같은 시기에 개혁을 통해 천황제를 온존시킨다는 쪽으로 방향을 잡고 있었다. SWNCC는 1월 7일, 「일본 통치체제의 개혁」이라고 이름붙인 SWNCC 228 문서를 작성하여 맥아더에게 발송하였다. GHQ 헌법초안의 골격을 이루게 되는 이 문서는 천황제 존속의 담보로서 다음과 같은 사항을 요구하였다. ① 천황은 모든 중요 사항에 대하여 내각의 조언에 입각해서만 행동할 것, ② 의원내각제를 채용할 것, ③ 황실수입을 국고에 편입시킬 것, 헌법개정과 관련해서는 '최후의 수단'으로서 GHQ의 지시를 받되 가능한 한 일본인이 자발적으로 하도록 지도할 것이 그것이다.

이 연장선상에서 1946년 2월부터 전후 최초로 천황의 지방순행이 행해졌다. '인간선언'이나 지방순행은 모두 천황이 전범으로 지정될 가능성을 미리 차단하고 새로이 '상징'이라는 지위를 부여함으로써 민중운동을 진정시키려한 GHQ와 일본정부의 합작품이었다고 할 수 있다.

상징천황제의 성립

1946년 2월 1일, 마이니치 신문이 앞의 마쓰모토 안을 특종으로 발표하면서 헌법개정은 새로운 국면을 맞이한다. GHQ는 이 안의 구태의연한 내용에 화를 내며 민정국을 중심으로 헌법초안 작성에 나섰다. 그 기본이 된 맥아더 메모의 제1항을 보면, 천황의 지위를 "at the head of the state"라고 표현하고 있다. 이는 동 항의 "천황의 의무 및 기능은 헌법에 기초하여 행사하고, 법이 정하는 바에 따라 인민의 기본적 의사에 대해 책임을 진다"라는 규정을 참조해 보면, 후에 나온 초안의 '상징'(symbol)이라는 단어와 거의 같은 뜻이었다. GHQ는 2월 3일부터 민생국차장 케디스를 중심으로 위원회

상징천황제 하의 쇼와 천황 일가(1947년)

를 구성하여 초안 검토에 착수하고 10일에는 GHQ 초안을 완성하여 13일에 일본정부에 건네주었다.

시데하라 내각은 '상징'으로 표현된 천황제와 국민주권 조항에 이의를 달기는 하였지만 어쨌든 천황제가 살아남았다는 점, 만약 이 초안을 받아들이지 않을 경우 소련 등까지 참가하여 2월 26일부터 시작되는 극동위원회에서 더 엄격한 내용의 초안을 제시할 가능성이 있다는 점, 또한 경우에 따라서는 다가올 선거에 국민에게 그 내용을 공표하여 의사를 타진하겠다는 호이트니 민정국장의 협박성 경고 등 때문에 이를 받아들여 정부원안으로 삼았다. 후에 시데하라 수상은 추밀원에서 "자칫 때를 놓쳤다가는 우리 황실의 평안이 극히 위협받게 될지도 모를, 그야말로 일촉즉발의 위기상황이었다"고 회고하고 있다.

그러나 시데하라 내각의 정부안이나 다음 요시다 내각이 6월 25일에 국회에 제출한 정부안은 모두 상징천황은 명시하되 주권재민은 명기하지 않고 "일본국민의 지고한 총의"라는 모호한 표현을 쓰고 있다. 이에 대해 야당의원이 추급을 하고 극동위원회가 "일본국 헌법은 주권이 국민에게 있다는 것을 인정해야 한다"라는 성명 등을 냈기 때문에 8월 16일 주권재민을 명기한 수정안을 제출하였다. 같은 달에 중의원, 10월에 귀족원에서 일부 수정을 거쳐 통과된 안이 다시 중의원에서 가결되고 이는 11월 3일 일본국헌법으로 공포되었다.

GHQ는 앞의 초안을 낼 때 미리 독자적으로 조사를 추진하였고 따라서 이 초안이 일본국민들로부터 지지를 받으리라는 자신감을 갖고 있었던 것으로 보인다. 호이트니가 일본정부에게 경고성 발언을 할 수 있었던 것도 이 때문일 것이다. 물론 배후에 있는 국제여론의 덕도 보았다. 정부안에 대한 『마이니치 신문』의 여론조사(5월 27일)에서도 상징천황제에 대한 지지는 85%로서 압도적인 우위를 보여주었다.

이리하여 일본 지배층이 노렸던 대일본제국헌법의 최소한의 수정과 이를 통한 전후 국가구상은 실현되지 못하였다. 일본의 지배층은 후에 GHQ의 '강압'을 구실 삼아 당시 실현을 보지 못한 원래의 국가구상을 실현하기 위해 헌법개정을 기도하게 된다. 다른 한편, 상징천황제는 이후 민중운동의 발전과 함께 출현할 수 있는 보다 민주주의적인 개혁의 가능성을 막는 방파제가 되었다. 스즈키 야스조가 상징천황제를 규정한 헌법을 어디까지나 과도기적인 것 즉 현실적 가능성을 갖는 것으로서 기초하였듯이, 민중 측에게도 이 헌법이 갖는 불충분한 요소를 극복하고 보다 민주적인 규정을 만들어 내야 하는 과제가 남겨지게 되었다.

참고문헌

古關彰一, 「象徵天皇制の成立過程」, 『法律時報』 1980. 7, 8, 10, 11

針生誠吉・橫田耕一, 『國民主權と天皇制』, 法律新聞社, 1983

渡邊治, 『日本國憲法'改正'史』, 日本評論社, 1987

佐瀨昭二郎, 「戰後民主主義革命期の歷史的意義」, 『歷史評論』 251, 1971

스즈키 도시오 鈴木敏夫

47
전전의 교육은 어떻게 반성되었을까
역사교육과 천황제

패전과 국민

1946년 1월 1일 천황이 발표한 소위 '인간선언'으로 불리는 연두조서는 「태평양전쟁 종결에 관한 조서」 방송에 이어 일본국민을 다시 한 번 깜짝 놀라게 하였다. 학교에서 가정에서 군대에서 기회 있을 때마다 천황은 살아 있는 현인신이라고 배워 왔기 때문이다. 이 선언은 천황과 국민과의 관련이 '단순한 신화와 전설'에 의한 것이 아니라 '상호 신뢰와 경애'에 기초한 것이며, "천황을 살아 있는 신으로 간주하며 일본국민을 다른 민족보다 우월한 민족으로 보고, 나아가 세계를 지배할 운명을 갖고 있다는 가공적인 관념에 기초를 두지 않는다"라는 서술을 포함하고 있다.

맥아더는 이 선언을 매우 만족스럽게 생각한다는 취지의 환영성명을 내고, 마에다 다몬(前田多門) 문상은 「조서에 응하는 대신 훈령」을 발포하여 이 조서의 준수를 강조하였다. 거기에서는 "순수한 군신관계는 오로지 가공적인 신화와 전설, 편협한 민족우월감에 의해 이루어지는 것이 아니다", "지금 이 같은 잘못된 관념을 불식하는 것이야말로 만세에 어그러짐이 없

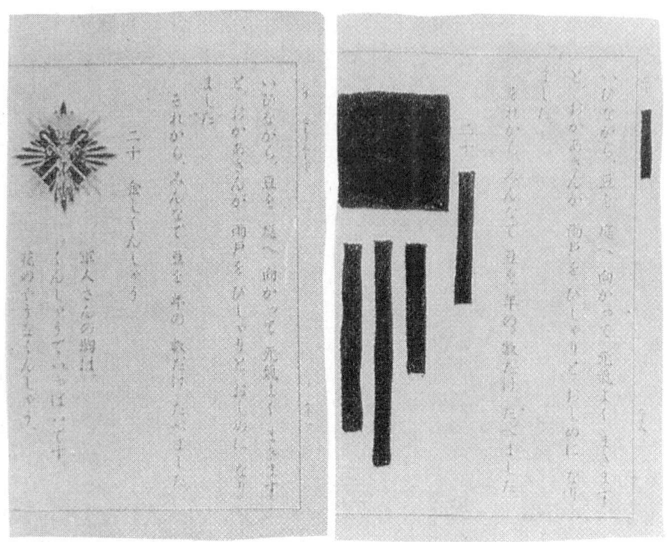

먹으로 지워진 교과서

는 신민의 한결같은 진정한 자세를 나타내는 것"이며 천황이 현인신이라는 생각을 일소하는 것이야말로 올바르다고 지적하고 있다. 그러나 이는 사실 '국체보호'를 위한 궤변이었을 뿐이다.

국체보호라는 가공의 관념을 만들어낸 것은 메이지 이래의 「교육칙어」에 기초한 교육이었다. 1890년에 제정된 교육칙어는 대신의 서명 등도 없이 천황이 직접 신민에게 하사하는 형식을 취하였는데, 그 이념을 한 마디로 요약한다면 "영원토록 계속되는 황운(皇運)을 돕기 위한 교육", "일단 유사시에는 의롭고 용감하게 봉사하는 국민의 육성"이었다. 그리고 이 이념을 수업에서만이 아니라 학교행사를 비롯한 교육활동 전반에서 실현할 것을 명령하였다.

그러한 교육 아래서 역사교육이 행한 역할은 중대하였다. 메이지 국가가 목적으로 한 역사교육은 1881년의 「소학교 교칙 요령」에 따르면, "무릇 역사를 가르칠 때는 학생이 …… 특히 존왕애국심을 기르도록"해야 했다. 또한 소학교 교육에서의 역사는 일본사로만 한정하여, 그 때까지 이루어지고 있던 '만국사' 등의 세계사를 역사교육에서 제외시켜 버렸다. 이러한 교육은 세계에서도 보기 드문 '성과'를 올렸다. 예컨대 충량한 신민과 우수한 황군이 배출되어 천황을 위해서라면 초개같이 목숨을 버리는 태도를 올바르고 선한 것으로 받아들이고, 일반 국민은 이를 추호도 의심하지 않았다.

일본정부는 국체보호를 제일의 조건으로 하여 포츠담 선언을 수락했지만, 현실로 닥친 미국을 중심으로 한 연합군의 점령은 지배층의 예상을 뛰어넘는 엄격한 것이었다. 반면 국민들은 전전·전중과는 비교도 할 수 없을 만한 자유를 누리며 '점령'까지는 몰라도 정부와 군부, 나아가 천황제에 대해서는 공공연히 비판을 가할 수 있게 되었다. 노동운동의 재개, 천황제 타도 슬로건을 내건 일본공산당의 합법화, 농지개혁, 재벌해체, 전범체포, 공직추방, 그리고 식량난과 인플레, 이 모든 격변이 '일본은 신국'이라는 관념이나 '천황은 절대적'이라는 가치관 그 자체를 파괴해 나가고 있었다.

새로운 역사교육을 위하여

'신교육'이라는 용어는 1945년 9월 15일 문부성이 발표한 「신일본 건설의 교육방침」에서 언급되었다. 이 방침에서는 '국체보호'도 주창되었지만 다른 한편으로는 세계평화와 인류복지에 공헌할 신교육의 방침이 서술되어 있다. 이어 9월 20일에는 군국주의 교재를 삭제하라는 지시가 떨어져 교사들의 지휘 아래 소위 '먹칠하기'가 행해졌다(전쟁·배외주의와 관련된 내용은 먹칠을 해서 지웠으나 천황숭배 기사만은 그대로 두었다).

10월 말에 '공민교육 쇄신위원회'는 연내의 공민교육 확립과 신시대의 정치교육, 대의정치, 세계정세에 대한 올바른 인식의 육성에 대한 중요성을 지적하였다.

이 와중에 중요한 문제 중 하나로 대두한 것이 역사교육이다. 문부성은 12월에 초국가주의의 대표적인 저작인 『국체의 본의』와 『신민의 길』을 배포 금지시켰으나, GHQ는 한 걸음 더 나아가 12월 31일 '수신·일본사·지리 수업의 정지'를 지시하고 교과서와 지도책을 모두 몰수하였다. 이리하여 새로운 역사교육이 모색되기 시작하였다. 당시의 교육 내용 중 어떤 부분에서 전환이 이루어졌는지를 살펴보자.

당시 일본의 역사교육과 관련해서는 두 개의 모임이 열리고 있었다.

하나는 맥아더가 요구한 일본의 교육민주화를 다루기 위해 문부성이 주최한 것이었다. 아리미쓰 지로(有光次郎)는 당시 미국에서 일어나고 있는 역사교육에 대한 관심의 고조를 들며 아래와 같이 회고하고 있다.

> 연합군 측은 독일항복 후, 1945년 이전에 독일에서 행해진 역사교육의 시정을 요구하고 있다. 그러니 일본에서도 역사교육에 대해 충분한 주의를 기울여야 한다.
>
> 특히 국체문제의 경우, 자유롭게 사고하는 국민의 선택에 따라 선택된 정체를 받아들이는 것이므로 …… 특별고등경찰과 헌병제가 폐지된다 하더라도 신비적인 신앙과 1945년 이전의 역사교육이 그대로 계속되는 한, 일본국민이 아무리 천황제를 보호하고 싶어해도 그것은 개인의 자유로운 의사 표현으로 인정받지 못할 수도 있다. 합리적인 역사교육을 시행하고 나서 일본인이 천황제를 지지한다면 그 때 가서야 비로소 천황제는 용인받고 보호받을 수 있을 것이다. 이는 외무성 의견인데, 미국인이 납득할 수 있는 역사교육에 대한 대책을 문부성과 내무성 외국(外局) 신기원(神祇院)은 신속히 강구할 필요가 있다. (久保義三, 『占領と神話教育』에서 인용)

요컨대 '국체보호'를 위해서라도 합리적인 역사교육이 필요하다는 시각인데, 진실을 추구해야 할 역사교육의 본래 목적과 상호 모순되는 내용이 기묘히 공존되고 있음을 볼 수 있다.

또 하나는 11월 10일과 12월 1일에 열린 '역사교육 재검토 좌담회'다. 1932년에 설립된 역사학연구회가 주최한 것인데, 교육 관계자의 재출발을 위한 회합으로서는 가장 이른 것이었다.

첫 번째 모임에서는 우선 군국주의 교육의 정지와 함께 일선 교사들이 학생들에게 무엇을 가르쳐야 좋을지 몰라 겪게 되는 혼란과 곤혹감이 지적되었다. 이에 대해서는 다음과 같은 문제가 제기되었다. "이런 문제가 생긴 것은 지금까지 역사학도 쪽이 역사교육에 대하여 대단히 무관심했고, 역사학의 방향을 오히려 정부가 주도하여 결정하는 잘못된 관행이 계속되었던 데 원인이 있다"면서 역사사실의 나열과 암기위주의 교육을 부정한 후 다음과 같은 결론을 제시하였다. "인류역사에서 진보발전의 개념 아래 그 내부적 연관을 가르치고, 역사라는 것을 생각하는 학문으로 만들어야 한다. 교수방법만 적절하다면 중·고생들뿐 아니라 초등학생들도 대단히 높은 수준의 학문적 성과를 수용할 수 있다. 사실 그들은 그것에 대해 충분한 흥미를 보여주고 있다. 새로운 역사교육 이념은 민족의 재건에 대한 예지와 정열을 부여하는 데 있다. 이를 위해서라도 소수의 지배자를 위한 역사가 아니라 민족 전체 즉 인민대중을 위한 역사교육이 되어야 한다", "역사교육의 요점은 오로지 엄밀하게 과학적 역사를 가르치는 데 있다." 이어 열린 두 번째 모임에서는 과학적인 역사학이란 어떤 것인가라는 문제가 논의되었다. 다음 해 1월에는 역사학자들이 모여 세계의 군주제를 검토하는 자리를 갖고 그 성과물을 『역사가는 천황제를 어떻게 보는가』라는 소책자로 발행하였다.

이러한 움직임은 문부성이 개최한 모임의 모순을 극복하려는 자주적 움직임이며, 일본국민의 역사적 반성과 역사학 및 역사교육의 과거사에 대한 반성으로부터 시작된 것이었다.

그들만의 역사, 『국가의 변천』

1946년 5월 문부성은 「신교육 지침」을 간행하였다. 야마즈미 마사오토(山住正己)에 따르면 "이 지침은 충분하다고는 할 수 없지만 1945년 이전에 이루어진 교육에 대한 반성에서 시작하여 인간성과 개성의 존중, 과학적 수준의 향상, 민주주의의 철저화 등을 설명하고 있다"(山住正己, 『日本教育小史』).

같은 5월, GHQ 민간정보교육국의 트레이너는 문부성 도서감수관인 도요다 다케시(豊田武) 등을 불러 새로운 역사교과서의 편찬을 명하고 다음과 같이 지시하였다.

一. 선전적이어서는 안 된다.
一. 군국주의·초국가주의·신도의 교의를 설파해서는 안 된다. 『국체의 본의』 같은 종류의 역사관에 기초한 것이어서는 안 된다.
一. 천황의 사적이 역사의 전부는 아니다. 경제상의 문제, 발명, 학문, 예술, 기타 인민 속에서 나온 여러 가지 사항을 담아야 한다. 그러나 특정 천황이 실제로 중요한 사적을 남겼다면 이를 게재하는 것

> 은 상관 없다. 단 천황이라는 이유만으로 그 사적을 기재해서는 안 된다.

이러한 GHQ의 지시 아래 9월에 새로운 역사교과서로서 『국가의 변천』(くにのあゆみ)이 간행되고, 10월부터 역사수업이 재개되었다. 이것은 앞서 언급한 「소학교 교칙 요령」이 제정된 이래 처음으로 신대부터가 아니라 석기시대로부터 일본사를 서술하였다는 점에서 역사교육사상 획기적인 것이었다.

그러나 이 책은 천황에 대한 기술을 비롯하여 많은 부분에서 비판을 불러일으켰다. 이를테면,

> 1945년 5월에는 독일이 붕괴하면서 유럽전쟁도 끝났다. 연합군은 7월에 포츠담에서 일본처리안을 정하고 일본에게 항복을 권고하였다. 8월이 되어 히로시마에 원자폭탄이 투하되고 소련으로부터도 공격을 당하였기 때문에 천황은 포츠담 선언을 받아들이기로 하고 8월 15일, 그에 대한 조칙을 내렸으며 나아가 정부와 대본영에 항복을 명하고 또한 국민에게 무기를 버리고 대항을 포기할 것을 명령하였다.

이렇게 볼 경우 전쟁은 천황이 결정해서 끝난 것이 된다. 역사학자들의 비판이 따른 것은 당연하였다. 시인인 나카노 시게하루(中野重治)도 "이것은 지금까지와 마찬가지로 국민들에게 천황중심주의를 철저히 주입시키기 위해 만들어진 것이다"라고 비판하였다.

교육기본법의 탄생

일본국헌법이 공포된 다음 해인 1947년 3월, '시안'화된 「학습지도 요령 일반편」이 나오고 3월 31일에는 교육기본법이 공포되었다. 전문과 11개 조문으로 이루어진 동 법은 준헌법적 성격을 갖는 것으로서, 신교육의 지침을 명확히 보여준다.

그러나 이 이념이 완전히 뿌리를 내리기도 전에 제정 당사자에 의해 유린당하게 된다. 소위 역코스다. 그래도 그 사이 1948년 6월, 중의원과 참의

원의 양 의원에서 일치하여 교육칙어의 효력 상실을 확인하고 그 배제를 결의한 것은, 국민주권 하의 국정 최고기관에서 이루어진 국민의 의사표시로서 특필할 만한 사건이었다.

기본법이 제정된 해 8월, 문부성은 『새헌법 이야기』라는 책자 하나를 발행하였다. 전쟁방기를 설명한 것으로 알려진 이 교과서도 천황문제에 대해서는 문제점을 내포하고 있었다. 예컨대 "이번 전쟁에서 천황폐하는 정말 애를 많이 쓰셨다. 옛 헌법에서는 천황을 도와 국사를 담당한 사람들이 국민을 돌볼 생각은 전혀 하지 않고 국민의 생각과는 동떨어진 전쟁을 벌였기 때문이다"라고 쓰고, 천황의 전쟁책임에 대해서는 한 마디도 언급하지 않았다. 전후에 들어 역사학연구소 같은 단체들의 움직임도 있었지만, 실제 교육현장에서는 천황·천황제·전쟁책임에 관해 충분한 고찰이 이루어지지 못한 채 오늘에 이르게 되었다.

물론 역사학 연구와 교육 실천을 통해 현 역사교과서는 만주침략 이래의 전쟁을 15년전쟁이라고 하여 침략전쟁으로 기술하고, 난징 학살과 오키나와 전투에서의 주민학살, 조선통치와 같은 사실 등을 언급하고 있다. 그러나 천황제의 전쟁책임문제나 천황제에 대한 역사적 고찰은 앞으로 국민의 역사의식의 변혁을 수반해야 하는 과제라고 할 것이다.

참고문헌

山住正己, 『日本教育小史』, 岩波新書
長澤功, 『教育の戰爭責任』, 明石書店
安川壽之輔, 『十五年戰爭と教育』, 新日本出版社

요시무라 도쿠조 吉村德藏

48
강화조약의 성립에 천황은 어떤 역할을 하였을까
불문에 부쳐진 전쟁책임

천황제의 유용성을 평가한 대일강화회의

1951년 9월 4일 샌프란시스코에서 대일강화회의가 개최되었다. 이 자리에서 영국 전권 영거는 천황제에 대해 다음과 같은 견해를 밝혔다.

> 오랫동안 일본에서 악정을 행하고 전래의 제도를 교묘히 이용하여 자신의 야심의 도구로 사용한 군국주의자는 이제 사라졌다. 일본은 일본인의 성격에 가장 적합한 천황제를 유지하는 데 성공하였다. 일본은 수년에 걸친 패전과 점령 기간 동안 민주적 형태에 그 자신을 잘 적합시킴으로써 강해졌다. (西村熊雄, 『日本外交史27』)

이처럼 강화회의는 천황의 전쟁책임을 묻지 않았을 뿐만 아니라 오히려 천황제의 유지를 평가하는 장이 되었다.

이는 미・영의 양국 수뇌가 전시부터 취해 온 천황제 온존정책에 기인한다. 이를테면 연합군 총사령관 맥아더의 다음 발언은 이 정책의 의도를 잘

샌프란시스코 강화조약에 서명하는 요시다 수석전권

보여준다. “천황은 정치적·문화적 존속에 고유하고 없어서는 안 될 존재다. 천황의 신체를 파괴하고 이를 통해 천황제를 폐지하려는 악질적인 기도는 국민회복의 달성을 방해하는 최대의 위협 가운데 하나다. 천황제의 존속은 나의 변함없는 목적이다”(高柳賢三에게 보낸 편지, 날짜는 상세하지 않다. 憲法調査會, 『日本舊憲法制定の由來』). 천황제를 잔존시켜 보수·반공 세력의 헤게모니를 유지시키고, 정신혁명을 뺀 정치개혁을 실시하여 혁명적인 민중에 의한 아래로부터의 민주개혁의 길을 차단하고자 한 것이다.

강화가 준비된 것은 한국전쟁이 격화되는 와중이었다.

미국무성 고문으로 대일강화를 준비한 존. F. 덜레스는 한국전쟁 발발을 전후하여 맥아더와 상담을 하고 강화의 기본선을 정하였다. 즉 첫째, 강화 후에도 미군을 일본에 계속 주둔시킨다, 둘째, 오키나와뿐 아니라 일본 전토 어디든 미군이 필요로 하는 지역을 기지화한다, 셋째, 일본국헌법 제9조의 규정과 상관없이 일본의 고유한 자위권을 인정하여 재군비를 하게 한다 등을 내용으로 하였다.

서둘러 그 구체화에 착수한 것은 한국전쟁에서 미국을 선두로 하는 유엔군이 고전을 면치 못한 1950년 말부터 1951년 초두였다. 이 시기 미국은 일본의 공장에서 생산된 무기와 탄약, 군수물자를 매입하고 일본을 출격기지·훈련기지·의료기지·위안기지 등으로 이용하지 않고서는 격렬한 전쟁을 추진할 수 없게 되어 있었다.

일본이 이 역할을 맡도록 국제적으로 용인해줄 수 있는 기회가 강화였다. 오키나와를 항구적인 미군기지로 쓸 수 있도록 “오키나와를 국제연합의 신탁통치 아래 둘 때까지 종래대로 미국이 시정권을 장악한다"는 조항이 삽입되었다. 영국도 그 때까지 주장해 온 일본의 철저한 비군사화, 군사물자의 제조·수입의 제한, 조선(造船)의 제한, 이에 대한 감시기관의 설치 등을 취소하였을 뿐만 아니라 소련과 동유럽 여러 나라의 참여 없이도 강화를 체결하는 단독강화방식 및 미군의 계속적인 주둔을 인정하였다. 또한 일본 재군비의 필요성이 강조되면서 육·해·공군의 존재를 허용하겠다는 태도를 취하였다. 이리하여 본래 전쟁을 없애기 위한 합의를 만들어내는 장이 되었어야 할 대일강화는 새로운 전쟁을 계속하기 위한 장으로 변질되어 버렸다. 강화조약이 체결된 직후 미일안전보장조약에 대한 합의도 이루어져 양국은 강화회의를 제의·소집하는 방식을 취하였다. 이 같은 강화가 준비되는 과정에서 천황이 수행한 역할은 결코 작지 않았다.

1949년 5월 천황은 중단한 순행을 재개하여 규슈 방면으로 향하였다. 이는 덧지 라인이 강행된 시기와 겹친다. 덧지 라인은 재정긴축정책의 강행실시, 산업의 부흥과 수출력 회복, 전투적 노동운동의 진압에 목적을 두고 있었다. 당시 순행에 나선 천황은 앞장서서 직접 미이케(三池) 탄광의 갱도 안으로 기어 들어가기도 하고, 공산주의자의 산실로까지 불린 구루메(久留米) 시의 귀환자 주택을 방문하는 등 관계자들로 하여금 "감격의 눈물을 쏟게"(奥田良三,『燦々青々滾々』) 만들었다. 이러한 일련의 행동이 발전하고 있던 전투적인 노동운동의 기선을 제압하는 것이었음은 말할 것도 없다. 천황이 '사실상의 강화'정책인 덧지 라인에 크게 협력한 것은 이 때문이다.

오키나와의 항구적인 기지화와 관련해서도, 천황은 1947년 9월 18~19일경 궁내부어용괘 데라사키 히데나리(寺崎英成)를 GHQ 외교국장 시볼트에게 보내 오키나와에 대한 자신의 의향을 전하여 그 실시를 수월하게 만들어 주었다. 히데나리가 전한 내용의 핵심은 이러하였다. "천황은 앞으로 25년에서 50년 정도 주권은 일본에 두고 미국이 오키나와를 군사적으로 점령할 것을 희망하고 있다. 미국에 이익이 되고 일본도 지킬 수 있는 방법이기 때문이다"(河原敏明,『天皇裕仁の昭和史』). 이 점에서도 천황은 덜레스의 유력한 원군이 되었다. 영거 전권이 천황제에 보낸 찬미는 이러한 사실을 근거로 한 것이었다.

한편 강화조약은 제11조에서 극동군사재판소와 기타 군사법정의 재판을 받아들인다는 취지를 명기함으로써, 천황을 전범에서 제외시킨 도쿄 재판의 결과를 계승하였다.

'퇴위론'을 물리친 천황

1952년 5월 3일 황거 앞에서 독립기념식전이 베풀어졌다. 이 자리에서 천황은 표면으로 떠오른 '퇴위론'을 물리치고, 전쟁책임에 따른 퇴위는 부정한다는 견해를 표명하였다. 천황은 "내 비록 덕이 부족하나 과거를 되돌아보고 여론을 살피며 심사숙고하고 아울러 나 자신을 격려하여 내가 지고 있는 짐의 무게를 견뎌내고자 하였고, 밤낮으로 오직 이를 다해내지 못할 것을 두려워했을 뿐이다. 바라건대 함께 본분을 다하여 열심히 일하고 합심하여 국가재건의 과업을 달성하여 더욱 오래도록 그 복을 함께 누리기를 바라마지 않는다"라고 말하였다.

당시 제기된 천황퇴위론은 여러 가지였는데, 주요한 것만 간추리면 다음과 같다. ① 천황제는 인민주권의 원칙을 범하고 정치적 반동의 중심적 역할을 수행했다고 보는 근본적인 비판, ② 전 수상 고노에 후미마로의 유서로 알 수 있듯이 '천황친정의 원칙' 아래 '정부와 통수부 양쪽을 다 제압할 수 있는' 유일한 위치에 있었으면서도 천황이 너무 소극적이었던 바람에 '국가가 생사의 갈림길에 놓여 있을 때' 필요한 임무를 수행하지 못하여 일본을 전쟁으로 몰아넣었다고 하는 정치적 책임론, ③ '천황은 정치상·법률상의 책임은 없지만 황조와 국민에 대하여 도의적·정신적 책임'을 갖고 있으므로 '자발적으로' 퇴위해야 한다는 난바라 시게루(南原繁) 전 도쿄 대학 총장의 도의론 등을 들 수 있다.

천황을 변호하는 사람들 가운데에는 다음과 같은 천황의 의사표시를 들어 이 문제는 일단락되었다고 보기도 하였다(위의 책). 즉 A급 전범이 교수형을 당한 1948년 12월 23일, 천황은 하루 종일 서가에 틀어박혀 "국민들을 오늘과 같은 고난 속으로 밀어넣은 데 대해 미안하게 생각하고 있다. 물러나는 것도 책임을 지는 하나의 방법이 되겠으나, 오히려 유임하여 국민을 위무하고 격려하여 일본 재건의 임무를 다하는 것이 선조와 국민 모두에 대하여, 또한 포츠담 선언의 본뜻에도 부합하는 것이라 생각한다"(『每日新聞』)라고 말하였다.

반성없는 식민지 지배사상

당시 천황의 행동이 어떤 사상을 바탕으로 하였는지에 대해서는 오랫동안 의문으로 남아 있었다. 그러다 최근 영국 주일 레저미션(대일점령을 위한 연락기관) 참사관 조지 크랏트가 영국 외무성에 보낸 1951년 9월 19일자 비밀전보에 이 부분을 시사해 주는 자료가 있음이 알려졌다. 이 자료를 보면, 요시다 시게루 수상은 강화회의의 결과를 천황에게 상주하면서 강화회의의 관대성을 강조하였고, 천황은 관대성을 인정하되 "메이지 천황의 손자인 내 치세에 이르러 해외영토를 모두 잃어버리게 되었으니 이는 나로서는 심히 타격이다"라고 말하고 있다[영국외무성문서 1951년 9월 20일 발신 비밀전보. 복사본을 제공해준 도쿄 대학 기바타 요이치(木畑洋一) 씨께 감사드린다]. 침략전쟁, 외국영토의 탈취, 식민지지배, 인종차별 등 제국주의적인 행위와 가치관을 여전히 그대로 가지고 있음을 볼 수 있다. 당시 그의 행동은 모두 이러한 견해를 바탕으로 한 것이었다.

그 결과 보수정당의 수상과 주요 각료들이 천황주의적 입장에서 천황에게 존대하는 관습은 강화 후에도 의연히 계속되었다. 1952년 11월 10일, 요시다 수상이 황태자(현 천황)의 입태자례(立太子禮)의 축사 말미를 "신하 시게루"로 끝맺은 것은 이를 단적으로 보여준다.

이러한 관습은 한국과의 사이에 식민지 지배문제를 청산하고 정상적인 외교관계를 수립하는 것도 어렵게 만들었다. 이를 명료히 보여주는 것이 재일조선인의 취급과 관련하여 요시다가 보여준 발상이다. 그가 맥아더 앞으로 보낸 편지에는 이런 내용이 포함되어 있다.

> 재일조선인은 그 수가 백만에 육박하고 있으며, 그 중 약 반수가 불법입국자다. 나는 이들 조선인이 모두 자기 고향인 반도(한국)로 귀환되기를 바란다. 내가 그렇게 생각하는 이유는 ① 현재 및 장래의 식량 사정에 비추어 일본은 과잉인구를 유지할 수 없다. 일본은 미국의 호의로 대량의

> 식량을 수입하고 있는데, 그 일부가 조선인을 먹이는 데 사용되고 있다. 지금 수입되는 식량은 이후 수세대에 걸쳐 우리 동포가 떠안아야 할 부담이 될 것이다. …… 미래의 동포세대에게 그 일부가 조선인 때문에 생긴 빚의 청산을 분담토록 하는 것은 공정하지 못하다. ② 조선인의 압도적인 다수는 일본의 경제부흥에 아무런 공헌도 하지 않고 있다. ③ 설상가상으로 조선인 중에는 범죄자가 많은 비중을 점하고 있다. …… 대단히 많은 수가 공산주의자 및 그 동조자로서 가장 악질적인 정치적 범죄를 범하기 쉬운 자들이다.…… (GHQ文書)

구제국주의의 식민지지배의 책임을 인정하고 이를 청산한다는 관점은 찾을래야 찾을 수 없고 제국주의적 가치관이 고스란히 간직되어 있다. 이러한 가치관은 원래 요시다가 갖고 있는 사상에 유래한 것이겠으나 천황의 구사상에 고무받은 면 역시 간과할 수 없을 것이다. 식민지지배의 책임문제를 진지하게 고려하지 않았던 천황과 보조를 맞추어 요시다도 제1~3차 한일회담을 결렬시켰고 후에 "내 시대에 좀더 한국 문제를 진지하게 생각해서 뭔가 해 두었더라면 좋았을 것을!"(岸信介 他, 『岸信介の回想』)이라고 말하고 있듯이 조선인 강제연행이나 식민지수탈의 책임문제를 방치하였다.

천황의 지방순행으로 불거진 전쟁책임

천황은 1951년 11월 18일부터 20일에 걸쳐 나라 현을 방문하고 가시하라 신궁에서 강화의 성립을 보고하는 의식을 거행하였다. 이것이 이 지역 지배층들에게 얼마나 용기를 주었는가는 순행 당시 나라 현 지사로 있었던 오쿠다 료조(奧田良三)의 다음과 같은 회상에서 잘 드러난다.

> 각지의 환영장에는 몇 시간씩이나 전에 천황의 도착을 기다리는 사람들로 가득 찼다. 펠트 중절모를 들어올리고 여기저기 세세히 마음을 쓰며 가볍게 인사를 하시는 천황의 모습에 남몰래 눈물을 훔치는 노인들도 적지 않았다. …… 당시의 전국 순행은 천황과 국민을 여러 가지 감상으로 묶어주었다. 눈물, 위로, 그리고 격려－그것은 새로운 인연의 끈이었다. (奧田良三, 『燦々靑々滾々』)

이러한 경험을 통해 지역의 지배층들은 강화 후에도 천황제를 이용하면서 통치를 계속해 나갈 수 있다는 확신을 갖게 되었다.

다른 한편 천황의 전쟁책임을 계속 문제삼고 천황 스스로 야기에 답변하도록 만들고자 하는 움직임도 있었다. 같은 달 12일 천황이 교토 대학을 방문하였을 때의 일이다. 교토 대학 학생자치회인 '동학회'(同學會) 대표가 천황에게 「인간 천황에게 호소한다」라는 공개질문장을 건네려다 저지당한 사건이 일어났다. 질문서에는 천황의 전쟁책임 문제와 함께 다음과 같은 설문이 담겨 있었다.

> 우리는 당신이 퇴위하고 천황제가 폐지되기를 희망한다. 아니 그것까지는 아니라 해도 적어도 다음 질문에는 응답해 주기 바란다.
>
> 질문 제1, 만약 일본이 전쟁에 휩쓸려 들어가는 사태가 벌어진다면 과거 종전조서에서 만세에 평화의 길을 열 것을 선언하신 당신은 개인적으로도 그것을 거절하도록 세계에 호소할 용의는 있습니까?
>
> 질문 제2, 당신은 일본에 재군비를 강요하는 사태가 일어났을 때 헌법에서 무기방기를 선언한 일본국의 천황으로서 이를 거부하도록 호소할 용의는 있습니까?

대학당국은 이 질문장을 천황에게 건네는 것을 거부하였고, 동학회는 해산을 명령받았다. 물론 천황도 여기에 회답을 보내지 않았다.

참고문헌

西村熊雄, 『日本外交史27』, 鹿島研究所出版會, 1971
憲法調査會, 『日本國憲法制定の由來』, 時事通信社, 1961
奧田良三, 『燦々靑々滾々』, ぎょうせい, 1980
河原敏明, 『天皇裕仁の昭和史』, 文春文庫, 1986
岸信介・矢次一夫・伊藤隆, 『岸信介の回想』, 文藝春秋社, 1981
ねずまさし, 『天皇と昭和史(下)』, 三一書房, 1976

사사키 류지 佐佐木隆爾

49
천황은 왜 오키나와를 방문할 수 없었을까
오키나와 전투와 천황 메시지

오키나와를 버린 쇼와 천황

쇼와 천황이 천황 자리에 있으면서 방문하지 못한 일본의 유일한 지역은 오키나와 현뿐이다. 천황은 1987년 국민체육대회 참석차 오키나와를 방문할 예정이었지만 그 직전에 병상에 누워 1989년 1월 7일에 세상을 떠났다. 쇼와 천황은 생의 마지막까지 오키나와를 방문하고 싶어했다고 하는데, 결국 실현되지 못한 것이다.

전후 쇼와 천황의 지방순행은 1946년 2월 가나가와 현에서 시작하여 1954년의 홋카이도 국민체육대회 출석을 겸한 시찰로 끝이 났다. 그 후 국민체육대회나 전국 식수제(植樹祭) 참석차 다시 방문한 지역도 많았다.

천황의 지방순행은 자신이 "통치하시는" 땅을 확인하고 돌아보는 여행임과 동시에 상징천황제의 기능을 확대하기 위한 행위였다. 이는 순행지역의 보수파 지배층에게 용기를 북돋워 주고 그 저변을 확대하는 정치적 효과를 갖고 있었다.

그렇다면 오키나와의 경우는 어떠하였을까. 쇼와 천황에게 오키나와 방

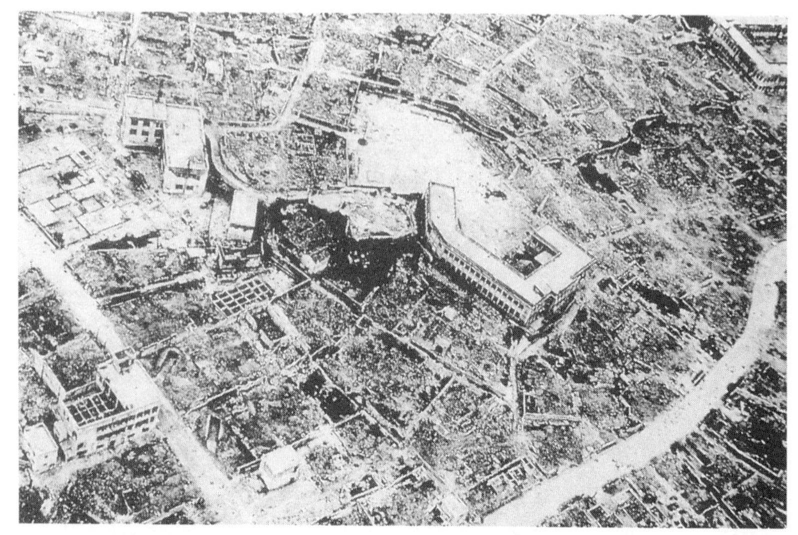

일본 본토 방위를 위한 소위 '버린자식 작전'으로 불린
오키나와전으로 완전히 파괴된 도시 중심부

문은 특별한 의미를 갖고 있었다. 무엇보다 그는 오키나와를 두 번이나 내버렸다. 그 첫 번째는 오키나와 전투와 종전공작 과정에서 오키나와를 국체보호를 위한 희생물로 삼은 것이고, 두 번째는 패전 후인 1947년 9월 천황 메시지를 통해 오키나와를 미국의 장기점령에 맡기고 싶다고 밝힌 것이다.

쇼와 천황은 황태자 시절인 1921년에 향취(香取)라는 이름을 가진 군함을 타고 유럽 순행길에 나섰다가 도중에 오키나와를 한 번 방문한 적이 있다. '류큐 처분'으로 오키나와 현이 설치된 것이 1879년이니, 그로부터 42년의 세월이 흐른 때였다. 그는 다시 오키나와 전투가 있었던 해로부터 42년째에 해당하는 1987년에 오키나와를 방문할 예정이었다. 이 숫자에 대해 특별한 느낌을 갖는 사람이 많았다. 천황의 전쟁책임과 전후책임을 추급하는 사람들은 이구동성으로 "42는 죽음으로 통한다"라고 하면서 오키나와 현민을 다시 죽음의 구렁텅이로 내몰 천황의 오키나와 방문계획에 항의하였다.

천황과 일본 지배층은 "천황의 오키나와 방문을 통해 전후를 종결시킨다"라고 선전해 왔다. 현상은 그대로 놔둔 채 오키나와 전투의 비탄과 오키나와 기지의 고난을 모두 청산하려 한 것이다.

오키나와의 전후(戰後)를 하루라도 빨리 끝내고 싶다는 것은 오키나와 현민 모두의 바램이었다. 오키나와의 산과 들에는 아직도 수만 명의 전몰자 유골이 매몰된 채 방치되어 있다. 전몰자들은 오키나와 현의 일반 주민 외에도 전국에서 동원된 장병들이었다. 전쟁터로 화한 중남부 지역에는 지금도 십수만 발의 불발탄이 묻혀 있어서 현민의 생활을 위협하고 있다. 15만 명을 넘을 것으로 추정되는 현민 사망자 중에는 언제 어디서 어떻게 죽었는지조차 알 수 없는 수만 명이 포함되어 있다. 정부가 책임지고 이를 처리하는 데만 해도 50년은 족히 걸릴 것이라고 한다. 오키나와에는 재일 미군 전용기지 75%가 집중되어 있다. 이 기지는 핵전략의 기점임과 동시에 중근동에서 인도양·동남아시아·극동아시아로 뻗어나간 미군의 전선기지로 되어 있다.

이러한 현실을 불문에 부친 채 천황이 오키나와를 방문한 것만 갖고 간단하게 '전후는 끝났다'라고 할 수 없다는 것이 오키나와 현민의 주장이다.

1945년 오키나와의 비극

오키나와 전투는 흔히 일본 본토를 방위하기 위한 소위 '버린 자식' 작전으로 불린다. 그 내실을 한 번 꼼꼼히 고찰해 보자.

고노에 후미마로 전 수상은 오키나와 전투가 벌어지기 직전인 1945년 2월 14일, 전쟁 국면이 중대 사태에 접어들었음을 알리며 천황에게 다음과 같이 상주하였다.

> 유감스럽지만 조만간 패전이 닥칠 것입니다. …… 패전은 우리 국체에 흠집을 내겠지만 지금까지의 상황으로 미루어 보건대 미·영의 언론이 국체변혁으로까지는 밀고 나갈 것 같지 않습니다. …… 그러니 패전만 되면 국체는 우려할 필요가 없을 것입니다. 국체보호라는 원칙에서 가장 우려되는 것은 패전보다 오히려 패전으로 인해 일어날지도 모를 공산혁명입니다. …… 따라서 국체보호의 입장에서 보면 하루라도 빨리 전쟁을 종결시킬 방도를 강구해야 할 것으로 확신합니다. …… (細川護貞, 『細川日記』)

고노에 전 수상의 상주는 일본 지배층의 입장에서 전쟁 종결의 필요성을 공공연히 천황에게 밝힌 점에서 주목되는데, 그 취지는 '패전은 필히 닥칠 것이고, 패전보다 더 우려되는 사태는 천황제 지배기구의 붕괴'라는 것이다. 고노에의 이 진언에 대해 천황은 "한 번이라도 전과를 올리고 나서 교섭에 들어가야 일이 쉽게 풀릴 것이다"라는 의견을 비쳤다. 이 때도 쇼와 천황은 여전히 전쟁지도에 정열을 갖고 있었음을 알 수 있다.

오키나와 전투는 일본의 패전을 전제로 한 상태에서 '국체보호를 내걸고 치른 전투'였다. 종전교섭을 앞두고 국체를 보호할 시간을 벌기 위해 오키나와를 버린 것이다. 일반적으로 이는 '본토 방위를 위해 버린 자식이 된 오키나와' 즉 본토결전을 준비하기 위한 시간벌기 전투였음을 의미한다. 따라서 조국이나 본토 국민을 지키기 위한 전투가 아니었다. 국민 모두를 죽음으로 내모는 전투 즉 본토결전을 위한 전초전이었다. 이 방침에 따르는 한 오키나와 수비군 제32군의 '옥쇄'(장렬한 전사)와 현민의 죽음지옥은 피할 수 없는 것이었다.

오키나와 전투에서 천황의 군대는 모든 주민을 전장에 동원하고 군대의 명령에 따르지 않는 자는 '비국민'으로 처벌하고 때로는 스파이로 몰아 처형하였다.

오키나와 수비군의 방침은 "60만 현민의 총궐기를 촉진하여 급속히 총력전 태세를 갖추고 군·관민이 함께 살고 함께 죽는 일체화를 구현하여 어떤 난국에 부딪히더라도 의연히 필승의 길로 매진한다"(「報道宣傳防諜等ニ關スル縣民指導要綱」)는 것이었다.

이러한 방침 아래 비행장을 건설하고 오키나와 섬 전체를 요새화하는 작업이 추진되었다. 일손은 국민징용령과 국민근로보국회 등을 통해 남녀를 가리지 않고 동원한 인력으로 충당되었다. 중등학교와 여학생들까지 비행장과 참호 건설현장에 강제 동원되고, 심지어 60~70대 노인들과 소학교 학생들도 진지 구축에 동원되었다. 식량과 자재도 군에게 공출당하였다. 가축에도 '마적'(馬籍)이나 '돈적'(豚籍) 등의 일종의 호적을 만들어 마음대로 도살도 못하게 하였다. 반년이 넘게 농가의 노동력이 전쟁에 동원되면서 전시 식량의 확보가 불가능해졌고, 이로 인해 전면전이 개시되었을 때 오키나와 전역은 기아지옥으로 변하게 된다.

오키나와 수비군은 부족한 병력을 보충하기 위해 재향군인을 샅샅이 소집하였다. 나아가 오키나와 연대구(連隊區) 사령부는 1944년 여름에 본래 병적에 없는 '국민병'을 병적에 편입시키고 명부를 만들어 '대기명령장'을 교부하여 총동원 태세를 갖추었다. 또한 1944년 10월 이후에는 「육군 방위 소집 규칙」에 기초하여 두 차례에 걸쳐 방위소집을 실시하였다. 이것을 소위 '방위대'라고 하는데, 대상자는 원래 17~45세로 되어 있지만 현지 부대가 직접 시정촌 관청에 동원발령을 내린 사례도 있어 실제로는 15세 미만의 소년이나 60세 이상의 노인으로까지 확대되었다. 그 수는 2만 수천 명에 달했다. 이 방위대를 선례로 삼아 1945년 6월 22일 「의용병역법」이 공포되었다. 이 법에 따라 15~60세의 남자, 17~40세의 여자가 모두 '국민의용전투대'에 편입되었다. 본토결전에 즈음해서는 산업보국회 등도 대체 편성되어 2800만 의용전투대가 동원되기에 이르렀다. 전시입법은 여성에게 병역의무를 부과하는 선까지 나간 것이다.

중등학교・여학교・청년학교 학생들도 학도대라는 이름으로 전쟁터에 동원되었다. 남자는 철혈근황대(鐵血勤皇隊), 여자는 간호대로 불렸다. '산단대'(山丹隊)라든가 '흰 백합대' 등은 전후에 학교동창회의 이름으로 불리기도 하였다. 학도대는 2300여 명이 동원되어 1200명 이상이 사망하였다. 군수공장에서 일하거나 임전 하에 진지를 구축하는 그런 근로를 위해서가 아니라 직접 전투에 동원되었기 때문에 희생도 컸다. 전쟁터에 동원된 17세 미만의 소년・소녀들은 강제 지원한 의용병이었고, 특히 소녀들의 동원은 어떤 법적 근거도 없었다. 저학년 학생들은 '부모의 승낙'을 얻어 학도대에 참가하였다. 학도대에 참가하지 않는 학생은 '비국민'으로 비난받았으며 혹 병약한 자라도 용서받지 못하였다. 의용대 참가를 거부하는 것이 불가능한 시절이었던 것이다. 오키나와 전투의 학도대를 선례로 삼아 1945년 5월 22일에 공포된 「전시 교육령」에 따르면, 국민학교와 맹인・농아학교 학생까지 학도대로 편성하고 본토결전을 준비하여 전장터에 내보내는 것으로 되어 있었다.

유일 최고의 임무를 국체보호에 둔 천황의 군대는 이들 주민에 대해서는 어떤 배려도 어떤 책임감도 갖고 있지 않았다. 특히 오키나와 전투의 종결

단계에서 서부전선은 미군의 맹공을 받고 군민 모두 대혼란에 빠졌다. 일본군은 주민들을 피난호에서 끌어내어 스파이 혐의로 고문과 학살을 자행하고 자결을 강요하였다. 이르는 곳마다 광기로 가득 찬 참극이 반복 자행되었다. '군관민은 함께 살고 함께 죽는다'는 방침을 관철하여 일반 주민까지 '황군 옥쇄'의 동반자로 삼은 것이다.

천황 메시지와 오키나와 미군기지

쇼와 천황은 전후에도 오키나와 현민의 운명을 좌우하는 정치적 행위를 수행하였다. 1947년 9월, 천황은 궁내부어용괘 데라사키 히데나리를 점령군 총사령부 외교국장 시볼트에게 파견하여 자신의 의향을 전하였다. 그 내용은 "미국이 오키나와와 기타 류큐 제도를 장기간에 걸쳐 군사점령할 것을 일본의 천황이 희망하고 있다는 것, 특히 미국의 오키나와 군사점령은 일본 국민도 희망할 것이다"라는 것이었다. 그리고 장기 군사점령은 25년 혹은 50년이 적당하며 소비에트나 일본의 좌익세력을 억누르기 위해서도 미군이 오키나와를 계속 점령하는 것이 바람직하다고 말하였다.

그 이전인 1947년 5월 3일 주권재민을 토대로 한 일본국헌법이 발효되었고, 따라서 국정의 근본과 관련된 영토문제에 대해 천황은 벌언권이 없었다. 그렇다면 미국에게 오키나와의 장기점령을 제안한 쇼와 천황의 메시지는 명확한 헌법위반이었다.

당시 도쿄에서는 극동국제군사재판이 열리고 있었다. 이 재판은 15년전쟁을 지도한 일본의 전범을 재판하는 국제재판으로서 1946년 5월부터 1948년 11월까지 근 2년간 계속되었다. 당연하지만 쇼와 천황의 전쟁책임을 추급하는 국제여론은 엄격하였다. 이 여론을 누르고 극동재판을 리드하여 쇼와 천황을 전범대상에서 빼낸 것이 미국이었다. 점령정책이 다소 지장을 받는 한이 있더라도 쇼와 천황을 전범으로 고발할 것인지, 아니면 쇼와 천황을 면죄하여 극동전략을 우위에 두는 길을 선택할 것인지의 기로에서 미국은 후자 쪽을 선택한 것이다. 이는 맥아더의 발언으로도 표명되었지만, 미국의 국책으로서 트루만 대통령의 의향을 받아들인 키난 검사를 비롯한 변호사들은 천황에게 면죄부를 주기 위해 다각적으로 방법을 모색하였다. 그리고 쇼와 천황은 전쟁책임을 면죄받은 대가로 미국에게 오키나와를 내놓은 것이다. 쇼와 천황 사망 후 공표된 『이리에(入江) 시종장 일기』(『朝日新聞』 연재)에 따르면 이 메시지는 천황 자신의 의사에 기초한 것이며 천황은 후에도 이 행동에 대해 후회하지 않았다고 기록되어 있다.

1951년 9월에 체결된 샌프란시스코 강화조약과 미일안보조약을 통해 오키나와는 명확히 미군기지로 고정되었다. 오키나와 현민은 미군의 지배 하에서 인권을 유린당하고 기지의 피해를 받으며 오늘에 이르고 있다. 사태는 천황이 희망한 그대로 된 것이다.

오키나와가 평화로운 섬으로 돌아가지 않는 한, 오키나와 현민은 쇼와 천황의 오키나와 방문을 허가하지 않았을 것이다.

참고문헌

日本現代史研究會 編, 『象徵天皇制とは何か』, 大月書店
安良城盛昭, 『天皇・天皇制・百姓・沖繩』, 吉川弘文館
沖繩縣教育委員會 編, 『沖繩縣史』 9・10, 沖繩縣
安仁屋政昭 編, 『沖繩と天皇』, ひるぎ社, 沖繩縣那覇市

아니야 마사아키 安仁屋政昭

50
일본의 지배층은 상징천황제를 어떻게 위치지웠을까

상징천황제의 국민주권

일본국민은 천황제를 어떻게 생각할까

일본국헌법이 정한 상징천황제와 천황에 대한 일본국민의 여론을 보면 두 가지 특징이 발견된다.

첫째, 상징천황제와 천황에 대한 국민의 감정·평가가 헌법이 시행된 사십수년 동안 거의 변화가 없다는 점이다. <표 1>을 보면, '천황(황실)에게 친근감이나 존경심'을 갖는 경우가 44~57.6%, '친근감을 갖지 않거나 무관심'한 경우가 32.8~47% 정도 된다. 또한 '천황의 지위나 권위의 강화'에 찬성을 표한 예는 5% 정도에 그치고 있지만, 상징천황제의 '폐지'에 동의하는 경우 역시 9%를 넘지 않는다. 이처럼 상징천황제의 존속 혹은 '현상'을 우호적으로 보는 시각은 사십수년 동안 일관하여 7~8할대라는 높은 비율을 점하고 있다.

둘째, 거의 변화가 없어 보이는 이 국민여론은 20세 이상 성인들의 평균수치지만 천황에 대한 감정이나 상징천황제에 대한 평가는 사실 세대에 따라 큰 차이를 보인다는 점이다. 이를테면 필자가 근무하는 오사카 경제법과 대학에서 1984년부터 1986년에 걸쳐 18~19세의 1학년생을 대상으로 실시한 앙케트 조사에 의하면, '천황(황실)에게 존경심과 친근감을 갖는' 경우는 17~26%에 그친 데 반해 '무시한다'가 42.7~45.5%로 가장 높고, '반감 혹은 증오감을 갖는다'가 17.5~18.7% 정도의 비율을 점하였다. 상징천황제의 강화에 동의하는 경우는 10.9~13.6%로 다소 높은 수치를 보이지만 천황제 폐지에 찬성하는 것도 28~30.8%에 이르고, 상징천황제의 현상 유지에 대해서는 46.6~55.6%의 찬성을 보여주고 있다. 이러한 청년·학생의 희박한 천황제 의식은 1986년 4월 실시된 『아사히 신문』의 세대별 조사에서 밝혀진 사실, 즉 젊은층일수록 천황과 황실에 대해 무관심한 비율이 높다는 통계와도 맞아떨어진다.

표 1. 천황제에 관한 여론조사

		상징천황제에 대하여				천황에 대한 감정	
		강화	존속	폐지	모르겠다(%)	존경 친근	무감각 반감(%)
일반 여론	1945(朝日)	0	78	5			
	1945(讀賣)	0	95	5			
	1948(讀賣)		90.3	4	5.7		
	1975(東京)	12.5	73.3	7			
	1977(總理府)	5	86	7		64.7	28
	1979(朝日)	6	82	8		44	53
	1986(朝日)	4	84	9		55	40
	1986(讀賣)	3.9	72.4	5.6		57.6	32.8
청년·학생	1970(東大)	1	39	58		22	72.4
	1977(전국 학생)		22	37.2	35.2	10.9	76
	1981(高知 3대학)		31.2	27.9	32.7	11.4	70.5
	1984(大阪經法大)	0.9	46.6	30.8		23.5	60.7
	1985(大阪經法大)	12.2	51.2	28.2		17	63.2
	1986(大阪經法大)	13.6	55.6	28		26	62.2

이러한 여론조사 결과를 보건대, 천황이나 상징천황제에 대한 국민의 지지는 전후 사십수년 동안 일관하여 7할대 이상을 점하며 안정된 것처럼 보인다. 하지만 실제로 이 지지율은 50대 이상의 극히 높은 지지율과 20~30대의 낮은 지지율을 평균한 값으로서, 젊은층과 노년층 사이에는 현격한 차

이가 내포되어 있다. 그러나 이렇게 세대에 따라 천황제 의식의 차이를 내포하면서도 결과적으로 상징천황제에 대한 지지율이 꾸준하게 7할대를 유지해 왔다는 것을 무엇을 의미할까.

상징천황제 혹은 천황에 대한 감정·평가는 히로히토 천황과 세대를 같이하는 연령층의 구헌법적 천황관, 전후에 새로 형성된 소위 '대중천황'관 혹은 '무관심' 등으로 다양하다. 그런데 이러한 의식이 청년기를 넘어 나이를 먹어가면서 변화한다고 한다면, 일본국민의 천황제 의식은 단순한 세대교체를 통해 자동적으로 변화될 것으로는 생각할 수 없다. 국민의 천황제 의식은 '체제' 측에 의한 천황제 이데올로기의 의도적인 재생산과 이를 '수용'하는 국민 쪽의 내재적 요소가 결합한 결과라고 보아야 한다.

'불안정한' 법제도로서의 상징천황제

현행 헌법에 규정된 상징천황제는 전전의 근대 천황제와는 국가나 사회에서 수행하는 역할 면에서 본질적으로 차이가 있다.

전후 천황제는 일본 지배층의 사고와 구태의연한 국민의식을 이용하면서 기본적으로는 미점령군의 정책에 의해 온존되었다. 천황제는 절대주의적 국가체제에서 상징천황제로라는, 즉 독점자본의 대국민 지배를 위한 이데올로기 장치로서 그 역할을 크게 변화시켰다. 우선 국가체제로서의 천황제는 국가독점자본주의 정치체제의 일부를 담당하는 것으로 그치는 상징천황제가 되었다. 이 국가체제상의 근본적인 변화를 보고 어떤 헌법학자는 '8월혁명'이라고까지 표현하였다. 사실 히로히토라는 개인이 전전의 제국헌법과 전후의 일본국헌법이라는 두 개의 서로 다른 헌법에서 같은 '천황'이라는 지위를 계속 유지하고는 있었지만 그 차이는 분명히 해 둘 필요가 있다.

일본국헌법은 국민주권의 원칙을 확정하고 제1조에서 상징천황의 지위를 '국민의 총의'에 기초하는 것으로 규정하였다. 상징천황은 '신칙'(神勅)이나 전통이 아니라 오직 주권자인 국민의 의사에 기초해서만 존립할 수 있고, 특정한 국사 행위를 행하되 국정에 관한 권능은 전혀 갖지 못하는 특수한 국가기관이 되었다. 헌법제도로서의 상징천황제는 군주로서의 권력성이나 신격성을 박탈당하고 법적으로는 공화제에 매우 근접한 군주제로서, 국민의 의식에 기초해서만 존립할 수 있는 극히 불안정한 법제도가 된 것이다. 따라서 이러한 법제도로서의 상징천황제는 권력자 측에서 볼 때 이용가치가 있는 한, 또 반대로 국민 쪽에서 볼 때 '상징천황'을 수용할 만한 내재적 요인이 존재하는 한 존속할 수 있다. 즉 상징천황은 그때 그때의 정치적 상황에서 체제 측이 요구하는 정치적 역할을 해내고 국민의 지지를 계속 받아내지 못하는 한 그 존립을 확보할 수 없다.

이 상징천황제가 지금 바야흐로 히로히토 천황의 사망과 그에 따른 여러 가지 의식을 통해 하나의 '변용'을 시도하고 있다. 이는 '체제통합'의 수단으로서 상징천황제를 이용하려는 체제 측의 시도이며 따라서 국민 측의 '국민주권'을 재발견하려는 시도와는 상극에 선 것임에 틀림없다. 1989년 1월 7일에 행해진 천황 교체의식에서 체제 측은 하나의 모순된 시도를 행하였다. 한편으로는 '즉위 후 배알의례'과 '3종의 신기 계승의례' 등 헌법이 정하는 국민주권의 원리나 정교분리의 원칙에 명백히 위배되는 의식을 강행하면서, 다른 한편으로 새 천황은 "일본국헌법을 지키고 헌법에 따라 책무를 다할 것을 맹세한다"라는 헌법 충성 발언을 한 것이다. 새 천황은 또한 1987년 9월 28일 방미를 앞두고 미국 보도기관 도쿄 특파원단에게 "천황은 헌법이 규정하는 국사 행위 외에도 국가의 상징으로서 수행해야 할 행위가 있다", "헌법의 차이 때문에 메이지 헌법 하의 전전·전중과 현행 헌법 하의 전후 일본에서는 천황관에 명확한 차이가 있다"라고 진술한 적도 있었다. 이들 발언에는 새 천황의 '개성'이 어느 정도 들어가 있겠지만, 그것은 어디까지나 내각·궁내청·천황의 협의에 의한 것이고 내각의 책임 아래 나온 발언이라고 볼 수 있다.

그렇다면 이러한 의식의 강행이나 발언들을 통해 상징천황제는 어떤 모습으로 변용되려 하는 것일까. 그리고 그것은 일본국민에게 어떤 의미를 갖는 것일까. 여기에서는 전후 사십수년 동안 전개된 상징천황제의 변용을 더듬어 봄으로써 이 문제를 검토해 보겠다.

상징천황제는 그 이데올로기적 기능에 따라 네 시기로 구분할 수 있다. 제1기는 천황제의 생존=상징천황제의 성립기(1945~51)고, 제2기는 상징천황제의 모색기(1960년까지)다. 제3기는 상징천황제의 안정기로 1975년경까지 계속되고, 제4기는 상징천황제의 재편기로서 현재까지다.

구사일생 천황제=상징천황제 성립기

이 시기는 포츠담 선언의 수락으로 시작하여 연합국 점령이 종결될 때까지로, 국가체제로서의 근대 천황제는 해체되고 상징천황제라는 법제도가 새로 형성되는 시기다. 동시에 극동군사재판과 히로히토 천황의 퇴위문제로부터 천황의 전쟁책임과 그의 처우를 둘러싸고 일본 국내외에서 무수한 논의가 일어난 시기이기도 하다.

천황과 일본정부는 군국주의의 추방과 민주주의의 부활·강화를 2대 기본원칙으로 삼아 "일본국민의 자유로운 의사에 따라 평화적이고 책임 있는 정부"의 수립을 요구한 포츠담 선언을 수락하였으나, 일본국민에게는 이 선언의 원칙을 책임지고 수행할 의사와 능력이 기본적으로 결여되어 있었다. 항복 결정과 포츠담 선언의 수락 과정에서 일본지배층이 국체보호에만 연연해하면서 쓸데없이 전쟁의 참화를 확대시켰다는 것은 주지의 사실이지만, 패전 후에도 이러한 태도에는 변함 없었다. 연합국 특히 미점령군의 눈치를 보며 그 정책의 범위 안에서 생존을 도모하는 자세로 일관하였던 것이다.

근대 천황제의 해체는 기본적으로는 점령군에 의해 이루어졌다. 천황제를 지탱한 사회적 기초의 하나인 지주제는 1946년부터 시작된 농지개혁을 통해 소멸되고, 그 자체가 대지주였던 황실의 자산(당시 약 16억 엔)은 「황실재산에 관한 사령부 각서」(1945년 11월 16일)를 통해 동결되고 후에 국유재산으로 귀속되었다. 또한 천황의 신격화와 '절대성'을 부정하는 「국가신도 폐지령」(1945년 12월 15일)이 나오고 1946년 1월 1일 천황은 소위 '인간선언'을 하였다. 나아가 천황제의 폭력장치였던 육·해군도 1945년 10월 해체되었다.

이러한 점령군의 조치에 의해 천황제는 사실상 붕괴되어 가고 있었다. 이제 포츠담 선언의 수락에 의해 '일본국민의 자유로운 의사에 기초한 정부 수립' 즉 국민주권의 확립에 필요한 최소한의 조치인 대일본제국헌법의 폐기=변경은 일본정부와 일본국민에게 남겨진 책무였다. 그러나 공산당이 내세운 '인민주권'의 주장을 빼면, 원래의 정부안이나 자유당안, 사회당안 그 어느 것도 국민주권을 명확히 내세우지 못하였다. 제90회 제국의회에서 벌어진 심의를 보면, 사실상 구 천황제가 해체되고 있었음에도 불구하고 국민주권을 명시한 맥아더 3원칙에 기초한 제2차 정부헌법 개정초안을 오히려 가능한 한 대일본제국헌법과의 연속선상에서 해석하려는 노력이 시도되고 있다. 정부는 "주권은 국민에게 있지만, 어떤 형태로 국민에게 있는가 하면 천황을 중심으로 있다", 국민통합의 "동경의 중심으로서 천황이 있다"는 식의 설명으로 일관하였다. 이는 상징천황이라는 제도가 주권자인 국민의 의사에 기초하여 새로 창설된 제도라는 사실을 모호하게 만들었다. 정부의 이러한 태도는 구 천황제가 갖고 있던 정치권력적 성격은 상실되었다 하더라도 그 이외 부분에서는 가능한 한 전통적 요소를 온존시키는 새로운 천황제를 창설하기 위한 것이었다. 점령군이 1년 동안 중지시켜야 했을 만큼 국민적 인기를 끈 지방순행(1946~54년까지 총 3만 3천 킬로미터)의 실시, 국민체육대회와 식수제 출석, 혹은 국회개회식 연설 등을 통해 '친근감 있는 민주천황'의 이미지를 산포한 것 등은 모두 같은 선상에서 이루어졌다.

그러나 동시에 이 시기는 극동군사재판에서 도조 히데키가 "폐하의 의사에 반하는 일 같은 것은 할 수 없었다"라고 증언을 하는가 하면 다른 한편으로는 '퇴위론'도 제기되는 미묘한 시기였다. 천황 히로히토는 그 사이 열한 차례나 맥아더를 방문하고 1947년 9월에는 "오키나와의 장기 군사점령을 천황이 희망하고 있다"라는 취지의 메시지를 전달하기도 하였다. 상징천황은 이 때부터 이미 헌법규정에도 없는 각종 '공적 행위'를 개시하는 한편, 국민들의 눈에 띄지 않는 곳에서 대단히 정치적 색채가 진한 발언을 하고 있었다.

상징천황제 모색기

평화조약 체결 이후 1960년 안보투쟁까지의 이 시기는 아직 상징천황제가 국민통합의 수단으로서 제 역할을 분명히 하지 못하고 있던 시기다. 강화조약 체결 직후 아마노(天野) 문상은 국민실천요령을 발표하여 천황을 '국가의 도덕적 중심'으로 표현하였고, 수년 후에 잇따라 자유당·개진당 등 보수정당이 제출한 헌법개정안은 재군비를 합법화하기 위해 헌법 제9조를 개정하고 동시에 천황을 원수로 위치짓고자 한 것이었다. 이 의도는 외교권을 회복한 일본의 역대 내각에 의해 실질적으로 현실화되기 시작했다. 천황이 마치 원수나 되는 것처럼 외교사절을 맞게 하고 각료가 천황에게 소관사항을 상주케 한 것 따위가 그것이다.

다른 한편 이 시기에는 두 차례에 걸쳐 황실붐이 일어났다. 붐의 주역은 황태자였다. 첫 번째는 '유럽 방문여행'으로, 두 번째는 황태자의 결혼을 계기로 매스컴이 벌인 비정상적인 보도전쟁으로 창출되었다. 그러나 이러한 천황=황실 이미지가 반드시 천황의 원수화라는 방향과 일치하는 것은 아니었다. 사실 1953년의 이케다・로버트슨 회담을 통해 "애국심과 자위를 위한 자발적 정신의 육성은 일본정부의 책임"으로 넘어갔고, 천황의 원수화는 그 연장선상에서 구상된 것이었다. 그럼에도 불구하고 황실붐을 통해 형성된 황실의 이미지는 대단히 '마이홈'적이고 '대중의 존경과 사랑을 받는 스타의 성스러운 가족'이라는 느낌을 강하게 풍겼다. 이런 천황은 '애국심의 중핵'에 자리하는 원수 천황의 이미지와는 동떨어진 것이었다. 그리고 헌법개정을 선거 쟁점으로 삼은 보수당은 개정에 필요한 의석을 획득하는 데 실패하였을 뿐만 아니라 같은 시기 신사본청이 주도한 기원절 부활도 실현시키지 못하였다.

이상과 같이 이 시기는 전전 세대가 다수를 점하였음에도 불구하고 복고적인 천황제를 강화하려는 시도가 '신중간층'을 중심으로 하는 젊은세대의 '대중천황'관과 경합을 벌이며 좌절한 시기였다.

상징천황제의 안정기

1960년 안보투쟁으로부터 1975년 천황 방미까지의 이 시기는 눈부신고도성장기이자 '경제대국'과 그 상징으로서의 천황이라는 전후형 민족주의가 전개된 시기다. 앞 시기의 주역이 황태자였다면 이 시기에는 다시 히로히토 천황이 전면에 등장하는데, 상징천황제의 권위를 높이는 데는 역시 히로히토 쪽이 보다 더 유효하다는 지배층의 판단 때문이었다. 이 사정을 단적으로 보여주는 것이 주간지 『평범』에 연재된 「미치코 전하」의 중지사건이다. 이후 이런 식의 언론억압은 '풍류몽담'(風流夢譚) 사건이나 『사상의 과학』

미치코 붐의 주역 쇼다 미치코. 서민 출신으로 황비가 된 그녀는 대중에게 보다 가까운 천황가를 연출하는 데 큰 역할을 하였다.

천황제 특집호 사건처럼 우익 테러를 포함하는 형태로 전개된다. 「미치코 전하」 연재 중지는 이 글이 황실의 사생활을 지나치게 '서민적으로' 묘사하여 황실의 권위를 떨어뜨렸다는 궁내청의 제기에 따른 것이었다.

매스컴을 통해서는 '기쿠(菊 : 16개의 꽃잎을 돌린 국화무늬의 일본황실 문장) 금기'와 함께 다양한 방식으로 천황의 권위강화가 도모되었다. 이는 먼저

천황 권위를 강화하기 위한 일환으로 금기의 대상이 된 천황가의 문장인 '기쿠'

1964년부터 부활된 생존자 서훈과 전몰자 서훈, 1971년의 유럽 방문, 1975년의 방미에서 실질적인 원수 대우, 자위대 간부의 '배알', 천황에 대한 '받들어 총!' 경례 등 국사 행위의 위헌적 운용을 통해 추진되었다. 둘째는 1967년의 '건국기념일' 실시, 교육현장에서의 일장기·기미가요 강제, 나아가 1966년의 '기대되는 인간상'(中教審答申) 등을 통해 "일본국을 사랑하는 것은 천황을 사랑하는 것이다"라는 군권적 민족주의를 어린이들에게 주입하는 일련의 움직임을 통하여 강행되었다.

단 이러한 천황의 권위강화는 이미 복고적 천황제의 재생을 의미하는 것은 아니었다. 예를 들면 1964년에 제출된 '헌법조사회' 보고서는 "일본역사 속에서 …… 천황은 '덕'스러운 존재고, 그러한 존재로서 국민통합의 중심"이라는 점을 강조하면서 앞으로의 지향점으로서 '천황제와 국민주권의 조화'를 지적하고 있다. 본래 독점자본에게 있어서 상징천황제라는 정치적 이데올로기 장치는 안보형 민족주의의 형성, 사회의 상하관계와 차별관계의 온존, 계급적 질서의 지주라는 역할을 해내고, 그러한 기능을 통해 국가와 국민의 정치적 통합을 수행해 낼 때만 유용한 것이었다. 이 시기에는 위의 권위강화에 더하여 「야스쿠니 신사 국가보호법안」이 총 5회에 걸쳐 국회에 제출되었으로 모두 폐안이 되었다. 이는 종교인을 중심으로 하여 국민들이 펼친 강력한 반대운동 덕이었으나, 이 시기에 법안을 무리하게 강행 통과시키는 것은 자신들의 '정치적 통합'에도 도움이 안 된다는 판단에 따른 것이기도 했음을 부정할 수 없다.

상징천황제 재편기

이 시기는 5회에 걸쳐 국회에 상정한 「야스쿠니 신사 법안」이 결국 통과

되지 못하여 실패한 자민당의 반성으로부터 시작된다. 자민당은 1975년 4월 "야스쿠니 신사의 국가 관리는 단계적으로 행한다"라며 구 법안을 단념하였다. 야스쿠니 신사 법안의 성립을 무산시킨 것은 우선 강경한 법안반대 운동이었다. 그러나 또 한 가지 지적해야 할 것은 이 법안이 의도한 '국가신도의 재생, 종교적 상징천황제 국가로!'라는 방향과 대결하며, 헌법에 정해진 엄격한 정교분리의 원칙과 정신적 자유의 근간인 '종교의 자유'를 유지하려 한 시민적 자유의 벽이 높았기 때문이기도 하다. 유명한 소설가 미시마 유키오가 "왜 천황은 인간이 되었는가"라고 부르짖으며 할복자살을 하는(1970) 충격적인 사건도 있었지만, 나고야 고등재판소는 쓰지 진제(津地鎭祭) 사건에서 '국가와 종교 특히 신도와의 분리 원칙'을 명확히 보여주었다(1971).

이후 지배층의 움직임은 세 가지 특징을 보이며 전개된다. 첫째 천황 히로히토의 적극적인 발언, 둘째 1980년부터 86년에 걸쳐 정부·국회의원이 주도한 야스쿠니 신사 '공식참배' 운동, '건국기념일' 식전의 강화, '풀뿌리 보수주의' 운동에 의한 원호법 성립, 셋째 '종합안보국가' 등의 국가전략과 천황제 이데올로기의 결합 움직임이다.

천황 히로히토는 1975년 방미 기자회견을 계기로 발언의 양이 증가하기 시작하였다. 전쟁책임과 관련해서는 "그러한 말의 뉘앙스에 대해서는 모르는 바다"라고 하고, 히로시마의 원폭 투하는 "어쩔 수 없었다", '인간선언'에서의 신격 부정은 "두 가지 문제"며, 「5개조 서문」이 "일본 민주주의의 기반"이었고 "나는 항상 헌법을 엄격히 지키며 행동해 왔다"는 따위의 발언이 그것이다. 그렇다면 전 천황의 이러한 발언들은 무엇을 의미할까. 그것은 단순히 자기 개인을 변호하는 선에 그치는 것이 아니었다. 히로히토 천황은 특히 입헌주의를 자주 언급하며 천황을 위로 받드는 민주주의야말로 일본형 입헌주의고, 상징천황제를 정한 헌법 제1조는 "일본 국체의 정신에 맞는" 것이라고 강조하였다. 이 발언은 전전의 '국체'에 대한 부정에서 출발한 현 헌법의 국민주권 원리를 승인하지 않는 것이며, 일본국헌법의 민주주의를 제국헌법적인 '데모크라시' 수준으로 격하시키는 것이다. 결국 천황제는 어떤 모양을 하고 있든 그것이 천황제인 한, 국민주권의 실현=철저한 민주주의화에는 장해가 될 수밖에 없음을 보여준다.

그런데 전 쇼와 천황의 발언에 호응이나 하듯이 정부 · 자민당 등은 1981년에 '야스쿠니 신사에 참배하는 국회의원 모임'을 결성하고 수상 · 각료가 모두 1년에 다섯 차례에서 일곱 차례씩 야스쿠니 신사를 공식 참배하는 운동을 전개하였다. 의원 수는 많을 때는 199명을 헤아렸다. 이 운동은 나카소네 내각 시절에 피크에 달했지만, '침략' 문제를 얼버무린 교과서 내용이 문제로 부각되어 일본 내외로부터 비난이 쏟아지는 와중인 1986년에 중지되었다. 반면 이 시기에는 1978년의 '미 · 일 가이드라인'에 기초한 다양한 국가전략이 정부와 재계에 의해 제기되면서 '위기관리'를 국가기관화하는 「안전보장회의법」이 성립되고, 「국가기밀법안」까지 국회에 제출되었다. 여기에서 주목할 만한 점은 전후정치의 총결산을 내건 나카소네 내각이 1986년 문부성을 통해 '국제일본문화연수센터'를 설립한 것이다. 이는 '야스쿠니 신사 참배'를 통한 직접적인 신도국가화 정책에서 우회하여, 일본 문화전통의 핵심에 천황을 위치시킴으로써 상징천황제의 '정신적 권위'를 강화시키려 한 것이다. 이러한 의도 아래 보다 신도색을 강화시켜 전개한 것이 천황의 '교체의식'이다. 앞으로는 독점자본의 대국민 지배라는 틀 속에서 종합안보체제가 필요로 하는 신국가주의=반동적 민족주의의 형성에 상징천황제의 광신적인 신권 강화를 어떻게 끼워넣을지가 상징천황제의 생존 문제에도 커다란 관건이 될 것이다.

이상 서술한 상징천황제 문제는 일본의 헌법정치 그 자체에서만 볼 때는 반드시 주요한 문제가 아니다. 그렇다고 해서 상징천황제가 단순히 특정 영역에서 표현의 자유나 정교분리의 원칙을 침해하는 기본적 인권의 대립물 정도로 그치는 것도 아니다. 보다 중요한 것은 상징천황제의 존재 그 자체가 제 개인의 본질적 평등이라는 국민의 확신을 흔들어 놓고, 국민이 기업 · 지역 · 학교 등에서 주인공이 되어야 한다는 국민주권적 당위를 모호하게 만들어 독점자본의 대국민 지배에 봉사하는 존재라는 점에 있다. 바꾸어 말해, 국민이 모든 장에서 민주주의를 실현시켜 나가게 되면 상징천황제는 자연히 그 존립 근거도 상실하게 되는 것이다.

후루카와 도시미치 古川利通

보론

1

일본의 국가전략에 천황은 어떻게 이용되고 있을까

천황의 정치적 이용과 그 목적

일본국헌법은 천황을 일본국의 상징이자 일본국민의 통합의 상징이며 헌법에서 정한 국사행위만을 행하며 국정에 관한 기능은 갖지 않는 존재로 규정하고 있다. 따라서 어디에도 천황이 국가원수라는 규정은 없다. 그러나 정부·여당을 비롯한 보수진영은 사실상 천황을 원수화하기 위해 여러 가지 책동을 거듭하고 있다. 요즘은 천황이 국회개회식과 국민체육대회·식수제 등에 출석하는 일이나 황실외교가 항상화되어 있다. 또한 황실의 경사나 불행을 캠페인을 통해 정치적으로 이용하는 부분도 대단히 크다.

이러한 천황·황실의 정치적 이용은 겉으로는 위헌으로 보이지 않는 부드러운 면(상징천황제적, 해석개헌적인 면)과 극히 노골적이고 반동적인 면(대일본제국헌법으로의 회복, 조문개헌적인 면)으로 나누어져 진행되고 있다. 정례화된 여러 행사와 황태자(현 천황)의 약혼·결혼 때 연출된 미치 붐(1958~59) 등이 전자에 속하는데, 거기에서 보이는 '화려한 포장'은 "국민을 즐겁게 만들고, 국민이 다른 형태의 흥분으로 향하는 것을 막는"(애틀리 전 영국 수상, 1952년 발언) 역할을 하였다. 한편 국가신도나 초국가주의의 최대 축제일이었던 기원절을 부활시킨 '건국기념일'의 제정(1966)이나 천황 치세의 상징인 일세일원의 원호법 제정(1979) 등은 강경파 개헌론자와 우익단체가 주도한 운동(종종 비판자나 반대자에 대한 협박이나 폭행도 서슴지 않는다)을 정책화시킨 것이었다. 그런 것들은 대일본제국헌법체제에나 어울릴 만한 내용이다. 위의 부드러운 면과 강경한 면은 때로 반발을 불러일으키면서도 천황

1976년 쇼와 천황 재위 50주년을 축하하는 행렬(위).
천황 재위 50주년에 반대하여 교토대 시계탑 아래 내걸린 쇼와 천황의 영정과 극명한 대조를 보인다(오른쪽).

찬미, 천황제 옹호, 나아가 그것을 기조로 한 보수진영의 지배체제 강화에 큰 역할을 수행하고 있다.

1960년대의 일본은 일찍이 경험한 바 없는 고도성장을 통해 경제적 번영을 구가하였지만 지배층은 1960년대 말부터 1770년대에 걸쳐 연달아 심각한 위기를 맞았다. 국내적으로는 국회 의석수에서 여·야당이 백중세를 이루고 혁신자치체가 급증하였을 뿐만 아니라 공해반대투쟁이 격화되었다. 국제적으로는 미국의 베트남 침략 실패로 인해 미·중 양국이 일본을 건너뛰어 직접 접근하고 긴급대책으로서 달러방위정책(1971년의 닉슨 쇼크)이 출현하고 베트남으로부터의 전면 철퇴(1973)가 이루어졌다. 1972년 5월의 오키나와 반환은 실은 사토 내각이 (같은 해 9월의 중·일 국교정상화는 다나카 내각의 공적이라 하더라도) 국민적 운동에 떠밀려 이전 내각에서 계속해 온 정책을 대폭 변경한 것이었다. 이후 1973년의 제1차 석유쇼크로 고도경제성장은 둔화 현상을 보이며 저성장(실은 불황) 상태에 빠지게 된다. 게다가 다나카 수상의 금맥문제(金脈問題 : 다나카 수상의 개인적 경제활동의 위법성·탈법성이 문제가 되어 일어난 사건)로 인한 다나카 내각의 퇴진(1974), 록히드 사건 발각(1976) 등으로 도덕적 결함이 드러나면서 정부·여당에 대한 국민의 신뢰는 크게 떨어졌다.

이러한 심각한 사태에 직면한 일본의 정·재계 지배층은 사태를 재정비하고 지배와 수탈을 강화시키기 위해 대책 마련에 부심하였다. 그 결과물이 미국과 체결한 보다 밀접한 군사동맹이고, 천황·천황제의 정치적 이용의 강화였다. 베트남전의 실패와 그에 따른 '자유진영' 내에서의 미국의 위신 저하, 대일 무역수지 적자의 증대로 인한 무역마찰의 격화 속에서 미국은 일본에 대해 한층 강화된 태도로 방위비 분담 요구를 들이밀었다. 일본정부는 이 요구를 받아들였을 뿐만 아니라 이후 적극적인 자세로 여기에 임하게 된다. 천황·천황제의 정치적 이용은 이러한 미일관계의 강화와 일본의 대미종속을 은폐시켜 주는 역할을 함과 동시에 천황을 일본국민의 독자성의 중핵에다 위치시킴으로써 국가에 대한 복속의식을 강화시켜 주었다. 그것은 쇼와 천황의 고령화 및 건강악화 등 천황 개인의 사정과도 깊이 관련되어 있었다.

황실외교와 원호법의 제정

1970~80년대의 천황의 행동이나 천황의 정치적 이용에서 우선 두드러지는 것은 황실외교다. 외교군주로서의 부드러운 행동이면서 동시에 상당한 외교적 효과도 거둘 수 있었고 대국민적 호소력도 컸다. 천황·황후는 1971년 9~10월에 영국과 네덜란드 등 유럽 7개 국을 순방하고 1975년 9~

10월에는 미국을 방문하였다. 영국·네덜란드에서는 천황의 전쟁책임을 추급하는 소리도 높고 항의행동도 일어났지만, 천황은 이를 이미 각오하고 있었다고 한다. 이 시기에는 일본을 방문한 국빈들도 이전에 비해 훨씬 많아졌는데 그 때마다 천황과의 회견이 이루어졌다. 미국의 포드 대통령(1974년 11월), 카터 대통령(1979년 6월, 1980년 7월), 영국의 엘리자베스 여왕 부처(1975년 5월, 전후 최대의 만찬회 개최), 찰스 황태자 부처(1986년 5월), 중국의 덩샤오핑 부수상(1978년 10월), 화궈펑 수상(1980년 5월), 자오쯔양 수상(1982년 6월), 프랑스의 지스칼데스탕 대통령(1979년 6월), 미테랑 대통령(1982년 4월), 로마교황 요한 바오로 2세(1981년 2월), 한국의 전두환 대통령(1984년 9월), 필리핀의 아키노 대통령(1986년 11월) 등은 이 시기 천황의 빈객으로서도 특필할 만한 사람들이었다. 또한 황태자 부처의 각국 방문은 고령의 나이에 국사에 분주한 천황을 대신해서 대단히 빈번하게 이루어졌다.

이 시기 다나카 내각이 불명예스럽게 퇴진한 후 보수정계에서는 이색적인 미키 내각이 등장(1974년 12월~76월 12일)하여, 우파그룹을 긴장시키고 원호법제화운동이 정치쟁점으로 떠올랐다. 당시에는 원호와 관련한 법률이 전후개혁으로 없어진 상태였고 '쇼와'라는 연호도 관습적인 사용에 그치고 있었기 때문에 고령의 쇼와 천황이 사망할 경우 원호는 그대로 소멸될 가능성이 있었다. 미키 수상은 천황이 사망하게 되더라도 원호를 폐지할 생각은 없었지만, 야당의 반발을 불러올 수 있는 법제화 방식은 피하고 각의결정을 통해 정령(政令)으로 공포하려는 생각을 갖고 있었다. 그러나 우파그룹은 어디까지나 보다 규제력이 강한 법제화를 주창하며 일대 운동을 전개하였다.

이 운동은 야스쿠니 신사 국가보호운동과 함께 1969년에 신사본청을 중심으로 시작되었다. 구 군인과 자위대 관계 단체, 세초노이에(生長の家 : 신도·불교·기독교 등을 절충한 신흥종교), 승공연합, 우익단체 등 개헌집단을 총결집하여 캐러밴 부대로 전국에 선전을 행하고, 지방의회에서는 원호법제화 결의를 얻어내어 국회에다 압력을 넣는다는 작전을 세워 실행에 들어갔다. 그리고 1978년에는 '원호법제화 촉진 의원연맹'과 '원호법제화 실현 국민회의'를 결성하였다. 여기에 참가한 개인이나 조직 중에는 개헌그룹만이

아니라 민사당이나 전일본노동총동맹 등도 포함되어 있어 주목할 필요가 있다. 또한 이들 개인이나 조직은 야스쿠니 신사에의 공식참배를 요구하고 (야스쿠니 신사 법안이 5회 연속 폐안으로 되었기 때문에 내세운 것이다) 건국기념일의 봉축행사를 추진하는 그룹과 사실상 동일하였다. 정부도 본격적으로 원호법제화 작업에 나서서 1979년에는 '일세일원'의 원호를 영속화하는 원호법을 제정하였다. 동시에 '진무 천황릉 참배' 행사를 포함하여 '건국기념일 봉축식전'에 정부기관 등이 후원을 하게 된 사실도 잊어서는 안 될 것이다 (1978년부터 총리부, 81년부터 문부성, 83년부터 자치성, 85년부터 외무성, 지방자치단체, 나카소네 수상 등 참석). '원호법제화 실현 국민회의'는 '일본을 지키는 국민회의'로 개조되었다.

다시 등장한 천황중심의 국가주의

1970~80년대의 일본은 8년 동안이나 장기집권한 사토 에이사쿠 내각(1964년 11월~72년 7월)을 이어 다나카 가쿠에이 내각(~74년 12월), 미키 다케오 내각(~76년 12월), 후쿠다 다케오 내각(~78년 12월), 오히라 마사요시 내각(~80년 7월), 스즈키 젠코 내각(~82년 11월)이 2년 간격으로 들어섰다가 나카소네 야스히로 내각(~87년 12월)이 들어섰다. 이 어지러운 정권교체는 스캔들이 끊이지 않는 여당 자민당에 대한 비판이 고조되면서 야기된 여야당의 백중화와 자민당 내의 격렬한 파벌투쟁 결과였다. 그런데 1980년 7월 선거전 와중에 오히라 수상이 급사함으로써 자민당은 극적으로 위기에서 탈출할 수 있었다. 또한 1970년대 후반에는 자치체 재정의 궁핍과 혁신세력의 공동보조 실패 등으로 인해 혁신자치체의 퇴조도 두드러졌다. 그것은 다른 선진국에 비해 비교적 빠르게 석유쇼크를 극복하고 대미·대EC 무역마찰을 불러올 수출증대 등과 함께 '70년대 위기'로부터의 회복을 보여주는 것이기도 하였다. 거기에 개헌론자인 나카소네 수상이 등장하면서 대미종속과 천황제의 이용은 더욱 진전을 보였다.

나카소네 정권은 행·재정의 개혁이라는 이름 아래 국철(國鐵)·전전(電電)·전매(專賣)의 3개 공사를 민영화하여 국유재산을 재계로 팔아넘기고, 건보법(建保法) 개정으로 국민의 부담을 증가시켰으며, 전후개혁의 재고를 도모하는 임시교육심의회를 발족시켰다. 또한 야스쿠니 신사 공식참배 강행(1985년), 건국기념일 식전의 사실상의 국가행사화(각의결정을 거쳐 수상 이하 각료 출석, 1985년), 방위비의 GNP 1%선 돌파(1987년)에 성공하였다. 1986년 4월 29일에는 '천황 재위 60주년 기념식전'을 거행하였는데 이는 미키 내각 때 행해진 '천황 재위 50주년 기념식전'(1976년 11월 10일)을 이은 것으로서 모두 자기가 수상으로 재임하는 시절에, 그리고 총선을 앞두고 실시한 노골적인 천황 이용의식이었다. 덧붙이자면 '50주년 식전'은 쇼와 천황이 천조한 1926년 12월 25일로부터 계산한 것이지만 정작 날짜는 즉위식이 행해진 1928년 11월 10일을 택하였고, '60주년 식전'은 1926년 12월로부터 계산하여 60년에서 반년이 부족한 천황 생일날 거행하였다.

나카소네 수상은 자신이 수상 자리에 있는 이상 헌법 제99조(공무원의 헌법 준수의무)의 제한을 받아 개헌을 주장할 수 없었고 거기에 현행 헌법이 국민들 사이에 광범위하게 정착해 있었던 이유로 조문 개헌은 포기하였다. 대신 해석개헌노선을 강화하는 방책을 취하였다. 따라서 천황 이용이나 국가주의적인 정책은 그만큼 손이 많이 가는 복잡한 문제가 되었다. 나카소네 내각은 사리사욕에 사로잡힌 인사심의회나 간담회 같은 것을 마음대로 만들고 이들에게 자신들의 구미에 맞는 답신과 보고를 올리게 한 후 이를 정책화하는 방식을 수없이 사용하였다. 행정개혁심의회나 임시교육제도심의회, 각료의 야스쿠니 신사 참배에 관한 간담회(관방장관의 사적 자문기관)가 대표적인 것들이다. 또 오히라 내각 때 시도된 신우익 계열의 학자·문화인 두뇌를 활용하는 것도 활발하게 추진되었다. 국제일본문화연구센터 구상은 그 대표적인 예라고 할 수 있다.

> 6, 7세기경 일본 야마토 조정이 세력을 신장하여 북쪽으로는 아키타 지방까지 에조(오늘날의 아이누족) 정벌에 나섰다. 나아가 한반도로까지 손을 뻗쳤다. …… 국위가 이렇게 신장되고 있을 때, 우리 집안이 어떤 집안이었는가를 기록하여 자손들에게 그 영광을 전해주고자 하는 그런 생각이 들었을 것이다.
>
> 아아 일본은 좋은 나라구나, 그리고 '야마토는 정말 훌륭한 곳이구나' 하는 생각이 들어 …… 이를 어부(語部 : 일본 고대에 조정에 출사하여 전설이

나 고사를 외워서 이야기하는 것을 소임으로 하는 씨족)에게 이야기로 만들게 한 것이 『고사기』고 『일본서기』다. 그것은 당시 현실에 존재하는 재료와 꿈이 이상화된 현실이며 또한 현실의 이상화였다.

그러한 감각에 비추어 생각해 보면 쇼와 천황 재위 60년, 전쟁이 끝나고 40년이 지난 쇼와 60년(1985년)을 맞아, 또 한 번 일본의 독자성이라고 부를 만한, 즉 지금까지 외국에서 여러 가지 사상을 수입해 왔는데 그것들을 전부 일소한 후 바로 이것이다! 라고 할 만한 것을 만들어 낼 때가 아닌가 생각된다.

내가 '국제일본문화연구센터'를 만들고자 한 것은 이 때문이고, 그러한 일본의 독자성을 갖추고 있는 것이 교토 대학의 여러분이다—구와바라 다케오(桑原武夫) 씨, 우메타쿠 다다오(梅棹忠夫) 씨, 이마니시 가네모리(今西錦司) 씨, 가이즈카 시게키(貝塚茂樹) 씨, 우메하라 다케시(梅原猛) 씨, 가미야마 히라키미(上山平君) 씨 등이 모두 뛰어난 독자성과 과학성을 자랑하고, 도쿄 대학에도 나카네 지에다(中根千枝) 씨 같은 많은 분들이 있다. 나는 일본 내의 이런 학자들에게 가장 과학적인 근거에 바탕하여 일본의 독자성을 확립하는 '일본학'이라는 것을 만들어 주십사 하고 부탁을 드리고 있는 것이다. (『自由民主』 1985. 9)

위의 내용은 1985년 7월 자민당 가루이 사와(軽井澤)가 세미나에서 행한 강연 중 일부다. 그는 1987년 같은 세미나에서 "천황 폐하는 창공에 찬연히 빛나는 태양과 같은 존재"라는 표현을 쓰고 있다. 천황중심의 국가주의 사상이 단적으로 드러난다. 그리고 나카소네 퇴진 후의 일이지만 쇼와 천황의 입원 · 수술(1987년 9월) 이후 병상 악화(1988년 9월), 사망(1989년 1월), 대상(2월) 단계에서 매스컴을 통해 행한 천황 찬미, 전쟁책임 부정의 대캠페인은 나카소네 정권이 사전에 깔아놓은 포석이었다.

사토 노보오 佐藤伸雄

2

현대의 민중문화는 천황과 어떻게 대치하고 있을까

지역·문화와 천황

행사와 축제를 왜 '자숙'하였을까

쇼와 천황 히로히토가 돌연 각혈을 한 1989년 9월 19일로부터 89년 1월 7일의 사망, 그리고 2월 24일 장례식에 이르기까지의 백 수십 일 간 텔레비전, 라디오, 신문, 잡지 등의 매스컴은 그야말로 기이하다고밖에 할 수 없는 천황 보도경쟁을 벌였다.

특히 일본 각지에서 행사나 축제를 중지한다는 뉴스가 대대적으로 보도되고 그 때까지 대부분의 국민에게는 친숙하지 않았던 '자숙'이라는 단어가 일본 전체에 넘쳐났다.

나가사키의 오쿠친(お供日 : 10월 7~9일), 기후(岐阜)의 다카야마(高山) 축제(10월 9~10일), 교토의 지다이(時代) 축제(10월 22일), 가나가와의 하코네 대명행렬(11월 3일), 사이타마의 지치부 야간축제(12월 2~3일) 등 전통적인 축제와 행사의 자숙이 연일 뉴스에 오르고 이것은 무언의 압력이 되어 전국으로 확산되었다.

예년 같으면 수십만이 참가했을 유명한 행사만이 아니었다. 마을단위로 벌어지는 작은 축제에서부터 상점가의 대바겐세일에 이르기까지 '자숙'의 파도는 한없이 한없이 퍼져나갔다.

하지만 매스컴이 아무리 과열보도를 했다고 해도 막대한 경비를 쏟아부으며 몇 개월씩이나 준비해 온 행사를 개최일을 얼마 앞두지 않은 상태에서 중지한다는 게 쉬운 일은 아니다. 이미 관광대상이 되어 있는 대규모 행

쇼와 천황의 대상

사일 경우, 준비비용만 해도 수천만 엔에 달하고 행사를 중지할 경우 받을 경제적인 손실은 수억 엔에 달한다고 한다. 사실 행사를 준비한 대부분의 지역에서는 사후처리 때문에 담당자가 골치를 썩히는 일이 무수히 일어났다.

전통적인 행사나 축제는 본래 지역주민의 자치적 문화활동으로서 오랜 역사를 갖는 것이다. 따라서 천황이나 천황제와는 아무 관련 없이 행해져 온 것인데 천황이 발병했다는 이유 하나로 굳이 취소되어 버린 것이다. 설사 그 대다수가 천황에 대한 충성심이나 경애심 때문이 아니라, 성가신 일에 연루되기 싫다든가 혼자만 튀는 행동을 했다가는 왕따를 당할지 모른다는 극히 세속적인 판단에 따른 것이라 할지라도, 천황 문제가 아니었다면 이렇게 단기간에 그것도 이렇게 대규모적으로 일어날 수 있는 일은 아니었다. 여기에 지역·문화와 천황·천황제의 관련이 갖는 특별한 의미가 있다고 할 수 있다. 이 문제를 지역에 뿌리내린 대표적인 민중문화인 민속놀이(일본에서는 민족예능이라고 부른다)를 중심으로 해서 살펴보기로 하겠다.

민중문화로서의 행사와 축제, 거기에서 행해지는 민속놀이가 천황(제)과 대치될 경우 힘없이 무너져 버리는 것은 왜일까. 결론부터 말한다면 그것이 갖는 인민적·민주적 성격의 불확실성과 미성숙 때문이다.

민속놀이의 쇠퇴, 재흥, 이벤트화

전국 각지에서 전승되어 온 민속놀이는 일본의 근로인민이 각각의 지역에서 행하는 생산노동과 공동생활 속에서 느끼는 기쁨과 슬픔, 소망과 기원, 연대 의지 등을 서로 확인하는 귀중한 문화유산이다. 메이지 이래 120년간, 특히 전후 사십수년 간 산업기반과 사회생활이 급변하는 속에서도 민속놀이가 지금까지 유지되어 온 것은 그것들이 지역주민의 정신생활 속에서 얼마나 큰 의미를 갖고 있는가를 보여준다.

1960년대부터 70년대에 걸쳐 민속놀이의 위기를 부르짖은 시기가 있었다.

고도경제성장정책이 추진된 이 시기는 감반(減反 : 경작지 면적을 줄이는 것), 출가(타지로 나가 돈벌이를 하는 것), 과속이라는 말로 상징되는 농업파괴정책이 강행된 시기이기도 하였다. 농촌의 수많은 젊은이들이 농촌을 떠나 도시로 흘러 들어가고 생산자로서의 농민의 자부심은 무참히 박탈되었다. 이에 따라 농민들의 생산생활 속에서 소망과 기원의 표상이자 촌락공동체에서 마을사람들의 협동과 연대의 증표였던 전통적인 행사와 놀이는 존재 기반을 잃고 쇠퇴하지 않을 수 없었다.

1970년대에 접어들어 달러쇼크와 오일쇼크 등을 계기로 고도경제성장정책이 파탄을 보이면서 많은 젊은이들이 다시 농촌으로 되돌아왔다. 'U턴 청년'이라는 말로 불린 이 젊은이들은 농업을 재건하고 농촌을 재생시키기 위해 다양한 노력을 전개하였다. 농협청년부 활동의 활성화, 산지직송운동 등에 나선 젊은이들은 농업과 농촌의 새로운 존재방식을 지향하는 새로운 문화운동으로서 민속놀이를 부활시켜 재흥을 추진했다.

공해반대운동과 같은 주민운동의 고양을 배경으로 대도시의 신흥주택지와 단지 등에서 자치회 주최로 축제나 본오도리(盆踊り : 음력 7월 15일 밤에 남녀가 모여 추는 윤무)가 성대히 치러지게 된 것도 70년대의 특징적인 현상이었다.

이러한 경과를 거쳐 1980년대에 들어 민속놀이는 사상 유례없는 전성기를 맞이한다. 민속놀이가 사람들의 생활 속에서 본래 행하였던 기능이 되살아나고, 민속놀이가 본질적으로 갖추고 있던 가장 우수한 자질이 선명하게 드러났다.

그러나 민속놀이의 융성에는 행사·놀이의 관광화와 상품화라는 또 다른 측면도 있었다는 점을 간과할 수 없다. 일단 행사 자체가 화려해지면서 놀이가 원래 갖고 있던 정신은 사라지고 겉으로 드러나는 화려함만이 확대되었다. 행사 전체가 거대화하여 수백, 수천, 때로는 수만 명의 사람들이 놀이에 참가하고 수십만 명씩 관광객이 몰려들게 되자 거기에 투입되는 경비도 덩달아 엄청나게 방대해졌다. 그리고 스폰서가 된 대기업의 선전이 여기에 큰 영향력을 미치게 되었다.

이와 병행해서 스포츠 축제의 개막식이나 박람회의 여흥으로서 수많은 무용수나 놀이들을 한데 모아 놀이판을 벌이는 이벤트도 종종 행해졌다. 매년 전국 각 부현을 돌며 개최되는 국민체육대회 개막식에서 선보이는 '어전' 매스게임은 매우 친숙한 행사로 자리잡았고, 1985년의 '과학박람회 85'에서는 전국에서 58개 단체, 총 인원 2600명이 참가한 가장행렬이 연출되기도 하였다.

천황중심의 국민통합에 이용된 민속놀이

민속놀이의 계승·발전이라는 측면에서 더 걱정스러운 부분도 있다.

1973년의 '나가누마(長沼) 나이키 기지 소송'에서의 자위대 위헌판결 이래 대대적으로 대국민 침투작전을 벌이고 있는 자위대는 이 작전의 최대의 핵으로서 전국 각지의 행사와 축제에 적극 참여하는 '축제 침투작전'을 추진하고 있다.

일본선박진흥회장인 사사카와 료이치(笹川良一)를 회장으로 하는 대일본태고연맹(大日本太鼓聯盟)은 1979년에 결성된 이래 '향기 높은 국민문화의 발전과 청소년의 건전한 육성'을 기치로 내걸고 전국 각 부현에 조직을 결성하여 왕성한 활동을 벌이고 있다.

1978년 10월에는 일본상공회의소 백주년 기념행사로서 '전국 향토대회'

가 개최되었다. 7만 관중이 운집한 가운데 국립경기장에서 거행된 이 행사에서는 마유즈미 도시로(黛敏郎)가 작곡한 행진곡에 맞추어 전국 상공회의소 대표와 민속놀이 출연자가 입장하였다. 이 자리에는 천황도 초대되었다. 개회식 프로그램은 '황실입장, 국가연주, 국기게양' 순으로 시작하여 회장의 개막선언, 참가자 전원의 함성, 야스쿠니 신사의 '흰비둘기회'가 준비한 흰비둘기 날리기, 마지막으로 일본여자체육대학·단기대 학생이 펼치는 매스게임으로 대경기장 가득 일본국기를 상징하는 멋들어진 붉은 동그라미가 그려지도록 주도면밀하게 준비되었다. 상공회의소의 경제력과 조직력을 동원하여 연출된 이 대회는 아오모리의 네부타, 아키타의 간토(竿汀), 사하라의 다시(山車), 가라쓰의 히키야마(曳山), 지치부의 야타이(屋臺) 등 전국 각지에서 거대한 장식수레와 히키야마를 끌어모은 일대 가장행렬이었다. 여기에 천황·국가·국기·야스쿠니 신사와 민속놀이가 한데 어우러졌다는 점에서도 지역·문화와 천황제가 직결되는 그야말로 획기적인 행사였다.

1985년 11월부터 86년 11월까지 근 1년에 걸쳐 전개된 '천황재위 60주년' 봉축 캠페인은 '국민 모두가 참가하는 쇼와 축제'라는 기치 아래 전국에서 각 자치체 주최로 봉축행사를 계획하였다. 이 때도 가장 중시된 것은 민속놀이였다. 구마모토의 불의신 북, 후쿠오카의 배북, 미에의 이세 온도(音頭: 민속무용의 일종), 오사카의 가와치 온도 등이 식전의 여흥과 행사공연으로 상연되었다. 그 중 압도적인 것이 북이고, 출연자 중 많은 수가 보육원 아이들과 어린이회 아동들이었다는 점도 간과할 수 없다.

전통적인 행사나 놀이는 지역주민 모두가 행하는 대규모적인 문화사업이고, 역사와 전통을 이어받아 해당 지역에 살고 있는 모든 사람들이 참가하는 행사다. 거기에는 일정한 감동과 흥분이 있으며, 어린아이로부터 노인에 이르기까지 모든 세대가 참여한다. 그러므로 이는 지역주민의 자치와 연대에서 가장 중요한 부분을 이루며 지역사회를 한데 묶어 일정한 사상으로 통합시키는 데 극히 유효한 수단이 될 수도 있다.

예를 들어보자.

건전한 민간의 민속놀이는 지방민들의 생활 근저에 가로놓여 있는 생명을 그 지방에 맞게 아름답게 표현한 것이다. 거기에는 즐거움만이 아니라 휴식의 은혜, 원기의 근원, 활동의 샘이 놓여 있으며 애향심과 전통정신(일본정신) 등도 담겨 있다. …… 바야흐로 지금 시대는 개인주의를 청산하고 전체 의식에 바탕한 예술의 발생이 두드러지고 있다. 그 위에 미증유의 긴장된 생활 속에서 오늘의 수고를 위로하고 내일의 기운을 북돋는 건전한 오락을 제공하면서 전체 의식의 바탕 위에 서서 공동일치의 정신, 충군애국의 일편단심을 기르는 예술이 출현하기를 절실히 희망하기에 이르렀다. 요 1~2년간 후생성과 대정익찬회를 비롯한 관·민은 모든 방면에서 이를 소리높이 외치고 있다. (日高只一, 『娛樂と民間藝術』, 1941)

촌락공동체내 마을사람들의 공동생활 전통이 전체주의로 바꿔치기되고, 소박한 애향심이 충군애국과 멸사봉공의 국가주의적 애국심으로 둔갑하고 있다. 그 과정에서 민중의 생활 속에서 전승되어 온 모든 놀이와 문화는 천황제 절대주의 국가가 이끄는 침략전쟁을 위한 국민통합의 도구로서 최대한 이용되었다. 일본 속의 축제나 행사, 놀이의 근간에 존재하는 인민적·민주적 성격을 크게 왜곡한 이 역사를 잊어서는 안 된다.

평화의 상징, 주민자치의 원점 '축제'

전 일본의 수많은 행사와 축제가 '자숙'이라는 파도에 휩쓸려 중지되는 중에도 예정대로 행사가 실시된 경우도 사실 적지 않았다. 사가 현의 가라쓰(唐津) 오쿤치(11월 2~4일)도 그 중 하나다.

히키야마의 총감독을 맡은 세토 리이치(瀨戶理一 : 당 69세)는 과달카날 전투에서 1808명의 부하를 잃은 경험을 가진 중대장 출신이다. 그는 "전쟁에서 목숨을 잃은 사람들 덕분에 일본은 평화를 누릴 수 있게 되었고 신헌법을 쟁취해 냈다. 지금 여론에 좌우되어 오쿤치를 취소해 버린다면 그들에게 정말 미안한 일이다"라고 하며 가라쓰 오쿤치를 중지하지 않겠다고 결심하였다. "축제는 평화의 상징이고 주민자치의 원점이다. 그런데 단지 천황의 병 때문에 축제가 중지되고 있다. 일본은 이상한 방향으로 흘러가고 있다. 주권재민은 도대체 어디로 가버린 것인가? 평화헌법을 지켜야 할 때는 지금이다. 남이야 어떻든 가라쓰에서만은 오쿤치를 실시하겠다."

마쓰리로 불리는 일본의 축제는 평화와 주민자치의 원점으로서의
그 효용성을 시험받고 있다. 사진은 가와고에(川越) 마쓰리의 다시

신헌법을 새로이 학습하고 가족간 회의가 열렸으며 히키야마 이사회에서 차분한 토의를 거친 후 결국 오쿤치 실시가 결정되었다. "그러고도 너희들이 일본인이냐?"라는 따위의 위협과 험담이 들어왔지만 가족과 마을 모두의 결속으로 이를 이겨내고 히키야마 순행을 실시하였다. 날씨도 좋아서 예년에 보기 드물게 성황리에 거행되었다.

여기에는 주권재민·주민자치의 이념을 관철하고 지역·문화를 지켜낸 사람들의 빛나는 승리가 보인다. 동시에 천황·천황제와 대치하여 지역과 문화를 지켜내는 일이 지금도 여전히 때로 목숨을 건 싸움이 될 수밖에 없음을 보여준다.

지역과 문화를 고수하는 투쟁의 정수는 결국 주권재민과 주민자치의 원칙을 주민 한사람 한사람의 힘으로 지켜 나가는 데 있다. 이는 극히 힘든 싸움이지만, 참혹한 전쟁체험을 통해 얻어낸 신헌법 40년의 역사와 그 위에서 성장한 국민의 민주적 자각이 싸움을 승리로 이끄는 원동력이라고 할 수 있다.

1928년 11월 천황 히로히토가 즉위식을 거행하기 전에 3·15사건으로 상징되는 민주주의와 자유에 대한 광폭한 탄압이 대대적으로 행해졌다는 사실을 새로이 상기할 필요가 있다. 1990년 가을로 잡혀 있는 새 천황 아키히토의 즉위식은 지역·문화에게는 가혹한 시련의 장이 될 것이다.

자다니 주로쿠 茶谷十六

3

20세기 역사는 군주제에 어떤 문제를 제기하고 있을까

천황제와 영국의 군주제

머리말

쇼와 천황의 병상 악화, 사망, 장례로 이어지는 일련의 사태는 천황과 천황제, 국민주권과 민주주의를 전 국민적 차원에서 재검토해 볼 수 있는 최초의 기회가 되었다. 어떤 결과가 나올지는 아직 속단할 수 없지만 지배층이 그렇게 오랜 시간 공들여 준비한 여론조작이 과연 성공을 거둘 수 있을지 의문이다. 패전후 천황 일가의 단란한 모습을 담은 사진에 익숙해진 일본인들은 천황이 임종하는 순간 문병차 떠나는 황태자 일가의 차를 텔레비전으로 지켜보면서 여전히 평범한 가족으로는 볼 수 없는 않는 특별함을 느꼈을 것이다. '대중천황제'는 결코 대중적이지도 가정적이지도 않았던 것이다. 텔레비전에서는 전전의 필름이 나오고 그 화면 위로 후다닥 지나가는 장난감 같은 '일본국민'의 모습을 고등학생들이 재미있다는 듯 바라보고 있었다.

과거 플래카드 사건의 변호사 마사키 히로시(正木ひろし)는 실러의 희곡 『윌리엄 텔』에 빗대어 이렇게 쓴 적이 있다. 악랄한 관리인의 모자에 경례를 붙이는 것은 텔과 관리인 둘 다에게 중대한 문제였다. 텔의 입장에서 보면 "모자를 향해 마음에도 없는 경례를 붙이는 것은 자신과 자기 양심에 반하는 것"이었다. 반면 관리인 쪽에서 보면 "모자에까지 경의를 표하는 인간이라면 모자 주인에게는 땅에 엎드려 절을 할 인간이고" 따라서 "모자에 대한 경례는 장원의 영민이 가진 충성심의 리트머스 시험지"였다. 무수한 '텔'

21세기에도 천황제는 살아남을 수 있을까? 황궁 앞에서 천황의 쾌유를 비는 여인

들이 자숙·조기·애도의 강요를 헌법과 양심에 반하는 것으로서 거부하고 있다는 사실은 간과해 버리고, 그저 민주주의의 '지체'만을 보아서는 안 될 것이다.

일본 국민들은 요 근래 해외의 논조와, 일본에서 나오는 천황보도 사이에는 엄청난 격차가 있다는 사실을 깨달았다.

주로 화제에 오른 것은 영국의 대중잡지이지만, 그보다 먼저 짚고 넘어가야 할 것은 한국·중국·동남아시아 여러 나라의 보도 내용이다. 내용이 일본에서 먼 나라일수록 호의적이고, 정작 일본에 가까워질수록 엄격해지는 현실을 얼버무릴 수는 없다. 히로히토가 방문한 구미 제국보다 방문하지 않았던 여러 나라들이야말로 문제의 본질을 더 잘 보여주기 때문이다.

『해외잡지로 보는 천황 보도』(1·2) 등에서 자세히 지적된 것처럼, 거기에서는 일본의 침략전쟁 책임과 식민지통치의 책임이 문제시되고 있을 뿐만 아니라 현재 아시아에서의 일본의 존재방식이나 장래에 대해 통렬한 비판이 많이 제기되고 있다는 사실에 눈감아서는 안 될 것이다.

지금 세계의 군주제는…

지금의 일본 사태를 생각해 보기 위해 시각을 세계로까지 넓혀 보자.

우선 오늘날 세계의 군주제는 어떠한 상태에 놓여 있을까. 현재의 상황을 『세계국세도회』(世界國勢圖會)를 참조하여 영연방 가맹국인 캐나다·호주 등은 제외하고 분류를 해 보면 세계 168개 국, 48억 명 중 군주국은 29개 국에 3억 8천만 명(8%)이 된다. 여기에서 1억 2천만 명의 인구를 가진 일본은 약 5천만 명인 영국과 타이를 단연 앞지르고 있다(표 1).

표 1. 세계의 군주제(인구 : 만명, 면적 : ㎢)

	국명	인구	면적		국명	인구	면적
유럽	영 국	5612	244	아시아	일 본	12075	378
	스 페 인	3860	505		타 이	5130	514
	네덜란드	1448	41		네 팔	1662	141
	벨 기 에	990	31		말레지아	1555	330
	스 웨 덴	835	450		사우디아라비아	1154	2150
	덴 마 크	511	43		요 르 단	351	98
	노르웨이	415	324		쿠웨이트	171	18
	룩셈부르크	36	26		부 탄	141	47
	리히텐슈타인	3	0.2		아랍수장연방	132	84
	모 나 코	3	0.0015		오 만	124	212
	바 티 칸	0.1	0.0004		바 레 인	41	0.6
아프리카	모 로 코	2194	447		카 타 르	31	11
	레 소 트	152	30		부르네이	22	58
	스와질랜드	64	17	오세아니아	서사모아	16	28
					통 가	9	0.7

* 유럽은 31국 중 11국, 아프리카는 51국 중 3국, 아시아는 39국 중 13국, 오세아니아는 11국 중 2국이 군주국이다.

**『세계국세도회』, 1988·89년도에서 작성.

여기에서는 한 마디로 군주제라고 했지만, 그 형태는 대단히 다양하다. 일본에는 상징천황제 아래 천황이라고 하는 세습되는 특별공무원이 존재하며, 원래 '상징에 지나지 않던' 이 존재가 바야흐로 '상징이신' 존재로까지 변질되려는 참이다. 이러한 사실에 비춰볼 때 군주제의 잔존 형태로서의 상징천황을 생각해 보는 것은 민주주의와 국민주권 문제를 보다 깊이 검토해 볼 수 있는 좋은 기회가 될 것이다.

20세기와 군주제

20세기의 역사는 군주제가 줄어들고, 혹 군주제가 살아남았다 하더라도 군주의 권한과 권위가 축소되는 역사였다. 1901년 4월 29일생인 히로히토도 87년의 생애를 20세기 역사, 즉 전쟁과 사회변혁의 세계사와 함께하였다. 그간의 군주제 감소추세를 히로히토의 동시대사로서 연표로 정리해 보면 다음과 같다.

1910년의 한국병합은 1392년 이래의 조선과 대한제국을 무너뜨리고 한국을 일본 천황이 직접 통치하는 지역으로 만들었다. 1911년의 신해혁명은 1616년 이래의 청제국을 멸망시켜 은주(殷周) 이래의 군주제를 끝장내며 중화민국을 성립시켰다. 이 시대의 마지막 황제가 당시 여섯 살 난 선통제(푸이)였고 중국은 아시아 최초로 민국을 수립하였다(1895년 5월 25일, 청일전쟁의 결과 일본 영유가 결정된 대만에서 일어난 대만민주국 독립선언이 선구다. 그러나 바로 일본군에게 진압되었다).

제1차 대전중인 1917년에 일어난 러시아혁명은 1613년 이래의 유럽의 유서 깊은 왕조가 멸망하는 최초의 사례가 되었다. 니콜라이 2세는 영국으로 망명하고자 하였으나 거부당하고 내란과 간섭전쟁이 한창이던 때 우랄 산중에서 총살당하였다. 1913년 로마노프 왕조 삼백주년 기념식이 열린 지 4년밖에 안 된 때였다. 다음 1918년에는 킬 군항의 군인반란으로 시작된 독일혁명이 호엔체른 가의 빌헬름 2세를 퇴위시키고 그를 네덜란드로 망명시키는 가운데 독일은 공화국이 되고 항복하였다. 오스트리아·헝가리 제국에서는 헝가리의 독립 등으로 제국이 해체됨과 동시에 재위 2년째를 맞은 칼 2세를 최후로 유럽 제일의 명문왕가 합스부르크 가가 멸망하였다.

일본이 근대 천황제 국가를 만들어 낼 때 모범으로 삼았던 군주제들이 계속 붕괴한 것이다. 여기에서 "군주제는 패전을 이겨낼 수 없다"라는 말이 생겨나고, 이 일련의 사태는 신흥 천황제국가인 일본을 비롯하여 유럽의 군주국에 심대한 위기감을 부여하였다. 다이쇼 천황을 대신하여 섭정이 된 황태자 히로히토의 유럽방문은 이 시기(1921)에 실시되었다.

1922년에는 1299년에 성립한 오스만 투르크 제국이 붕괴하였다(다음 해 터키 공화국 성립). 이 해에 군주제 폐지를 강령의 하나로 내건 일본공산당이 결성된 것도 하나의 획기였다. 1926년 다이쇼 천황이 사망하고 섭정 히로히토가 즉위(동시에 대원수가 됨)하여 쇼와 시대가 개막되었다. 황후 나가코와

20세기의 역사는 군주제가 줄어드는 역사였다. 강대함을 자랑하던 이란왕실도 1979년 종말을 고했다. 사진은 쓰레기통에 버려진 레자 팔레비 왕의 초상

결혼하여(1924) 축복 속에서 네 딸이 태어난 쇼와 초기는 청년 천황과 일본이 전쟁으로 가는 길을 선택한 시기에 해당한다. 1933년 황실은 장남인 황태자 아키히토가 태어나는 대경사를 맞았지만, 국제적으로는 일본·독일의 국제연맹 탈퇴로 세계 협조체제가 붕괴하면서 암흑시대를 맞이하고 있었다.

제2차 대전 후 추축국 이탈리아·헝가리·루마니아·불가리아에서 군주제가 폐지되고 이를 전후하여 군주제·천황제는 위기를 맞이하였다. 이탈리아에서는 1946년 왕정의 시비를 묻는 국민투표가 실시되었다. 당시 연합군이 왕정을 지지하는 유리한 상황이었음에도 불구하고 54%가 공화제를 지지하여 왕정폐지가 결정되었다. 헝가리에서는 1946년 1월 공화국이 선포되고 루마니아에서는 1947년 12월 정부로부터 퇴위를 요구받은 미하이 국왕이 승인망명 후 인민공화국이 탄생하였다. 불가리아에서는 1946년 9월 실시된 국민투표에서 92.7%가 왕정폐지에 찬성하여 인민공화국이 되었다. 연합국 측인 벨기에의 국왕 레오폴드 3세는 정부와 함께 런던으로 망명하지 않고 나치 독일에 항복, 포로가 된 상태에서 종전을 맞았다. 1950년 3월 국왕의 복위 여부를 묻는 국민투표에서 찬성이 57.7%에 그치고 비판운동도 강하였기 때문에 국왕은 복위를 단념하고 황태자 보드안에게 양위하는 방식으로 결말을 냈다. "군주제는 패

전을 이겨낼 수 없다"라는 법칙에서 유일한 예외는 이제 일본의 천황제밖에 없게 되었다.

대전 후인 1950년대 말부터 1970년대에 걸쳐 이집트(52), 이라크(58), 예멘(62), 그리스(73), 에티오피아(74), 이란(79)에서 차례로 군주제가 폐지되었다.

에티오피아나 이란 모두 안정된 군주제 국가라는 평을 받고 있었다. 에티오피아의 하이레 세라세 황제는 드물게 남아 있던 절대군주였고, 이란은 1971년 페르세폴리스에서 건국 2500년 제전을 치르고 팔레비 왕조의 불멸성을 내외에 과시하기도 하였다. 이리에 시종장의 일기에 보면 히로히토가 황적 이탈 문제를 언급하는 미카사노미야 도모히토(三笠宮寬仁)에게 "이란 샤 일족의 난이 국가를 멸망시켰다는 …… 점을 잘 생각해서……"(『朝日新聞』 1989. 2. 17)라는 흥미로운 대목이 나온다.

영국의 군주제

전후에 언론의 자유를 배경으로 하여 시작된 '천황제 논의'에서 가장 자주 언급된 것이 영국의 군주제다. 앞서 언급한 변호사 마사키는 이것을 "뻔뻔스러운 망상"이라고 지적하며 "영국민은 이미 1649년에 찰스 1세를 사형에 처함으로써 군주제의 가축성을 탈피하였다. 말하자면 영국의 군주제는 한 번 가열이 된 티푸스균의 왁친이고, 일본의 천황제는 아직 살아 있는 티푸스균이라는 점을 잊고 있다"고 주장하였다.

일찍이 라티모어는 영국이 민주주의적이면서도 왕제를 유지할 수 있었던 이유 중 하나로 "영국민이 국왕 찰스 1세의 목을 자른" 사실을 들면서 미국의 옹호론을 비판하고, "미국인은 영국의 왕좌 뒤에 지금도 붙어 있는 찰스 1세의 유령에 주의를 기울이지 않는다"(武田清子, 『天皇觀の相剋』)고 비판하였다.

지금으로부터 340년 전, 국왕 찰스 스튜어트 1세는 청교도혁명이 한창이던 와중에 국가의 '공적'으로 참수당했고 이후 12년 동안 공화정치가 시행되었다. 그 후 왕정복고가 이루어지기는 했지만, 국왕 제임스 2세가 절대군주제를 부활시키려 한 데 대해 의회가 네덜란드로부터 메어리와 윌리엄을 맞아들여 국왕으로 삼았다. 이 두 사람은 의회가 제출한 「권리장전」을 승인

'군주제의 가축성을 탈피함으로써' 가장 안정된 군주제로 평가받고 있는 영국왕실

하고 절대군주제에 대한 의회의 우월성을 확인하였다. 소위 명예혁명이다. 영국의 입헌군주제는 1689년의 「권리장전」, 1701년의 「왕위계승법」을 통해 절대주의적·신권적 왕정에 종지부를 찍고 국왕이 국민의 권리를 승인하는 형식으로 성립하였다. '법' 아래 놓인 '의회에서의 국왕'은 현명하게도 18세기 이래 국민의 권리신장을 인정하고 자신의 권력을 축소시키는 방식으로 대응을 해 왔다. 이러한 점들은 간과한 채 현 영국왕실의 '안정'을 이야기할 수는 없다. 천황을 위해 '목숨'을 버리고 '국체보호'를 전쟁목적으로 삼는 일본과는 엄밀히 구분해야 하는 것이다.

영국인 토마스 페인이 『카먼센스』의 「상식론」에서 "군주정치의 구조에는 대단히 멍청해 보이는 부분이 있다. 단 한 명의 인간에게 정보를 얻을 실마리는 전혀 주지 않으면서 최고의 판단이 필요할 때는 그에게 판단을 내릴 권한을 부여한다"라고 하면서 공화정치를 상식으로 주장한 것은 미국 독립전쟁이 한창인 1776년이었다. 영국의 군주제를 논할 때는 이러한 페인의 군주제 비판도 덧붙여야 할 것이다. 오늘날까지 20세기 역사의 상식은 공화제와 민주주의고, 많은 군주제는 이제 역사박물관에나 가야 구경할 수 있는 그런 케케묵은 존재가 되었다.

일본인은 눈앞의 것에 얽매이지 않아야 하며 인류 보편의 원칙과 모순되는 사고와 묵은 제도에는 결코 미래가 없다는 것을 20세기 역사에서 배워야 할 때가 왔다. 히로히토가 사망한 1989년은 일본에게는 대일본제국헌법 백주년과 전후 44년째에 해당하지만, 밖으로는 명예혁명·권리장전 3백주년, 프랑스 혁명 2백주년에 해당하는 해이며 제2차 대전 발발 50주년이 되는 해이기도 하다는 것을 잊어서는 안 된다.

참고문헌
トマス・ペイン 著, 小松春雄 譯,『コモン・センス』, 岩波文庫
佐藤功,『君主制の硏究』, 日本評論社
『Xデ-問題と現代天皇制』, 靑木書店
日本現代史硏究會 編,『象徵天皇制とは何か』, 大月書店
土井正興,「主權在民と君主制の行方」,『科學と思想』72
佐藤伸雄,「世界の王國と王室」,『歷史地理敎育』437

기쿠치 히로요시 菊地宏義

4

세계사와 현대세계 속에서 천황제를 어떻게 생각할 것인가

자립과 공존을 위한 과제

서양문명을 떠받쳐 온 세 개의 '기둥'

19세기 말, 일본 지도자들은 서구 열강의 충격에 대항하고 그들의 문명을 모델로 하여 근대화를 서둘러야 했다.

일본이 근대화의 모델로 삼은 서구 근대문명의 기층에 가로놓여 있던 것은 기독교였다. 서구사회는 16~19세기에 걸쳐 전 지구를 활동의 장으로 삼아 역사적으로 독자적인 틀을 만들어낸 서구 근대자본주의를 이 기독교 위에 두고, 그 꼭대기에는 소위 시민사회와 함께 시민사회와 유착한 민족주의라는 3개의 거대한 기둥을 조합시켜 고도의 문명을 만들어 냈다. 이 세계가 바로 하드하고 단일문화를 중심으로 하는 일원적인 근대세계였다. 이 세계는 위에서 언급한 기층과 구조를 특징으로 하여 성립으로부터 오늘에 이르기까지 대단히 폭력적이고 군사적이며 억압적이고 차별적인 특징을 보이며, 제3세계로 대표되는 다른 세계의 소프트한 다양한 문화들을 파괴 정복하였다. 이것이 구미를 중심으로 완성된 제국주의 세계이고 소위 제국주의 시스템이다.

일본은 19세기 말부터 20세기 초에 걸쳐 이러한 제국주의 세계의 중심에 진입하는 데 성공하였다. 그렇다면 당시 일본 근대문명에서는 서구의 기독교 대신 어떤 것이 그 기층을 채웠을까. 그것은 바로 '국체', 기독교 용어로 말한다면 국체신앙이며 일반적으로 천황제라고 불리는 것이다. 건국신화, 천손에게 부여된 신칙, 현인신, 만세일계, 제정일치, 국가신도, 국가와 천황의 동일화, 천황과 황후사진에 대한 요배, 황거 요배, 천황폐하 만세제창, 집단 신사참배 등은 그 내용이자 표현이었다.

그런데 서구의 기독교는 십자군의 사상·운동이나 교회관료제를 통해 알 수 있듯이, 극히 전투적이고 확장주의적이며 배타적이고 비관용적인 역사를 전개하였다. 일본의 기층문명은 서구의 것과 어떤 점에서 차이가 있었을까. 먼저 서구세계에 보이는 제왕신권설, 서구의 황제나 국왕에 대한 로마교황의 대관 등은 일본과 유사한 데가 있다. 그러나 신과 교황(최고의 제사장)과 제왕에 해당하는 존재가 단 한 사람 즉 천황에게 집중되어 있다는 점에서 크게 차이가 난다. 또한 천황은 종교적으로 일본 전국에 흩어져 있는 수많은 신들과 신사, 신관으로 이루어진 국가신도를 관장하는 최고의 제사장이었다. 때문에 천황은 전 세계에서 발생한 샤머니즘과 애니미즘의 여러 요소를 갖춘 토착신앙과 민간신도를 축으로 해서 합성된, 근대 국민국가의 확립을 위한 정치적·종교적·도덕적 이데올로기이기도 하였다. 이 근대 천황제에는 당초부터 두 개의 이미지, 두 개의 얼굴이 존재하고 있었다. 그 하나는 '구름 위에 떠 있는' 절대군주다. "폐하"라는 단어만 들어도 모두가 뻣뻣한 자세를 취하게 되고 사진과 칙어, 기쿠(국화꽃 모양의 일본황실 문장) 문장, 일장기, 기미가요, 4대 행사와 연결되는 이미지를 갖는 신격화되고 절대화된 얼굴이다. 두 번째는 서구식 입헌군주라는 구상 아래 만들어진 입헌군주의 얼굴이다. 이 두 가지 가운데 신민(臣民) 대중 일반에게 각인되어 있는 이미지는 첫 번째의 것이다. 두 번째는 엘리트층과 정당인들의 노력을 통해 일정하게 추진되었지만, 이윽고 크게 선회하면서 대개 '천황제 파시즘'이라고 불리는 시대로 돌입하였다.

일본의 제국의식은 국체신앙

근대 구미국가 열강은 서로 경쟁하고 자극을 주고받으며 각기 특색 있는 세계제국을 형성·확립시켰다. 근대 일본은 구미 열강이 만드는 세계 시스템을 보완·강화시켜 줄 수 있는 신흥세력으로 인정받아 소위 제국주의가 세계를 제패하는 데 극동에서 중요한 역할을 수행하며 구미 제국의 일원이 될 수 있었다. 그 속에서 일본제국의 한국지배, 중국억지, 만주침략은 러시

일본 국가와 민족에 대한 세계인의 경계의 눈초리는 여전하다.
사진은 헤이세이 천황의 즉위례

아혁명과 신해혁명 후 세계제국체제를 유지·번영시키는 데 기본적으로 중요한 조건이 되었다.

일본의 지배층은 이러한 세계체제를 담당하는 일본제국의 영광을 유지, 발전시켜 나갈 사명과 책임을 신민 전체에게 자각시키고 정착, 강화해 나가지 않으면 안 되었다. 이는 엘리트층은 물론이고 일반 대중에게도 필요한 것이었다. 일곱 개의 바다를 지배하는 대영제국이 그 필요에 따라 나름의 제국의식을 배양한 것과 마찬가지로, 일본제국도 나름의 제국의식이라고 할 공통된 자각과 의식을 만들고 다듬어 시시때때로 이것을 국민대중에게 주입하여 배양시켜 나갔다. 이 때 일본 제국의식의 전거로 고안된 것이 바로 교육칙어고 군인칙유였다. 학교교육에서는 수신(도덕), 일본어, 일본사, 지리, 창가를 비롯하여 4대 행사와 기타 학교행사, 의식, 훈시를 통해, 또한 군사교련으로 응집된 다양한 집단행동을 통해 제국의식을 주입시키고 배양하였다. 그리고 지역의 모임이나 행사를 통해서, 가정에서는 신문·라디오·영화·잡지·책을 통해서, 제국의식은 국민 전체로 침투하여 점차 정착되었다. 스메라미쿠니(세계에 군림하는 황국), 오야시마(大八州 : 일본국의 미

칭), 오미이쓰(大御稜威 : 천황의 위덕), 아마쓰히쓰기(天つ日嗣 : 황위계승), 국가를 위해 같은 좀처럼 이해하기 힘든 말들이 같은 무게를 지니고 사람들 사이에 뿌리를 내렸다. 일본제국은 대가족국가와 마찬가지다, 그 대가족국가에서 천황은 국민의 가부장에 해당하며 최고선이자 국가도덕의 원천이어서 악을 행한다는 것은 있을 수 없다, 황실이 총본가고 국민 가족은 각각 그 본가에 해당한다는 주장들이 소리 높이 외쳐졌다. 군대에서는 "상관의 명령은 천황폐하의 명령과 같으니 삽가 절대 복종해야 한다"라며 병사들을 훈련시켰고 가족·직장·지역 등의 모든 장에서도 연장자와 상관의 말을 천황의 명령과 같은 것으로 간주하여 절대 복종을 강요하였다. 이는 모든 제국의식의 중요한 요소이자 표현이며 또한 자명한 대의로서 신민 한사람 한사람이 혈육과 같은 관계를 맺을 것을 요구받았음을 의미한다.

기바타 요이치(木畑洋一)는 『지배의 대상』이라는 책에서 영국을 대상으로 하여 '제국의식'을 분석한 바 있다. 그에 따르면, 제국의식이란 자국이 세계정치를 지휘하고 세계 여러 민족을 지배·지도할 세계제국의 '중심국'에 속해 있다는 의식이다. 이러한 의식을 뒷받침하는 것이 자국에 종속된 민족에 대한 멸시감과 자민족 우월감이고, 그 기초에는 강한 인종적 차별감이 가로놓여 있다. 이 경우 종속민족에 대한 지배를 후진적인 사람들을 지도·교화시켜 보다 높은 문명으로 끌어 올려주는 일이라고 정당화시키는 '온정주의'를 동반한다. 제국의 세력범위를 지키기 위한 싸움을 의무로 간주하고 세계제국의 일원으로서 자국과 자민족의 위치, 세력범위를 둘러싼 전쟁에서는 호전적인 애국주의를 고취한다. 제국의 일체성을 중시하고, 자국·자민족이 제국의 중심으로서 책임을 수행하며 제국에 속한 사람들은 당연히 중심국과 중심민족에 대해 충성을 다바쳐 제국의 통합을 유지시켜 나가야 한다고 생각한다. 이처럼 제국의식에는 많은 요소들이 혼합되어 있는데, 이들 요소들은 하나 하나 따로 분리될 수 없는 일체성을 갖는다. 이것은 지배층과 민중 모두에 뿌리박은 의식으로서 매스 미디어의 강력한 매개 아래 제국 지배국민의 폭넓은 집합심성을 만들어 낸다.

그렇다면 일본의 제국의식은 어떤 것일까. 한 마디로 말해 '세계에 군림하는 국체' 신앙이라고 할 수 있다. 홋카이도·류큐·대만·조선·남사할

린·요동반도·만철·남양제도를 보유하고, 청일전쟁·러일전쟁·제1차 대전의 전승국이며 국제회의에서는 5대 강국 중 하나가 되어 아시아의 맹주임을 자인하기에 이른 일본제국(일본 천황국)이 완성시킨 이 제국의식 역시 낱개의 요소로는 분해될 수 없는 일체성을 가진 그 나름의 주의를 갖추고 있다. 국가통일·국민통합(천황=국가=1억신민이라는 국체)의 정점이자 기축이며 중핵인 천황제는 이 제국의식의 중심에 자리하는 것으로, 모든 요소를 활성화시키는 에너지원과도 같은 존재다. 여기에는 일본 내외의 제3세계와 그 곳 사람들이 황국·황군·황민, 팔굉일우, 황민화 따위의 용어를 어떻게 받아들일 것인가라는 '타자 인식' 같은 것은 들어설 자리가 없다.

패전과 상징천황제

전후 일본의 점령관리와 지배, 재건을 위한 미국의 도구이자 연합국과 일본지배층의 타협·조정의 산물로서 상징천황제가 생겨났다는 것은 여러 연구를 통해 명확해진 사실이다. 맥아더가 일본황실로부터 시작해서 전후 일본을 기독교국가로 만들고자 한 것은 무리한 작업이었지만, 구미 중심의 세계관에서 본다면 흥미로운 사실이다(高橋·鈴木, 『天皇家の密使たち』). 그러나 세계대전 후 패전국의 군주가 계속 그 지위를 유지한 예는 거의 찾아볼 수 없다. 굳이 이 길을 택한 천황은 분명 가시밭길을 걸어야 할 것이고, 순수하게 천황과 국체를 믿고 싸운 전중파(戰中派) 세대와, 오키나와 사람들을 대표로 하여 전화에 휘말려 들어간 민중, 일본제국에 피해와 압박을 당한 다른 나라 사람들이 여전히 재위를 유지하는 천황에게 맺힌 응어리를 풀기까지는 시간을 필요로 하였다. '한 몸으로 두 번의 생'을 산 일본 국민의 상념에서는 1945년을 단절로 느끼든 연속으로 느끼든 상관없이, 동시대를 호흡하며 쇼와라는 연호를 수반하고 패전 후에도 여전히 재위를 유지한 천황은 상징적인 존재가 된다.

상징천황제는 국민주권의 원칙에서 보면 여러 가지 점에서 모호하고 불명확했지만 고도경제성장과 '평화롭고 풍요로운' 대중사회의 형성 등을 기반으로 하여 일반 국민들 사이에 뿌리를 내렸다. 한편으로는 미시마 유키오 사건으로 알 수 있듯이, 천황에 대한 종교적 신성화나 절대화라는 감정 역시 여전히 강하게 남아 있음을 부정할 수 없다. 오늘날의 눈부신 경제적 성공을 발판으로 하여 이제 구미로부터 배울 것은 더 이상 없고 제2, 제3 세계를 두려워할 필요가 없다면서 '근대의 종언, 근대의 초극'을 부르짖으며 일본적 사회원리(일본문화)의 우월성을 주창하는 움직임도 활발해지고 있다. 특히 그 움직임 안에는 황실신도를 포함하여 상징천황제가 유지하고 있는 전통문화 속에서 옛 천황제와 같은 기반을 구하는 논리와 운동이 대두하고 있다.

상징천황제가 국민대중 사이에 뿌리를 내렸다는 것은 객관적으로 천황과 국민 모두가 전쟁책임 문제를 불문에 부쳤다는 뜻이기도 하다. 그러므로 오늘날 전 세계가 이런 일본 국가와 민족에 대해 과연 책임있고 신뢰할 만한 존재로서 인정해도 될지 계속 경계의 눈초리를 보내는 것도 당연하다.

세계 인식과 세계사 인식의 과제

상징이라고 하는 것은 사회통합이나 국민통합의 수단이 될 때는 배타·억압·차별을 불러일으키며 폭력·강제적인 방법으로 통합의 완성을 추진하게 된다. 자주적인 아이덴터티의 선택과 결정을 규제하고 억압하며 동화를 추진해 나간다. 세계와 세계사에 대한 안목을 갖지 못하도록 방해를 놓는 것은 단일신앙, 고정된 '일본·일본인·일본사-등질'이라는 이데올로기며 순수혈통주의·사대주의·권위주의·대국주의와 같은 심성이다. 일본은 백년 이상에 걸쳐 단일·일원·통일·균질·진보·번영을 절대 이상으로 내세우며 근대화와 세계화를 추진하고, 그 대신 상호 이질적이고 다원적이며 차이성의 구조에 바탕한 대우주·세계·세계사로부터 소우주인 자기·타자에 이르는 다양하고도 다채로운 현실은 볼 수 없었다고 할 수 있다. 상징천황제는 국가와 민족을 어떻게 생각하고 어떻게 만들어 나갈 것인가 하는 문제를 '이천년의 전통'으로 규제하고 있다. 만약 진정 자립과 공존을 지향한다면, 이웃의 여러 민족이나 세계가 보다 이해하기 쉽도록 스스로를 바꿔 나가야 할 것이다.

도대체 상징천황제를 지탱하는 것이 무엇이고 같은 뿌리란 것이 무엇을 의미하는지 잘 모르겠지만 '단일·균등' 신앙이나 '일본·일본인·일본사'

이데올로기가 긴 안목을 갖고 싸워나가야 할 극히 어려운 과제인 것임에는 틀림없다. 세계·세계사 속에서 자립·공존하며 책임있고 신뢰받을 수 있는 국가와 민족이 되기 위한 세계 인식과 세계사 인식(물론 일본 인식과 일본사 인식도 포함), 그리고 자기 인식과 자타 인식의 중심과제도 실은 여기에 있을 것이다.

요시다 고로 吉田悟郎

옮긴이의 말

역자가 이 책을 처음 접한 것은 쇼와 천황이 막 사망하고 사람들 사이에 그의 이야기가 오르내리고 있을 때니 상당히 오래되었다. 아마 책이 발간되고 얼마 되지 않았을 때일 것이다. 그때나 지금이나 천황제에 대한 역자의 관심은 대단히 크다. 역자가 패전 전 일본 공산주의자의 전향 문제를 연구하고 있을 때 천황제는 말만 들어도 머리가 지끈거릴 만큼 골치 아픈 주제였다. 전향 문제의 한가운데에 천황제가 자리하고 있었는데, 천황이건 천황제건 좀체로 그 실체를 파악하기 어려웠기 때문이다. 그래서 천황이나 천황제와 관련된 단어만 나오면 닥치는 대로 읽어제꼈는데, 책으로 읽는 천황의 모습은 읽으면 읽을수록 모호해졌다. 읽을수록 더 혼동스러웠다는 것이 보다 정확한 표현일 터인데, 마치 같은 자리를 맴도는 기분이었다. '아하! 이거구나' 싶다가도 전혀 다른 모습으로 다가오는 것이 천황(제)이었다.

번역을 마치고 이 책을 출간하게 된 지금도 이러한 느낌에는 변함이 없다. 누군가 이 번역서를 펼쳐들고 역자에게 천황제가 무엇이라고 생각하느냐고 묻는다면 여전히 우물거릴 수밖에 없다. 그래서 아쉽지만 이 책이 천황(제)에 대한 보통 독자들의 궁금증을 시원하게 해소해 주지는 못하리라는 점을 미리 밝혀 둔다. 그럼에도 불구하고 이 책은 시간을 들여 읽어볼 가치가 충분한 두드러지는 장점들을 갖고 있다.

우선 이 책에 등장하는 천황(제)은 살아 숨쉬고 있다. 현재는 물론이고 근세, 중세, 고대, 더 이전 시기까지도 모두 생생하게 호흡하고 있다. 이 책에 등장하는 천황(제)은 다양한 시대와 주제 속에서 매우 여러 가지 모습을 취하고 있는데, 하나같이 오늘날의 일본과 깊숙이 연결되어 있다. 그러니 옛날 이야기라도 따분할 리가 없다. 제1장 천손강림신화만 해도 그렇다. 하늘을 주재하는 자의 아들이나 손자쯤 되는 사람이 지상으로 내려와 그 나라의 시조가 되었다는 얘기는 어느 민족, 어느 나라에서나 흔히 발견되는 이야기다. 그리고 일본의 천손강림신화는 역사적으로 농경민족에게 흔히 나타나는 수확제에 맥이 닿는 신상제(新嘗祭 : 일본어로는 '니나메사이'라고 읽는다)라는 행사를 반영한 것이다. 여기까지는 수수하다면 수수한 내용이다. 그런데 이 신상제가 햇곡식을 먹고 벼의 영혼과 일체가 된 천황이 직접 주관하는 '죽음과 재생의 의례'로 발전한다. 그리고 일본에서는 지금도 천황이 즉위할 때마다 거대한 제단을 지어 대규모 신상제를 지냄으로써 '신'으로 거듭난 후(!) 제단을 흔적도 없이 허물어버리는 뭔가 이국적 냄새를 풍기는 대상제(大嘗祭)라는 행사를 계속하고 있다. 이쯤 되면 문제가 조금 달라진다. 과거는 현재로 이어지고, 그래서 과거는 과거로 끝나지 않는다. 이는 상당 부분 이 책의 필진 모두에게서 발견되는 강렬한 현실 비판의식에 뒷받침된 것임에 분명하다.

다음으로 제목만 훑어보아도 알 수 있듯이 이 책은 우리가 궁금해하는 것들을 거의 포괄하고 있다. 지금까지 천황(제)을 다룬 책들 가운데 전 역사에 걸쳐 이만큼 다양한 주제를 담아낸 책을 발견하기란 쉽지 않다. 주제가 이렇게 다양해질 경우에는 알맹이가 부실해지는 것이 대부분이다. 그러나 이 책에서는 어느 것 하나 허실하게 다루어지지 않았다. 50개나 되는 주제(사실 보론까지 합치면 54개다)를 담고 있어서 각각의 글이 상당히 짤막하고 '좀더 자세했더라면…' 하는 아쉬움이 없지는 않지만 그렇다고 그 때문에 깊이와 긴장감이 떨어지지는 않는다. 이는 이 책이 가진 무엇보다도 큰 장점이다. 물론 다양한 필진 사이에서 내용상 깊이의 차이가 발견되고 서술방식에서도 다양성이 드러나기는 하지만 거기까지 통일을 바라는 것은 역시 욕심이다.

마지막으로 이 책에 실린 글들은 기본적으로 천황(제)에 대해 비판적 시각을 견지하고 있는데(머리말에도 나와 있듯이 이 책이 기획되었을 때부터 예정된 것이었다), 그것이 비판을 위한 비판으로만 머물고 있지 않다. 이러저러한 문제점을 지적하고 이런저런 방식으로 대안들을 내놓고 있다. 그런 의미에서 특별히 주목되는 것이 보론에 실린 4편의 글이다. '보론'이라고 했지만 그저 그런 부록쯤으로 여기면 오산이다. 역자의 솔직한 심정을 말한다면, 사실 본문보다 훨씬 흥미진진하게 읽히는 글이다. 오늘날 천황(제)이 풀어야 할 숙제와 함께 그 대안을 제시하는 데 목적을 두고 있기 때문이다. 역자의 권고에도 아랑곳 없이 보론은 무시(?)한 채 본문만 읽고 책을 덮어버린다면 정말 아까울 것이다. 독자에 따라서는 천황(제)을 바라보는 시각이나 제시된 대안들이 마음에 안 들 수도 있겠지만, 현상을 무시할 수 없다면 분명히 여러 가지를 생각하게 해줄 것이다.

우리야 싫든 좋든 일본에는 명확하게 천황제가 존재하고 있다. 게다가 요즘은 일본의 우경화 경향이 현저해지면서 천황을 국가원수로서 명시하는 내용을 포함시키는 등의 개헌방침이 공공연히 내세워지고 역사교과서 왜곡 문제까지 겹쳐 시세가 더욱 수상하다. 1945년 전의 천황은 절대 의심해서는 안 되는 살아 있는 신이었다. 2차 대전 이후에도 '군주제는 패전을 이겨낼 수 없다'는 원칙이 무색하게 살아남았다. 그리고 본문의 표현을 빈다면, '세습적인 특별공무원'으로서 원래 '상징'에 지나지 않았던 천황은 지금 바야흐로 '상징이신' 존재로까지 변질되려 하고 있다. 얼마 후면 이 천황이 우리나라도 공식 방문하게 될 것이다. 이러한 상황에서 우리는 천황(제)의 진짜 얼굴을 어떻게 알 수 있을까. 섣불리 "천황(제)은 이러저러한 존재다"라고 한마디로 규정내려 버리는 것이 더 위험하지는 않을까. 적어도 그렇게 오랜 세월에 걸쳐 천황(제)이 존속할 수 있었던 것은 복수의 얼굴을 갖고 있고, 거기에다 계속 새로운 얼굴을 덧붙여 왔기 때문이 아닐까. 그런 의미에서 천황(제)이 갖고 있는 수많은 얼굴 중 각 시대마다 두드러진 부분을 부각시키며 다룬 이 책이 오히려 천황을 보다 정확히 이해하는 데 도움이 되지 않을까. 물론 거기에서 독자 스스로 하나의 커다란 줄기를 뽑아낸다면 역자로서는 더 바랄 것이 없다.

번역은 일반 독자들도 편히 읽을 수 있도록 가능하면 쉽게 풀어쓰려고 했지만 원문에 포함된 전문적인 내용에까지는 손이 닿지 못해 아쉬운 감이 없지 않다. 이는 분명 역자의 부족한 능력 때문이기도 함을 밝혀 둔다. 용어 가운데 다소 어렵거나 우리에게 낯선 것들은 간단한 설명을 덧붙였다. 원문에서도 용어나 사건 설명을 괄호 안에 넣어 처리한 것들이 있는데 단순한 설명이므로 특별히 역자의 설명과는 구별하지는 않았다. 단 본문 안에 삽입된 참조 문헌들은 모두 원문대로임을 밝혀 둔다. 인명, 지명 등의 고유명사는 원칙적으로 일어발음으로 표기하되, 한자어로 된 관직명만은 우리 발음으로 표기하였다. 이 편이 이해하기 다소 쉬울 것 같아서다. 독자들의 양해를 바란다.

거칠게나마 이 책이 나오는 데는 여러 분들의 도움이 있었다. 먼저 이 책을 처음 번역할 때 전반 부분을 맡아준 오랜 친구이자 함께 일본사를 공부한 박경희 님께 감사드린다. 그때의 초고에는 이미 많은 수정이 가해졌지만 애초의 올바른 번역이 없었다면 이만큼 나오기 힘들었을 것이다. 거듭 감사드린다. 또한 『일본문화사』를 번역할 때도 그랬지만 번역문을 언제까지나 꼭 움켜쥔 채 고치고 고치고 또 고치는 지리한 작업에 싫은 소리 한 번 하지 않고 기다려 준 혜안출판사에 감사를 드린다. 마지막으로 이 책의 번역 출간을 위해 일본 역사교육자협의회의 간사를 직접 만나 도움을 주신 경북대학교 임대희 교수님께도 감사를 드린다.

2001년 9월 옮긴이

집필자 일람

아카자와 시로 赤澤史朗	立命館大學 조교수
아다치 쇼지 足立昌治	大阪貿易學院高等學校 교사
아니야 마사아키 安仁屋政昭	沖繩國際大學 교수
아라키 도시오 荒木敏夫	專修大學 교수
이구치 가즈키 井口和起	京都府立大學 교수
이시베 마사시 石部正志	宇都宮大學 조교수
이마이 다카시 今井堯	考古學硏究會 全國委員
이와타 다케시 岩田健	大阪市立市岡商業高等學校 교사
이와모토 쓰토무 岩本努	ほるぷ教育開發硏究所
우에다 마사아키 上田正昭	京都大學 교수
우메다 데쓰지 梅田欽治	宇都宮大學 교수
에다무라 사부로 枝村三郎	靜岡縣立榛原高等學校 교사
가쓰야마 겐쇼 勝山元照	奈良女子大學付屬中・高等學校 교사
기쿠치 데루오 菊地昭夫	東京都立石神井高等學校 교사
기쿠치 히로요시 菊地宏義	東京都立新宿高等學校 교사
기미시마 가즈히코 君島和彦	東京學藝大學 조교수
기무라 고이치로 木村宏一郎	法政大學第二高等學校 교사
가와노 미치아키 河野通明	大阪大學 非常勤講師
고마키 가오루 小牧薰	大阪付立布施高等學校 교사
사카모토 노보루 坂本昇	東京都立兩國高等學校 교사
사사키 겐이치 佐佐木虔一	東京都立墨田川高等學校 교사
사사키 류지 佐佐木隆爾	東京都立大學 교수
사토 노보오 佐藤伸雄	歷史教育者協議會 상임위원
스즈키 다케시 鈴木武	東京都立東高等學校 강사
스즈키 도시오 鈴木敏夫	東京都立墨田川高等學校 교사
다마키 히사호 田牧久穗	秋田縣仙南村立仙南中學校 교사
다미나토 도모아키 田港朝昭	琉球大學 교수

자다니 주로쿠 茶谷十六	民族歌舞團わらび座
도야마 시게키 遠山茂樹	横浜市立大學 명예교수
가오키 고지로 直木孝次郎	大阪市立大學 명예교수
나가이 히데오 永井秀夫	北海道大學 명예교수
나카쓰카 아키라 中塚明	奈良女子大學 교수
나가하라 게이지 永原慶二	和光大學 교수
나가야마 주이치 永山修一	ラ・サ－ル中・高等學校 교사
니시 히데나리 西秀成	岡崎女子高等學校 교사
네기시 이즈미 根岸泉	前調布市立神代中學校 교사
노무라 아키라 野村章	法政大學第二高等學校 교사
하시모토 데쓰야 橋本哲哉	金澤大學 교수
바바 아키라 馬場章	東京大學史料編纂所 助手
하야시 히로시 林博史	關東學院大學 조교수
히라카타 지에코 平形千惠子	船橋學院女子高等學校 교사
후루카와 도시미치 古川利通	大阪經濟法科大學 조교수
마스다 이에아쓰 增田家淳	千葉縣小見川町史料編纂委員
마쓰모토 료타 松本良太	東京大學史料編纂所 助手
마루야마 아키라 丸浜昭	築波大學付屬駒場中・高等學校 교사
미우라 스스무 三浦進	東京都立小松川高等學校 교사
무라이 조스케 村井章介	東京大學史料編纂所 조교수
메라 세이지로 目良誠二郎	海城高等學校 교사
야마다 아키라 山田朗	東京都立大學 助手
요시다 아키라 吉田晶	岡山大學 교수
요시다 고로 吉田悟郎	中央大學 강사
요시무라 도쿠조 吉村德藏	法政大學 강사
와타나베 겐지 渡邊賢二	法政大學第二高等學校 교사

일본 역사교육자협의회(歷史敎育者協議會)는 1949년 창립되어
전국의 교수·교사들과 시민이 참가하여 역사교육, 사회과교육의 실천,
역사연구를 추진하고 있으며, 월간지 『역사지리교육』(歷史地理敎育)을 발행하고 있다.

옮긴이 김현숙은 전남 광주에서 출생하여 연세대 사학과와 동대학원을
졸업하였다(일본근대사 전공). 현재 혜안출판사의 편집장으로 있으면서 번역일을
하고 있다. 『일본문화사』, 『북한의 경제』 등을 우리말로 옮겼다.

천황제 50문 50답

엮은이 일본역사교육자협의회
옮긴이 김현숙

2001년 10월 30일 초판 인쇄
2001년 10월 30일 초판 발행

펴낸이 오일주
펴낸곳 도서출판 혜안

㊃ 121 - 836 서울시 마포구 서교동 326 - 26번지 102호
전화 3141 - 3711~2 / 팩시밀리 3141 - 3710
E-Mail hyeanpub@hanmail.net

ISBN 89-8494-143-3-03910

값 16,000 원